읽으면 저절로 외워지는
기적의 암기공식

일본어
한자
암기
박사 1

상용한자 기본학습

SD에듀
(주)시대고시기획

읽으면 저절로 외워지는 기적의 암기 공식!
<일본어 한자암기박사>가 새롭게 태어났습니다.
이제 일본어 한자 학습도
'한자 3박자 연상 학습법'이 정도가 되었습니다.

1. 새롭게 개정된 〈일본어 한자암기박사〉는 ❶ 간단명료한 어원 풀이, ❷ 일본 한자와 다른 정자의 어원 풀이, ❸ 속자, 동자 등 관련된 모든 한자들의 어원 풀이, ❹ 활용 빈도에 따른 단어 풀이를 보다 새롭게 갈고 닦고 추가하였습니다.

2. '한자 3박자 연상 학습법'으로 더욱 정교하게 다듬었습니다.

'한자 3박자 연상 학습법'은 한자가 비교적 어원이 분명하고 공통부분으로 된 한자가 많은 점을 이용하여 ① 실감나는 생생한 어원으로, ② 관련된 어원(공통 부분)으로 된 한자들과 어원이 비슷한 한자들도 익히면서, ③ 그 한자가 쓰인 단어들까지 생각해 보는 것이지요.

이 중 ①, ②단계를 예로 들어봅니다.
⑩ 수곤인고(囚困因固) – 에운담(囗)으로 된 한자
에워싸여(囗) 갇힌 사람(人)은 죄인이니 죄인 수(囚)
에워싸인(囗) 나무(木)는 자라기가 곤란하니 곤란할 곤(困)
에워싸인(囗) 큰(大) 울타리에 말미암아 의지하니 말미암을 인, 의지할 인(因)
에워싸서(囗) 오래(古) 두면 굳으니 굳을 고(固)

3. 한자에서 어원을 생각하는 방법은 아주 간단합니다.

한자를 딱 보아서 부수나 독립된 한자들로 쪼개지지 않으면 그 한자만으로 왜 이런 모양에 이런 뜻의 한자가 나왔는지 생각해 보고, 위의 예처럼 부수나 독립된 한자들로 쪼개지면 쪼개진 한자들의 뜻을 합쳐 보면 됩니다.

4. 하나의 한자에 둘 이상의 뜻이 있으면 반드시 그럴 이유가 있으니 무조건 외는 시간에 왜 그럴까를 생각해 보세요.

해의 둥근 모양과 가운데 흑점을 본떠서 만든 해 일(日)에 어찌 '날 일'의 뜻도 있을까? 생각해 보면 금방 해가 뜨고 짐으로 구분하는 날이니 '날 일'이 되었음을 알게 되지요.

5. 한자를 익히면 그 한자가 쓰인 단어들까지 생각해 보세요.

한자를 익힐 때 그 한자가 쓰인 단어들까지 생각해 보면 많은 단어의 뜻을 분명히 알게 되고 그 한자를 더 확실히 익힐 수 있습니다.

6. '한자 3박자 연상 학습법'으로 한자를 익히면 이런 효과가 있습니다.

이 책을 읽으면서 '오! 이 한자가 바로 이렇게 되었구나! 아! 그래서 이 한자에 이런 뜻이 생겼구나! 어? 이 한자가 이런 말에도 쓰이네!'라는 탄성이 저절로 나오며 짜릿한 희열마저 느낄 것입니다.

억지로 외는 대신 그 한자가 만들어진 어원을 생각하며 이해하는 구조니 한자 몇 자 아는 데 그치지 않고 '한자 3박자 연상 학습법'이 완전히 몸에 익혀져 어떤 한자라도 자신 있게 분석해 보고 뜻을 생각해 볼 수 있는 안목이 길러집니다.

또 한자 어원에 담긴 세상의 진리와 번뜩이는 아이디어도 익혀 생활에 100배, 1,000배 활용할 수 있으니 무슨 일을 하더라도 그 분야 전문가가 됩니다.

7. 이 책은 사전이 필요 없는 독학용으로 구성했습니다.

본문에 쓰인 한자들은 물론 주에 나온 한자들까지 일일이 주를 달아 이 책만으로도 완전 학습이 되도록 했습니다. 한자를 익히면 일본어는 물론 중국어 공부에도 큰 도움이 되니, 빠르게 세계의 중심이 되어가는 한자문화권의 당당한 주역으로 우뚝 설 여러분의 모습이 눈에 선합니다.

이 책으로 부디 큰 꿈 이루세요.

여러분을 사랑하는 저자 **박원길, 박정서** 올림

일본어 한자에 대하여

◉ 우리나라 한자(정자)와 일본 한자의 차이점

❶ 일본어 문자는 히라가나(Hiragana)와 가타카나(Katakana), 漢字 이렇게 세 종류의 문자를 사용합니다.
❷ 정자를 주로 쓰는 우리나라 한자와 달리, 일본 한자는 정자를 쓰되 획수가 많은 한자는 약자 또는 일본에서 만든 국자(国字)를 쓰기도 합니다.
❸ 정자도 쓰고 약자도 쓰는 우리나라와 달리, 일본 한자는 정자나 약자, 국자 중에서 어느 하나로 통일하여 씁니다.
❹ 한자 쓰는 방법의 차이로 총획이나 필순, 부수가 우리나라 한자와 다른 한자도 있습니다.
❺ 음으로만 읽는 한국 한자나 중국 한자와 달리 일본 한자에서는 음으로도 읽고(音読), 훈으로도 읽는데(訓読), 음과 훈이 여러 개인 경우도 있고, 한 단어 속에 음독과 훈독이 섞인 경우도 있습니다.

◉ 오십음도

⋯→ 일본어의 히라가나와 가타카나를 자음 10자, 모음 5자씩 세워 구성한 일본어의 음절표입니다.

히라가나

	あ행	か행	さ행	た행	な행	は행	ま행	や행	ら행	わ행	
あ단	あ [a]	か [ka]	さ [sa]	た [ta]	な [na]	は [ha]	ま [ma]	や [ya]	ら [ra]	わ [wa]	ん [n]
い단	い [i]	き [ki]	し [shi]	ち [chi]	に [ni]	ひ [hi]	み [mi]		り [ri]		
う단	う [u]	く [ku]	す [su]	つ [tsu]	ぬ [nu]	ふ [fu]	む [mu]	ゆ [yu]	る [ru]		
え단	え [e]	け [ke]	せ [se]	て [te]	ね [ne]	へ [he]	め [me]		れ [re]		
お단	お [o]	こ [ko]	そ [so]	と[to]	の [no]	ほ [ho]	も [mo]	よ [yo]	ろ [ro]	を [o]	

가타카나

	ア행	カ행	サ행	タ행	ナ행	ハ행	マ행	ヤ행	ラ행	ワ행	
ア단	ア [a]	カ [ka]	サ [sa]	タ [ta]	ナ [na]	ハ [ha]	マ [ma]	ヤ [ya]	ラ [ra]	ワ [wa]	ン [n]
イ단	イ [i]	キ [ki]	シ [shi]	チ [chi]	ニ [ni]	ヒ [hi]	ミ [mi]		リ [ri]		
ウ단	ウ [u]	ク [ku]	ス [su]	ツ [tsu]	ヌ [nu]	フ [fu]	ム [mu]	ユ [yu]	ル [ru]		
エ단	エ [e]	ケ [ke]	セ [se]	テ [te]	ネ [ne]	ヘ [he]	メ [me]		レ [re]		
オ단	オ [o]	コ [ko]	ソ [so]	ト [to]	ノ [no]	ホ [ho]	モ [mo]	ヨ [yo]	ロ [ro]	ヲ [o]	

한자 3박자 연상 학습법

◎ 한자 3박자 연상 학습법이란?

한자암기박사 시리즈에 적용한 학습법은 '한자 3박자 연상 학습법'입니다. 이 책은 일본어 한자를 익히는 책이지만, 각 페이지에 적용한 학습법을 보다 쉽게 이해하여 학습의 능력을 높여 드리기 위해서 한국 한자로 쉽게 설명하였습니다. 한국 한자나 일본 한자나 중국 한자나 학습법은 모두 똑같습니다.

한자 3박자 연상 학습법(LAM; Learning for Associative Memories)은 어렵고 복잡한 한자를 무조건 통째로 익히지 않고 부수나 독립된 한자로 나누어 ❶ 머리에 쏙쏙 들어오는 생생한 어원으로, ❷ 동시에 관련된 한자들도 익히면서, ❸ 그 한자가 쓰인 단어들까지 생각해 보는 방법입니다.

이런 방법으로 된 책의 내용을 좀 더 체계적으로 익히기 위해서 ❶ 제목을 중심 삼아 외고, ❷ 그 제목을 보면서 각 한자들은 어떤 공통점과 차이점으로 이루어진 한자들인지 구조와 어원으로 떠올려 보고, ❸ 각 한자들이 쓰인 단어들은 무엇인지 생각해 보세요. 그래서 어떤 한자를 보면 그 한자와 관련된 한자들로 이루어진 제목이 떠오르고, 그 제목에서 각 한자들의 어원과 단어들까지 떠올릴 수 있다면 이미 그 한자는 완전히 익히신 것입니다.

그럼, 한자 3박자 연상 학습법의 바탕이 된 7가지 학습법을 살펴봅시다.

◎ 학습법의 바탕이 된 7가지 학습법

(1) 어원(語源)으로 풀어 보기

한자에는 비교적 분명한 어원이 있는데 어원을 모른 채 한자와 뜻만을 억지로 익히니 잘 익혀지지 않고 어렵기만 하지요. 한자의 어원을 생각하는 방법은 아주 간단합니다. 한자를 보아서 부수나 독립된 한자로 나눠지지 않으면 그 한자만으로 왜 이런 모양에 이런 뜻의 한자가 나왔는지 생각해 보고, 부수나 독립된 한자로 나눠지면 나눠서 나눠진 한자들의 뜻을 합쳐 보면 되거든요. 그래도 어원이 생각나지 않을 때는 상상력을 동원하여 나눠진 한자의 앞뒤나 가운데에 말을 넣어 보면 되고요.

4고(古姑枯苦) ➡ 오랠 고, 옛 고(古)로 된 한자
많은(十) 사람의 입(口)에 오르내린 이야기는 이미 오래된 옛날 이야기니 오랠 고, 옛 고(古)
여자(女)가 오래(古)되면 시어머니나 할미니 시어미 고, 할미 고(姑)
나무(木)가 오래(古)되면 마르고 죽으니 마를 고, 죽을 고(枯)
풀(艹) 같은 나물도 오래(古)되면 쇠어서 쓰니 쓸 고(苦)
또 맛이 쓰면 먹기에 괴로우니 괴로울 고(苦)

(2) 공통 부분으로 익히기

한자에는 여러 한자가 합쳐져 만들어진 한자가 많고, 부수 말고도 많은 한자에 공통 부분이 있으니 이 공통 부분에 여러 부수를 붙여 보는 방법도 유익합니다.

5망맹(亡忘忙妄芒盲) ➡ 망할 망(亡)으로 된 한자
머리(亠)를 감추어야(ㄴ) 할 정도로 망하여 달아나니 망할 망, 달아날 망(亡)
또 망하여 죽으니 죽을 망(亡)
망한(亡) 마음(心)처럼 잊으니 잊을 망(忘)
마음(忄)이 망할(亡) 정도로 바쁘니 바쁠 망(忙)
(그릇된 생각이나 행동으로) 정신이 망한(亡) 여자(女)처럼 망령되니 망령될 망(妄)
풀(艹)이 망가진(亡) 티끌이니 티끌 망(芒)
망한(亡) 눈(目)이면 장님이니 장님 맹(盲)

이 한자들을 옥편에서 찾으려면 망할 망(亡)은 머리 부분 두(亠)에서, 잊을 망(忘)과 바쁠 망(忙)은 마음 심(心)부에서, 망령될 망(妄)은 여자 녀(女)부에서, 티끌 망(芒)은 초 두(艹)부에서, 장님 맹(盲)은 눈 목(目)부에서 찾아야 하고, 서로 연관 없이 따로따로 익혀야 하니 어렵고 비효율적이지요. 그러나 부수가 아니더라도 여러 한자의 공통인 망할 망(亡)을 고정해 놓고, 망한 마음(心)처럼 잊으니 잊을 망(忘), 마음(忄)이 망할 정도로 바쁘니 바쁠 망(忙), (그릇된 생각이나 행동으로) 정신이 망한 여자(女)처럼 망령되니 망령될 망(妄), 풀(艹)이 망가진 티끌이니 티끌 망(芒), 망한 눈(目)이면 장님이니 장님 맹(盲)의 방식으로 이해하면 한 번에 여러 한자를 쉽고도 재미있게 익힐 수 있지요.

한자 3박자 연상 학습법

(3) 연결 고리로 익히기

한자에는 앞 글자에 조금씩만 붙이면 새로운 뜻의 한자가 계속 만들어져 여러 한자를 연결 고리로 익힐 수 있는 경우도 많습니다.

> **도인인인(刀刃忍認)**
> 칼 모양을 본떠서 칼 도(刀)
> 칼 도(刀)의 날(丿) 부분에 점(丶)을 찍어서 칼날 인(刃)
> 칼날(刃)로 마음(心)을 위협하면 두려워 참으니 참을 인(忍)
> 남의 말(言)을 참고(忍) 들어 알고 인정하니 알 인, 인정할 인(認)

칼 모양을 본떠서 칼 도(刀), 칼 도(刀)에 점 주(丶)면 칼날 인(刃), 칼날 인(刃)에 마음 심(心)이면 참을 인(忍), 참을 인(忍)에 말씀 언(言)이면 알 인, 인정할 인(認)이 되지요.

(4) 비슷한 한자 어원으로 구별하기

한자에는 비슷한 한자가 많아서 혼동되는 경우가 많은데 이것도 어원으로 구별하면 쉽고도 분명하게 구별되어 오래도록 잊히지 않습니다.

> **분분(粉紛)**
> 쌀(米) 같은 곡식을 나눈(分) 가루니 가루 분(粉)
> 실(糸)을 나누면(分) 헝클어져 어지러우니 어지러울 분(紛)
>
> **여노서노(如奴恕怒)**
> 여자(女)의 말(口)은 대부분 부모나 남편의 말과 같으니 같을 여(如)
> 여자(女)의 손(又)처럼 힘들게 일하는 종이니 종 노(奴)
> 예전과 같은(如) 마음(心)으로 용서하니 용서할 서(恕)
> 일이 힘든 종(奴)의 마음(心)처럼 성내니 성낼 노(怒)

(5) 그림으로 생각해 보기

한자가 부수나 독립된 한자로 나눠지지 않으면 이 한자는 무엇을 본떠서 만들었는지 생각해서 본뜬 물건이 나오면 상형(象形)이고, 본뜬 물건이 나오지 않으면 보이지 않는 무슨 일을 추상하여 만든 경우로 지사(指事)지요.

> **상형(象形)으로 된 한자**
> 가지 달린 나무를 본떠서 나무 목(木)
> 높고 낮은 산을 본떠서 산 산(山)
>
> **지사(指事)로 된 한자**
> 일정한 기준(一)보다 위로 오르니 위 상, 오를 상(上)
> 일정한 기준(一)보다 아래로 내리니 아래 하, 내릴 하(下)

(6) 하나의 한자에 여러 뜻이 있으면 그 이유를 생각해서 익히기

한자도 처음 만들어질 때는 하나의 한자에 하나의 뜻이었지만 생각이 커지고 문화가 발달할수록 더 많은 한자가 필요하게 되었어요. 그럴 때마다 새로운 한자를 만든다면 너무 복잡해지니 이미 있던 한자에 다른 뜻을 붙여 쓰게 되었지요. 그러나 아무렇게 붙여 쓰는 것이 아니고 그런 뜻이 붙게 된 이유가 분명히 있으니 무조건 외는 시간에 "이 한자는 왜 이런 뜻으로도 쓰일까?"를 생각하여 "아~하! 그래서 이 한자에 이런 뜻이 붙었구나!"를 스스로 터득하면서 익히면 훨씬 효과적입니다. 앞에 나왔던 쓸 고, 괴로울 고(苦)의 경우도 '쓸 고'면 쓸 고지 어찌 '괴로울 고'의 뜻도 될까? 조금만 생각해도 '맛이 쓰면 먹기에 괴로우니 괴로울 고(苦)'가 되었음을 금방 알게 되지요.

(7) 한자마다 반드시 예(例)까지 알아두기

한자를 익히면 반드시 그 한자가 쓰인 예(例)까지, 자주 쓰이는 단어나 고사성어 중에서 적절한 예(例)를 골라 익히는 습관을 들이세요. 그러면 "어? 이 한자가 이런 말에도 쓰이네!"하면서 그 한자를 더 분명히 알 수 있을뿐더러 그 한자가 쓰인 단어들까지도 정확히 알 수 있으니, 정확하고 풍부한 어휘력(語彙力)을 기를 수 있는 지름길이죠. 단어 풀이도 무조건 의역으로 된 사전식으로 알지 마시고, 먼저 아는 한자를 이용하여 직역(直譯)해 보고 다음에 의역(意譯)해 보는 습관을 들이세요. 그래야 한자 실력도 쑥쑥 늘어나고 단어의 뜻도 분명히 알 수 있거든요.

◉ 기대되는 효과

이상 7가지 방법을 종합하여 '한자 3박자 연상 학습법'이 만들어졌습니다.

'한자 3박자 연상 학습법'으로 한자를 익히면 복잡하고 어려운 한자에 대하여 자신감을 넘어 큰 재미를 느낄 것이며, 한자 3박자 연상 학습법이 저절로 익혀져 한자 몇 자 아는 데 그치지 않고 어떤 한자를 보아도 자신 있게 분석해 보고 뜻을 생각해 볼 수 있는 안목도 생길 거예요.

또 일상생활에서 만나는 어려운 단어의 뜻을 막연히 껍데기로만 알지 않고 분명하게 아는 습관이 길러져, 정확하고 풍부한 어휘력이 길러질 것이고, 정확하고 풍부한 어휘력을 바탕으로 자신 있는 언어생활, 사회생활을 하게 될 것이며, 나아가 일본어나 중국어도 70% 이상 한 셈이 될 것입니다.

이 책의 구성과 특징

책의 구성

본 교재 1권에서는 총 1,036字의 일본어 한자들을 공통점이 있는 한자들끼리 묶어 총 400개의 그룹으로 나눈 뒤(001번~400번) '한자 3박자 연상 학습법'에 따라 공부할 수 있도록 구성하였습니다.

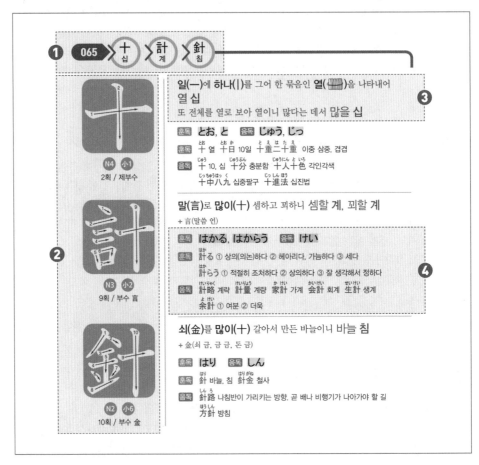

❶ **제목** ▮ '같은 어원으로 된 한자들, 연결 고리로 된 한자들, 비슷하여 혼동되는 한자들'과 같이 서로 관련된 한자들을 한데 묶은 그룹의 제목입니다.

❷ **필순/난이도/총획/부수** ▮ 각 한자들의 필순 및 난이도, 총획, 부수 등을 함께 수록하였으며, 어원의 경우 필순을 고려하여 풀었기 때문에 필순도 같이 익히는 것이 좋습니다.

❸ **어원 풀이** ▮ 각 한자의 어원을 철저히 분석하여 원래의 어원에 충실하면서도 가장 쉽게 이해되도록 간단명료하게 풀었습니다. 이 어원을 그대로만 외지 마시고 이를 참고해 더 나은 어원도 생각해 보며 한자를 익히면 보다 분명하게 익혀질 것입니다.

❹ **훈독/음독 & 활용 단어** ▮ 각 한자들의 훈독/음독 및 일본어 능력 시험에 자주 출제되거나 실생활에서 빈번히 쓰이는 단어들을 수록하였습니다.

한자 3박자 연상 학습법에 따른 학습법

1박자 학습

첫 번째로 나온 한자는 아래에 나온 한자들의 기준이 되는 '기준 한자'이며, 1박자 학습 시에는 기준 한자부터 우측에 설명되어 있는 생생한 어원과 함께 익힙니다. (또한 필순/난이도/총획/부수 등이 표시되어 있으니 참고하며 익히십시오.)

일(一)에 하나(丨)를 그어 한 묶음인 열(▥)을 나타내어
열 십
또 전체를 열로 보아 열이니 많다는 데서 **많을 십**

훈독 とお, と **음독** じゅう, じっ

훈독 十 열 十日 10일 十重二十重 이중 삼중, 겹겹

음독 十 10, 십 十分 충분함 十人十色 각인각색
十中八九 십중팔구 十進法 십진법

N4 小1
2획 / 제부수

2박자 학습

기준 한자를 중심으로 파생된 다른 한자들(첫 번째 한자 아래에 나온 한자들)을 우측의 생생한 어원과 함께 자연스럽게 연상하며 익히도록 합니다.

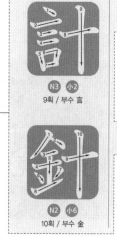

말(言)로 많이(十) 셈하고 꾀하니 셈할 계, 꾀할 계
+ 言(말씀 언)

훈독 はかる, はからう **음독** けい

훈독 計る ① 상의(의논)하다 ② 헤아리다, 가늠하다 ③ 세다
計らう ① 적절히 조처하다 ② 상의하다 ③ 잘 생각해서 정하다

음독 計略 계략 計量 계량 家計 가계 会計 회계 生計 생계
余計 ① 여분 ② 더욱

N3 小2
9획 / 부수 言

쇠(金)를 많이(十) 갈아서 만든 바늘이니 바늘 침
+ 金(쇠 금, 금 금, 돈 금)

훈독 はり **음독** しん

훈독 針 바늘, 침 針金 철사

음독 針路 나침반이 가리키는 방향. 곧 배나 비행기가 나아가야 할 길
方針 방침

N2 小6
10획 / 부수 金

3박자 학습

어원을 중심으로 한자들을 자연스럽게 연상하며 익히는 것과 함께 각 한자들의 일본어 훈독 및 음독을 파악하고 일본어 능력 시험에 자주 출제되는 단어, 혹은 실생활에서 빈번히 쓰이는 관련 단어들을 익히도록 합니다.

이 책의 **구성과 특징**

◎ 학습 효과를 2배로 올리는 부가 콘텐츠

❶ 일본어 한자 쓰기 훈련 노트 (별도 구매)

 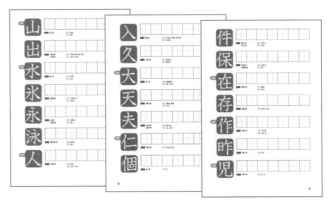

본 교재에 수록된 일본어 한자들을 직접 써 볼 수 있는 '일본어 한자 쓰기 훈련 노트'를 별도로 구매해 활용하실 수 있습니다. 한자는 모양새가 복잡하기 때문에 직접 써 보는 것이 매우 중요하며, 또한 눈으로만 익히고 끝내기보다는 직접 쓰는 연습까지 병행이 되어야 머리에 훨씬 더 잘 각인될 수 있으니 쓰기 훈련 노트를 꼭 활용하며 공부해 보시기 바랍니다.

❷ 일본어 한자 암기 훈련 유튜브 영상

 또한, [어원 + 훈독 + 음독 + 단어]를 직접 읽어 주는 음성이 삽입된 '일본어 한자 암기 훈련 유튜브 영상'을 교재와 함께 학습하실 수 있습니다. 영상에서는 기준 한자를 바탕으로 다른 한자들이 어떻게 형성되는지 '시각적으로 보여 주며 설명'하기 때문에 보다 쉽고 빠른 연상 암기가 가능합니다. (좌측의 QR코드를 스캔하거나 유튜브에서 '일본어 한자암기박사'를 검색하면 훈련 채널로 이동) ★ 어원풀이는 지속적으로 업데이트 될 예정 ★

日本語漢字

일본어
한자
암기
박사

상용한자
기본학습

001 山 (산) 出 (출)

N4 小1
3획 / 제부수

높고 낮은 산(⛰)을 본떠서 산 **산**

훈독 やま **음독** さん

훈독 山 산 山火事 산불 山小屋 (등산객을 위한) 산속의 오두막집
山登り 등산 山場 고비, 절정 山道 산길

음독 山雨 산중의 비, 산에 내리는 비 山中 산중
山門 산문, 절의 정문 火山 화산 登山 등산 名山 명산

+ '등산'을 뜻하는 일본어는 '山登り'와 '登山'이 있습니다. '登山'은 전문
장비, 복장을 갖추고 높은 산을 오르는 것을 말하며, '山登り'는 '登山'보다
좀 더 가볍게 산에 오르는 것을 말하지요. 회화에서는 '山登り'를 좀 더
많이 씁니다.

N4 小1
5획 / 부수 凵

(높은 데서 보면) 산(山) 아래 또 산(山)이 솟아나오고 나가니
나올 출, 나갈 출

+ 높은 데서 바라보면 수많은 산봉우리가 솟아나오고 뻗어 나가지요.

훈독 でる, でかける, だす **음독** しゅつ, すい

훈독 出る 나가다, 나오다 出会い 마주침 出かける 외출하다
出口 출구 思い出 추억
出す 꺼내다, 제출하다 引き出し ① 서랍 ② (예금) 인출

음독 出国 출국 出身 출신 出生 출생 出動 출동 出入 출입
外出 외출 出納 출납

+ 'しゅつ' 뒤에 'か, さ, た'행의 글자가 오면 'つ'가 'っ(촉음)'로 바뀝니다.

도움말

〈이 책의 학습법〉

각 제목마다 독립된 내용으로 구성되었으니 먼저 순서대로 읽으며 '제목'에서는 어떻게 관련된 한자들인지 생각해 보고, '한자 풀이'에서는 어원을 생각해 보면서 완전히 이해하고, '예시 단어'에서는 한자들이 쓰인 단어를 보면서 그 풀이까지 생각해 보세요.

익힌 한자를 체계적으로 오래 기억하기 위하여
① 제목을 중심 삼아 외고,
② 그 제목을 보면서 각 한자들은 어떤 공통점과 차이점으로 이루어진 한자들인지 어원과 구조를 떠올려 보고,
③ 각 한자들이 쓰인 단어는 무엇인지 생각해 보세요.
그래서 어떤 한자를 보면 그 한자와 관련된 한자들로 이루어진 제목이 떠오르고, 그 제목에서 각 한자들의 어원과 쓰인 단어까지 떠올릴 수 있다면 이미 그 한자는 완전히 익히신 것입니다.

N4 **小1**
4획 / 제부수

잠겨 있는 **물(**)(**)**에 물결이 이는 모양을 본떠서 **물 수**

＋ 글자의 왼쪽에 붙는 부수인 변으로 쓰일 때는 氵으로 점이 셋이니 '삼 수 변'이라 부르고, 글자의 아래에 붙는 발로 쓰일 때는 氺로 '물 수 발'이라 부릅니다.

훈독 **みず** 음독 **すい**

훈독 水 물(차가운 물) 水着 수영복 大水 홍수 生水 생수

음독 水道 수도 水分 수분 水面 수면 海水 해수

N2 **小3**
5획 / 부수 水

한 덩어리(丶)로 **물(水)**이 얼어붙은 얼음이니 **얼음 빙**

훈독 **こおり, ひ** 음독 **ひょう**

훈독 氷 얼음 氷水 얼음물 かき氷 빙수 金氷 매우 차가움

氷 ① 얼음 ② 우박

음독 氷河 빙하 氷山 빙산 氷上 빙상 海氷 해빙

N2 **小5**
5획 / 부수 水

높은 산 **한 방울(💧→丶)**의 **물(水)**이 강과 바다까지 길게 오래 흐르니 **길 영, 오랠 영**

＋ 물 수(水)에 섬 주(丶)를 처음 쓰는 왼쪽에 붙여 한 덩어리로 얼어붙음을 나타내면 '얼음 빙(氷)', 위에 붙여 물이 흐르기 시작하는 높은 산을 나타내면 '길 영, 오랠 영(永)'으로 구분하세요.

훈독 **ながい** 음독 **えい**

훈독 永い (세월, 시간이) 아주 오래다, 영원하다 永年 긴 세월, 여러 해

음독 永遠 영원 永世 영세, 영구 永眠 영면

N2 **小3**
8획 / 부수 水(氵)

물(氵)에서 **오래(永)** 헤엄치니 **헤엄칠 영**

훈독 **およぐ** 음독 **えい**

훈독 泳ぐ 수영하다 泳ぎ 수영 泳ぎ方 수영하는 방법

음독 泳者 수영 경기의 주자(＝ 泳ぎ手) 泳法 영법(헤엄치는 법)
水泳 수영

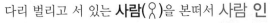

N4 **小1**
2획 / 제부수

다리 벌리고 서 있는 **사람(人)**을 본떠서 사람 인

+ 글자의 왼쪽에 붙는 변으로 쓰일 때는 '사람 인 변(亻)', 글자의 아래에 붙는
발로 쓰일 때는 '어진사람 인, 사람 인 발(儿)'로 모양이 바뀝니다.

훈독 ひと　**음독** じん, にん

훈독　人 사람　人々 사람들

+ '々'는 한자가 반복될 때 쓰는 반복 부호입니다.

음독　人口 인구　主人 남편, 주인　人気 인기　三人 3명

예외　一人 1명　二人 2명

사람이 머리 숙이고 들어가는 모양(入)을 본떠서 들 입

훈독 いる, いれる, はいる　**음독** にゅう

훈독　入る (어떤 상태가) 되다, ~에 이르다　入れる 넣다
　　　　入口 입구　入る 들어가다

음독　入学 입학　入国 입국

N4 **小1**
2획 / 제부수

N2 **小5**
3획 / 부수 丿

(뒤에서 잡아당기면 빨리 갈 수 없어 시간이 오래 걸리니)
사람(人)을 뒤에서 잡아당기는 모양을 본떠서 오랠 구

훈독 ひさしい　**음독** きゅう

훈독　久しい 오래다, 오래간만이다　久しぶり 오래간만

음독　永久 영구

N4 **小1**
3획 / 제부수

양팔 벌린(一) 사람(人)의 모습(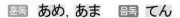)을 본떠서 **큰 대**

+ 一('한 일'이지만 여기서는 양팔 벌린 모습으로 봄), 보통 양팔을 벌려 큼을 나타내지요.

[훈독] **おおきい** [음독] **だい, たい**

[훈독] 大きい 크다　大いに 대단히, 크게, 많이　大入り 입장객이 많음
　　　大家 집주인

[음독] 大学 대학교　大切 중요함, 소중함
　　　大変 ① 힘듦 ② 큰일 ③ 매우, 대단히

[예외] 大人 성인, 어른

N4 **小1**
4획 / 부수 大

세상에서 **제일(一) 큰(大)** 것은 하늘이니 **하늘 천**

+ 제일 큼을 나타낼 때 '하늘만큼'이라 하지요.

[훈독] **あめ, あま** [음독] **てん**

[훈독] 天地 천지, 전 세계, 우주　天の川 은하수
[음독] 天気 날씨　天下 천하　天地 천지　天ぷら 튀김

N2 **小4**
4획 / 부수 大

한(一) 가정을 거느릴 만큼 **큰(大)** 사내나 남편이니
사내 부, 남편 부

[훈독] **おっと** [음독] **ふ, ふう**

[훈독] 夫 남편
[음독] 夫人 부인　夫婦 부부　工夫 궁리, 방법

+ '工夫'가 궁리, 방법이라는 뜻으로 쓰일 때는 'くふう'로, 공사장의 인부라는
　뜻으로 쓰일 때는 'こうふ'로 읽습니다.
+ '工夫'는 우리나라 발음으로 읽으면 '공부'지만, 일본어에서는 '공부'라는
　뜻으로 쓰이지 않습니다.

도움말

〈제부수, 부수자〉

제부수 – 부수로도 쓰이고 독립하여 쓰이기도 하는 한자
부수자 – 독립하여 쓰이지 못하고 부수로만 쓰이는 한자

N1 小6
4획 / 부수 人(亻)

사람(亻)은 둘(二)만 모여도 어질어야 하니 어질 인

+ 亻 (사람 인 변), 二(둘 이), 어질다 – 마음이 너그럽고 착하며 슬기롭고 덕행이 높다.

음독 **じん, にん**

음독 仁術 인술 仁政 인정(어진 정치)

N2 小5
10획 / 부수 人(亻)

사람(亻) 성격이 굳어져(固) 개인 행동을 하는 낱낱이니 낱 개

+ 固(굳을 고, 진실로 고) – 제목번호 019 참고

음독 **こ**

음독 個々 각각, 낱낱 個人 개인 個性 개성 個別 개별 一個 1개

N2 小5
6획 / 부수 人(亻)

사람(亻)에게 소(牛)처럼 중요한 물건이니 물건 건 또 사람(亻)이 소(牛)에 받힌 사건이니 사건 건

+ 牛(소 우) – 제목번호 083 참고, 한자가 만들어지던 옛날은 농경 사회였기 때문에 집집마다 소가 아주 중요했답니다.

훈독 **くだん** 음독 **けん**

훈독 件 그, 예의, 앞에서 말한 (= くだん)

음독 一件 하나의 사건 事件 사건 人件費 인건비 用件 용건

N1 小5
9획 / 부수 人(亻)

(말로 화를 입는 경우가 많아) 사람(亻)은 입(口)을 말 없는 나무(木)처럼 지키고 보호하니 지킬 보, 보호할 보

+ 口(입 구, 말할 구, 구멍 구), 木(나무 목)

훈독 **たもつ** 음독 **ほ**

훈독 保つ 간직하다, 지니다, 지키다

음독 保守 보수 保母 보모 保育 보육 保険 보험 保温 보온

N2 小5
6획 / 부수 土

한(一) 사람(亻)에게 땅(土)이 있으니 있을 재

+ 一(한 일), 土('흙 토'지만 여기서는 땅으로 봄)

훈독 **ある**　음독 **ざい**

훈독 在る 있다

음독 在学 재학　在日 일본에서 거주함　存在 존재　不在 부재

N2 小6
6획 / 부수 子

한(一) 사람(亻)에게 아들(子)이 있으니 있을 존

+ 子(아들 자, 첫째 지지 자, 자네 자, 접미사 자) – 제목번호 123 참고

음독 **そん, ぞん**

음독 存立 존립(생존하여 자립함)　共存 공존　存外 뜻밖, 의외
ご存じ ① 알고 계심 ② 아는 사람　生存 생존　保存 보존

도움말

〈부수의 명칭과 위치〉

① 머리 · 두(頭) – 글자의 머리 부분에 위치한 부수.
② 발 · 다리 – 글자의 발 부분에 위치한 부수.
③ 몸 · 에운담 – 글자를 몸처럼 에워싸고 있는 부수.
④ 변(辺) – 글자의 왼쪽에 위치한 부수.
⑤ 방(傍) – 글자의 오른쪽에 위치한 부수.
⑥ 엄(掩) – 글자의 위와 왼쪽을 덮고 있는 부수.
⑦ 받침 – 글자의 왼쪽과 밑, 또는 밑을 받치고 있는 부수.
⑧ 제부수 – 부수로만 쓰이는 부수자와 달리, 부수로도 쓰이고 홀로 독립하여 쓰이기도 하는 글자를 이르는 말.
+ 頭(머리 두), 辺(邊: 가 변), 傍(곁 방), 掩(가릴 엄)

〈정리〉 부수가 글자의 머리에 붙으면 [머리 · 두], 발에 붙으면 [발 · 다리], 에워싸고 있으면 [몸 · 에운담], 왼쪽에 붙으면 [변], 오른쪽에 붙으면 [방]('좌변우방'으로 외세요), 위와 왼쪽에 걸치면 [엄], 왼쪽과 밑, 또는 밑을 받치면 [받침], 부수로도 쓰이고 홀로 독립하여 쓰이기도 하면 [제부수], 독립하여 쓰이지 못하고 부수로만 쓰이면 [부수자]

참고자
5획 / 부수 ノ

사람(ㅅ)이 하나(丨) 둘(二)을 세는 잠깐이니 잠깐 사

+ ㅅ[사람 인(人)의 변형], 丨('뚫을 곤'이지만 여기서는 하나로 봄)
+ 참고자 – 상용한자도 아니고 각종 시험에도 나오지 않고 잘 쓰지도 않지만 어원 풀이를 위하여 인용한 글자

훈독 ながら

N3 小2
7획 / 부수 人(亻)

사람(亻)이 잠깐(乍) 사이에 무엇을 지으니 지을 작

훈독 つくる **음독** さく, さ

훈독 作る 만들다 作り方 만드는 방법

음독 作家 작가 作成 작성 作文 작문 作物 작물 工作 공작
作業 작업 動作 동작

+ 'さく' 뒤에 'か행' 글자가 오면 'く'가 'っ(촉음)'로 바뀝니다.

N2 小4
9획 / 부수 日

하루 해(日)가 잠깐(乍) 사이에 넘어가고 되는 어제니 어제 작

+ 日(해 일, 날 일)

음독 さく

음독 昨日 어제 昨年 작년 一昨日 그저께 一昨年 재작년

예외 一昨々日 엊그저께 一昨日 그저께 昨日 어제
一昨年 재작년

+ '昨日'은 'さくじつ'와 'きのう'로 읽습니다. 'さくじつ'는 'きのう'보다 조금 더 격식을 차려서 이야기할 때 쓰입니다.
+ '一昨日'과 '一昨年' 모두 읽는 법이 두 가지입니다. 격식을 차려서 이야기할 때에는 음독으로 읽습니다.

도움말

〈훈독 · 음독〉

일본어에서는 한자를 읽는 방법이 무척 다양하여 훈으로 읽기도 하고 음으로 읽기도 합니다. 훈과 음이 하나가 아니라서 읽는 법이 20개 이상 되는 한자도 있지요.

본문 중에서 훈독이나 음독 중 간혹 어느 부분이 빠진 곳은 그것으로 잘 사용되지 않아서 뺀 곳입니다.

참고자
2획 / 제부수

무릎 꿇고 절하는 어진사람 모습에서 **어진사람 인**
또 **사람 인(人)**이 글자의 발로 쓰일 때 모습으로 **사람 인 발**

+ 발 – 글자의 아래 발 부분에 붙는 부수 이름

N2 小4
7획 / 부수 儿

태어난 지 **일(丨) 일(日)** 정도 되는 **사람(儿)**이면 아이니
아이 아

정자 兒 – 절구(臼)처럼 머리만 커 보이는 사람(儿)이면 아이니 '아이 아'
+ 丨 ('뚫을 곤'이지만 여기서는 숫자 일로 봄), 臼(절구 구) – 제목번호 316 참고,
  절구 – 곡식을 찧거나 빻는 데 쓰는 도구

음독 じ, に
음독 児童 아동 育児 육아 小児科 소아과

N3 小2
6획 / 부수 儿

조금(⺌)씩 **땅(一)**과 **사람(儿)**에게 비추는 빛이니 **빛 광**

+ ⺌[작을 소(小)의 변형], 一('한 일'이지만 여기서는 땅으로 봄)

훈독 **ひかる** 음독 **こう**
훈독 光る ① 빛을 내다, 비치다 ② 빛나다 光 빛
    光り物 ① 빛나는 물건 ② 쇠붙이, 고철
음독 光景 광경 日光 일광 夜光 야광

도움말

〈용어 해설〉

동 – 뜻이 같은 글자, 반 – 뜻이 반대되는 글자, 속 – 속자, 약 – 약자, 원 – 원자, 유 – 글자 형태가 유사한 글자, 참 – 참고 글자

정자(正字) – 속자나 약자가 아닌 원래의 글자로, 원자(原字)라고도 함. 한국에서는 정자를 많이 쓰기에 이 책에서는 한국 한자라 부르기도 했음.

속자(俗字) – 정자(正字)는 아니나 세간에서 흔히 쓰는 글자.

약자(略字) – 쓰는 노력을 아껴 편리함을 도모하기 위한 것으로, 글자의 획 일부를 생략하거나 전체 구성을 간단히 줄인 한자. 주로 일본에서 많이 쓰는 글자 형태이기에 이 책에서는 일본 한자라고 부르기도 했음. 중국에서는 간체자(簡体字)라고 함.

참고자 – 상용한자도 아니고 시험에도 나오지 않지만 어원 풀이를 위하여 인용한 글자.

+ 正(바를 정), 字(글자 자), 原(근원 원), 俗(저속할 속, 속세 속, 풍속 속), 略(간략할 략), 簡(편지 간, 줄일 간), 体(體: 몸 체)

009 元_원 → 完_완 → 院_원

N3 **小2**
4획 / 부수 儿

하늘과 땅(二) 사이에 **사람(儿)**이 원래 으뜸이니
원래 원, 으뜸 원

+ 二('둘 이'지만 여기서는 하늘과 땅으로 봄)

훈독 もと   음독 げん, がん

훈독 元 ① 처음, 시작 ② 본디, 본래   手_て元_{もと} 자기 주위, 주변
地_じ元_{もと} ① 그 고장, 그 지방 ② 자기 생활 근거지

음독 元_{げん}気_き 건강함   元_{げん}首_{しゅ} 원수(수장)   一_{いち}元_{げん} 일원   紀_き元_{げん} 기원
元_{がん}金_{きん} ① 자본금 ② 원금   元_{がん}祖_そ 원조   元_{がん}年_{ねん} 원년(연호의 첫해)

+ '元金'의 '元'은 'もと'로도 읽을 수 있습니다.

N2 **小4**
7획 / 부수 宀

집(宀)을 **으뜸(元)**으로 잘 지으면 모든 것이 갖추어져
완전하니 **완전할 완**

+ 宀 – 집의 지붕을 본떠서 만든 부수자로 '집 면'

음독 かん

음독 完_{かん}工_{こう} 완공   完_{かん}成_{せい} 완성   完_{かん}全_{ぜん} 완전

N3 **小3**
10획 / 부수 阜(阝)

언덕(阝)에 **완전하게(完)** 지은 집이나 관청이니
집 원, 관청 원

+ 阝가 글자의 왼쪽에 붙으면 언덕 부(阜)가 글자의 왼쪽에 붙는 부수인 변으로 쓰이는 경우로 '언덕 부 변'이고, 글자의 오른쪽에 붙으면 고을 읍(邑)이 글자의 오른쪽에 붙는 부수인 방으로 쓰이는 경우로 '고을 읍 방'입니다.

음독 いん

음독 寺_じ院_{いん} 사원, 절   退_{たい}院_{いん} 퇴원   大_{だい}学_{がく}院_{いん} 대학원   入_{にゅう}院_{いん} 입원
病_{びょう}院_{いん} 병원

도움말

〈필순〉
일본 한자의 필순은 한국 한자와 대부분 같지만 가끔 다른 경우도 있습니다. 이 책은 일본 한자의 필순에 따라 실었고, 어원풀이도 필순에 따라 하였습니다.

참고자
7획 / 부수 儿

요모조모(ˇˇ) 생각하여 형(兄)이 마음을 바꾸니 바꿀 태

[정자] 兌 – 요모조모 나누어(八) 생각하여 형(兄)이 마음을 바꾸니 '바꿀 태'
+ 八(여덟 팔, 나눌 팔), 요모조모 – 사물의 요런 면 조런 면

[음독] だ

N2 **小5**
12획 / 부수 禾

(다른 곡식을 수확했어도) 벼(禾)로 바꾸어(兌) 내는 세금이니
세금 세

[정자] 税
+ 禾(벼 화), 벼는 곡식의 대표이고, 오래두어도 변하지 않으니, 옛날에는 벼
로 세금을 냈답니다.

[음독] ぜい

[음독] 税 세, 세금 税金 세금 税法 세법 関税 관세
血税 혈세 免税 면세

N3 **小4**
14획 / 부수 言

(이해하도록) 말(言)을 바꾸어(兌) 가며 달래고 말씀하면 기쁘니
달랠 세, 말씀 설, 기쁠 열

[정자] 説
+ 言(말씀 언) – 제목번호 212 참고

[훈독] とく   [음독] せつ, ぜい

[훈독] 説く 말하다, 설명하다

[음독] 説得 설득 異説 이설(다른 설)
勧説 권설(그 까닭을 잘 설명하여 그렇게 하도록 권함)

도움말

〈어원을 생각하며 한자를 익히는 방법은 아주 쉬워요.〉

어원을 생각하며 한자를 익히는 방법은 아주 간단합니다. 글자를 딱 보아서 부수나 독립된 글자들로 쪼개지지
않으면 그 글자만으로 왜 이런 모양에 이런 뜻의 글자가 나왔는지 생각해보고, 부수나 독립된 글자들로 쪼개지
면 쪼개서 쪼개진 글자들의 뜻을 합쳐 보면 되거든요.
그래도 어원이 생각나지 않을 때는 상상력을 동원하여 나눠진 글자의 앞뒤나 가운데에 말을 넣어 생각해보면
되고요.
한자에서 가장 많은 비중을 차지하고 있는 부수나 독립된 글자로 쪼개지는 글자들은 x + y = z 같은 형식이 기
본이고, x, y, z의 뜻은 이미 알고 있는 상황이니 어째서 이런 구조로 z라는 글자와 뜻을 나타냈는가만 생각하
면 어원이 됩니다.

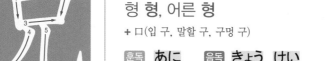

N3 **小2**
5획 / 부수 儿

동생을 **말하며(口)** 지도하는 **사람(儿)**이 형이고 어른이니
형 형, 어른 형

+ 口(입 구, 말할 구, 구멍 구)

[훈독] **あに**　[음독] **きょう, けい**

[훈독] 兄 (나의) 형, 오빠

[음독] 兄弟 형제　義兄 매형, 형부　父兄 학부형

[예외] お兄さん (남의) 형, 오빠

N2 **小4**
9획 / 부수 示(ネ)

신(ネ)께 **입(口)**으로 **사람(儿)**이 비니 **빌 축**
또 좋은 일에 행복을 빌며 축하하니 **축하할 축**

[정자] 祝

+ ネ - 보일 시, 신 시(示)가 글자의 왼쪽에 붙는 부수인 변으로 쓰일 때의
　　모습으로 '보일 시, 신 시 변'

[훈독] **いわう**　[음독] **しゅく, しゅう**

[훈독] 祝う 축하하다, 축복하다　お祝い 축하, 축하 선물

[음독] 祝意 축의　祝歌 축가　祝日 축일　祝言 ① 축언, 축사 ② 혼례

N2 **小4**
20획 / 부수 立

마주 서서(立·立) 두 형(兄·兄)들이 겨루니 **겨룰 경**

+ 立(설 립) - 제목번호 103 참고

[훈독] **きそう, せる**　[음독] **きょう, けい**

[훈독] 競う 다투다, 경쟁하다
競る ① 다투다, 경쟁하다 ② (경매에서) 서로 값을 올리다

[음독] 競技 경기　競合 경합　競争 경쟁　競馬 경마

도움말

〈어원을 생각하며 한자를 익히면 기쁨도 큽니다.〉

수천 년 전에 어떻게 이런 진리를 담아 글자를 만들었는지, 또 나타내고자 하는 대상이나 뜻을 어쩌면 이렇게
간단명료하게 표현했는지, 정말 신비스럽고 무릎을 칠 정도로 기쁘며 생활에도 큰 도움이 됩니다.

그러니 한자의 어원을 생각하는 것은 단순히 글자나 익히는 차원이 아니라 한자에 담긴 세상의 진리와 번뜩이
는 아이디어를 익혀, 우리의 생각을 키우고 일이나 생활에도 100배, 1000배 활용할 수 있는 매우 의미 있는 일
을 하는 셈입니다.

N4 **小2**
4획 / 부수 人

사람(人)이 하나(一)같이 **모여드는(ㄱ)** 때가 바로 이제 오늘이니 이제 금, 오늘 금

+ ㄱ['이를 급, 미칠 급(及)'의 변형]

훈독 **いま**　음독 **こん, きん**

훈독 今 지금　今にも 당장에라도, 금방이라도

음독 今回 ① 이번 회 ② 이번　今月 이번 달　今週 이번 주
今上 현재의 임금

예외 今日 오늘

+ '今日'은 'こんじつ'로도 읽을 수 있습니다. 'こんじつ'는 공식적인 자리나 글에서 주로 쓰이고 'きょう'는 회화에서 많이 씁니다.

N2 **小4**
8획 / 부수 心

지금(今) 마음(心)에 떠오르는 생각이니 생각 념

+ 心(마음 심, 중심 심) – 제목번호 253 참고

음독 **ねん**

음독 念入り 매우 조심함, 정성들임, 공들임　念頭 염두　記念 기념
残念 유감스러움　入念 공을 들임, 정성들임　無念 무념

누구나 지금(今) 앞에 재물(貝)이 있으면 탐내니 탐낼 탐

+ 貝(조개 패, 재물 패, 돈 패) – 제목번호 330 참고

中学
11획 / 부수 貝

훈독 **むさぼる**　음독 **どん**

훈독 貪る 탐내다. 탐하다, 욕심 부리다

음독 貪欲 탐욕(= 貪慾)　貪吏 탐관오리

+ '貪吏'의 '貪'은 'たん'으로도 읽을 수 있습니다.

나눈(分) 재물(貝)이면 몫이 적어 가난하니 가난할 빈

+ 分(나눌 분, 단위 분·푼, 신분 분, 분별할 분, 분수 분)

N2 **小5**
11획 / 부수 貝

훈독 **まずしい**　음독 **ひん, びん**

훈독 貧しい 가난하다, 변변찮다

음독 貧血 빈혈　貧困 빈곤　貧富 빈부　救貧 가난한 사람을 구제함
じり貧 시세가 조금씩 내려감　貧乏 가난함

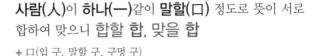

N3 **小2**

6획 / 부수 口

사람(人)이 하나(一)같이 **말할**(口) 정도로 뜻이 서로
합하여 맞으니 **합할 합, 맞을 합**

+ 口(입 구, 말할 구, 구멍 구)

훈독 **あう, あわせる**　음독 **かつ, がつ, ごう**

훈독 合う 맞다, 일치하다　合図 (눈빛이나 몸짓, 소리 등의) 신호
合間 틈, 짬　付き合う 사귀다　試合 시합, 대회
合わせる 맞추다, 맞게 하다　見合わせる 보류하다

음독 合戦 전투, 전쟁　合併 합병　合計 합계　合同 합동
合理 합리　会合 회합

N2 **小3**

9획 / 부수 手(扌)

두 **손**(扌)을 **합하여**(合) 주우니 **주울 습**
또 두 **손**(扌)의 손가락을 **합하면**(合) 열이니 **열 십**

+ 扌(손 수 변)

훈독 **ひろう**　음독 **しゅう, じゅう**

훈독 拾う 줍다

음독 拾得 습득　収拾 거두어서 챙김　拾万円 십 만 엔

+ 계약서와 같은 중요 문서에는 '十' 대신 '拾'을 씁니다.

N2 **小4**

12획 / 부수 糸

실(糸)을 **합치듯**(合) 이어주니 **줄 급**

+ 糸(실 사 변)

훈독 **たまう**　음독 **きゅう**

훈독 給う 주시다, 내리시다

음독 給水 급수　給食 급식　給料 급료　月給 월급　支給 지급

N3 **小2**

12획 / 부수 竹(⺮)

대(⺮)쪽에 글을 써 뜻에 **맞게**(合) 대답하고 갚으니
대답할 답, 갚을 답

+ ⺮(대 죽) – 제목번호 131 참고, 종이가 없었던 옛날에는 대쪽에 글을 썼
답니다.

훈독 **こたえる**　음독 **とう**

훈독 答える 대답하다　答え 답, 대답

음독 答弁 답변　回答 회답　口答 구두 대답　返答 회답　問答 문답

14

참고자
8획 / 부수 人

사람(人)들은 모두 다 **하나(一)**같이 **입(口)**으로 말하며
사람(人)을 사귀니 다 **첨**, 모두 **첨**

[정자] 僉 – 사람(人)들은 하나(一)같이 입들(口口)을 다물고 둘(人人)씩 모두
다 모이니 '다 첨, 모두 첨'

[음독] せん

N1 **小5**
12획 / 부수 木

(좋은 나무를 찾기 위해) **나무(木)**를 **모두(僉)** 검사하니
검사할 검

[정자] 検
+ 木(나무 목)

[음독] けん

[음독] 検査 검사 検算 검산 検討 검토 地検 지검

N2 **小5**
11획 / 부수 阜(阝)

언덕(阝)처럼 **모두(僉)** 험하니 험할 험

[정자] 険
+阝(언덕 부 변)

[훈독] けわしい   [음독] けん

[훈독] 険しい 험하다, 험상궂다
[음독] 険悪 험악 険路 험난한 길 危険 위험 保険 보험
冒険 모험

N3 **小4**
18획 / 부수 馬

말(馬)을 **모두(僉)** 타보며 시험하니 시험할 험

[정자] 験
+ 馬(말 마) – 제목번호 327 참고

[음독] けん, げん

[음독] 経験 경험 効験 효험 実験 실험 体験 체험
験 ① 효험, 효과 ② 조짐, 전조, 징조

N4 **小1**
3획 / 제부수

말하는 입이나 구멍을 본떠서 **입 구, 말할 구, 구멍 구**

훈독 **くち** 음독 **こう, く**

훈독 口 입 甘口 ① 단맛이 돎 ② 단맛을 좋아함
無口 과묵함, 말이 없음 悪口 욕

음독 口述 구술 口頭 구두 火口 ① (점)화구 ② 화산의 분화구 ③ 아궁이
口伝 구전 口調 어조

N4 **小1**
6획 / 부수 口

저녁(夕)에 보이지 않아 입(口)으로 부르는 이름이니 이름 명
또 이름이 모두에게 알려지도록 이름나니 **이름날 명**

+ 夕(저녁 석) – 제목번호 027 참고. 이름은 원래 보이지 않는 어두운 저녁
에 소리 내어 부르는 말이었습니다. 옛날에는 사회생활이 거의 없었기 때
문이지요.

훈독 **な** 음독 **めい, みょう**

훈독 名前 이름 名付ける 이름을 짓다, 명명하다 仮名 가나(일본 문자)

음독 名作 명작 名詞 명사 名人 명인 名答 명답 名物 명물
地名 지명 有名 유명 名字 성씨 本名 본명

N3 **小2**
6획 / 부수 口

축을 중심으로 돌아가는(◎) 모양에서 **돌 회**
또 돌아오는 횟수니 **돌아올 회, 횟수 회**

훈독 **まわる, まわす** 음독 **かい, え**

훈독 回る 돌다 回り ① 돎 ② 차례로 방문함 ③ 회전
回り道 돌아서 가는 길 回す 돌리다 後回し 뒤로 미룸
手回し ① 손으로 돌림 ② 준비 ねじ回し 드라이버

음독 回収 회수 回転 회전 回路 회로 毎回 매번, 매회
巡回 순회 回向 죽은 사람의 명복을 빎 回心 마음을 돌이키는 일

+ '回'가 들어간 단어 중에서 불교와 관련된 단어는 'え'로 읽습니다.

N3 小3
9획 / 부수 口

여러 사람이 **말하여(口口口)** 물건에 대한 등급과 품위를
정하니 물건 **品**, 등급 **品**, 품위 **品**

훈독 **しな**　음독 **ひん**

훈독 品物 물건, 물품　手品 요술, 마술

음독 品質 품질　作品 작품　部品 부품　用品 용품　食品 식품
人品 인품　出品 출품

+ '人品'과 '出品'의 '品'은 'ぴん'으로 읽습니다.

N1 小6
16획 / 부수 手(扌)

손(扌)으로 **물건(品)**과 **나무(木)**를 잡아 다루니
잡을 조, 다룰 조

+ 扌(손 수 변)

훈독 **あやつる, みさお**　음독 **そう**

훈독 操る 조종하다, 다루다　操 지조, 정조

음독 操行 품행　操業 조업　操作 조작　体操 체조

N3 小3
4획 / 부수 匸

감추려고(匸) 베어(乂) 나누니 나눌 구
또 나누어 놓은 구역이니 구역 구

정자 區 – 감추려고(匸) 물건(品)을 나누니 '나눌 구'
또 나누어 놓은 구역이니 '구역 구'

+ 匸(감출 혜, 덮을 혜, = ㄴ), 乂(벨 예, 다스릴 예, 어질 예) – 제목번호
383 참고

음독 **く**

음독 区域 구역　区切る 단락 짓다　区切り 단락　区分 구분
区別 구별　地区 지구

도움말

〈품위 품(品)〉
차나 술이나 음식이나 혼자 먹으면 입(口)만을 위한 것이요, 둘이 먹어도 좀 어색하고, 세 사람 정도가 모여서
먹어야 품위가 있다는 데서 입 구(口) 셋을 써서 '품위 품'이 되었다고도 합니다.

N3 **小2**
4획 / 부수 大

큰 대(大) 밑에 점(丶)을 찍어 더 큼을 나타내어 **클 태**

+ 한자에서는 점 주(丶)나 삐침 별(丿)로 무엇이나 어느 부분을 강조하기도 합니다.

훈독 **ふとい, ふとる** 음독 **たい, た**

훈독 太い 굵다, 뚱뚱하다 太る 살찌다

음독 太平洋 태평양 太陽 태양

N3 **小1**
4획 / 제부수

주인을 크게(大) 점(丶) 찍어 따르는 개니 **개 견**

+ 개는 사납게 짖고 달려들지만 주인은 잘 따르지요.
+ 글자의 왼쪽에 붙는 부수인 변으로 쓰일 때는 犭의 형태로 다른 짐승을 나타낼 때도 쓰이니 '큰 개 견, 개 사슴 록 변'이라 부릅니다.

훈독 **いぬ** 음독 **けん**

훈독 犬 ① 개 ② 첩자, 앞잡이 犬泳ぎ 개헤엄(= 犬かき)

음독 愛犬 애견 一犬 한 마리의 개

N1 **中学**
14획 / 부수 犬(犭)

개(犭)와 개(犬)를 풀어 지키며 무슨 **말(言)**을 하는지 감시하는 감옥이니 **감옥 옥**

+ 言(말씀 언) - 제목번호 212 참고

음독 **ごく**

음독 獄中 옥중 獄死 옥사 監獄 감옥 地獄 지옥 投獄 투옥
破獄 탈옥

N1 **小4**
15획 / 부수 口

여러 사람의 **입들(品)**이 둘러싸고 먹는 **큰(大)** 그릇이나 기구니 **그릇 기, 기구 기**

정자 器 - 여러 마리 개(犬)들의 입들(品)이 둘러싸고 먹이를 먹는 그릇이나 기구니 '그릇 기, 기구 기'

+ 입 구(口) 네 개 안에 큰 대(大)면 일본 한자, 개 견(犬)이면 정자

훈독 **うつわ** 음독 **き**

훈독 器 그릇, 용기

음독 器楽 기악 器具 기구 器用 ① 잔재주가 있음 ② 요령이 좋음
器量 기량(사람의 재능과 도량을 아울러 이르는 말)
計器 계기, 미터 食器 식기 火器 화기

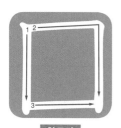

참고자

3획 / 부수자

사방의 둘레를 에워싸니 **둘레 위, 에워쌀 위**
또 둘레를 에워싸 지키는 나라니 **나라 국**

+ 囗은 둘레 위, 에워쌀 위(圍)와 나라 국(国)의 옛 글자지만, 에운담 모양이니 '에운담'이라고도 합니다. 이 책의 어원풀이에서는 모두 '에운담'으로 통일하였습니다.

N2 **小6**

7획 / 부수 囗

에워싸인(囗) 나무(木)는 자라기가 곤란하니 곤란할 곤

+ 나무는 적당한 햇볕과 수분 등이 있어야 잘 자라지요.

훈독 **こまる**　음독 **こん**

훈독 困る 곤란하다, 난처하다

음독 困苦 살림이 몹시 어려움, 어려움을 겪음　困難 곤란함

N2 **小5**

6획 / 부수 囗

에워싼(囗) 큰(大) 울타리에 말미암아 의지하니
말미암을 인, 의지할 인

+ 大(큰 대), 사회가 안정되지 않았던 옛날에는 크고 튼튼한 울타리에 많이 의지하였겠지요.

훈독 **よる**　음독 **いん**

훈독 因る 의존하다, 의지하다

음독 因果 인과　原因 원인　要因 요인

小6

10획 / 부수 心

의지하도록(因) 마음(心) 써주는 은혜니 은혜 은

+ 心(마음 심, 중심 심) - 제목번호 253 참고

음독 **おん**

음독 恩 은혜　恩愛 남에게 자비를 베풀고 사랑함
恩返し 은혜를 갚음　恩師 은사　恩人 은인

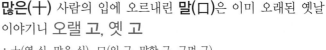

N4 **小2**
5획 / 부수 口

많은(十) 사람의 입에 오르내린 **말(口)**은 이미 오래된 옛날 이야기니 **오랠 고, 옛 고**

+ 十(열 십, 많을 십), 口(입 구, 말할 구, 구멍 구)

훈독 **ふるい, ふるす, いにしえ** 음독 **こ**

훈독 古い 오래되다 古家 낡은 집 古池 오래된 연못 古本 헌 책
着古す 오래 입어 낡게 하다 古 옛날, 지난 날

음독 古今 예로부터 지금까지 古書 고서 古代 고대 中古 중고

N1 **小5**
9획 / 부수 攴(攵)

오래된(古) 일이지만 하나씩 **짚으며(攵)** 묻는 연고 있는 옛날이니 **연고 고, 옛 고**

+ 연고(緣故) – ① 사유(事由) – 일의 까닭
　　　　　　　② 혈통, 정분, 법률 등으로 맺어진 관계
　　　　　　　③ 인연(因緣)
　　　　　　　여기서는 ①의 뜻.
+ 古는 시간상으로 옛날, 故는 연고 있는 옛날입니다.
+ 攵(칠 복, = 攴), 緣(緣: 인연 연), 事(일 사, 섬길 사), 由(까닭 유, 말미암을 유), 因(말미암을 인, 의지할 인)

훈독 **ゆえ** 음독 **こ**

훈독 故 까닭, 이유 故に 그러므로, 따라서

음독 故国 고국 故人 고인 故障 고장 事故 사고

N2 **小4**
8획 / 부수 口

에워싸(口) 오래(古)두면 굳으니 **굳을 고**
또 굳은 듯 진실로 변치 않으니 **진실로 고**

+ 口(에운담)

훈독 **かたい, かたまる, かためる** 음독 **こ**

훈독 固い 단단하다, 딱딱하다, 굳다 固まる 굳다, 모이다
固める 굳히다, 뭉치다

음독 固形 고형 固定 고정 固有 고유 安固 탄탄함

참고자

9획 / 부수 肉(月)

오래(古)된 고기(月)도 즐겨 먹는 오랑캐니 오랑캐 호

+ 月(달 월, 육 달 월)
+ 중국의 변두리에 살던 오랑캐들은 오래된 고기도 즐겨먹었다는 데서 유래된 글자. 미개한 종족이란 뜻으로 멸시하여 부르는 말로도 쓰입니다.

음독 こ, ご, う

음독 胡国 오랑캐 나라, 야만족　胡人 오랑캐　胡麻 참깨
胡散 수상함　胡乱 수상쩍음, 불확실함

예외 胡座 책상다리로 앉음

N2　小3

12획 / 부수 水(氵)

물(氵)이 오랜(古) 세월(月) 고여 있는 호수니 호수 호

+ 氵(삼 수 변)

훈독 みずうみ　**음독** こ

훈독 湖 호수

음독 湖じり 호수 끝의 좁은 부분　湖上 호수 위
江湖 강호, 세상(사람들)

N2　小3

8획 / 부수 草(艹)

풀(艹) 같은 나물도 오래(古)되면 쇠어서 쓰니 쓸 고
또 맛이 쓰면 먹기가 괴로우니 괴로울 고

정자 苦

+ 艹 – 풀 초(草)가 부수로 쓰일 때의 모양으로 대부분 글자의 머리 부분에 쓰이므로 머리 두(頭)를 붙여 '초 두'라 부릅니다. 정자로는 4획인데 일본 한자에서는 줄여서 3획의 艹로 씁니다.
+ 쇠다 – ① 명절, 생일, 기념일 같은 날을 맞이하여 지내다.
　　　　② 채소가 너무 자라서 줄기나 잎이 뻣뻣하고 억세게 되다.
　　　　여기서는 ②의 뜻.

훈독 くるしむ, くるしめる, くるしい, にがい, にがる

음독 く

훈독 苦しむ 괴로워하다, 고생하다　苦しめる 괴롭히다
苦しい 괴롭다　見苦しい 보기 흉하다　苦い 쓰다
苦手 서투름, 질색　苦る 찌푸린 얼굴을 하다

음독 苦役 고역　苦情 고충, 불평　苦心 고심　無茶苦茶 몹시, 마구

21

N2 **小6**
8획 / 부수 草(艹)

풀(艹)이 만약 들쑥날쑥하다면 자주 쓰는 **오른(右)**손으로
잘라 같게 하니 **만약 약, 같을 약, 반야 야**
또 쑥쑥 자라는 **풀(艹)**이나 힘센 **오른(右)**손처럼 젊으니
젊을 약

[정자] 若

+ 반야(般若) – 대승 불교에서, 만물의 참다운 실상을 깨닫고 불법을 꿰뚫는
　지혜
+ 右(오른쪽 우), 般(옮길 반, 일반 반, 반야 반)

[훈독] **わかい, もし**　[음독] **じゃく**

[훈독] 若い 젊다　若々しい 젊디젊다, 싱싱하다　若者 젊은이

若し 만약, 혹시, 만일　若しかしたら 어쩌면　若しくは 또는, 혹은

[음독] 若干 약간　若年 나이가 어림

[예외] 若人 젊은이

021 　各 각 　格 격 　路 로 　略 략

N2 **小4**
6획 / 부수 口

(세상 만물의 이름이 각각 다름을 나타내기 위해서)

이름 명(名)을 변형시켜 **각각 각**

[훈독] **おのおの**　[음독] **かく**

[훈독] 各々 각각, 각기, 각자

[음독] 各月 매달　各校 각 학교　各自 각자　各地 각지

各論 각론　各国 각국

N2 **小5**
10획 / 부수 木

나무(木)로 **각각(各)**의 물건을 만드는 격식이니 **격식 격**
또 모두 격식에 맞게 헤아리니 **헤아릴 격**

[음독] **かく, こう**

[음독] 格技 격투기(씨름 · 레슬링 · 권투 등)　格別 각별(各別), 유별남, 특별함

格差 격차　合格 합격　規格 규격　人格 인격

品格 품격　格子 격자

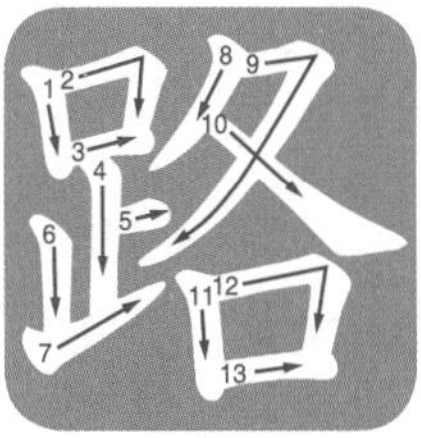

발(⻊)로 각각(各) 걸어 다니는 길이니 길 로

+⻊[발 족, 넉넉할 족(足)의 변형]

훈독 じ　**음독** ろ

훈독 家路 귀갓길　海路 뱃길

+ '海路'의 '海'는 'うみ'로도 읽을 수 있습니다.

음독 路上 노상　通路 통로　道路 도로　十字路 사거리

N2　小3
13획 / 부수 足(⻊)

밭(田)의 경계를 각각(各)의 발걸음으로 간략하게 정하거나
빼앗으니 간략할 략, 빼앗을 략

+ 田(밭 전, 논 전), 길이를 재는 자가 귀하던 옛날에는 발걸음으로 간략히
정하거나 빼앗기도 했다는 데서 생긴 글자

훈독 ほぼ　**음독** りゃく

훈독 略 거의, 대부분, 대개, 대강

음독 略す 간단히 하다, 생략하다　略式 약식　大略 대략
攻略 공략　簡略 간략

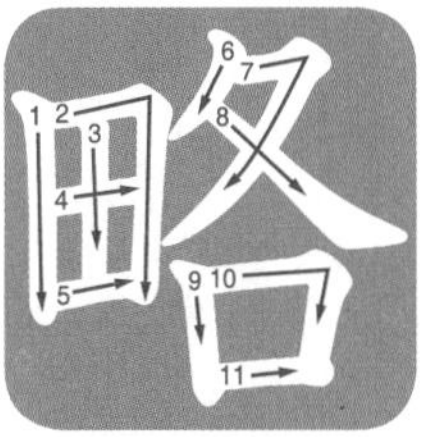

N2　小5
11획 / 부수 田

022 閣 각 > 客 객 > 落 락

문(門)이 각(各) 방향에 있는 누각이니 누각 각
또 각(各) 부문(門)의 일을 맡은 관료들의 모임인 내각이니
내각 각

+ 門(문 문) – 제목번호 154 참고

음독 かく

음독 閣下 각하　金閣寺 긴카쿠지(일본 교토시에 있는 절)
高閣 ① 고층 건물 ② 높은 선반　城閣 성루　内閣 내각
入閣 입각

N1　小6
14획 / 부수 門

N2 **小3**
9획 / 부수 宀

집(宀)에 온 **각각(各)** 다른 손님이니 손님 객

+ 宀 – 집의 지붕을 본떠서 만든 부수자로 '집 면'

음독 **きゃく, かく**

음독 客 손님 客観 객관 客席 객석 客間 응접실, 객실
客員 객원 旅客 여객

N2 **小3**
12획 / 부수 草(艹)

풀(艹)에 맺힌 **물(氵)**방울처럼 **각각(各)** 떨어지니
떨어질 락

정자 落

+ 艹(초 두), 氵(삼 수 변)

훈독 **おちる, おとす** 　음독 **らく**

훈독 落ちる 떨어지다 　落ち着く 자리 잡다, 정착하다
落ち着き 침착, 차분, 안정감 　手落ち 빠뜨림, 부주의, 실수
落す 떨어뜨리다 　落し物 분실물, 유실물 　見落す 간과하다

음독 落下 낙하 　落語 만담 　落第 낙제 　転落 굴러 떨어짐

예외 洒落る 재치가 있다, 세련되다 　洒落 신소리, 익살
お洒落 멋을 냄, 멋

---

023 〉**中** 〉**仲** 〉**沖** 〉**忠**
　　중　　중　　충　　충

N4 **小1**
4획 / 부수 丨

사물(口)의 가운데를 **뚫어(丨)** 맞히니 가운데 중, 맞힐 중

+ 口('에운담'의 변형이지만 여기서는 '사물'로 봄), 丨(뚫을 곤)

훈독 **なか** 　음독 **ちゅう, じゅう**

훈독 中 안, 가운데 　中々 ① 상당히, 꽤 ② 좀체, 그리 간단히는 　中指 중지
+ '中指'의 '中'은 'ちゅう'로도 읽을 수 있습니다.

음독 中央 중앙 　中学生 중학생 　中学校 중학교 　心中 심중
年中 연중, 일 년 내내 　連中 동료, 동아리

N2 **小4**
6획 / 부수 人(亻)

사람(亻) 가운데(中) 두 번째인 버금이니 버금 중
또 사람(亻) 가운데(中)서 중개하니 중개할 중

+ 버금 – 둘째, 다음
+ 중개(仲介)하다 – 제 삼자로서 두 당사자 사이에 서서 일을 주선하다.
+ 亻(사람 인 변), 介(끼일 개)

훈독 **なか** 음독 **ちゅう**

훈독 仲 사이, 관계 仲間 동료, 한 무리
음독 仲介 중개 仲兄 둘째 형
예외 仲人 중매쟁이

+ '仲人'은 'ちゅうにん'으로도 읽을 수 있습니다.

N1 **小4**
7획 / 부수 水(氵)

물(氵) 가운데(中) 섞인 듯 화하고 트이니 화할 충, 트일 충
또 물(氵)과 위에 언 얼음 가운데(中)처럼 비니 빌 충
또 빈 공중으로 날아오르니 오를 충

+ 화(和)하다 – ① (무엇을) 타거나 섞다.
　　　　　　　 ② (날씨나 바람 · 마음 등이) 온화하다.
+ 화(化)하다 – 다른 상태가 되다.
　　　　　　　 여기서는 和의 뜻.
+ 沖은 일본어에서 ① 물가에서 멀리 떨어진 바다 위 또는 호수 위 ② (논
　밭 · 벌판에서) 앞에 멀리 트인 곳을 나타내기도 합니다.

훈독 **おき** 음독 **ちゅう**

훈독 沖 앞바다 沖合 앞바다 부근 沖釣 바다낚시
　　 沖縄県 오키나와 현(일본 현의 하나)
음독 沖積 충적(흙과 모래가 흐르는 물에 운반되어 쌓임)
　　 沖天 충천(하늘 높이 오름)

N1 **小6**
8획 / 부수 心

가운데(中)서 우러나는 마음(心)으로 대하는 충성이니
충성 충

+ 心(마음 심, 중심 심) – 제목번호 253 참고

음독 **ちゅう**

음독 忠犬 충견 忠告 충고 忠実 충실 忠誠 충성 不忠 불충

N2 小5
5획 / 부수 口

중립(中)을 지키며(乀) 써야 하는 역사니 역사 사

+ 中[가운데 중, 맞힐 중(中)의 변형], 乀('파임 불'이지만 여기서는 굳게 지키는 모습으로 봄)
+ 역사는 후대에 가르침이 되도록 함이 목적이니, 어느 쪽으로도 치우치지 않게 중립을 지키며 사실대로 써야 하지요.

음독 **し**

음독 史学 사학 史実 사실 女史 여사 日本史 일본사
有史以来 유사 이래 歴史 역사

N1 中学
6획 / 부수 口

한(一)결같이 중립(中)을 지키며(乀) 공정하게 일해야 하는 관리니 관리 리

음독 **り**

음독 官吏 관리(국가 공무원의 통칭)

N3 小3
8획 / 부수 人(亻)

사람(亻)이 관리(吏)로 하여금 일을 하도록 부리니 하여금 사, 부릴 사

훈독 **つかう**   음독 **し**

훈독 使う 사용하다, 쓰다 お使い 심부름 使い道 ① 용도 ② 사용법
음독 使節 사절 使用 사용 行使 행사 天使 천사

N4 **小1**
4획 / 제부수

해(☀)의 둥근 모양과 가운데 흑점을 본떠서 해 **일**
또 해가 뜨고 짐으로 구분하는 날이니 날 **일**

[훈독] **か、ひ** [음독] **にち、じつ**

[훈독] 二日 이틀 三日 사흘 日 날 日の入り 일몰
日付 (작성, 발송, 접수한) 날짜 日の出 일출

[음독] 日時 일시 日曜日 일요일 日中 주간, 낮 毎日 매일
先日 요전 날 当日 당일

말할 때 **입(口)**에서 **소리(一)**가 나옴을 본떠서 가로 **왈**

+ 가로다 – '말하다'를 예스럽게 이르는 말
+ 세로로 길면 해 일, 날 일(日), 가로로 길면 가로 왈(曰) – 해처럼 둥근 것
  은 어디로든지 길쭉해도 되지만, 가로로 길쭉한 입에서 소리가 나오는 모
  양을 본떠서 만든 '가로 왈(曰)'은 가로로 길쭉해야 하니, 가로로 길쭉한 가
  로 왈(曰)과 구분하기 위하여 해 일, 날 일(日)은 세로로 길쭉하게 만들었
  네요.

[훈독] **いわく** [음독] **えつ**

참고자
4획 / 제부수

해(日)처럼 밝게 분명히 **말하는(曰)** 사람이 빛나니 빛날 **창**

+ 매사 긍정적이고 태도가 분명한 사람이 빛나지요.

[음독] **しょう**

[음독] 昌平 국운이 융성하고 세상이 태평함

N1 참고자
8획 / 부수 日

도움말

〈둥근 것을 본떠 만든 글자가 어찌 네모일까?〉

한자가 만들어지던 시절에는 종이나 좋은 필기도구가 없어서, 짐승의 뼈나 나무, 바위 등의 딱딱한 곳에 딱딱한
도구로 글자를 새겼기에, 둥글게 새기기가 네모로 새기기보다 어려웠기 때문입니다. 그래서 한자에 둥근 글자
는 없고 해 일(日), 눈 목(目)처럼 둥근 것을 본떠서 만든 글자도 네모랍니다.

입(口)으로 빛나게(昌) 노래 부르니 노래 부를 창

훈독 となえる **음독** しょう

훈독 唱える ① 소리 내어 읽다 ② (큰소리로) 외치다

음독 愛唱 애창 歌唱 가창 合唱 합창 提唱 제창(어떤 일을 처음 내놓아 주장함) 斉唱 여러 사람이 다 같이 큰 소리로 외침(↔ 独唱)

N1 **小4**
11획 / 부수 口

026
更 경(갱) / 便 편(변)

한(一) 번 말(曰)하면 사람(乂)들은 고치거나 다시 하니
고칠 경, 다시 갱

+ 曰(가로 왈), 乂[사람 인(人)의 변형], 한 번 말하면 좋은 사람은 고치지만 그렇지 못한 사람은 다시 하지요.

훈독 さら, ふかす, ふける **음독** こう

훈독 更に 더욱더, 다시, 조금도 今更 이제 와서, 새삼스러움
夜更かし 밤늦게까지 자지 않음 夜更け 밤이 깊어짐

음독 更新 갱신 更生 갱생 変更 변경

N2 **中学**
7획 / 부수 曰

사람(亻)이 잘못을 고치면(更) 편하니 편할 편
또 누면 편한 똥오줌이니 똥오줌 변

+ 편할 편(便)에 어찌 '똥오줌 변'이란 뜻이 있을까요?
조금만 생각해 봐도 누면 편한 것이 똥오줌이니 그런 것임을 알 수 있지요. 이렇게 한 글자에 둘 이상의 뜻이 있으면 무조건 외는 시간에 왜 그럴까를 생각해보세요. 생각해보면 그런 뜻이 붙게 된 이유가 생각나고, 이렇게 익히면 분명히 외워지고 오래 잊히지 않습니다.

훈독 たより **음독** べん, びん

훈독 便り ① 편의, 편리 ② 기회 ③ 소식, 편지

음독 便 ① 대소변 ② 편의, 편리 小便 소변 大便 대변 不便 불편
便 ① 편지, 소식 ② 형편 船便 배편 郵便 우편

N3 **小4**
9획 / 부수 人(亻)

N4 **小1**
4획 / 제부수

초승달( )을 본떠서 달 월
또 **고기 육(肉)**이 글자의 부수로 쓰일 때의 모습으로 보아서
육 달 월

+ 고기 육(肉)이 부수로 쓰일 때의 月은 원래의 '달 월'과 구분하기 위하여 '육 달 월'이라 부릅니다.
+ 글자의 왼쪽이나 아래에 붙는 月은 대부분 고기 육(肉)이 부수로 쓰일 때의 모습인 '육 달 월'이고, 글자의 오른쪽에 붙는 月은 대부분 달 월(月)이 부수로 쓰일 때의 모양입니다.

훈독 **つき** 음독 **げつ, がつ**

훈독 月 달 月日 ① 날짜 ② 세월 月見 달구경 一月 한 달
三日月 초승달
음독 月曜日 월요일 月光 월광 満月 보름달 七月 7월

초승달 일부가 구름에 **가려진(→)** 모양을 본떠서
저녁 석

+ 이미 초승달을 본떠서 '달 월(月)'을 만들었으니, 초승달 일부가 구름에 가려진 모양으로 '저녁 석(夕)'을 만들었네요. 초승달은 초저녁 서쪽 하늘에 잠깐 떴다가 지니까요.

N3 **小1**
3획 / 제부수

훈독 **ゆう** 음독 **せき**

훈독 夕べ 저녁 夕方 저녁 때, 해질 무렵
夕立 (여름 오후에 내리는) 소나기 夕日 석양
음독 日夕 낮과 밤 朝夕 ① 아침저녁 ② 늘, 언제나
+ '朝夕'은 'あさゆう'로도 읽을 수 있습니다.
예외 七夕 칠월칠석

(세월이 빨라) **저녁(夕)**과 **저녁(夕)**이 거듭되어 많으니
많을 다

N4 **小2**
6획 / 부수 夕

훈독 **おおい** 음독 **た**

훈독 多い 많다 数多い 수효가 많다, 수가 많다
음독 多数 다수 多分 아마 多量 다량

못자리의 **벼(禾)**가 **많이(多)** 자라면 옮겨 심듯 옮기니
옮길 이
+ 禾(벼 화) - 제목번호 052 참고
+ 벼는 일단 못자리에 씨앗을 뿌렸다가 어느 정도 자라면 본 논에 옮겨 심는데,
  이것을 '모내기'라 하지요.

| 훈독 | **うつる, うつす** | 음독 | **い** |

훈독 移る ① 옮기다, 이동하다 ② (마음 등이) 변하다 家移り 이사

移す ① 옮기다 ② 마음을 딴 곳으로 돌리다(변심하다)

음독 移行 이행, 바뀜 移転 이전 移民 이민

해(日)와 **달(月)**이 같이 뜬 것처럼 밝으니 밝을 명

| 훈독 | **あかるい, あきらか, あける, あかす** |

| 음독 | **めい, みょう** |

훈독 明かり 빛, 등불 明るい 밝다 明らか 분명함, 명백함

明ける ① (날이) 새다, 밝다 ② 새해가 되다

夜明け 새벽(= 明け方)

明かす (숨긴 것, 비밀 등을) 털어놓다, 밝히다

음독 明白 명백함 発明 발명 文明 문명 明後日 내일 모레

예외 明日 내일

+ '明後日'은 'あさって'로도 읽을 수 있습니다.
+ '明日'은 'あした'로 주로 읽지만 'あす'로도 읽을 수 있습니다.

밝게(明) 그릇(皿)에 물 떠놓고 맹세하니 맹세할 맹
+ 皿(그릇 명) - 제목번호 274 참고, 옛날에는 그릇에 물을 떠놓고 맹세했답니다.

| 음독 | **めい** |

음독 血盟 혈맹 同盟 동맹 連盟 연맹

N4 **小1**
4획 / 제부수

가지 달린 **나무(木)**를 본떠서 나무 목

훈독 **き, こ**   음독 **もく, ぼく**

훈독 木_き 나무   青木_{あおき} 생나무, 상록수, 식나무   木の葉_{き は} 나뭇잎

음독 木曜日_{もくようび} 목요일   木材_{もくざい} 목재   木石_{ぼくせき} 목석   土木_{どぼく} 토목
大木_{たいぼく} 거목, 큰 나무

+ '大木'은 'おおき'로도 읽을 수 있습니다.

N4 **小1**
6획 / 부수 人(亻)

사람(亻)이 **나무(木)** 옆에서 쉬니 쉴 휴

+ 유 体(몸 체) – 제목번호 157 참고
+ 나무는 그늘도 만들어 주고 산소와 피톤치드도 많이 나와 건강에 좋다지요.

훈독 **やすむ, やすまる, やすめる**   음독 **きゅう**

훈독 休む_{やす} 쉬다   休み_{やす} 쉼, 쉬는 시간   夏休み_{なつやす} 여름 방학, 여름휴가
一休み_{ひとやす} 잠깐 쉼   昼休み_{ひるやす} 점심시간   休まる_{やす} 편안해지다
休める_{やす} 쉬다, 쉬게 하다

음독 休火山_{きゅうかざん} 휴화산   休学_{きゅうがく} 휴학   休日_{きゅうじつ} 휴일   定休日_{ていきゅうび} 정기 휴일

N2 **小4**
5획 / 부수 木

(종이가 없던 옛날에) **나무(木)**판에 몸 **구부리고(乚)** 글자를
새겨 만든 편지나 패나 돈이니 편지 찰, 패 찰, 돈 찰

+ 乚[새 을, 둘째 천간 을, 굽을 을(乙)이 부수로 쓰일 때의 모습], 패 – 어떤
  사물의 이름, 성분, 특징 등을 알리기 위하여 새긴 조그마한 조각

훈독 **ふだ**   음독 **さつ**

훈독 札_{ふだ} 표, 팻말   名札_{なふだ} 명찰, 명패

음독 お札_{さつ} 지폐   改札口_{かいさつぐち} 개찰구   一万円札_{いちまんえんさつ} 만 엔 권   落札_{らくさつ} 낙찰(경매나
경쟁 입찰 등에서 물건이나 일이 어떤 사람이나 업체에 돌아가도록 결
정하는 일)

N2 小4
5획 / 부수 木

나무(木)에서 긴 가지(一) 끝이니 끝 말

훈독 **すえ** 음독 **まつ, ばつ**

훈독 末 끝 ^{すえ} 末っ子 막내 ^{すえ こ}

음독 末日 말일 ^{まつじつ} 末期 말기 ^{まっ き} 月末 월말 ^{げつまつ} 週末 주말 ^{しゅうまつ} 年末 연말 ^{ねんまつ}
末弟 막냇동생 ^{ばってい}

+ '末弟'는 'まってい'로도 읽습니다.

N4 小1
5획 / 부수 木

나무 목(木) 아래, 즉 뿌리 부분에 일(一)을 그어 나무에서는 뿌리가 제일 중요한 근본임을 나타내어 근본 본, 뿌리 본 또 근본을 적어 놓은 책이나 물건이니 책 본, 물건 본

훈독 **もと** 음독 **ほん**

훈독 本 시초, 근본 ^{もと}

음독 本 책 ^{ほん} 本格 본격 ^{ほんかく} 本人 본인 ^{ほんにん} 本部 본부 ^{ほん ぶ} 本文 본문 ^{ほんぶん}
一本 한 자루 ^{いっぽん} 日本 일본 ^{に ほん} 見本 견본 ^{み ほん}

+ '本'은 연필, 담배, 우산과 같이 가늘고 긴 물건을 셀 때 쓰는 조수사로도 사용됩니다. '本' 앞에 오는 숫자에 따라 'ほん'이 'ぽん'이나 'ぼん'으로 읽혀지기 때문에 주의해야 합니다.
一本(いっぽん), 二本(にほん), 三本(さんぼん), 四本(よんほん), 五本(ごほん), 六本(ろっぽん), 七本(ななほん), 八本(はっぽん), 九本(きゅうほん), 十本(じゅっぽん)

도움말

〈이 책에 적용한 '한자 3박자 연상 학습법'〉

한자 3박자 연상 학습법(LAM ; Learning for Associative Memories)은 어렵고 복잡한 한자를 무조건 통째로 익히지 않고, 부수나 독립된 글자로 나누어 ① 머리에 쏙쏙 들어오는 생생하고 명쾌한 어원으로, ② 동시에 관련된 글자들도 익히면서, ③ 그 글자가 쓰인 단어들까지 생각해 보는 방법입니다.

복잡하고 어려운 한자를 무조건 외는 방식이 아니라 그런 글자가 만들어진 어원을 생각하며 이해하는 방식이니, 이해가 바탕이 되어 보다 분명하게 익혀지고, 한자에 담긴 세상의 진리와 번뜩이는 아이디어를 익혀 생활에 활용할 수도 있으며, 한자 3박자 연상 학습법이 저절로 몸에 익혀져 어떤 한자를 보아도 자신 있게 분석해 보고 뜻을 생각해 볼 수 있는 안목도 생깁니다.

또 일상생활에서 만나는 어려운 단어의 뜻을 막연히 껍데기로만 알지 않고 분명하게 아는 습관이 길러져, 정확하고 풍부한 어휘력(語彙力)이 길러지며, 정확하고 풍부한 어휘력을 바탕으로 자신 있는 언어생활, 당당한 사회생활도 하게 될 것입니다.

+ 語(말씀 어), 彙(무리 휘), 力(힘 력), 어휘(語彙) – 어떤 일정한 범위 안에서 쓰이는 단어의 수효. 또는 단어의 전체

N2 **小4**
5획 / 부수 木

N3 **小3**
8획 / 부수 口

N3 **小2**
8획 / 부수 女

**나무(木)에서 짧은 가지(-)니 아직 자라지 않았다는 데서
아닐 미, 아직 ~ 않을 미, 여덟째 지지 미**

+ 木(나무 목) 위에 한 일(一)이 길면 긴 가지 끝을 나타내어 '끝 말(末)', 짧
으면 짧은 가지를 나타내어 아직 자라지 않았다는 데서 '아닐 미, 아직 ~
않을 미, 여덟째 지지 미(未)'입니다.

음독 **み**

음독 未開 미개　未完成 미완성　未決 미결　未知 미지　未定 미정

입(口)에서 아니(未) 삼키고 보는 맛이니 맛 미

+ 口(입 구, 말할 구, 구멍 구)

훈독 **あじ, あじわう** 음독 **み**

훈독 味 ① 맛 ② 운치, 재치　味わう ① 맛보다 ② 감상하다
味わい ① 맛, 풍미 ② 차차 알게 되는 재미

음독 味方 자기편, 아군　気味 기미, 경향, 기색　地味 수수함, 검소함
三味線 샤미센(일본 전통 악기)

예외 美味しい 맛있다

여자(女)가 나보다 아니(未) 큰 누이니 누이 매

+ 女(여자 녀)

훈독 **いもうと** 음독 **まい**

훈독 妹 (나의) 여동생
음독 姉妹 자매　末妹 막내 여동생

N2 **小4**
8획 / 부수 木

과실(田)이 **나무(木)** 위에 열린 모양을 본떠서 과실 **과**
또 과실은 그 나무를 알 수 있는 결과니 결과 **과**

+ 田('밭 전, 논 전'이지만 여기서는 과실로 봄)
+ 좋은 과실이 열리면 좋은 나무이듯이 열린 과실을 보면 그 나무의 좋고 나
  쁨을 알 수 있지요. 과실은 원래 田모양이지만 일찍부터 있었던 田(밭 전,
  논 전)과 구별하기 위하여 밑에 木(나무 목)을 붙여 만든 글자입니다.

훈독 はたす, はてる **음독** か

훈독 果して 과연, 역시 果す 완수하다, 달성하다 果て 끝
　　　果てる ① 끝나다 ② 목숨이 다하다

음독 果実 열매 果報者 행운아 結果 결과

예외 果物 과일

N2 **小4**
15획 / 부수 言

말(言)을 들은 **결과(果)**로 세금을 부과하니 부과할 **과**
또 **말(言)**로 **결과(果)**를 적어 놓은 과목이니 과목 **과**

+ 言(말씀 언) – 제목번호 212 참고

음독 か

음독 課 과(교재의 작은 한 부분) 課外 과외 課業 과업
　　　課税 과세 日課 일과

N2 **小4**
11획 / 부수 ⺍

작은 **점들(⺍)**처럼 매달린 **과실(果)** 모양으로 지은 새집이니
새집 소

정자 巢 – 풀을 개미허리(巛)처럼 구부려 과실(果) 모양으로 지은 새집이니
　　　'새집 소'

+ 巛[내 천(川)이 부수로 쓰일 때의 모습으로 개미허리 같다 하여 '개미허리
  천'이라 부름]

훈독 す **음독** そう

훈독 巣 ① 새, 짐승, 곤충 등의 집 ② 보금자리
　　　巣籠もり ① 새가 둥지에 틀어박혀 있는 것
　　　　　　　 ② (외출 등을 삼가하고) 집에 틀어박혀 있는 것

음독 卵巣 난소(동물의 암컷의 생식 기관. 알을 만들고 여성 호르몬을 분비
　　　함. 알집)

N3 **小1**
8획 / 부수 木

나무(木)와 나무(木)가 우거진 수풀이니 수풀 림

훈독 **はやし**　음독 **りん**

훈독 林 숲　竹林 대나무 밭

+ '竹林'은 'ちくりん'으로도 읽습니다.

음독 林業 임업　林野 임야　山林 산림, 산과 숲

N3 **小1**
12획 / 부수 木

나무(木)가 수풀(林)보다 더 빽빽하니 나무 빽빽할 삼
또 나무가 빽빽하게 죽 늘어선 엄숙한 모양이니 엄숙한 모양 삼

+ 나무 목(木) 둘이면 수풀 림(林), 셋이면 나무 빽빽할 삼, 엄숙한 모양 삼(森)

훈독 **もり**　음독 **しん**

훈독 森 숲　森路 숲길

음독 森林 삼림

N2 **小5**
13획 / 부수 示

숲(林)은 보기(示)만 할 뿐 함부로 베지 못하도록 금하니
금할 금

+ 示(보일 시, 신 시) - 제목번호 258 참고

음독 **きん**

음독 禁ずる 금하다　禁止 금지　禁物 금물

N2 **小5**
14획 / 부수 止

언덕(厂) 아래 수풀(林) 속에 그쳐(止) 겨울을 지내니
지낼 력
또 지내며 겪으니 겪을 력

정자 歷 – 굴 바위(厂) 아래에 벼 같은 곡식들(禾禾)을 쌓아 놓고 그쳐(止)
　　　　겨울을 지내니 '지낼 력'
　　　　또 지내며 겪으니 '겪을 력'
+ 止(그칠 지), 禾('벼 화'로 곡식의 대표)

음독 **れき**

음독 歷代 역대　歷任 역임　学歷 학력　来歷 내력

N1 **中学**
6획 / 부수 木

N1 **小6**
10획 / 부수 木

작아(ノ) 아직 자라지 않은(未) 어린 싹은 붉으니 붉을 주

+ 돋아나는 어린 싹은 대부분 붉지요.
+ 떨어지는(ノ) 시(十)월의 나뭇(木)잎은 대부분 붉으니 '붉을 주'라고도 합니다.
+ ノ('삐침 별'이지만 여기서는 작거나 떨어지는 모습), 未(아닐 미, 아직 ~ 않을 미, 여덟째 지지 미)

음독 しゅ

음독 朱肉 인주 洗い朱 주황색

나무(木)의 붉은(朱) 뿌리 부분인 그루터기니 그루터기 주
또 그루터기 같은 뿌리로 나무를 세는 단위인 그루니 그루 주
또 나무를 세는 그루처럼 자본을 세는 주식이니 주식 주

훈독 かぶ

훈독 株 그루터기, 그루 株価 주가 株式 주식 株主 주주
頭株 두목, 간부

〈이 책에 나오는 어원은 무조건 외지 말고 이해하도록 하세요.〉

이 책에 나온 어원을 읽으시다 좀 이상하다고 생각되면 나름대로 어원을 생각해 보세요. 한자는 오랜 세월에 걸쳐서 만들어졌기 때문에 어원이 여러 가지인 글자도 많고, 또 시대가 바뀌어 현대에 이해하기 어려운 어원도 많습니다.

한자는 글자마다 뜻을 담고 있는 뜻글자니 글자와 그 글자가 나타내는 뜻 사이에는 가장 자연스럽고 긴밀한 이유(어원)가 있을 것이고, 우리는 그 어원을 가장 자연스럽고 가장 긴밀한 말로 찾아내야 하지요. 그러기 위하여 어찌 이런 모습이나 이런 구조로 이런 뜻의 글자를 만들었을까, 또 이런 뜻을 나타내려면 어떤 구조가 가장 효과적일까를 생각해야 하는데, 나눠진 글자대로 해석해서 이상한 어원이 나오면 다른 각도로 생각해보아야 합니다.

저는 가급적 그 글자가 만들어진 원래의 어원에 충실하되 현대에 이해하기 어려운 어원은 제 나름대로 쉽게 재구성해본 것이니, 책에 나온 어원을 무조건 그대로 외지 말고 나름대로 더 명쾌한 어원도 생각하면서 이해하도록 하세요.

이해가 바탕이 되면 저절로 익혀지고 오래도록 잊히지 않습니다.

N2 **小3**
9획 / 부수 目

나무(木)처럼 마주서서 서로의 모습을 **보니(目)**
서로 상, 모습 상, 볼 상
또 임금과 서로 이야기 하는 재상이니 재상 **상**

+ 재상(宰相) – 임금을 돕고 모든 관원을 지휘하고 감독하는 이품 이상의 벼슬
+ 目(눈 목, 볼 목, 항목 목), 宰(주관할 재, 재상 재)

훈독 **あい**   음독 **そう, しょう**

훈독 相性 성격, 궁합이 맞음 相づち 맞장구 相手 상대방
あいしょう   あい   あいて

음독 相当 상당히 相場 시세, 시가 手相 손금 外相 외무 장관
そうとう   そうば   てそう   がいしょう
首相 수상
しゅしょう

N2 **小3**
15획 / 부수 竹(⺮)

대(⺮)를 **서로(相)** 걸어 짠 상자니 상자 상

+ ⺮(대 죽) – 제목번호 131 참고, 자재가 귀했던 옛날에는 상자도 대로 만
들었답니다.

훈독 **はこ**

훈독 箱 상자 ごみ箱 쓰레기통 郵便箱 우체통
はこ   ばこ   ゆうびんばこ

N2 **小3**
13획 / 부수 心

서로(相) 마음(心)으로 생각하니 생각할 상

+ 心(마음 심, 중심 심) – 제목번호 253 참고

훈독 **おもい, おもう** 음독 **そ, そう**

훈독 想い出 추억, 추상(= 思い出)
おも で   おも で

음독 愛想 붙임성, 정나미 回想 회상 感想 감상 発想 발상
あいそ   かいそう   かんそう   はっそう
理想 이상
りそう

N2 / 小5
7획 / 부수 人

(다 가고) **사람(人) 한(一)** 명만 **나무(木)**처럼 남아 있는 나니

남을 여, 나 여

정자 餘 – 먹고(飠) 남으니(余) '남을 여'
+飠[밥 식, 먹을 식(食)이 정자에서 글자의 왼쪽에 붙는 부수인 변으로 쓰일 때의 모양으로 '밥 식, 먹을 식 변']

훈독 **あまる, あます** 음독 **よ**

훈독 余る ① 남다 ② 지나치다, 넘치다
余り ① 나머지, 여분 ② 너무, 지나치게 余す 남기다
음독 余所 다른 곳, 남의 집 余所見 한눈 팖, 곁눈질
余念 여념, 잡념 月余 한 달 남짓

N2 / 小6
10획 / 부수 阜(阝)

언덕(阝)에 **남은(余)** 적을 제거하여 덜어내니

제거할 제, 덜 제

또 덜어 내듯이 나누니 **나눗셈 제**

+阝(언덕 부 변)

훈독 **のぞく** 음독 **じょ**

훈독 除く 제거하다 取り除く 없애다, 제거하다
음독 除名 제명 解除 해제 切除 절제, 잘라 냄 防除 방제
免除 면제

N3 / 小2
9획 / 부수 草(艹)

풀(艹)처럼 **사람(人)**이 **나뭇(木)**잎을 끓여 마시는 차니

차 차, 차 다

정자 茶

음독 **ちゃ, さ**

음독 茶 차 茶器 다기 お茶の子 ① 아침에 먹는 찬 죽 ② 식은 죽 먹기
無茶 ① 터무니없음 ② 엉망진창 茶道 다도

+ '茶道'의 '茶'는 'ちゃ'로도 읽을 수 있습니다.
+ 마시는 차를 말할 때는 '茶' 앞에 미화어 'お'를 붙여서 'お茶'라고 합니다.
+ 미화어(美化語) – 사람에 대한 경의(敬意)와는 관계없이 어떤 사물을 고상하게 일컫는 말

N3 **小1**
5획 / 제부수

경계 짓고 나눈 밭이나 논의 모습에서 **밭 전, 논 전**

+ 田은 한국 한자와 필순이 다릅니다.

훈독 **た**　음독 **でん**

훈독 田 논, 논밭　青田 벼가 익지 않은 논　田んぼ 논

음독 田地 전지, 논밭으로 되어 있는 땅　火田 화전
　　　水田 수전, 무논, 수답

N2 **小3**
9획 / 부수 田

풀과 나무를 **불(火)**살라 버리고 일군 **밭(田)**이니 **밭 전**

또 밭 같은 어떤 영역이니 **영역 전**

+ 火(불 화)

훈독 **はたけ, はた**

훈독 畑 ① 밭 ② 전문 분야, 영역　麦畑 보리밭　畑作 밭농사
　　　田畑 논밭, 전답

N2 **小2**
11획 / 부수 糸

실(糸)처럼 **밭(田)**이랑이 가느니 **가늘 세**

+ 糸(실 사 변)

훈독 **ほそい, こまかい, こまやか**　음독 **さい**

훈독 細い 가늘다, 좁다　心細い 불안하다
　　　細か ① 잔 모양 ② 자세한 모양　細かい 꼼꼼하다, 세세하다
　　　細やか 세밀함, 자상함

음독 細工 세공　細見 자세히 봄

도움말

〈혼자서 쉽고 재미있게 익힐 수 있도록 만든 책〉

이 책만으로 사전이나 누구의 도움 없이도 혼자서 쉽고 재미있게 익힐 수 있도록 모든 글자에 주를 달고 자세하게 설명하였지만, 바로 앞에 나온 글자나 보통 수준이라면 다 알 수 있는 쉬운 한자는 주를 생략한 경우도 있습니다.

내용을 읽으시다가 주에 없는 글자 풀이는 바로 앞부분을 보시고, 활용 단어는 표제자로 된 단어이니 각자 글자대로 해석해보면서 뜻도 보세요.

일본 한자와 정자가 다른 경우에, 주는 '일본 한자(정자: 훈·음)' 방식으로 달아, 구분하여 익히도록 하였습니다.

N3 小2
9획 / 부수 心

나눠놓은 **밭(田)**처럼 **마음(心)**으로 요모조모 생각하니
생각할 사

+ 心(마음 심, 중심 심) – 제목번호 253 참고

훈독 **おもう**　음독 **し**

훈독 思う 생각하다　思い付き ① 문득 생각이 남 ② 고안
片思い 짝사랑

음독 思想 사상　深思 깊이 생각함

N4 小1
7획 / 부수 田

밭(田)에 나가 **힘(力)**써 일하는 사내니 사내 남

+ 力(힘 력)

훈독 **おとこ**　음독 **だん, なん**

훈독 男 남자　男前 남자다운 풍채, 용모　大男 (몸집이) 큰 남자

음독 男子 사내아이, 아들　男児 남아　男性 남성　長男 장남
美男 미남

N2 小6
9획 / 부수 肉(月)

밭(田)처럼 넓어 **몸(月)**에서 음식물을 담아 소화시키는
밥통이니 밥통 위

+ 윤 冐 – 아무것이나 말하고(曰) 바라보면(目) 위험을 무릅쓰니 '무릅쓸 모'
　　　 – 중학교
+ 月(달 월, 육 달 월), 曰(가로 왈), 目(눈 목, 볼 목, 항목 목)

음독 **い**

음독 胃 위　胃炎 위염　胃痛 위통

사람(人) 사이(刀)에 끼이니 끼일 개

음독 **かい**

음독 介護 간호 介在 개재 介入 개입
<small>かいご</small> <small>かいざい</small> <small>かいにゅう</small>

N2 中学
4획 / 부수 人

밭(田) 사이에 **끼어(介)** 있는 경계니 경계 계
또 여러 나라의 경계로 나누어진 세계도 뜻하여 세계 **계**

음독 **かい**

음독 学界 학계 外界 외계 世界 세계
<small>がっかい</small> <small>がいかい</small> <small>せ かい</small>

N3 小3
9획 / 부수 田

도움말

〈한자가 만들어진 원리인 육서(六書)〉

한자는 육서(六書)라는 원리로 만들어졌습니다. 그래서 이 六書만 제대로 이해하면 아무리 복잡한 글자라도 쉽게 익힐 수 있지요.

(1) 상형(象形) – 눈에 보이는 구체적인 사물의 모양(形)을 본떠서(象) 만든 그림과 같은 글자.
    예 山 (높고 낮은 산을 본떠서 '산 산')

(2) 지사(指事) – 눈에 안 보이는 개념이나 일(事)을 점이나 선으로 나타낸(指) 부호와 같은 글자.
    예 上 [일정한 기준(一)보다 위로 오르니 '위 상, 오를 상']

(3) 회의(会意) – 이미 만들어진 둘 이상의 글자가 뜻(意)으로 모여(会) 만들어진 글자, 즉 뜻만 모은 글자.
    예 日 + 月 = 明 (해와 달이 같이 있는 듯 밝으니 '밝을 명')

(4) 형성(形声) – 이미 만들어진 둘 이상의 글자가 일부는 뜻(形)의 역로, 일부는 음(声)과 뜻의 역로 결합하여 만들어진 글자, 즉 뜻과 음으로 이루어진 글자.
    예 言 + 青 = 請 [형부(形部)인 말씀 언(言)은 뜻을, 성부(声部)인 푸를 청(青)은 음과 뜻을 나타내어 '말(言)로 푸르게(青), 즉 희망 있게 청하니 **청할 청**'이라는 글자가 만들어짐]

(5) 전주(転注) – 이미 있는 글자의 뜻을 유추, 확대하여 다른 뜻으로 굴리고(転) 끌어내어(注) 쓰는 글자.
    한 글자에 여러 뜻이 있는 것은 모두 전주(転注) 때문입니다.

(6) 가차(仮借) – 이미 있는 글자를 본래의 뜻과는 상관없이 비슷한 음의 글자를 임시로(仮) 빌려(借) 외래어를 표기하는 글자.
    + 象(코끼리 상, 모양 상, 본뜰 상), 形(모양 형), 指(가리킬 지), 事(일 사, 섬길 사), 会(會: 모일 회), 意(뜻 의), 声(聲: 소리 성), 部(나눌 부, 마을 부, 거느릴 부), 転(轉: 구를 전), 注(물댈 주), 仮(假: 거짓 가, 임시 가), 借(빌릴 차)

N3
9획 / 부수 ⋯

반짝이는 **불꽃(⋯)**처럼 **밭(田)**에 **많이(十)** 나가 일하는 혼자니
홀 단

[정자] 單 – 식구들의 입들(口口)을 먹여 살리기 위해 밭(田)에 많이(十) 나
가 일하는 혼자니 '홀 단'
+ 十(열 십, 많을 십), 홀 – 짝을 이루지 아니하거나 겹으로 되지 아니한 것

[음독] **たん**

[음독] 単行本 단행본　単語 단어　単身 단신, 혼자　単調 단조로움
単なる 단순한

N2　小4
13획 / 부수 戈

홀로(単) 창(戈) 들고 싸우니 **싸울 전**
또 싸우면 무서워 떠니 **무서워 떨 전**

[정자] 戰
+ 戈(창 과) – 제목번호 223 참고

[훈독] **たたかう, いくさ**　[음독] **せん**

[훈독] 戦う 싸우다　戦い 싸움　戦 전쟁, 싸움　勝ち戦 승전
負け戦 패전

[음독] 戦後 전후　苦戦 고전　休戦 휴전　作戦 작전　大戦 대전

도움말

〈한자의 제자 원리 육서(六書)에서 회의(会意)와 형성(形声)의 구별〉
　앞에서 소개한 한자의 제자 원리 육서(六書)에서 회의(会意)는 뜻으로만 합쳐서, 형성(形声)은 글자의 일부가
뜻의 역할(形部)로, 일부가 음의 역할(声部)로 합쳐서 이루어졌다고 했지요? 그런데 조금만 글자의 어원을 생
각해보면 形声도 뜻으로 합쳐졌음을 알게 되지요.
그러면 회의와 형성을 어떻게 구분할까요? 합쳐서 만들어진 글자의 독음이 합쳐진 어느 한 부분과 같으면 形
声, 같지 않으면 会意으로 구분하세요. 예를 들어 言(말씀 언) + 青(푸를 청) = 請(청할 청)은 形声으로 된 글자
고, 女(여자 녀) + 子(아들 자) = 好(좋을 호)는 会意(회의)로 된 글자지요.

〈육서(六書) 풀이 정리〉
상형(象形)·지사(指事)는 맨 처음에 만들어져 더 이상 쪼갤 수 없는 기본자로, 象形은 눈에 보이는 것을 본떠
서 만든 글자, 指事는 눈에 안 보이는 것을 지시하여 만든 글자고, 회의(会意)·형성(形声)은 이미 만들어진 글
자 둘 이상을 합하여 새로운 뜻의 글자를 만든 합성자로, 会意는 뜻으로, 形声은 뜻과 음으로 합쳐진 글자며
(실제로는 형성자도 뜻으로 합쳐서 만들어짐), 전주(転注)·가차(仮借)는 이미 있는 글자를 다른 용도로 사용
하는 운용자로, 転注는 한 글자를 여러 뜻으로, 仮借는 음만 빌려 외래어를 표기하는 경우를 말하지요.

N2 小3
5획 / 부수 田

속마음을 **아뢰어(曰) 펴(丨)**듯 무엇이라고 말하는 원숭이니
아뢸 신, 펼 신, 원숭이 신
또 원숭이는 아홉째 지지니 **아홉째 지지 신**

+ 曰(가로 왈), 丨('뚫을 곤'이지만 여기서는 펴는 모습으로 봄), 가로다 – 말하다.

훈독 **もうす** 음독 **しん**

훈독 申す 말하다, 아뢰다 申し上げる 말씀드리다, 아뢰다
申し出 신청, 제안 申し分 할 말

음독 申告 신고 回申 회신

N2 中学
7획 / 부수 人(亻)

사람(亻)이 몸을 **펴(申)** 늘이니 **늘일 신**

훈독 **のびる, のばす** 음독 **しん**

훈독 伸びる 자라다, 발전하다, 증가하다 伸ばす 늘이다, 신장시키다
음독 伸長 신장 急伸 급신장, 급성장 上伸 시세가 올라감

N2 小3
9획 / 부수 示(ネ)

신(ネ) 중 모습을 **펴(申)** 나타난다는 귀신이니 **귀신 신**
또 귀신처럼 신비하니 **신비할 신**

정자 神
+ ネ[보일 시, 신 시(示)가 글자의 왼쪽에 붙는 부수인 변으로 쓰일 때의 모습으로 '보일 시, 신 시 변'], 귀신은 모습을 펴 나타나기도 한다지요.

훈독 **かみ, かん** 음독 **しん, じん**

훈독 神 신 神主 (신사의) 신관
음독 神経 신경 神社 신사

도움말

〈한자를 익힐 때는〉
글자가 부수나 독립된 글자로 쪼개지지 않으면 상형(象形)이나 지사(指事)로 된 글자니, 무엇을 본떠서 만들었는지 생각하여 본뜬 물건이 나오면 象形이고, 본뜬 물건이 나오지 않으면 무엇을 지시하여 만든 指事로 알면 되고, 부수나 독립된 글자로 쪼개지면 회의(会意)와 형성(形声)으로 된 글자니, 나눠서 그 뜻을 합쳐보면 그 글자의 뜻을 알 수 있고, 한 글자가 여러 뜻으로 쓰이는 전주(転注)도 아무렇게나 붙여 쓰는 것이 아니고 그런 뜻이 붙게 된 이유가 있으니 무조건 외는 시간에 '어찌 이 글자에 이런 뜻도 있을까?'를 생각하면 그 이유가 생각나고 이렇게 이유를 생각하여 글자를 익히면 절대 잊히지 않지요. 그리고 뜻과는 상관없이 음만 빌려 외래어를 표시했으면 가차(仮借)고요.

참고자

9획 / 부수 田

한(一) 사람의 **입(口)**은 **밭(田)**에서 난 곡식만으로도 가득 차니 찰 복

+ 단독으로는 거의 쓰이지 않는 글자입니다.

훈독 **た**　음독 **でん**

N2　小3

13획 / 부수 示(礻)

신(礻)이 **채워(畐)** 준다는 복이니 복 복

정자 福

+ 앞에 부수가 보일 시, 신 시 변(礻)이면 일본 한자, 보일 시, 신 시(示)면 정자

음독 **ふく**

음독 福복 福利복리 幸福행복 祝福축복

N2　小4

11획 / 부수 刀(刂)

가득 **차(畐)** 있는 재산을 **칼(刂)**로 잘라내어 버금(다음)을 예비하니 버금 부, 예비 부

+刂(칼 도 방), 버금 – 다음. 두 번째

음독 **ふく**

음독 副業부업 副作用부작용 副詞부사 副社長부사장

N2　小4

12획 / 부수 宀

집(宀)에 재물이 가득 **차(畐)** 있는 넉넉한 부자니 넉넉할 부, 부자 부

+ 宀 – 지붕을 본떠서 만든 부수자로 '집 면'

훈독 **とむ**　음독 **ふ**

훈독 富む ① 부하다, 재산이 많다 ② 풍부하다　富 ① 부, 재산 ② 복권

음독 富国부국　富士山후지산

N1　小2
7획 / 제부수

먹을거리를 주는 **전(田)**답이 있는 **땅(土)**에 형성된 마을이니
마을 리
또 거리를 재는 단위로도 쓰여 **거리 리**

+ 里는 한국 한자와 필순이 다릅니다.

훈독 **さと**　음독 **り**

훈독 里 ① 마을, 촌락 ② 시골　お里 친정, 생가　古里 고향
山里 산골 마을

음독 里 ① 마을 ② 옛날 거리 단위(1里는 약 3.9km)　里程標 이정표

N3　小2
11획 / 부수 玉(王)

왕(王)이 **마을(里)**을 이치에 맞게 다스리니
이치 리, 다스릴 리

+ 王(임금 왕, 으뜸 왕, 구슬 옥 변)

음독 **り**

음독 理性 이성　理論 이론　料理 요리　心理 심리
物理 물리　生理 생리

N2　小4
12획 / 부수 里

아침(旦)마다 그 날 가야 할 **거리(里)**를 헤아리니 **헤아릴 량**
또 헤아려 담는 용량이니 **용량 량**

+ 旦(아침 단) – 제목번호 138 참고

훈독 **はかる**　음독 **りょう**

훈독 量る (무게, 길이, 깊이, 넓이 등을) 재다
思い量る 여러모로 생각하다, 추측해 보다

음독 量 양　分量 분량　定量 정량　力量 역량

N2　小3
12획 / 부수 立

(어른은 일터에 나가고) 서서(立) 마을(里)에 노는 사람은
주로 아이이니 **아이 동**

+ 立(설 립) – 제목번호 103 참고

훈독 **わらべ**　음독 **どう**

훈독 童 동자, 어린이(들)　童歌 전래 동요
음독 童心 동심　童話 동화　神童 신동

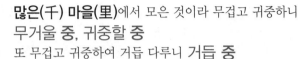

N3 小3
9획 / 부수 里

많은(千) 마을(里)에서 모은 것이라 무겁고 귀중하니
무거울 중, 귀중할 중
또 무겁고 귀중하여 거듭 다루니 거듭 중

훈독 おもい, おもたい, かさなる, かさねる, え

음독 じゅう, ちょう

훈독 重い 무겁다 重たい 무겁다, 묵직하다
重なる 포개지다, 겹쳐지다 重ねる 겹치다, 포개다 重 ~겹

음독 重大 중대 重量 중량 重役 중역 二重唱 이중창
重宝 ① 편리함 ② 소중히 여김
+ '重宝'의 '重'을 'じゅう'로 읽으면 '귀중한 보물'이라는 뜻이 됩니다.

N2 小4
14획 / 부수 禾

벼(禾) 같은 곡식에서 **중요한(重)** 것은 씨앗이니 **씨앗 종**
또 씨앗처럼 나누어 심는 종류니 심을 종, 종류 종

+ 禾('벼 화'로 곡식의 대표)

훈독 たね   **음독** しゅ

훈독 種 씨앗 種紙 인화지

음독 品種 품종 人種 인종 各種 각종 一種 일종

N3 小3
11획 / 부수 力

무거운(重) 것도 힘(力)쓰면 움직이니 움직일 동

훈독 うごく, うごかす   **음독** どう

훈독 動く 움직이다 動き 움직임 動かす 움직이게 하다

음독 動力 동력 移動 이동 活動 활동 作動 작동

N3 小4
13획 / 부수 人(亻)

사람(亻)이 움직여(動) 일하니 일할 동
+ '働'은 일본에서 만든 한자로 우리나라나 중국 한자에는 없습니다.

훈독 はたらく   **음독** どう

훈독 働く 일하다 働き 작동, 활동 働き者 ① 부지런한 사람 ② 일꾼
働き手 ① 집안의 생계를 맡은 사람 ② 일꾼 共働き 맞벌이

음독 協働 협동

N2 **小6**
13획 / 부수 衣

마치 **옷(衣)**으로 둘러싸인 **마을(里)**처럼 무엇으로 둘러싸인 속이니 속 **리** (= 裡)

+ 衣(옷 의) – 제목번호 205 참고, 里(마을 리, 거리 리) – 제목번호 043 참고

훈독 **うら**   음독 **り**

훈독 足裏 발바닥 楽屋裏 내막, 이면 사정 袖裏 소매 안감
음독 裏面 이면 胸裏 가슴속, 마음속 脳裏 뇌리 表裏 표리

N3 **小2**
11획 / 제부수

마을(里)에서 **불(灬)**때면 그을려 검으니 검을 **흑**

정자 黑 – 굴뚝(里)처럼 불(灬)에 그을려 검으니 '검을 흑'

+ 灬[불 화(火)가 글자의 아래에 붙는 발로 쓰일 때의 모습으로 '불 화 발'], 里(구멍 뚫린 굴뚝의 모습)

훈독 **くろ, くろい**   음독 **こく**

훈독 黒 ① 검정 ② 범인 黒い ① 검다 ② 범죄 혐의가 짙다
黒字 흑자 黒文字 이쑤시개 黒山 사람이 많이 모임
中黒 중점(·) 真っ黒 새까맘
음독 黒人 흑인 暗黒 암흑

N2 **小2**
9획 / 부수 火(灬)

점령하듯(占) 찍은 네 **점(灬)**이니 점 **점**

또 점을 찍듯 불을 켜니 불 켤 **점**

정자 點 – 검게(黑) 점령하듯(占) 찍은 점이니 '점 점'
또 점을 찍듯 불을 켜니 '불 켤 점'

+ 占(점칠 점, 점령할 점) – 제목번호 310 참고, 灬('불 화 발'이지만 여기서는 네 점으로 봄)

훈독 **つく, つける, ともす**   음독 **てん**

훈독 点く ① 불이 켜지다 ② 점화되다
点ける (불을) 붙이다, 스위치를 틀어 켜다 点す 불을 켜다
음독 点滴 점적, 낙숫물 点滅 점멸 汚点 오점
句点 일본어의 마침표(。) 欠点 결점 弱点 약점 焦点 초점
罰点 벌점 早合点 지레짐작 分岐点 분기점 零点 영점

N2 小3
5획 / 부수 田

밭(田)에 싹(ㅣ)이 나는 것은 씨앗을 뿌린 까닭으로 말미암으니
까닭 유, 말미암을 유

+ㅣ('뚫을 곤'이지만 여기서는 돋아나는 싹으로 봄)

훈독 **よし**   음독 **ゆ、ゆい、ゆう**

훈독 由 유래, 연유, 사정, 까닭   由なし事 쓸데없는 일

음독 由来 유래   経由 경유   由緒 유서   事由 사유   理由 이유

N2 小3
8획 / 부수 水(氵)

물(氵)처럼 열매를 짬으로 **말미암아(由)** 나오는 기름이니
기름 유

+氵(삼 수 변)

훈독 **あぶら**   음독 **ゆ**

훈독 油 기름   油売り ① 기름 장수 ② 게으름뱅이   油火 등잔불

음독 油田 유전   給油 급유   精油 정유

N1 小3
11획 / 부수 竹(⺮)

대(⺮)로 **말미암아(由)** 소리 나도록 만든 피리니 **피리 적**

+⺮(대 죽) – 제목번호 131 참고

훈독 **ふえ**   음독 **てき**

훈독 笛 피리, 호각   口笛 휘파람   草笛 풀피리

음독 汽笛 기적   警笛 경적

도움말

〈활용 단어는 이렇게 뽑았습니다.〉

활용 단어는 각종 시험에 자주 나오고 실생활에 많이 쓰이는 것 위주로 뽑았습니다. 아래의 사이트 두 개와 일본의 주요 사전을 기초로 하였으며, 일본 사전에 나오지 않은 훈독이나 음독이 있는 글자도 있습니다.

기초로 한 사이트는 아래와 같습니다.
① http://www.nihongo-pro.com/jp/kanji-pal/list/jlpt
② http://dictionary.goo.ne.jp/

N1 참고자
11획 / 부수 宀

집(宀)에서 **하나(一)**의 일로 **말미암아(由)** 마음이
나눠짐(八)은 삼가니 삼갈 **인**
또 삼가 조심하는 범이니 범 **인**
또 범은 셋째 지지니 셋째 지지 **인**

+ 宀(집 면), 八(여덟 팔, 나눌 팔), 범 – 호랑이

훈독 **とら**　음독 **いん**

N2 小5
14획 / 부수 水(氵)

물(氵)처럼 **삼가는(寅)** 모습으로 펴고 설명하니
펼 **연**, 설명할 **연**

+ 상대의 그릇에 맞추고 항상 아래로 임하며 채우고 넘쳐야 다음으로 흐르는
물처럼 상대의 수준에 맞게 설명하여 분명히 알아야 다음으로 넘어감이 설
명이지요.

음독 **えんじる**

음독 演じる 연기하다　演出 연출　公演 공연　主演 주연
上演 상연

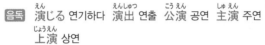

N2 小3
6획 / 부수 曰

대바구니의 굽은 모양을 본떠서 굽을 **곡**
또 굽은 듯 소리가 올라가고 내려가는 노래니 노래 **곡**

+ 평평한 소리는 노래가 아니고 굽은 듯 올라가고 내려가는 소리가 노래지요.
+ 曲의 필순이 한국 한자와 다릅니다.

훈독 **まがる, まげる**　음독 **きょく**

훈독 曲がる 돌다, 굽다　曲がりくねる 꼬불꼬불 구부러지다
曲げる 구부리다, 굽히다

음독 曲 곡　歌曲 가곡　作曲 작곡　名曲 명곡

굽은(曲) 것도 종류별로 **나누어(八)** 법으로 만든 책이니
법 전, 책 전
또 법대로 물건을 전당 잡히니 **전당 잡힐 전**

+ 전당(典当) − 기한 내에 돈을 갚지 못하면 맡긴 물건을 마음대로 처분해도
      좋다는 조건하에 돈을 빌리는 일
+ 曲[굽을 곡, 노래 곡(曲)의 변형], 八(여덟 팔, 나눌 팔), 当(当: 마땅할
     당, 당할 당)

N1 **小4**
8획 / 부수 八

음독 **てん**

음독 典物 전당물 古典 고전 辞典 사전 祝典 축전 出典 출전

049
辰 진(신) 農 농

전갈(🦂)자리 **별** 모양을 본떠서
별 진, 날 신, 다섯째 지지 진

훈독 **たつ** 　 음독 **しん**

N1 **참고자**
7획 / 제부수

허리 **구부리고(曲) 별(辰)** 있는 새벽부터 짓는 농사니
농사 농

+ 농사는 새벽부터 해가 질 때까지 일해야 하는 힘든 육체노동이지요.

음독 **のう**

음독 農家 농가 農業 농업 農場 농장 農地 농지 農民 농민

N2 **小6**
5획 / 부수 冂

글을 적은 대 조각을 한 줄로 엮어서 만들었던 책(𦅋→冊)이니
책 책
또 책을 세우듯 세우니 세울 **책** (= 册)

+ 옛날에는 대 조각에 글자를 새기고 이것을 엮어 책을 만들었답니다.

음독 **さつ, さく**

음독 一冊 1권 大冊 크고 두꺼운 책 分冊 분책 別冊 별책
短冊 글씨를 쓰거나 물건에 매다는 데 쓰는 조붓한 종이. 또는 그와 같은 꼴

참고자
8획 / 부수 人

사람(人)이 **한(一)** 권씩 **책(冊)**을 들고 둥글게 모이니
둥글 륜, 모일 륜

+ 冊[책 책(冊, 册)의 변형], 侖에서 冊의 필순이 원래의 冊과 다르네요.

N2 **小4**
15획 / 부수 車

수레(車)의 무게가 **모인(侖)** 바퀴니 **바퀴 륜**
또 바퀴처럼 둥글어 잘 도니 **둥글 륜, 돌 륜**

+ 車(수레 거, 차 차), 바퀴에 수레의 무게가 모이니 잘 관리해야 사고 나지
않지요.

훈독 **わ** 음독 **りん**

훈독 輪 ① 고리, 원형 ② 바퀴 輪ゴム 고무 밴드
輪回し 굴렁쇠 굴리기 指輪 반지
음독 五輪 오륜 車輪 차바퀴 年輪 연륜

N2 **小6**
15획 / 부수 言

말(言)로 **모여서(侖)** 논하고 평하니 **논할 론, 평할 론**

+ 言(말씀 언) - 제목번호 212 참고, 논(論)하다 - 옳고 그름 등을 따져 말
하다.

음독 **ろん**

음독 論ずる 논하다 論文 논문 結論 결론 公論 공론 談論 담론

참고자
14획 / 부수 厂

굴 바위(厂) 아래에서 **해(日)**와 **달(月)**도 보지 못하고
개(犬)처럼 살아가는 것은 모두 싫어하니 **싫어할 염**

+ 厂(굴 바위 엄, 언덕 엄), 굴 바위 – 굴 위에 있는 바위, 犬(개 견)

훈독 **あきる, いとう, いやらしい**　　음독 **えん**

훈독 厭きる 싫증나다, 물리다　厭き 싫증, 물림　厭う 싫어하다
厭らしい ① (어울리지 않아) 징그럽다 ② 의젓하지 못하다
厭気 싫어하는 마음

음독 厭世 염세

N2 小5
5획 / 부수 土

굴 바위(厂)처럼 무거운 것이 **흙(土)**을 덮어 누르니
누를 압

정자 壓 – 싫은(厭) 것을 흙(土)으로 덮어 누르니 '누를 압'
+ 土(흙 토)

음독 **あつ**

음독 圧力 압력　外圧 외압　気圧 기압　血圧 혈압　電圧 전압

N2 小5
9획 / 부수 厂

굴 바위(厂) 같은 집에서도 **날(日)**마다 **자식(子)**을 돌보는
부모의 정성이 두터우니 **두터울 후**

+ 日(해 일, 날 일), 두텁다 – 신의·믿음·관계·인정 등이 굳고 깊다.

훈독 **あつい**　　음독 **こう**

훈독 厚い 두껍다　厚板 ① 두꺼운 판자 ② 두꺼운 바탕의 천
厚紙 판지　厚着 옷을 많이 껴입음　厚かましい 뻔뻔스럽다
음독 厚生 후생　深厚 (인정이나 마음이) 깊고 두터움

참고자

5획 / 제부수

익어서 고개 숙인 벼를 본떠서 **벼 화**

+ 일본 사람들의 이름에도 사용되는 한자입니다.

음독 **か**

N2 小3

8획 / 부수 口

벼(禾) 같은 곡식을 나누어 **입(口)**으로 같이 먹으면 화목하고 화하니 **화목할 화, 화할 화**

또 일본식이라는 뜻으로도 쓰여 **일본식 화**

+ 화(和)하다 – (날씨나 바람·마음 등이) 온화하다

훈독 **やわらぐ, やわらげる, なごむ**

음독 **わ**

훈독 和らぐ ① 누그러지다 ② 딱딱한(뭉친) 것이 풀리다

和らげる 부드럽게 하다, 진정시키다

和む 누그러지다, 온화해지다 和やか (기색, 공기가) 부드러움

음독 和製 일본제 和風 일본풍 和服 일본 옷 温和 온화 平和 평화

N3 小6

7획 / 부수 禾

벼(禾) 같은 곡식을 소유함이 **사사로우니(厶)** 사사로울 사

+ 厶 – 팔로 사사로이 나에게 끌어당기는 모양에서 '사사로울 사, 나 사'

훈독 **わたし, わたくし** 음독 **し**

훈독 私 저, 나

음독 私語 소곤거림, 속삭임 私立 사립 私有 개인 소유

私用 ① 사사로운 일 ② 사사로이 씀 公私 공사

+ '私立'의 '私'는 'わたくし'라고도 읽습니다.

N3 小2

9획 / 부수 禾

벼(禾)가 **불(火)**처럼 붉게 익어 가는 가을이니 **가을 추**

훈독 **あき** 음독 **しゅう**

훈독 秋 가을 秋風 ① 추풍(가을바람) ② 남녀 간의 애정이 식음

秋晴れ 가을의 쾌청한 날씨 秋口 초가을

음독 秋分 추분 千秋 천추, 긴 세월 仲秋 중추

53

N2 **小4**
7획 / 부수 刀(刂)

벼(禾)를 낫(刂)으로 베어 수확하면 이로우니 **이로울 리**
또 이로움 앞에는 모두 날카로우니 **날카로울 리**

+ 이로울 리(利)에 어찌 '날카로울 리'의 뜻도 있을까요?
  이익 취하는 데는 모두 날카롭다는 데서 붙여진 것이지요.

훈독 **きく**   음독 **り**

훈독 利く ① 잘 움직이다 ② 가능하다

음독 利口 영리함. 똑똑함 利用 이용 栄利 영리 不利 불리
便利 편리

N1 **小4**
11획 / 부수 木

(여러모로) 이로운(利) 나무(木) 열매는 배니 **배 리**

+ 배는 식용이나 약용으로도 널리 쓰이니 이롭지요.

훈독 **なし**   음독 **り**

훈독 梨 배

음독 梨園 연예계 梨花 배꽃

도움말

〈한 글자에 여러 뜻이 있으면 반드시 그럴 이유가 있습니다.〉

한자도 처음 만들어질 때는 하나의 글자에 하나의 뜻(一字一意)이었지만 생각이 커지고 문화가 발달할수록 더 많은 글자가 필요하게 되었어요. 그럴 때마다 새 글자를 만든다면 너무 복잡해지니 이미 있던 글자에 다른 뜻을 덧붙여 쓰게 되었지요. [이런 경우를 한자가 만들어진 원리인 〈육서(六書)〉에서 전주(転注)라 함]

그러나 아무렇게나 붙여 쓰는 것이 아니고 그런 뜻이 붙게 된 이유가 분명히 있으니 무조건 외우는 시간에 '왜 이 글자에 이런 뜻도 있을까?'를 생각하여 '오! 그래서 이 글자에 이런 뜻도 생겼구나!'를 느끼면서 익히면 훨씬 효과적이지요.

예를 들어 '쓸 고, 괴로울 고(苦)'의 경우를 보세요. '쓸 고'면 쓸 고지 어찌 '괴로울 고'의 뜻도 있을까? 조금만 생각해 보아도 맛이 쓰면 먹기에 괴로우니 '괴로울 고'라는 뜻이 붙었음을 금방 알게 되지요. 또 '해 일'(日)이면 해 일이지 어찌 '날 일'의 뜻도 있을까? 아하! 알았다! 해가 뜨고 짐으로 구분하는 날이니 '날 일'이라는 뜻이 붙었구나!

이처럼 한 글자에 둘 이상의 뜻이 있으면 반드시 그럴 이유가 있으니 무조건 외우기 보다는 왜 그럴까를 생각해보세요. 생각해서, 이해가 바탕이 된 암기는 분명하게 익혀지고 오래도록 잊히지 않습니다.

N2 **小3**
8획 / 부수 女

곡식(禾)을 **여자(女)**에게 맡기고 의지하니
맡길 위, 의지할 위

+ 禾('벼 화'로 곡식의 대표), 女(여자 녀), 지금도 월급이나 집 살림을 여자
에게 맡기고 의지하고 살지요.

훈독 **ゆだねる** 음독 **い**

훈독 委ねる ① 맡기다 ② 바치다
음독 委員 위원 委細 ① 자세한 사정(= 委曲) ② (자세한 일까지) 모두

벼(禾)의 **열매(子)**가 익어감을 보고 짐작했던 계절이니
계절 계
또 **벼(禾)**의 **아들(子)** 같은 열매가 맺는 줄기 끝이니 **끝 계**

+ 子(아들 자, 첫째 지지 자, 자네 자, 접미사 자 – 제목번호 123 참고), 달력이
귀하던 옛날에는 농작물이 익어감을 보고 계절을 짐작했겠지요.

N2 **小4**
8획 / 부수 子

음독 **き**

음독 季節 계절 四季 사계
年季 ① 고용살이 기간 ② 오래 터득한 숙련도

벼(禾)가 **햇(日)**빛에 익어가며 나는 향기니 **향기 향**

+ 日(해 일, 날 일)

훈독 **か, かおる** 음독 **こう, きょう**

훈독 香 향기, 냄새 香る 향기가 나다, 좋은 냄새가 풍기다
香り 향기, 좋은 냄새
음독 香煙 향연 香気 향기 香辛料 향신료 香水 향수
香の物 채소를 소금이나 겨에 절인 것 香典 부의금
香ばしい ① 향기롭다 ② 구수하다 香木 향목(향나무)
香味 향미 香料 향료 香車 장기말 이름 중 하나

N2 **小4**
9획 / 제부수

N2 小2
6획 / 제부수

(찧으면 쌀눈이 보이니) 벼 화(禾)에 점(丶)을 찍어서 쌀 미

+ 米[벼 화(禾)의 변형]

훈독 こめ 음독 べい, まい

훈독 米 쌀 米代 ① 쌀값 ② 생활비 米油 미강유(쌀겨로 짠 기름)

음독 米国 미국 米食 쌀을 주식으로 함 新米 ① 햅쌀 ② 신참내기
白米 백미 玄米 현미

+ '미국'을 일컬을 때 우리나라와 다르게 '米(쌀 미)'를 쓰며, '米国'대신 'ア
メリカ' 라고도 씁니다.

N4 小2
7획 / 부수 木

한(一) 톨의 쌀(米)이라도 구하려고 오니 올 래

정자 來 - 나무(木) 밑으로 두 사람(人人)이 오니 '올 래'

+ 옛날에는 먹을거리가 귀했다더니 이런 글자도 생겼네요.

훈독 くる, きたる, きたす 음독 らい

훈독 来る 오다 出来る 할 수 있다 出来上がり 완성함
出来事 (우발적인) 사건, 일 来る 오다, 다가오다, 찾아오다
来す 초래하다

음독 来月 다음 달 来客 방문 손님 来日 일본에 방문하다
本来 본래 未来 미래

N2 小2
12획 / 부수 田

나눈(釆) 밭(田)에 차례로 붙인 번지니 차례 번, 번지 번

+ 釆 - 삐침 별(丿)을 쌀 미(米) 위에 찍어, 쌀은 나누어 먹어야 함을 강조해
서 '나눌 변' – 참고자

+ 田(밭 전, 논 전), 한자에서는 점 주(丶)나 삐침 별(丿)로 무엇이나 어느
부분을 강조하기도 합니다.

음독 ばん

음독 番地 번지 番人 파수꾼 交番 파출소 当番 당번
本番 본방(연습이 아닌 정식 방송)

N2 **小5**
10획 / 부수 米

쌀(米) 같은 곡식을 **나눈(分)** 가루니 가루 분

+ 米(쌀 미), 分(나눌 분, 단위 분·푼, 신분 분, 분별할 분, 분수 분)

훈독 **こ, こな** 음독 **ふん**

훈독 強力粉 강력분 粉々 산산이 부서짐 粉 분말, 가루, 밀가루
金粉 금가루

+ '金粉'의 '粉'은 'ぷん'으로도 읽습니다.

음독 粉食 분식 粉末 분말 花粉 꽃가루

+ '粉食'의 '粉'은 'こな'로도 읽습니다.

N2 **小5**
14획 / 부수 米

쌀(米)을 **푸른(青)**빛이 나도록 정밀하게 찧으니
정밀할 정, 찧을 정

정자 精

+ 靑[푸를 청, 젊을 청(青)의 약자] – 제목번호 169 참고
+ 너무 희면 푸른빛이 나지요.

음독 **せい, しょう**

음독 精検 정밀 검사 精巧 정교 精神 정신 精論 자세한 논의
精進 정진 不精 게을러서 힘쓰지 아니함, 귀찮아함

N2 **小5**
9획 / 부수 辵(辶)

사방으로 뚫린 **길(米)**이라 어디로 **갈까(辶)** 헷갈리니
헷갈릴 미

+ 米('쌀 미'지만 여기서는 사방으로 뚫린 길의 모습)

훈독 **まよう** 음독 **めい**

훈독 迷う ① 망설이다 ② 헤매다 血迷う 너무 흥분해서 이성을 잃다
음독 迷宮 미궁 迷答弁 동문서답 迷路 미로
예외 迷子 미아

도움말

〈3획의 뛸 착, 갈 착(辶)〉
쉬엄쉬엄 갈 착(辵)이 부수로 쓰일 때의 모습이 정자와 일본 한자에서 약간 다릅니다. 정자에서는 4획으로 위에 점이 둘이면 아래를 한 번 구부리고(辶), 위에 점이 하나면 아래를 두 번 구부린 모습(辶)의 두 가지로 쓰이고, 일본에서는 3획으로 辶과 辶 둘로 쓰이지만 이 책에서는 모두 辶으로 통일했습니다.

N1 中学
4획 / 제부수

곡식을 퍼 올려 되는 말이니 **말 두**
또 **뚝(丶)뚝(丶)** 땀 흘리며 **많이(十)** 싸우니 **싸울 투**

+ 말 – 옛날에 곡식의 양을 헤아리던 도구, 丶('점 주'지만 여기서는 땀을 뚝뚝 흘리는 모습), 十(열 십, 많을 십)
+ 지금은 물건의 양을 무게로 환산하여 그램(g)이나 킬로그램(kg)으로 표시하지만 얼마 전까지도 되(升 – 되 승)나 말(斗)에 곡식을 담아 헤아렸어요. 열 되가 한 말이고 한 말은 8kg입니다.

음독 **と**
음독 北斗七星 북두칠성
　　 ほく と しち せい

N2 小2
9획 / 부수 禾

벼(禾)의 양을 **말(斗)**로 헤아려 품질과 용도에 따라 나눈 조목이니 **조목 과**
또 지식을 조목조목 나누어 설명한 과목이니 **과목 과**

+ 조목(条目) – 낱낱의 항목
+ 과목(科目) – (가르치거나 배워야 할 지식을 세분하여) 분류한 조목, 교과목
+ 条(條: 가지 조, 조목 조), 目(눈 목, 볼 목, 항목 목)

음독 **か**
음독 科学 과학 科目 과목 分科 분과 理科 이과
　　 か がく　　 か もく　　 ぶん か　　 り か

N3 小4
10획 / 부수 斗

쌀(米)의 양을 **말(斗)**로 헤아려 무엇을 만드는 재료로 쓰거나 값을 지불하니 **헤아릴 료, 재료 료, 값 료**

+ 양이 얼마나 되는가, 떡은 몇 말 할 것인가, 물건 값이 몇 말인가 등등 돈이 귀하던 옛날에는 쌀이 거래의 기준이었습니다.

음독 **りょう**
음독 材料 재료 史料 사료 食料品 식료품 無料 무료
　　 ざいりょう　 し りょう　 しょくりょうひん　 む りょう

N4 **小1**
1획 / 제부수

나무토막 **한 개(⊏)**를 옆으로 놓은 모양에서 **한 일**

훈독 **ひとつ** 음독 **いち, いつ**

훈독 一つ 하나 一目 한 번(잠깐)봄 一言 한마디

음독 一 1, 일 一番 가장, 제일 一同 일동 一体 ① 전반적으로, 대체로
② 도대체, 대체 一方 ① 일방 ① 한 방향 ② 한쪽, 한편 一日 하루

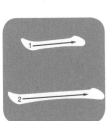

N4 **小1**
2획 / 제부수

나무토막 **두 개(⊒)**를 옆으로 놓은 모양에서 **둘 이**

훈독 **ふたつ** 음독 **に**

훈독 二つ 둘 二日 2일 真っ二つ 절반, 두 동강이

음독 二 2, 이 二階建て 2층 건물 青二才 풋내기

예외 二十日 20일 二十歳 스무 살

N4 **小1**
3획 / 부수 一

나무토막 **세 개(☰)**를 옆으로 놓은 모양에서 **석 삼**

훈독 **みっつ** 음독 **さん**

훈독 三つ 셋 三日 3일

음독 三 3, 삼 三角 삼각 三学年 3학년

N4 **小1**
5획 / 부수 口

에워싼(口) 부분을 사방으로 **나누어(八) 넉 사**

+ 口(에운담), 八(여덟 팔, 나눌 팔)

훈독 **よっつ** 음독 **し**

훈독 四つ 넷 四日 4일 四つ角 ① 네 모퉁이 ② 사거리

음독 四 4, 사 四月 4월 四角い 네모나다 四捨五入 반올림

N4 **小1**
4획 / 부수 二

열(十)을 둘(二)로 나눈(丨) 다섯이니 다섯 오

+ 十(열 십, 많을 십), 丨('뚫을 곤'이지만 여기서는 나눈 모습으로 봄)

훈독 いつつ **음독** ご

훈독 五つ 다섯 五日 5일

음독 五 5, 오 五十音 가나의 50개 음 五輪 오륜(올림픽 마크)
五分五分 어슷비슷함, 비등함

N4 **小1**
4획 / 부수 八

머리(亠)를 기준으로 나눠지는(八) 방향이 동서남북상하의 여섯이니 여섯 륙(육)

+ 亠 (머리 부분 두)

훈독 むっつ, むい **음독** ろく

훈독 六つ 여섯 六日 6일

음독 六 6, 육 六個 6개 四六 ① 4푼과 6푼 ② 4와 6의 곱(24)

N4 **小1**
2획 / 부수 一

하늘(一)의 북두칠성(乚) 모양을 본떠서 일곱 칠

+ 一('한 일'이지만 여기서는 하늘로 봄)

훈독 なな, ななつ, なの **음독** しち

훈독 七 7, 칠 七つ 일곱 七日 7일

음독 七 7, 칠 七月 7월 七時 7시 七面鳥 칠면조

N4 **小1**
2획 / 제부수

두 손을 네 손가락씩 위로 편(🖐→八) 모양에서 여덟 팔
또 양쪽으로 잡아당겨 나누는 모양으로 보아서 나눌 팔

훈독 やっつ, よう **음독** はち

훈독 八つ 여덟 八日 8일 八つ当たり 엉뚱한 화풀이

음독 八 8, 팔 八方 팔방

N4 小2
4획 / 부수 刀

여덟(八) 번이나 **칼(刀)**로 잘라 나누니 **나눌 분**
또 나누어 놓은 단위나 신분이니 **단위 분·푼, 신분 분**
또 나누듯 분별하여 아는 분수니 **분별할 분, 분수 분**

+ 八(여덟 팔, 나눌 팔), 刀(칼 도)

훈독 わかる, わかれる, わける

음독 ふん, ぶん, ぶ

훈독 分かる 알다　分かれる ① 갈라지다 ② 구별되다
　　 分ける 나누다　手分け 분담　引き分け 비김, 무승부

음독 五分 5분　自分 자기 자신, 스스로　大部分 대부분　余分 여분
　　 大分 꽤, 제법

+ '分'은 시각의 '분'을 말할 때 쓰는 조수사로도 사용됩니다. '分' 앞에 오는
　숫자에 따라 'ふん'이 'ぶん'이나 'ぷん'으로 읽히기 때문에 주의해야
　합니다.

+ 一分(いっぷん), 二分(にふん), 三分(さんぷん), 四分(よんぷん),
　五分(ごふん), 六分(ろっぷん), 七分(ななふん), 八分(はっぷん),
　九分(きゅうふん), 十分(じゅっぷん/じっぷん)

+ '大分'의 '分'은 'ぶん'으로도 읽습니다.

N1 小2
4획 / 부수 八

나눔(八)에 **사사로움(厶)** 없이 공평해야 하는
국가나 관청이니 **공평할 공, 국가 공, 관청 공**
또 공평한 사람이 대중에게 통하고 귀공자니
대중 공, 귀공자 공

+ 공평(公平)하다 – 어느 쪽으로도 치우치지 않고 고르다.
+ 厶(사사로울 사, 나 사), 平(平: 평평할 평, 평화 평)

훈독 おおやけ　　음독 こう

훈독 公 ① 정부, 공공 단체 ② 공공 ③ 공공연한

음독 公共 공공　公式 공식　公正 공정　公用 공용　公立 공립

N1 **小4**

8획 / 부수 木

나무(木) 중 **귀공자(公)**처럼 모습도 빼어나고 두루 쓰이는 소나무니 **소나무 송**

+ 木(나무 목)
+ 소나무는 귀공자처럼 모습도 빼어나고 어느 것 하나 버릴 것 없이 두루 쓰이지요.

훈독 **まつ**　음독 **しょう**

훈독 松 소나무　門松 새해 문 앞에 세우는 소나무 장식물
小松 작은(어린) 소나무

음독 松竹梅 송죽매, 솔 · 대 · 매화나무(흔히, 상품이나 성적의 3가지
등급 표시로서 쓰임)

N2 **小5**

14획 / 부수 糸

실(糸)로 묶듯 **공평한(公) 마음(心)**으로 모두 묶어 거느리니 **모두 총, 거느릴 총**

정자 總 – 실(糸)로 바쁘고(悤) 복잡한 것을 모두 묶어 거느리니 '모두 총,
거느릴 총'

+ 悤 – 끈(丿)으로 게으름(夂)을 에워싸(囗) 버린 마음(心)처럼 바쁘고 밝으
니 '바쁠 총, 밝을 총'
+ 糸(실 사 변), 丿('삐침 별'이지만 여기서는 끈으로 봄), 夂('천천히 걸을 쇠,
뒤져 올 치'로 여기서는 게으름으로 봄), 囗(에운담)

음독 **そう**

음독 総会 총회　総額 총액　総括 총괄　総計 총계　総合 종합
総身 전신, 온몸　総理 총리　総論 총론　総領 ① 한 집안의 계승자
(장남) ② 전체를 통틀어 관리함, 또는 그 사람　総力 총력

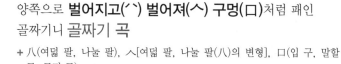

N2 小2
7획 / 제부수

양쪽으로 **벌어지고(ハ) 벌어져(人) 구멍(口)**처럼 패인 골짜기니 **골짜기 곡**

+ 八(여덟 팔, 나눌 팔), 人[여덟 팔, 나눌 팔(八)의 변형], 口(입 구, 말할 구, 구멍 구)

훈독 **たに**　음독 **こく**

훈독 谷_{たに} 골짜기　谷間_{たに ま} ① 산골짜기(= 谷_{たに}あい) ② 햇볕이 들지 않는 곳

음독 渓谷_{けい こく} 계곡

N2 小4
10획 / 부수 水(氵)

물(氵) 흐르는 **골짜기(谷)**에서 목욕하니 **목욕할 욕**

훈독 **あびる, あびせる**　음독 **よく**

훈독 浴_あびる ① 뒤집어쓰다 ② (햇볕을) 쬐다

浴_あびせる ① 씌우다, 끼얹다 ② 퍼붓다

음독 浴室_{よくしつ} 욕실　浴後_{よく ご} 목욕 후　海水浴_{かいすい よく} 해수욕　入浴_{にゅうよく} 입욕

예외 浴衣_{ゆかた} 유카타(일본 전통 옷의 한 종류)

N2 小6
11획 / 부수 欠

골짜기(谷)처럼 크게 **하품(欠)**하며 잠자기를 바라니 **바랄 욕**

+ 欠(하품 흠, 모자랄 결) – 제목번호 336 참고

훈독 **ほしい, ほっする**　음독 **よく**

훈독 欲_ほしい ① ~하고 싶다 ② 바라다　欲_{ほっ}する 바라다, 원하다

음독 欲求_{よっきゅう} 욕구　欲張_{よく ば}り 욕심쟁이　意欲_{い よく} 의욕　食欲_{しょくよく} 식욕

N2 小5
10획 / 부수 宀

집(宀)안일로 **골짜기(谷)**처럼 주름진 얼굴이니 **얼굴 용**
또 **집(宀)**에서처럼 마음 씀이 **골짜기(谷)**처럼 깊어 무엇이나 받아들이고 용서하니 **받아들일 용, 용서할 용**

+ 宀 – 지붕을 본떠서 만든 부수자로 '집 면'

음독 **よう**

음독 容易_{よう い} 용이함　容器_{よう き} 용기　内容_{ない よう} 내용　収容_{しゅうよう} 수용

N4 小2
5획 / 부수 十

이쪽저쪽(丷)으로 둘(二)로 가른(丨) 반이니 반 半

정자 半 – 나누어(八) 둘(二)로 가른(丨) 반이니 '반 반'
+丨('뚫을 곤'이지만 여기서는 가르는 모양으로 봄)

훈독 **なかば**　음독 **はん**

훈독 半ば ① 절반 ② 한창일 때 ③ 중순
음독 半 반　半分 반, 절반　後半 후반　下半身 하반신
半月 반달　大半 대부분

+ '半月'의 '月'을 'つき'라고 읽으면 '한 달의 반'이라는 뜻이 됩니다.

N2 小5
7획 / 부수 刀(刂)

반(半)을 칼(刂)로 쪼개듯이 딱 잘라 판단하니 판단할 판

정자 判
+刂(칼 도 방)

음독 **はん, ばん**

음독 判子 도장　判事 판사　判定 판정　公判 공판
小判 옛날에 만들어 썼던 금화

N3 小3
9획 / 부수 辵(辶)

이쪽저쪽(丷)의 다른 하늘(天) 아래로 가게(辶) 보내니 보낼 송

정자 送 – 나누어(八) 다른 하늘(天) 아래로 가게(辶) 보내니 '보낼 송'
+ 天(하늘 천), 辶(뛸 착, 갈 착)

훈독 **おくる**　음독 **そう**

훈독 送る 보내다　送り仮名 한자 위에 있는 가나
음독 送金 송금　送別 송별　送料 배송료　放送 방송　回送 회송

N4 **小1**
2획 / 부수 乙

열 십(十)의 가로줄을 **구부려(九)** 하나가 모자란
아홉이라는 데서 **아홉 구**
또 아홉은 한 자리 숫자 중에서 제일 크고 많으니 **클 구, 많을 구**

훈독 **ここのつ**　　음독 **きゅう, く**

훈독 九つ 아홉　九日 9일

음독 九 9, 구　九天 구천, 하늘의 가장 높은 곳　九死一生 구사일생
九月 9월

N2 **小2**
3획 / 부수 丶

많은(九) 것들이 **점(丶)**처럼 둥글둥글한 알이니 **둥글 환, 알 환**

+ 丶(점 주)

훈독 **まる, まるい, まるめる**　　음독 **がん**

훈독 丸暗記 통째로 욈, 그대로 욈　丸ごと 통째로　日の丸 일장기
丸焼け 전소　丸い 둥글다　丸める 둥글게 하다, 뭉치다

음독 丸薬 환약　一丸 한 덩어리

N3 **小3**
7획 / 부수 穴

굴(穴)의 **많은(九)** 부분까지 들어가 힘을 다하여 찾으며
연구하니 **연구할 구**

+ 穴(구멍 혈, 굴 혈) - 제목번호 354 참고

훈독 **きわめる**　　음독 **きゅう**

훈독 究める ① 깊이 연구하다 ② 알아내다

음독 究極 구극　究明 구명　追究 추구　討究 ① 깊이 연구함 ② 토의
하고 연구함

中学
11획 / 부수 日

이쪽저쪽(ソ)의 밭(田)에 날(日)마다 일찍 나가 거듭 일하니
일찍 증, 거듭 증

정자 曾 – 열고(八) 창문(罒) 사이로 말할(曰) 정도면 일찍부터 거듭 만나던
　　　 사이니 '일찍 증, 거듭 증'

+ 日(해 일, 날 일), 罒(창문의 모습에서 '창문 창'), 曰(가로 왈)

훈독 **かつて**　　음독 **そう, ぞ**

음독 未ᐟ曽ᐟ有ᐟ 미증유, 역사상 처음임

N2　小5
14획 / 부수 土

흙(土)을 거듭(曽) 더하니 **더할 증**

정자 增

+ 土(흙 토)

훈독 **ふえる, ふやす, ます**　　음독 **ぞう**

훈독 増ᐟえる 늘다, 증가하다　増ᐟやす 늘리다

　　 増ᐟす 커지다, 많아지다, 늘다

음독 増ᐟ加ᐟ 증가　増ᐟ大ᐟ 증대　増ᐟ進ᐟ 증진

N2　中学
14획 / 부수 心(忄)

섭섭한 마음(忄)이 거듭(曽) 쌓이도록 미워하니
미워할 증

정자 憎

+ 忄(마음 심 변)

훈독 **にくい, にくむ, にくらしい**　　음독 **ぞう**

훈독 憎ᐟい 밉다　憎ᐟしみ 미움, 증오　憎ᐟむ 미워하다, 시기하다

　　 憎ᐟらしい 얄밉다

음독 憎ᐟ悪ᐟ 증오　愛ᐟ憎ᐟ 애증

N2　小6
14획 / 부수 尸

지붕(尸) 위에 거듭(曽) 지은 층이니 **층 층**

정자 層

+ 尸('주검 시, 몸 시'지만 여기서는 지붕으로 봄)

음독 **そう**

음독 一ᐟ層ᐟ 1층　高ᐟ層ᐟ 고층　大ᐟ層ᐟ ① 매우, 몹시 ② 어마어마함

N4 小1
2획 / 제부수

일(一)에 **하나(丨)**를 그어 한 묶음인 **열(▦)**을 나타내어
열 십
또 전체를 열로 보아 열이니 많다는 데서 **많을 십**

훈독 **とお, と**　　음독 **じゅう, じっ**

훈독 十 열　十日 10일　十重二十重 이중 삼중, 겹겹

음독 十 10, 십　十分 충분함　十人十色 각인각색
　　　十中八九 십중팔구　十進法 십진법

N3 小2
9획 / 부수 言

말(言)로 **많이(十)** 셈하고 꾀하니 **셈할 계, 꾀할 계**

+ 言(말씀 언) – 제목번호 212 참고

훈독 **はかる, はからう**　　음독 **けい**

훈독 計る ① 상의(의논)하다 ② 헤아리다, 가늠하다 ③ 세다
　　　計らう ① 적절히 조처하다 ② 상의하다 ③ 잘 생각해서 정하다

음독 計略 계략　計量 계량　家計 가계　会計 회계　生計 생계
　　　余計 ① 여분 ② 더욱

N2 小6
10획 / 부수 金

쇠(金)를 **많이(十)** 갈아서 만든 바늘이니 **바늘 침**

+ 金(쇠 금, 금 금, 돈 금) – 제목번호 280 참고

훈독 **はり**　　음독 **しん**

훈독 針 바늘, 침　針金 철사

음독 針路 나침반이 가리키는 방향, 곧 배나 비행기가 나아가야 할 길
　　　方針 방침

N2 小5
4획 / 제부수

많은(十) 것을 손(又)으로 지탱하고 다루고 가르니
지탱할 지, 다룰 지, 가를 지
또 갈라 지출하니 지출할 지

+ 又(오른손 우, 또 우) – 제목번호 179 참고

훈독 **ささえる, つかえる**　음독 **し**

훈독 支える 떠받치다, 지탱하다　差し支える 지장이 있다
差し支え 지장, 지장되는 일

음독 支度 준비　支出 지출　支持 지지　収支 수지

N2 小5
8획 / 부수 木

나무(木) 줄기에서 **갈라져(支)** 나온 가지니 가지 지

+ 木(나무 목)

훈독 **えだ**　음독 **し**

훈독 枝 가지　枝打ち 가지치기　枝豆 (가지째로 꺾은) 풋콩

음독 枝葉 ① 가지와 잎 ② 중요하지 않은 일

N2 小5
7획 / 부수 手(扌)

손(扌)으로 **다루는(支)** 재주니 재주 기

+ 扌(손 수 변)

훈독 **わざ**　음독 **ぎ**

훈독 技 기술, 기법, 재주　足技 (유도·씨름에서) 발기술
大技 (유도·씨름에서) 대담한 기술

음독 技師 기사　技能 기능　演技 연기　特技 특기

N1 小4
11획 / 부수 山

산(山)이 **기이하게(奇)** 험하니 험할 기
또 험한 갑이나 곳이니 갑 기, 곳 기

+ 갑(岬) – 바다 쪽으로, 부리 모양으로 뾰족하게 뻗은 육지
+ 곶(串) – 바다로 내민 반도보다 작은 육지

훈독 **さき**

훈독 崎 갑, 곶　長崎県 나가사키 현(일본 현의 하나)

N3 **小1**
6획 / 부수 日

해(日)가 지평선(一) 위로 떠오르는(|) 아침 일찍이니
일찍 조

훈독 **はやい, はやまる, はやめる**   음독 **そう, さっ**

훈독 早い 이르다, 빠르다 早口 말이 빠름 素早い 재빠르다
早まる ① 빨라지다 ② 서두르다
早める ① 빨리하다 ② 재촉하다, 앞당기다

음독 早期 조기 早朝 조조, 이른 아침 早速 즉시
早急 조급, 몹시 급함

N2 **小1**
9획 / 부수 草(艹)

(대부분의) 풀(艹)은 이른(早) 봄에 돋아나니 풀 초

정자 草

+ 草가 부수로 쓰일 때는 艹로, 대부분 글자의 머리에 붙으므로 머리 두(頭)
를 붙여 '초 두'라 부릅니다. 정자에서는 4획인데 일본 한자에서는 3획의 艹
로 쓰지요.

훈독 **くさ**   음독 **そう**

훈독 草 풀 草木 초목 仕草 행위, 몸짓, 동작
음독 草原 초원 除草 제초 海草 해초
+ '草原'은 'くさはら' 또는 'くさわら'로도 읽을 수 있습니다.

N2 **小4**
8획 / 부수 十

우두머리(亠) 밑에 모인 사람들(人人)의 많은(十) 무리는
졸병이니 졸병 졸
또 졸병은 전쟁에서 앞장을 서야 하기 때문에 갑자기 죽어 생을
마치니 갑자기 졸, 죽을 졸, 마칠 졸

+ 亠(머리 부분 두), 十(열 십, 많을 십)

음독 **そつ**

음독 卒 병사 卒業 졸업 学卒 대학 졸업 新卒 (그 해의) 새 졸업자

N1 **小5**
11획 / 부수 玄

우두머리(亠)가 **작은(幺)** 사람을 **양쪽에 둘(冫 〈)씩,**
아래에 **열(十)**의 비율로 거느리니 비율 률, 거느릴 솔
또 잘 거느리려고 솔직하니 솔직할 **솔**

+ 솔직(率直)하다 – 거짓이나 숨김이 없이 바르고 곧다.
+ 幺(작을 요, 어릴 요), 直(곧을 직, 바를 직)

훈독 **ひきいる**   음독 **りつ, そつ**

훈독 率いる 거느리다, 인솔하다

음독 出産率 출산율 効率 효율 比率 비율
　　率先 솔선 率直 솔직 軽率 경솔

---

068 ▷ 堯 요 ▷ 焼 소

참고자
8획 / 부수 土

많은(十) 풀(艹)을 **우뚝하게(兀)** 쌓아 높으니 높을 요
또 중국에서 성군(聖君)으로 꼽히는 요임금도 나타내어
요임금 요

정자 堯 – 많은 흙(垚)을 우뚝하게(兀) 쌓아 높으니 '높을 요'
　　　또 중국에서 성군으로 꼽히는 요임금도 나타내어 '요임금 요'
+ 十(열 십, 많을 십), 艹[초 두(艸)의 약자], 兀(우뚝할 올), 土(흙 토),
　聖(聖: 성스러울 성, 성인 성), 君(임금 군)

N2 **小4**
12획 / 부수 火

불(火)이 **높이(堯)** 타오르게 불사르니 불사를 소

정자 燒

훈독 **やく, やける**   음독 **しょう**

훈독 焼く 굽다 焼肉 불고기 焼き物 도자기 焼ける 구워지다, 타다
　　日焼け 피부가 햇볕에 탐 夕焼け 노을
음독 焼失 소실 全焼 전소 燃焼 연소

N1 **小5**
3획 / 제부수

열(十)까지 하나(一)를 배우면 아는 선비니 선비 사
또 선비 같은 군사나 사람의 칭호나 직업에 붙이는 말이니
군사 사, 칭호나 직업에 붙이는 말 사

+ 선비 – 학식이 있고 행동과 예절이 바르며 의리와 원칙을 지키고 관직과
　　재물을 탐내지 않는 고결한 인품을 지닌 사람을 이르는 말

[음독] **し**

[음독] 学士 학사　修士 석사, 카톨릭의 수사　紳士 신사　同士 같은 종류
　　　博士 박사

많이(十) 땅(一) 위에 있는 흙이니 흙 토

+ 열까지 안다는 데서 열 십, 많을 십(十)을 크게 쓰면 선비 사, 군사 사, 칭
　호나 직업에 붙이는 말 사(士), 넓은 땅을 나타내기 위하여 아래(一)를 길
　게 쓰면 흙 토(土)로 구분하세요.

N4 **小1**
3획 / 제부수

[훈독] **つち**　　[음독] **と, ど**

[훈독] 土 땅, 흙　土遊び 흙장난　赤土 적토

[음독] 土地 땅, 토지　土質 토질　土手 둑, 제방　土曜日 토요일　国土 국토

[예외] お土産 선물, 토산품

도움말

〈필순을 고려한 어원 풀이라 좀 어색한 부분도 있어요.〉

글자를 눈으로 보기도 하지만 쓰기도 해야 하니 좀 어색한 어원이 되더라도 필순을 고려해서 어원을 풀었습니다.

위의 제목번호 069에 나오는 士의 어원도 '하나(一)를 들면 열(十)을 아는 선비니 선비 사'가 좋은데, 필순을 고
려하여 '열(十)까지 하나(一)를 배우면 아는 선비니 선비 사'로 풀다보니 어색한 어원이 되고 말았네요.

N3 **小3**
5획 / 부수 人(亻)

사람(亻)이 선비(士)처럼 벼슬하여 백성을 섬기니
벼슬할 사, 섬길 사

훈독 **つかえる**　　음독 **し, じ**

훈독 仕える 시중들다, 봉사하다, 섬기다

음독 仕上げ 마무리, 완성　仕方 방법, 수단, 방식
仕来り 관습, 관례　仕付ける (예의범절을) 가르치다
給仕 잔심부름을 함, 웨이터

N1 **小5**
7획 / 부수 心

선비(士)처럼 마음(心)에 두는 뜻이니 뜻 지

훈독 **こころざす**　　음독 **し**

훈독 志す 뜻하다, 뜻을 두다　志 뜻, 의지

음독 志向 지향　志望 지망　意志 의지　同志愛 동지애　立志 입지

N2 **小6**
14획 / 부수 言

말(言)이나 뜻(志)을 기록한 책이니 기록할 지, 책 지

+ 言(말씀 언) – 제목번호 212 참고

음독 **し**

음독 誌面 지면, 잡지의 기사면　日誌 일지　会誌 회지　雑誌 잡지
週刊誌 주간지

N1 **中学**
6획 / 부수 口

선비(士)의 말(口)처럼 길하고 상서로우니
길할 길, 상서로울 길

+ 길하다 – 운이 좋거나 상서롭다.
+ 상서롭다 – 복되고 좋은 일이 있을 듯하다.

음독 **きち, きつ**

음독 吉日 길일, (재수 · 운 · 일진 등이) 좋은 날, 경사스러운 날

+ '吉日'은 'きちじつ'로도 읽습니다.

吉事 길사, 경사 吉夢 길몽 吉報 희소식 不吉 불길

N1 **小4**
12획 / 부수 糸

실(糸)로 좋게(吉) 맺으니 맺을 결

훈독 **むすぶ, ゆう, ゆわえる** 　음독 **けつ**

훈독 結ぶ 잇다, 매다, 묶다, 맺다 結び付き 결부, 관계, 결합, 결속
結び目 매듭 結う 매다, 묶다 結わえる 매다, 묶다
음독 結構 훌륭함, 좋음, 괜찮음 結合 결합 結成 결성
結氷 결빙 結盟 동맹을 맺음 完結 완결 終結 종결

N1 **小6**
16획 / 부수 木

나무(木)를 좋게(吉) 받쳐(𠆢) 법도(寸)에 맞게 세우니
세울 수
또 세워 심는 나무니 나무 수

+ 寸(마디 촌, 법도 촌)

음독 **じゅ**

음독 樹木 수목 樹立 수립 果樹園 과수원

N2 **小5**
12획 / 부수 口

좋은(吉) 채소(艹)를 입(口)으로 먹으면 기쁘니 기쁠 희

훈독 **よろこぶ** 　음독 **き**

훈독 喜ぶ 즐거워하다, 기쁘다 喜び 기쁨
음독 喜劇 희극 喜色 기쁜 기색 悲喜 희비

N1 **小5**
8획 / 부수 舌

사람(人)이 흙(土)으로 **구멍(口)**내어 지은 집이니 **집 사**

[정자] 舍 – 사람(人)이 입속의 혀(舌)처럼 깃들여 사는 집이니 '집 사'

+ 口(입 구, 말할 구, 구멍 구), 舌(혀 설) – 제목번호 213 참고

[음독] **しゃ**

[음독] 官舍 관사 寄宿舍 기숙사 校舍 교사, 학교 건물
公舍 공사, 공무원 숙사

[예외] 田舍 시골

N2 **小6**
11획 / 부수 手(扌)

손(扌)으로 **집(舍)** 밖에 버리니 **버릴 사**

[정자] 捨

+ 扌(손 수 변)

[훈독] **すてる** [음독] **しゃ**

[훈독] 捨てる 버리다 捨て身 목숨을 걺, 필사의 각오로 전력을 다함
打ち捨てる 방치하다, 내버려 두다 世捨て人 속세를 떠난 사람, 승려
呼び捨て 경칭을 붙이지 않고 이름을 막 부름

[음독] 用捨 취사선택

참고자
7획 / 부수 土

두 **사람(人人)**이 **흙(土)** 위에 앉으니
앉을 좌

[훈독] **すわる** [음독] **ざ**

집(广)에서 **앉는**(坐) 자리나 위치니 **자리 좌, 위치 좌**

+ 广(집 엄)

훈독 **すわる**　음독 **ざ**

훈독 <ruby>座<rt>すわ</rt></ruby>る 앉다

음독 <ruby>座視<rt>ざ し</rt></ruby> 좌시　<ruby>座席<rt>ざ せき</rt></ruby> 좌석　<ruby>座談会<rt>ざ だんかい</rt></ruby> 좌담회　<ruby>座布団<rt>ざ ぶ とん</rt></ruby> 방석
<ruby>座浴<rt>ざ よく</rt></ruby> 좌욕　<ruby>講座<rt>こう ざ</rt></ruby> 강좌

N2　**小6**
10획 / 부수 广

074 莫_막 模_모

풀(艹)에는 해(日)만큼 **큰**(大) 영향을 미치는 것이 없으니
없을 막, 말 막
또 **풀**(艹)에는 **해**(日)가 가장 **큰**(大) 영향을 미치니 **가장 막**

정자 莫

+ 莫은 '없을 막, 말 막'처럼 부정사나 금지사로 쓰이기도 하고, '가장 막'처럼
  최상급으로 쓰이기도 하니 앞뒤 문맥을 살펴서 해석해야 합니다.

음독 **ばく**

음독 <ruby>莫大<rt>ばく だい</rt></ruby> 막대함　<ruby>莫逆<rt>ばくぎゃく</rt></ruby> 막역

참고자
10획 / 부수 草(艹)

나무(木)로 **없어질**(莫) 것을 대비하여 본보기로 본떠 만드니
본보기 모, 본뜰 모
또 본떠 만들면 아무리 잘해도 차이가 나 모호하니 **모호할 모**

+ 모호(模糊)하다 – 말이나 태도가 흐리터분하여 분명하지 않다.
+ 木(나무 목), 糊(풀 호, 모호할 호)

음독 **も, ぼ**

음독 <ruby>模造<rt>も ぞう</rt></ruby> 모조　<ruby>模写<rt>も しゃ</rt></ruby> 모사　<ruby>規模<rt>き ぼ</rt></ruby> 규모

N1　**小6**
14획 / 부수 木

N2 **小6**
14획 / 부수 日

없어지듯(莫) 해(日)가 넘어가 저무니 저물 모

훈독 くれる, くらす　　**음독** ぼ

훈독 暮れる (날이) 저물다　夕暮れ 황혼, 해질녘

暮す 생활하다, 살다, 보내다　暮し ① 살림 ② 일상생활

음독 朝暮 ① 아침저녁 ② 늘, 항상

N1 **小5**
13획 / 부수 土

없는(莫) 것처럼 흙(土)으로 덮은 무덤이니 무덤 묘

정자 墓

+ 土(흙 토)

훈독 はか　　**음독** ぼ

훈독 墓 묘, 무덤　墓石 묘석　墓参り 성묘

음독 墓地 묘지

+ '墓石'은 'ぼせき'로도 읽을 수 있고, '墓参'은 'ぼさん'으로도 읽을 수 있습니다.

N1 **小6**
13획 / 부수 巾

없는(莫) 것처럼 수건(巾) 같은 천으로 덮는 장막이니 장막 막

정자 幕

+ 巾(수건 건) – 제목번호 199 참고

음독 まく, ばく

음독 幕 막, 칸막이　天幕 천막

黒幕 ① (무대에서 장면이 바뀔 때 사용하는) 검은 무대 막

② 막후의 인물　幕府 막부, 무신 정권의 최고 권력 기관

N4 **小1**
5획 / 제부수

빛나는(丿) 해(日)는 희고 밝으니 **흰 백, 밝을 백**
또 흰색처럼 깨끗하니 **깨끗할 백**
또 깨끗하게 분명히 아뢰니 **아뢸 백**

훈독 しろい, しら **음독** はく, びゃく

훈독 白 흰색 白い 희다, 하얗다 真っ白 새하얌 白雪 흰 눈
음독 白紙 백지 白状 자백 余白 여백 空白 공백 白夜 백야

N1 **小6**
9획 / 부수 白

밝게(白) 왕(王)들을 지도하는 황제니 **황제 황**

+ 작은 나라의 임금은 왕(王), 큰 나라의 임금은 황제(皇帝)입니다.
+ 王(임금 왕, 으뜸 왕, 구슬 옥 변), 帝(임금 제)

음독 こう

음독 皇居 천황이 사는 곳(= 皇宮) 皇国 황국, 일본 皇位 황위
教皇 교황
예외 天皇 천황

참고자
8획 / 부수 巾

흰(白) 수건(巾) 같은 비단이니 **비단 백**
또 비단에 싸 보내는 폐백이니 **폐백 백**

+ 폐백(幣帛) – 신부가 처음으로 시부모를 뵐 때 올리는 것
+ 巾(수건 건 – 제목번호 199 참고), 幣(幤: 돈 폐, 폐백 폐)

음독 はく

음독 竹帛 역사책 布帛 무명과 비단, 직물

N2 **小5**
14획 / 부수 糸

실(糸)을 뽑아 흰(白) 수건(巾) 같은 천을 짜는 솜이니
솜 면
또 가는 실이 촘촘한 솜처럼 자세하게 이어지니
자세할 면, 이어질 면

+ 糸(실 사 변), 솜에서 실을 뽑아 천을 짭니다.

훈독 わた **음독** めん

훈독 綿 ① 목화 ② 솜 綿入れ 솜옷 綿雲 뭉게구름 木綿 솜
음독 綿 면 木綿 ① 면직물 ② 솜

N4 小1
6획 / 부수 白

하나(一)에서 시작하여 **아뢰듯(白)** 소리치는 단위는 일백이니
일백 백
또 일백이면 많으니 **많을 백**

+ 물건을 셀 때 속으로 세다가도 큰 단위에서는 소리를 내지요.

[음독] **ひゃく**

[음독] 百 백, 100 百科事典 백과사전 数百 수백

+ '百' 앞에 오는 숫자에 따라 'ひゃく'가 'びゃく'나 'ぴゃく'로 읽히기 때문에 주의해야 합니다.

+ 二百(にひゃく), 三百(さんびゃく), 四百(よんひゃく), 五百(ごひゃく), 六百(ろっぴゃく), 七百(ななひゃく), 八百(はっぴゃく), 九百(きゅうひゃく)

N2 小3
11획 / 부수 宀

집(宀)에 **사람(亻)**이 많이(百) 묵으며 자니 **잘 숙**
또 자는 것처럼 오래 머물러 있는 별자리니
오랠 숙, 별자리 수

+ 宀(집 면)

[훈독] **やどる, やどす**   [음독] **しゅく**

[훈독] 宿 ① 사는 집 ② 숙소 宿る ① 머무르다 ② 묵다 宿屋 여인숙
宿す ① 숙박시키다 ② (눈물, 이슬 등을) 머금다

[음독] 宿題 숙제 宿命 숙명 合宿 합숙 民宿 민박

N1 小6
17획 / 부수 糸

실(糸)을 **잠재우듯(宿)** 눌러두면 줄어드니 **줄어들 축**

+ 糸(실 사 변)

[훈독] **ちぢむ, ちぢまる, ちぢめる, ちぢれる**

[음독] **しゅく**

[훈독] 縮む ① 주름지다, 쪼글쪼글해지다 ② 줄어들다
縮まる 오그라(줄어)들다, 단축되다 縮める 줄이다, 단축하다
縮れる ① 주름이 지다, 곱슬곱슬해지다 ② 작아지다, 좁아지다

[음독] 縮小 축소 圧縮 압축 伸縮 신축 短縮 단축

N2 **小6**
9획 / 부수 水

N2 **小2**
15획 / 부수 糸

깨끗한(白) 물(水)이 나오는 샘이니 샘 천

+ 水(물 수)

| 훈독 | いずみ | 음독 | せん |

훈독 泉 샘, 샘물

음독 泉水 ① 뜰에 만든 연못 ② 샘 源泉 원천 鉱泉 광천 九泉 구천

실(糸)이 샘(泉)의 물줄기처럼 길게 이어지는 줄이니 줄 선

| 음독 | せん |

음독 線 선 光線 광선 曲線 곡선 水平線 수평선 内線 내선
路線 노선

도움말

〈필순의 기본 순서〉

한국 한자에서 필순의 기본 순서는 다음과 같은데, 일본 한자에서는 田, 王, 主, 由, 生, 隹 등등 한국 한자와 다른 글자들도 있습니다. 이 책에서 각 글자에 적용한 필순은 현재 일본에서 사용하는 주요 사전을 참고하여 실었습니다.

1. 왼쪽부터 오른쪽으로 쓴다. 예 川(丿 丿 川)
2. 위에서 아래로 쓴다. 예 三(一 二 三)
3. 가로획과 세로획이 교차될 때는 가로획을 먼저 쓴다. 예 十(一 十)
4. 좌·우 대칭을 이루는 글자는 가운데를 먼저 쓰고 좌·우의 순서로 쓴다. 예 小(丿 小 小)
5. 몸과 안으로 된 글자는 몸부터 쓴다. 예 同(丨 冂 冂 冋 同 同)
6. 가운데를 꿰뚫는 획은 맨 나중에 쓴다. 예 中(丨 口 口 中)
7. 허리를 끊는 획은 맨 나중에 쓴다. 예 子(フ 了 子)
8. 삐침과 파임이 만날 때는 삐침을 먼저 쓴다. 예 人(丿 人)
9. 오른쪽 위의 점은 맨 나중에 찍는다. 예 犬(一 ナ 大 犬)
10. 뒤에서 아래로 에워싼 획은 먼저 쓴다. 예 刀(フ 刀)
11. 받침으로 쓰이는 글자는 다음 두 가지로 구분한다.
    ① 달릴 주(走)나 면할 면(免)은 먼저 쓴다. 예 起(一 + 土 卡 未 走 起 起 起)
    ② 뛸 착, 갈 착(辶)이나 길게 걸을 인(廴)은 맨 나중에 쓴다. 예 近(一 厂 斤 斤 沂 沂 近)

N2 **小2**
10획 / 부수 厂

굴 바위(厂) 밑에 샘(泉)도 있는 언덕이니 언덕 원
또 굴 바위(厂) 밑에 샘(泉)이 물줄기의 근원이니 근원 원

+ 厂(굴 바위 엄, 언덕 엄), 泉[샘 천(泉)의 변형]

훈독 **はら**　음독 **げん**

훈독 原 들, 벌판　原っぱ 빈터, 들

음독 原因 원인　原作 원작　原油 원유　原理 원리　原料 원료

N1 **小6**
13획 / 부수 水(氵)

물(氵)이 솟아나는 근원(原)이니 근원 원

+ 근원(根原·根源) – '뿌리와 근원'으로 ① 물줄기가 나오기 시작하는 곳
　　　　　　　　　　　　　　② 사물이 비롯되는 근본이나 원인

+ 根(뿌리 근)

훈독 **みなもと**　음독 **げん**

훈독 源 ① 수원 ② 기원, 근원

음독 財源 재원　資源 자원　水源 수원　電源 전원

N2 **小4**
19획 / 부수 頁

근원(原)적으로 머릿(頁)속은 잘되기를 원하니 원할 원

+ 頁(머리 혈) – 제목번호 338 참고

훈독 **ねがう**　음독 **がん**

훈독 願う 바라다, 원하다, 기원하다　願い ① 소원 ② 부탁

음독 願書 원서　念願 염원

N1 **小4**
4획 / 부수 二

나무로 엇갈려 만든 우물이나 **우물틀(##)**을 본떠서
우물 정, 우물틀 정

훈독 **い** 음독 **せい, じょう**

훈독 井戸 우물

음독 井然 정연, 가지런히 구획된 모양 天井 천장

N2 **小5**
10획 / 부수 耒

가래(耒)로 **우물(井)**을 파듯 깊게 밭을 가니 밭 갈 경

+ 耒(가래 뢰, 쟁기 뢰) – 밭을 가는 농기구

훈독 **たがやす** 음독 **こう**

훈독 耕す 갈다, 일구다, 경작하다

음독 耕地 경지 耕作 경작 農耕 농경

N3 **小3**
12획 / 부수 宀

집(宀) 우물(井) 하나(一)에서 **나뉘어(八)** 나온 물이
얼음(冫)처럼 차니 찰 한

+ 宀(집 면), 冫[얼음 빙(氷)이 글자의 변으로 쓰일 때의 모습으로 '이 수 변']

훈독 **さむい** 음독 **かん**

훈독 寒空 ① 차가운 겨울 하늘 ② 겨울의 찬 날씨
寒い 춥다 寒気 추위, 한기
+ '寒気'는 'かんき'라고도 읽을 수 있습니다.

음독 寒天 겨울 하늘 悪寒 오한

N2 **小5**
7획 / 부수 囗

에워싸(囗) 쌓아올린 우물틀(井)처럼 둘레를 둘러싸니
둘레 위, 둘러쌀 위

정자 圍 – 둘레(囗)를 가죽(韋)으로 둘러싸니 '둘레 위, 둘러쌀 위'
+ 囗(에운담), 韋(가죽 위, 어길 위) – 제목번호 291 참고

훈독 **かこむ, かこう** 음독 **い**

훈독 囲む 둘러싸다 囲う ① 둘러싸다 ② 숨겨 두다 囲い 울타리, 담
음독 包囲 포위

N2 **小2**
7획 / 부수 彡

우물(幵)에 머리털(彡)이 비친 모습이니
모습 형

+ 幵[우물 정, 우물틀 정(井)의 변형], 彡(터럭 삼, 긴 머리 삼)

훈독 **かたち, かた**　　음독 **けい, ぎょう**

훈독 形 모양, 형태　顔形 얼굴 생김새　形 ① 모양, 형상 ② 무늬 ③ 자국

음독 形式 형식　形成 형성　原形 원형　図形 도형　人形 인형

N1 **中学**
6획 / 부수 刀(刂)

우물틀(幵) 같은 형틀에 매어 칼(刂)로 집행하는 형벌이니
형벌 형

+ 刂(칼 도 방)

음독 **けい**

음독 刑 형벌　刑事 형사　死刑 사형

N2 **小5**
9획 / 부수 土

우물틀(幵)처럼 칼(刂)로 흙(土)을 다듬어 만든 틀이니
틀 형

+ 土(흙 토)

훈독 **かた**　　음독 **けい**

훈독 型 거푸집　型紙 ① 모형을 만든 종이 ② 본을 뜬 종이　新型 신형

음독 体型 체형　典型 전형　模型 모형

참고자

10획 / 부수 冂

우물틀(井)처럼 **거듭(再)** 쌓으며 짜니
쌓을 구, 짤 구

+ 再(다시 재, 두 번 재) – 제목번호 145 참고
+ 필순이 한국 한자와 다릅니다.

N2 **小5**

14획 / 부수 木

나무(木)를 **쌓아(冓)** 얽으니 얽을 구

+ 木(나무 목)

훈독 **かまう, かまえる** **음독** **こう**

훈독 構う 상관하다, 마음을 쓰다 構える 꾸미다, 자세를 취하다, 준비하다
構え ① 구조 ② 자세 ③ 준비 心構え 마음가짐, 각오

음독 構造 구조 構想 구상 仮構 허구

N2 **小5**

17획 / 부수 言

말(言)을 **쌓듯이(冓)** 여러 번 익혀 강의하니
익힐 강, 강의할 강

+ 言(말씀 언) – 제목번호 212 참고

음독 **こう**

음독 講演 강연 開講 개강 休講 휴강 受講 수강

도움말

〈각 제목에 나오는 글자 순서도 참고 하세요.〉

이 책에 나오는 각 제목은, 비록 발음하기는 어렵더라도 순서대로 글자를 생각해 보시라고, 먼저 기준이 되는 글자를 넣고, 그 기준자의 ① 왼쪽에, ② 오른쪽에, ③ 위에, ④ 아래에 부수나 어떤 자를 붙였을 때 만들어지는 한자 순서대로 배치했습니다. 어느 쪽에도 해당하는 한자가 없으면 다음 순서의 한자를 배치했고요.

그러니 어떤 한자를 보면 그 한자의 기준자가 무엇이며, 그 기준자의 왼쪽에, 오른쪽에, 위에, 아래에 무엇을 붙였을 때 만들어지는 한자가 무엇인지 생각하면서 익히면 보다 효과적입니다.

N4 **小1**
3획 / 부수 十

사람(亻)들이 가로(一)로 죽 늘어선 모양에서
일천 천, 많을 천

+ 亻(사람 인 변), 一('한 일'이지만 여기서는 가로의 뜻)

훈독 **ち**　음독 **せん**

훈독 千代紙 무늬가 들어간 색종이

음독 千 천, 1000　千里眼 천리안　千一夜 천일야(오래 끌고 나가는 읽을거리나 방송 프로의 제목 등에 붙이는 말)

+ '千' 앞에 오는 숫자에 따라 'せん'이 'ぜん'으로 읽히기 때문에 주의해야 합니다.

+ 二千(にせん), 三千(さんぜん), 四千(よんせん), 五千(ごせん), 六千(ろくせん), 七千(ななせん), 八千(はっせん), 九千(きゅうせん)

N2 **小6**
3획 / 제부수

손잡이 있는 방패(⊞)를 본떠서 방패 간
또 방패로 무엇을 범하면 얼마 정도 마르니
범할 간, 얼마 간, 마를 건

훈독 **ほす, ひる**　음독 **かん**

훈독 干す 말리다, 널다　干し物 볕에 말린 것　干る ① 마르다
② (조수가) 빠져서 바닥이 드러나다　干物 건조식품

음독 干潮 간조

방패 간(干) 위에 삐침 별(丿)을 그어 전쟁에서 중요한
동물이 말임을 나타내어 말 오
또 말은 십이지지(十二地支)의 일곱 번째니 시간으로 한낮을 가
리켜서 일곱째 지지 오, 낮 오

N4 **小2**
4획 / 부수 十

+ 십이지지(十二地支)인 [자축인묘진사오미신유술해]의 처음인 자시(子時)가 밤 11시부터 새벽 1시까지니 오시(午時)는 두 시간씩 일곱 번째인 낮 11시 부터 오후 1시까지이고, 오시(午時)의 한 가운데인 낮 12시가 정오(正午) 지요.

음독 **ご**

음독 午後 오후　午前 오전　正午 정오

뿔 있는 **소(🐂)**를 본떠서 소 우

훈독 うし　**음독** ぎゅう

훈독 牛 소　牛車 소달구지　牛小屋 외양간

음독 牛タン 소 혀　牛肉 소고기　和牛 일본 소

N3 小2
4획 / 제부수

---

084 〉先 선 〉洗 세 → 賛 찬

(소를 부릴 때) **소(⼍)**는 **사람(儿)** 앞에 서서 먼저 가게 하니
먼저 선

+ ⼍[소 우(牛)의 변형], 儿(어진사람 인, 사람 인 발), 소를 부리거나 몰 때
는 소를 앞에 세우지요.

훈독 さき　**음독** せん

훈독 先 앞, 선두, 전방　先に 먼저　出張先 출장지

真っ先 맨 앞, 제일 먼저　行き先 행선지, 목적지

음독 先月 지난 달　先祖 선조(= 祖先)　先代 선대　先頭 선두

N4 小1
6획 / 부수 儿

물(氵)로 **먼저(先)** 씻으니 씻을 세

+ 氵[물 수(水)가 글자의 왼쪽에 붙는 변으로 쓰일 때의 모습으로 '삼 수 변']

훈독 あらう　**음독** せん

훈독 洗う 씻다　お手洗い 화장실

음독 洗顔 세안　洗面所 세면소, 화장실　水洗 수세

N3 小6
9획 / 부수 水(氵)

사내(夫)와 **사내(夫)**가 **재물(貝)**을 가지고 돕고 찬성하니
도울 찬, 찬성할 찬

정자 贊 – 먼저(先) 먼저(先) 재물(貝)을 가지고 돕고 찬성하니 '도울 찬,
찬성할 찬'

+ 夫(사내 부, 남편 부), 貝(조개 패, 재물 패, 돈 패) – 제목번호 330 참고

음독 さん

음독 賛歌 찬가　賛詞 찬사　賛成 찬성　賛美 찬미

N2 小5
15획 / 부수 貝

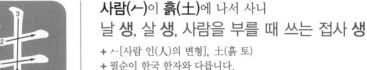

N4 小1
5획 / 제부수

사람(⺧)이 흙(土)에 나서 사니
날 생, 살 생, 사람을 부를 때 쓰는 접사 생

+ ⺧[사람 인(人)의 변형], 土(흙 토)
+ 필순이 한국 한자와 다릅니다.

훈독 **いきる, いかす, うまれる, はえる, なま, おう, き**

음독 **せい, しょう**

훈독 生きる 살다　生き物 생물　生かす 살리다　生まれる 태어나다

生える 나다　生ビール 생맥주　生身 살아있는 몸　生物 날것

生卵 날달걀, 생계란　生い茂る 우거지다　生地 ① 본바탕 ② 옷감

음독 生命 생명　生年月日 생년월일　生計 생계　人生 인생

先生 선생님　一生 일생

N2 小5
8획 / 부수 心(⺖)

마음(⺖)에 나면서(生)부터 생긴 성품이나 바탕이니
성품 성, 바탕 성
또 바탕이 다른 남녀의 성별이니 성별 성

+ ⺖(마음 심 변)

음독 **せい, しょう**

음독 性格 성격　性質 성질　性別 성별　中性 중성　根性 근성

N2 小2
9획 / 부수 日

해(日)가 진 뒤에 빛이 나는(生) 별이니 별 성

훈독 **ほし**　음독 **せい, しょう**

훈독 星 별　星空 별이 총총한 하늘

黒星 (스모에서) 진 것을 나타내는 표, 패배, 실패

白星 (경기에서) 승자의 표시

음독 星座 별자리　火星 화성　巨星 거성, 큰 인물　明星 샛별

머리(亠)를 받치고(丷) 굴 바위(厂) 같은 것에 의지하여
새끼를 **낳으니(生)** 낳을 산

+ 亠(머리 부분 두), 厂(굴 바위 엄, 언덕 엄)

훈독 **うむ, うぶ**　**음독** **さん**

훈독 産む 낳다　産土 출생지, 고향

음독 産休 출산 휴가　産業 산업　産出 산출　原産地 원산지
生産 생산　早産 조산　副産物 부산물

N3 **小4**
11획 / 부수 生

---

086 告 **造**
고(곡)　조

소(𠂉)를 잡아 차려 놓고 **입(口)**으로 알려 뵙고 청하니
알릴 고, 뵙고 청할 곡

+ 𠂉[소 우(牛)의 변형], 口(입 구, 말할 구, 구멍 구), 옛날에는 제사에 소고
기를 으뜸으로 쳤으니 소(牛)를 잡아 차려 놓고 입(口)으로 축문을 읊어 신
에게 알린다는 데서 '알릴 고(告)'지요.

훈독 **つげる**　**음독** **こく**

훈독 告げる 고하다, 알리다　告げ口 고자질

음독 告示 고시　告白 고백　原告 원고　報告 보고　布告 포고
公告 공고

N2 **小5**
7획 / 부수 口

계획을 **알리고(告)** 가서(辶) 지으니 지을 조

+ 辶(뛸 착, 갈 착)

훈독 **つくる**　**음독** **ぞう**

훈독 造る 만들다

음독 造花 조화　人造 인조　改造 개조　木造 목조

N2 **小5**
10획 / 부수 辵(辶)

N2 **小5**
11획 / 부수 言

N4 **小1**
6획 / 부수 干

남의 **말(言)**을 듣고 밝은 **낮(午)**처럼 명백하게 허락하니
허락할 허

+ 言(말씀 언) – 제목번호 212 참고, 午(말 오, 일곱째 지지 오, 낮 오) – 제
 목번호 083 참고

훈독 **ゆるす** 음독 **きょ**

훈독 許す 허가하다, 허락하다

음독 許容 허용 特許 특허

낮(午)이 숨은(乚) 듯 가고 오고 하여 해가 바뀌고 먹는 나이니
해 년, 나이 년

+ 乚[감출 혜, 덮을 혜(乚, = 匸)의 변형]

훈독 **とし** 음독 **ねん**

훈독 年 나이 年月 세월 毎年 매년, 해마다

음독 年間 연간 年度 연도 年輪 ① 연륜 ② 나이테 少年 소년
   定年 정년 中年 중년

예외 今年 올해

N2 小5
5획 / 부수 刀(刂)

방패(干) 같은 널빤지에 **칼(刂)**로 글자를 새겨 책을 펴내니
책 펴낼 간

+ 刂(칼 도 방), 활자가 없었던 옛날에는 널빤지에 칼로 글자를 새겨 책을 펴
냈습니다.

음독 **かん**

음독 刊行 간행 月刊 월간 発刊 발간 夕刊 석간

N2 小3
8획 / 부수 山

산(山)의 **바위(厂)**가 **방패(干)**처럼 깎인 언덕이니 **언덕 안**
또 높은 언덕처럼 높고 오만하니 **오만할 안**

+ 厂(굴 바위 엄, 언덕 엄)

훈독 **きし** 음독 **がん**

훈독 岸 물가

음독 傲岸 오만함, 거만함

N4 小2
9획 / 부수 十

많은(十) 성(冂)마다 **양쪽(ソ)**으로 열리는 **방패(干)** 같은
문이 있는 남쪽이니 **남쪽 남**

+ 十(열 십, 많을 십), 冂(멀 경, 성 경), 우리가 사는 북반구에서는 남쪽이 밝
고 따뜻하니 대부분의 성이나 건물은 남향으로 짓고 문도 남쪽으로 내지요.

훈독 **みなみ** 음독 **なん**

훈독 南 남쪽 南風 남풍, 마파람 南半球 남반구

+ '南風'은 'なんぷう'로도 읽을 수 있습니다.

음독 南米 남미 南北 남북

N2 小3
5획 / 부수 干

방패(干)의 이쪽저쪽(丷) 면은 평평하니 평평할 평
또 평평하여 아무 일 없는 평화니 평화 평

[정자] 平 – 방패(干)의 나누어진(八) 면은 평평하니 '평평할 평'
또 평평하여 아무 일 없는 평화니 '평화 평'

+ 八(여덟 팔, 나눌 팔)

[훈독] **たいら, ひら**　[음독] **へい, びょう**

[훈독] 平ら ① 평평함 ② 평지　平たい 평평하다, 평탄하다
平仮名 히라가나(가나의 한 종류)

[음독] 平日 평일　平気 태연함, 침착함　平方 평방, 제곱
公平 공평　平等 평등

N1 小5
12획 / 부수 言

말(言)로 공평하게(平) 평하니 평할 평

[정자] 評

+ 言(말씀 언) – 제목번호 212 참고
+ 평(評)하다 – 좋고 나쁨이나 잘되고 못 됨, 또는 옳고 그름 등을 분석하여
평가하다.

[음독] **ひょう**

[음독] 評判 평판　評論 평론　好評 호평　不評 평판이 나쁨(악평 = 不評判)
品評会 품평회

참고자
5획 / 부수 丿

평평할 평, 평화 평(平)의 위에 변화를 주어서 어조사 호

+ 의문이나 감탄의 어조사로 쓰입니다.
+ 어조사(語助辞) – 뜻 없이 말의 기운만 도와주는 말
+ 語(말씀 어), 助(도울 조), 辞(辭: 말씀 사, 글 사, 물러날 사)

[음독] **こ**

[음독] 断乎 단호히, 단연코

N2 小6
8획 / 부수 口

입(口)으로 호(乎) 하고 입김이 나도록 부르니 부를 호

+ 口(입 구, 말할 구, 구멍 구)

[훈독] **よぶ**　[음독] **こ**

[훈독] 呼ぶ 부르다　呼び子 호루라기　呼び声 부르는 소리
[음독] 呼応 호응　呼吸 호흡

N1 **小6**
8획 / 부수 土

많은(千) 풀(艹)잎이 흙(土)바닥에 드리우니 **드리울 수**

+ 千(일천 천, 많을 천), 艹[초 두(艹)의 약자], 土(흙 토)

훈독	**たれる, たらす**	음독	**すい**

훈독 垂れる 늘어지다, 드리워지다   垂らす 늘어뜨리다, 드리우다

음독 垂直 수직   垂線 수직선

예외 垂水 폭포

N2 **小6**
11획 / 부수 邑(阝)

드리워(垂) 고을(阝)까지 전달하는 우편이니 **우편 우**

+ 阝(고을 읍 방)

음독	**ゆう**

음독 郵政 우정(우편에 관한 행정)
　　 郵送 우편으로 물건이나 편지를 보냄

참고자
3획 / 부수 丿

[천(千) 번이나 굽실거리며 부탁하고 의탁한다는 데서]
일천 천(千)을 굽혀서 부탁할 탁, 의탁할 탁

N2 **小6**
6획 / 부수 宀

지붕(宀) 아래 의탁하여(乇) 사는 집이니 **집 택, 집 댁**

+ 宀(집 면), 남의 집을 높여 부를 때는 '댁'이라 하지요.

음독	**たく**

음독 お宅 댁   宅地 택지   家宅 가택   自宅 자택   邸宅 저택

91

3획 / 부수자

양손으로 물건을 받쳐 든 모습을 본떠서 **받쳐 들 공**

+ 위 아래로 내려 그은 두 획이 모두 곧으면 스물 입(廿), 왼쪽의 한 획이 약간 휘면 받쳐 들 공(廾), 내려 그은 두 획이 곧고 짧으면 초 두(艹)의 약자 (卝)로 구분하세요.

N1 **小5**
5획 / 부수 廾

사사로이(厶) 받쳐 들어(廾) 머리에 쓰는 고깔이니 고깔 변
또 고깔을 쓰고 즐거워하며 말을 잘하니
즐거워할 반, 말 잘할 변

[정자] 辯 – 어려운 일 틈(辛辛)에 끼어서도 말(言)을 잘하니 '말 잘할 변'
+ 厶(사사로울 사, 나 사), 辛(고생할 신, 매울 신) - 제목번호 109 참고,
  辛 둘을 어려운 일 틈으로 보았습니다.

[음독] **べん**

[음독] お弁当 도시락 弁解 변명 弁別 변별 弁論 변론
_{べん とう} _{べん かい} _{べん べつ} _{べん ろん}
口弁 말재주, 말솜씨
_{こう べん}

N2 **小2**
14획 / 부수 竹(⺮)

대(⺮)로 눈(目)알처럼 깎아 만든 주판을 받쳐 들고(廾) 셈하니 셈할 산

+ ⺮(대 죽) - 제목번호 131 참고, 目(눈 목, 볼 목, 항목 목)
+ 주판 – 옛날 셈을 하는 데 쓰였던 도구. 수판

[음독] **さん**

[음독] 計算 계산 精算 정산 清算 청산(서로 간에 채무·채권 관계를 셈
_{けい さん} _{せい さん} _{せい さん}
하여 깨끗이 해결함)

[예외] 暗算 암산 足し算 덧셈 引き算 뺄셈 割り算 나눗셈
_{あん ざん} _{た ざん} _{ひ ざん} _{わ ざん}

참고자

10획 / 부수 臼

절구(臼)처럼 무거운 것을 **마주 드니**(廾) 마주 들 여

+ 臼(절구 구) – 제목번호 316 참고, 절구 – 곡식을 찧거나 빻는 데 쓰는 도구

훈독 **かく**

N1 **小5**

16획 / 부수 臼

마주 들어(舁) **같이**(同) 힘쓰면 흥하고 흥겨우니
흥할 흥, 흥겨울 흥

+ 舁[마주 들 여(舁)의 변형], 同(같을 동) – 제목번호 140 참고, 흥(興)하다 –
번성하여 잘되어 가다.

훈독 **おこる, おこす**　　음독 **きょう, こう**

훈독 興る ① 흥하다 ② 일어나다
　　興す ① 흥하게 하다 ② 일어나게 하다

음독 興ずる 흥겨워하다　興味 흥미　余興 여흥　新興 신흥
　　復興 부흥

N1 **小4**

10획 / 부수 手

점(丶)점(丶)점(丿) 하나(一)씩 **나누어**(八) 손(手)에
들고 행하여 일으키니 들 거, 행할 거, 일으킬 거

정자 擧 – 더불어(與) 함께 손(手)에 들고 행하여 일으키니 '들 거, 행할 거,
　　일으킬 거'

+ 八(여덟 팔, 나눌 팔), 手(손 수, 재주 수, 재주 있는 사람 수), 与(與: 줄
여, 더불 여, 참여할 여) – 2권 제목번호 374 참고

훈독 **あがる, あげる**　　음독 **きょ**

훈독 挙がる 오르다, 올라가다　挙げる (손을) 들다, (예식 등을) 거행하다

음독 挙行 거행　挙動 거동　一挙に 단번에　選挙 선거

N1 中学
7획 / 부수 戈

창(戈)을 받쳐 들고(廾) 적을 경계하니 경계할 계

+ 戈(창 과) – 제목번호 223 참고, 廾(받쳐 들 공)

훈독 **いましめ** 음독 **かい**

훈독 戒め 훈계, 교훈

음독 警戒 경계

N2 小4
11획 / 부수 木

나무(木)로 죄지은 사람을 경계(戒)하고 벌주기 위하여 만든 형틀이니 형틀 계

또 형틀처럼 만든 기계니 기계 계

+ 木(나무 목)

음독 **かい**

음독 機械 기계

N2 小3
8획 / 부수 日

풀(艹)이 난 땅(一) 아래로 해(日)가 지면 이미 옛날이니 옛 석

+ 艹[초 두(艹)의 약자], 一('한 일'이지만 여기서는 땅으로 봄), 日(해 일, 날 일)

훈독 **むかし** 음독 **せき, しゃく**

훈독 昔 옛날 昔話 옛날이야기 大昔 아주 먼 옛날, 태고

음독 昔日 옛날 今昔 지금과 옛날

사람(亻)을 오래(昔) 사귀면 돈도 빌려주고 빌리니
빌릴 차

훈독 **かりる**　음독 **しゃく**

훈독 借りる 빌리다　借り手 차용인

음독 借金 빚, 부채　借用 차용

N3　小4
10획 / 부수 人(亻)

---

096 共 공 〉 供 공 〉 選 선

많은(卄) 사람들이 마당(一)에서 일을 나누어(八) 함께하니
함께 공

+ 卄(스물 입, = 廾), 一('한 일'이지만 여기서는 마당으로 봄), 八(여덟 팔, 나눌 팔)

훈독 **とも**　음독 **きょう**

훈독 共に 함께, 같이

음독 共感 공감　共通 공통　男女共学 남녀공학

N2　小4
6획 / 부수 八

사람(亻)이 함께(共) 살려고 서로 주면서 이바지하니
줄 공, 이바지할 공

+ 이바지하다 – 도움이 되게 하다.

훈독 **そなえる, とも**　음독 **きょう, く**

훈독 供える 바치다, 올리다　お供 수행원

음독 供給 공급　提供 제공　供養 공양

N2　小6
8획 / 부수 人(亻)

자기들(己己) 일처럼 함께(共) 가(辶) 뽑으니
뽑을 선

정자 選 – 뱀들(巳巳)처럼 길게 줄지어 함께(共) 가(辶) 뽑으니 '뽑을 선'

+ 己(몸 기, 자기 기), 辶, 辶(뛸 착, 갈 착), 巳(뱀 사) – 2권 제목번호 039 참고

훈독 **えらぶ**　음독 **せん**

훈독 選ぶ 고르다, 뽑다, 선택하다

음독 選手 선수　選出 선출　入選 입선　落選 낙선　決選 결선

N2　小4
15획 / 부수 辵(辶)

097 巷 항 港 항

함께(共) 다니는 뱀(巳)처럼 길게 뻗은 거리니
거리 항

훈독 ちまた
음독 こう

참고자
9획 / 부수 己

물(氵)에 거리(巷)의 차들처럼 배가 드나드는 항구니
항구 항

+巷[거리 항(巷)의 변형], 氵[물 수(水)가 글자의 변으로 쓰일 때의 모습으로 점이 셋이니 '삼 수 변']

훈독 みなと　음독 こう
훈독 港 항구
음독 空港 공항　出港 출항　入港 입항

N2 小3
12획 / 부수 水(氵)

N1 **小6**
11획 / 부수 田

밭(田)은 함께(共) 있어도 주인도 다르고 심어진 곡식도
다르니 **다를 이**

+ 田(밭 전, 논 전)

훈독 **ことなる**　　음독 **い**

훈독 異なる 다르다

음독 異見 이견　異性 이성(다른 성별)　異常 이상
異動 (직위, 근무처 등의) 이동　異論 이의　奇異 기이

N2 **小5**
15획 / 부수 日

(서로 상극인) 해(日)와 함께(共) 물(氺)이 만난 듯 사나우니
사나울 폭, 사나울 포
또 사나우면 드러나니 **드러날 폭**

+ 오행(五行)에서 물과 불은 상극(相剋)으로, 해도 불에 해당하니 이런 어원이
　가능하지요. '사납다'의 뜻으로 쓰일 때는 단어에 따라 '폭'과 '포'로 읽습니다.
+ 氺[물 수(水)가 글자의 아래에 붙는 발로 쓰일 때의 모습으로 '물 수 발']

훈독 **あばれる, あばく**　　음독 **ぼう, ばく**

훈독 暴れる 난폭하게 굴다, 날뛰다
暴く ① 파헤치다 ② (비밀을) 폭로하다

음독 暴言 폭언　暴動 폭동　暴落 폭락　暴利 폭리　暴力 폭력
暴露 폭로

도움말

〈相生(상생)과 相剋(상극)〉

相生은 서로 도와 너도 살고 나도 사는 모두가 잘 살게 함을 이르는 말이고, 相剋은 둘 사이가 서로 화합하지
못하고 늘 충돌함을 이르는 말입니다.

우주 만물을 이루는 다섯 가지 원소인 오행(五行)의 금(金), 수(水), 목(木), 화(火), 토(土)도 서로 相生과 相剋
으로 맞물려 돌아가고 있으니, 이것을 이해하면 자연과 인생을 이해하는 지혜도 생길 것 같아 소개합니다.

木生火(목생화) 나무에서 불이 난다.　　　木剋土(목극토) 나무는 흙을 이긴다(뚫는다).
火生土(화생토) 불에서 재(흙)가 난다.　　　土剋水(토극수) 흙은 물을 이긴다(막는다).
土生金(토생금) 흙에서 쇠가 난다.　　　　水剋火(수극화) 물은 불을 이긴다(끈다).
金生水(금생수) 쇠에서 물(녹)이 난다.　　　火剋金(화극금) 불은 쇠를 이긴다(녹인다).
水生木(수생목) 물에서 나무가 난다(산다).　金剋木(금극목) 쇠는 나무를 이긴다(자른다).

+ 相(서로 상, 모습 상, 볼 상, 재상 상), 剋(이길 극), 生(날 생, 살 생), 金(쇠 금, 금 금, 돈 금), 木(나무
　목), 水(물 수), 火(불 화), 土(흙 토)

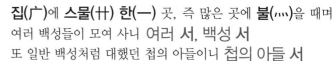

N1 中学

11획 / 부수 广

집(广)에 스물(卄) 한(一) 곳, 즉 많은 곳에 불(灬)을 때며 여러 백성들이 모여 사니 **여러 서, 백성 서**
또 일반 백성처럼 대했던 첩의 아들이니 **첩의 아들 서**

+ 广(집 엄), 卄(스물 입, = 卄), 灬(불 화 발), 卄은 아래를 막아 써도 같은 뜻이지만 보다 분명히 하기 위하여 卄과 一로 나누어 풀었어요.
+ 계급 제도가 있었던 옛날에는 본부인의 아들을 적자(嫡子), 첩의 아들을 서자(庶子)라 하여 차별하였지요. 첩의 아들은 공직에도 나갈 수 없고 하인처럼 일했으니 '여러 서, 백성 서(庶)'에 '첩의 아들 서'라는 뜻이 붙었습니다.
+ 嫡(본마누라 적)

음독 **しょ**

음독 庶民 서민

N2 小4

10획 / 부수 巾

집(广)에 스물(卄) 한(一) 사람, 즉 많은 사람이 앉도록 **수건(巾)**을 깐 자리니 **자리 석**

+ 巾(수건 건) – 제목번호 199 참고

음독 **せき**

음독 席料 ① 자릿세 ② 입장료　欠席 결석　見物席 관람석
出席 출석

N3 小3

9획 / 부수 广

집(广)에서 스물(卄) 한(一) 번이나 **손(又)**으로 법도에 따라 정도를 헤아리니 **법도 도, 정도 도, 헤아릴 탁**

+ 又(오른손 우, 또 우) – 제목번호 179 참고

훈독 **たび**　음독 **ど, たく, と**

훈독 度 때, 번, 적　度々 자주, 여러 번　七度 ① 일곱 번 ② 여러 번
음독 今度 이번　一度 한 번　温度 온도　純度 순도　高度 고도
旅支度 여행 준비　法度 법도

N2 小2
11획 / 제부수

이십(廿) 일(一) 년이나 지난 **까닭(由)**으로 팔(八)방이
황무지로 변하여 누르니 **누를 황**

정자 黃

+ 일본 한자와 정자의 차이는 스물 입(卄, = 廿)의 아래 획이 없느냐 있느냐
지요. 없으면 일본 한자, 있으면 정자입니다.
+ 卄(스물 입, = 廿), 由(까닭 유, 말미암을 유) – 제목번호 046 참고

훈독 **き, こ**   음독 **おう, こう**

훈독 黄身 (계란) 노른자 黄色い 노랗다 黄な粉 (볶은) 콩가루
き み   き いろ   き こ

黄色 황색, 노랑 黄金 ① 금, 돈 ② 황금빛 ③ 금화
               こ がね

+ '黄色'은 'おうしょく'로도 읽을 수 있습니다.
+ '黄金'을 'おうごん'이라고 읽으면 '황금'이라는 뜻이 됩니다.

음독 黄金 황금 黄土 황토 黄口児 풋내기, 미숙자
おうごん   おう ど   こう こう じ

N2 小3
15획 / 부수 木

나무(木)가 **누렇게(黄)** 죽어 가로로 제멋대로 쓰러지니
가로 횡, 제멋대로 할 횡

정자 橫

+ 나쁜 방법으로 취득하는 것을 '가로채다'라고 하듯이, 가로 횡(横)에도 '제
멋대로 할 횡'의 뜻이 있습니다.

훈독 **よこ**   음독 **おう**

훈독 橫 옆 橫合 ① 옆쪽, 측면 ② 국외(자), 제3자, 곁
よこ   よこ あい

橫切る ① 가로지르다, 횡단하다 ② 스치다 真橫 바로 옆
よ ぎ   ま よこ

음독 橫行 ① 멋대로 다님 ② 활개 침, 멋대로 설침 橫暴 횡포
おう こう   おう ぼう

橫線 가로줄
おう せん

N3 **小3**
5획 / 부수 一

(한 세대를 30년으로 봐서) **열 십(十)** 셋을 합치고
(세대는 서로 연결되어 있다는 데서) 아랫부분을 연결하여 세대 **세**
또 세대들이 모여 사는 세상도 뜻하여 세상 **세**

+ 세대(世代) – ① 같은 시대에 살면서 공통의 의식을 가지는 비슷한 연령층
　　　　　　　　의 사람들
　　　　　　② 어린아이가 성장하여 부모 일을 계승할 때까지의 기간
　　　　　　　　약 30년
　　　　　　③ 한 생물이 생겨나서 생존을 끝마칠 때까지의 사이
　　　　　　　　여기서는 ②, ③의 뜻.

[훈독] **よ**　　[음독] **世, せい**

[훈독] 世の中 세상　時世 ① 시대 ② 그 시대의 풍조
　　　+ '時世'는 'じせい'로도 읽습니다.
[음독] 世相 세상, 세태　世論 세론, 여론　世話 도와 줌, 돌봄
　　　出世 출세　中世 중세

풀(艹)처럼 **세대(世)**마다 **나무(木)**에 나는 잎이니 **잎 엽**

[정자] 葉
+ 여기서 세대는 풀이 돋아나서 씨를 맺고 죽는 1년 정도를 가리킵니다.

[훈독] **は**　　[음독] **よう**

[훈독] 葉 잎　葉書 엽서　落葉 낙엽
　　　+ '落葉'은 'らくよう'로도 읽을 수 있습니다.
[음독] 紅葉 단풍
　　　+ '紅葉'은 'もみじ'로도 읽을 수 있습니다.

N2 **小3**
12획 / 부수 草(艹)

[참고자]
10획 / 부수 草(艹)

너무 끈끈하여 **스무(艹)** 번이나 **입(口)**으로 **하나(一)**같이
숨 헐떡이며 가야 할 **진흙(土)**이니 진흙 **근**

[정자] 菫 – 너무 끈끈하여 스물(艹) 한(一) 번이나 입(口)으로 하나(一)같이
숨 헐떡이며 가야 할 진흙(土)이니 '진흙 근'
+ 일본 한자와 정자가 같은 모양이지만, 다른 글자의 구성 성분일 때는 스물
입(艹)의 아래 획이 없는 모습으로 들어갑니다.

[음독] **きん**

N2 **小6**
12획 / 부수 力

진흙(堇) 같은 어려움 속에서도 **힘(力)**써 부지런히 하는
일이니 부지런할 근, 일 근

[정자] 勤
+ 力(힘 력)

[훈독] **つとめる, つとまる**　　[음독] **きん, ごん**

[훈독] 勤^{つと}める 근무하다　勤^{つと}め先^{さき} 근무처
勤^{つと}まる (임무를) 잘 수행할 수 있다, 감당해 내다

[음독] 勤労^{きんろう} 근로　通勤^{つうきん} 통근　出勤^{しゅっきん} 출근　転勤^{てんきん} 전근　勤行^{ごんぎょう} 근행(시간을
정하여 부처 앞에서 독경하거나 예배하는 일)

N3 **小3**
13획 / 부수 水(氵)

물(氵)과 **진흙(𦰌)**이 많은 곳(중국 양자강 유역)에 세운 한나라니
한나라 한
또 남을 흉하게 부르는 접미사 한

[정자] 漢
+ 𦰌[진흙 근(堇)의 변형] – 너무 끈끈하여 스무(卄) 번이나 말하며(口) 하나(一)
같이 크게(大) 힘쓰며 걸어야 할 진흙이니 '진흙 근'으로 풀어지네요.
+ 스물 입(卄, = 廿)의 아래 획이 없으면 일본 한자, 있으면 정자입니다.

[음독] **かん**

[음독] 漢語^{かんご} 음독으로 읽히는 한자로 된 낱말　漢字^{かんじ} 한자　漢文^{かんぶん} 한문

N2 **小6**
18획 / 부수 隹

진흙(𦰌)에 빠진 **새(隹)**는 날기 어려우니 어려울 난
또 어려우면 남을 비난하니 비난할 난

[정자] 難
+ 隹(새 추), 어렵거나 힘들면 남의 탓으로 돌리거나 비난하지요.
+ 필순이 한국 한자와 다릅니다.

[훈독] **むずかしい, かたい**　　[음독] **なん**

[훈독] 難^{むずか}しい 어렵다　難^{かた}い 어렵다, 힘들다　有^あり難^{がた}い 감사하다, 고맙다
言^いい難^{がた}い 말하기 어렵다, 말하기 힘들다

[음독] 難題^{なんだい} 난제　苦難^{くなん} 고난　生活難^{せいかつなん} 생활난　無難^{ぶなん} 무난

<도움말>

〈한나라 한(漢)이 중국을 대표하는 말로 쓰이는 이유〉
진시황이 세운 중국 최초의 통일 왕국 진나라가 얼마 가지 못하고 무너지고 유방이 세운 나라가 한나라. 한나
라는 진나라를 이은 두 번째 중국 통일 왕국이고, 그때까지의 중국 역사를 창조해 낸 중국 최고의 제국이었기
때문에 옛날의 중국을 대표하는 말로 쓰이고 있습니다. 우리가 익히는 한자(漢字)나 한문(漢文)에도 漢이 들어
갔네요.

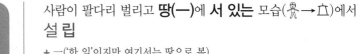

N4 **小1**
5획 / 제부수

사람이 팔다리 벌리고 **땅(一)**에 **서 있는** 모습(🧍→立)에서
설 립

+ 一('한 일'이지만 여기서는 땅으로 봄)

훈독 **たつ, たてる**　**음독** **りつ, りゅう**

훈독 立つ 서다, 일어서다　立場 입장　目立つ 눈에 띄다
気立て 마음씨　立てる 세우다

음독 立派 훌륭함, 더 말할 나위 없음, 충분함　成立 성립
創立 창립　独立 독립　中立 중립　自立 자립
建立 (절, 탑을) 건립함

N2 **小4**
7획 / 부수 人(亻)

사람(亻)이 **서(立)** 있는 자리니 **자리 위**

+ 亻(사람 인 변)

훈독 **くらい**　**음독** **い**

훈독 位 자리, 지위, 계급
음독 位置 위치　単位 단위　地位 지위　品位 품위

N1 **小4**
8획 / 부수 水(氵)

얼굴에 물(氵)이 **서(立)** 있는 모습으로 눈물 흘리며 우니 **울 읍**

+ 소리 내지 않고 눈물만 흘리며 울면 '울 읍(泣)'
큰 소리로 통곡하면 '통곡할 곡(哭)'

훈독 **なく**　**음독** **きゅう**

훈독 泣く 울다　泣き出す 울기 시작하다　泣き所 약점, 급소
泣き虫 울보
음독 泣血 피눈물　感泣 감격하여 욺

설 립(立) 둘로 된 **나란할 병(竝)**을 합쳐서 **나란할 병**

정자 竝 – 둘이 나란히 서니(竝) '나란할 병'
+ 並을 둘로 나누면 설 립(立)이 둘이지요.
+ 竝의 일본 한자는 並, 중국 한자(간체자)는 并입니다.

훈독 **なみ, ならべる, ならぶ**　**음독** **へい**

훈독 並 보통, 평균　月並 평범함　常並 보통, 일반　手並 솜씨
並べる 늘어놓다, 나란히 하다　並ぶ 한 줄로 서다　並びに 및, 또
음독 並行 병행　並進 나란히 나아감　並列 병렬　並立 병립, 양립

N2 **小6**
8획 / 부수 一

N3 **小1**
9획 / 제부수

서서(立) 말하듯(曰) 내는 소리니 소리 음

+ 曰(가로 왈), 가로다 – '말하다'를 예스럽게 이르는 말

훈독 **おと, ね**   음독 **おん, いん**

훈독 音 소리 物音 (무슨) 소리 本音 진심

음독 音楽 음악 音量 음량, 볼륨 音感 음감 母音 모음 子音 자음

+ '子音'의 '音'은 'おん'으로도 읽을 수 있습니다.

N3 **小3**
13획 / 부수 日

해(日)가 지고 소리(音)만 들리게 어두우니 어두울 암
또 어둡게 몰래 하니 몰래 암

+ 日(해 일, 날 일)

훈독 **くらい**   음독 **あん**

훈독 暗い 어둡다 暗やみ 어둠, 어두운 곳 真っ暗 아주 캄캄함, 암흑

음독 暗記 암기 暗室 암실 暗示 암시 明暗 명암

N3 **小3**
13획 / 부수 心

소리(音)를 듣고 마음(心)에 생각되는 뜻이니 뜻 의

+ 心(마음 심, 중심 심) – 제목번호 253 참고

음독 **い**

음독 意見 의견 意思 의사 意中 의중 合意 합의 用意 준비
　　生意気 건방짐, 주제넘음

N2 **小4**
15획 / 부수 人(亻)

(너무 커서) 사람(亻)이 뜻(意)을 생각해 보는 억이니 억 억

+ 억은 1초에 하나를 세는 속도로 3년 가까이 쉬지도 않고 자지도 않고 세어
　야 하는 큰 수지요.

음독 **おく**

음독 一億 1억(숫자 단위)

+ 일본어는 만 단위가 넘어가면 만이나 억, 조 등의 한자 앞에 'ー(いち)'를
　붙여서 말해야 합니다.

N2 小3
11획 / 부수 立

소리(音)를 적은 글자 **열(十)** 개 정도면 되는 문장이나 글이니
문장 장, 글 장

+ 十(열 십, 많을 십), 소리를 적은 글자 열 개 정도면 한 문장이나 글이 되지요.

음독 しょう

음독 章 문장을 크게 나눈 한 단락 文章 문장 楽章 악장

N1 小6
14획 / 부수 阜(阝)

위험한 **언덕(阝)**에 **글(章)**을 써 붙여 길을 막으니
막을 장

+ 阝(언덕 부 변)

훈독 さわる 음독 しょう

훈독 障る 방해가 되다, 지장이 있다 障り所 방해물
気障り ① 같잖음, 아니꼬움 ② 마음에 걸림, 언짢음

음독 障害 ① 장애, 장해 ② 방해, 방해물 保障 보장
障子 장지문(방과 방 사이, 또는 방과 마루 사이에 칸을 막아 끼우는 문)

참고자
11획 / 부수 立

소리(音)치며 **사람**(儿)이 마침내 일을 다 했음을 알리니
마침내 경, 다할 경

+ 儿(어진사람 인, 사람 인 발)
+ 어려운 일을 끝내고는 그동안 힘들었다고, 또는 드디어 다했다고 기뻐하며
  소리치지요.

음독 **きょう, けい**

음독 竟宴 _{きょうえん} 평안 시대에 서책의 강독이나 시가집의 찬진 등 큰 사업이 끝났
을 때 베푸는 잔치

N2 小5
14획 / 부수 土

땅(土)이 **다한**(竟) 경계니 경계 경
또 어떤 경계에 이른 형편이니 형편 경

+ 土('흙 토'지만 여기서는 땅으로 봄)

훈독 **さかい**   음독 **きょう, けい**

훈독 境 _{さかい} ① 경계 ② 갈림길, 기로 地境 _{じざかい} 지경, 땅의 경계

   + '地境'은 'じさかい', 'ちきょう'로도 읽을 수 있습니다.

음독 境界 _{きょうかい} ① 경계 ② 처지, 신분 苦境 _{くきょう} 괴로운 입장 心境 _{しんきょう} 심경
   境内 _{けいだい} (신사·사찰의) 경내, 구내(↔ 境外 _{けいがい} 경계 밖, 부지 밖)

N1 小4
19획 / 부수 金

쇠(金)를 닦으면 **마침내**(竟) 광채나면서 비추는 거울이니
거울 경

+ 金(쇠 금, 금 금, 돈 금, 성씨 김) - 제목번호 280 참고, 유리가 없었던 옛
  날에는 쇠로 거울을 만들어 사용했답니다.

훈독 **かがみ**   음독 **きょう**

훈독 鏡 _{かがみ} 거울 手鏡 _{てかがみ} 손거울

음독 鏡台 _{きょうだい} 경대 内視鏡 _{ないしきょう} 내시경

예외 眼鏡 _{めがね} 안경

N2 小3
10획 / 부수 人(亻)

N2 小3
11획 / 부수 邑(阝)

사람(亻)이 둘씩 가르면(咅) 숫자는 곱이고 갑절이니
곱 배, 갑절 배

+ 咅 - 서서(立) 입(口)으로 뱉는 침처럼 갈라지니 '침 부, 갈라질 부'
+ 곱 - 배, 곱절, 立(설 립) - 제목번호 103 참고, 口(입 구, 말할 구, 구멍 구)

음독 **ばい**

음독 倍 배, 2배 倍額 두 배의 액수 倍率 배율
　　 三倍 3배 人一倍 남보다 갑절

갈라놓은(咅) 것처럼 고을(阝)의 여기저기 나눠진 마을이니
나눌 부, 마을 부
또 나눠진 마을을 함께 거느리니 거느릴 부

+阝(고을 읍 방)

음독 **ぶ**

음독 部長 부장 部首 부수 一部 일부
　　 外部 외부(↔ 内部 내부) 学部 학부

예외 部屋 방

N3 小2
16획 / 부수 見

서(立) 있는 나무(木)를 돌보듯(見) 자식을 보살피는
어버이니 **어버이 친**
또 어버이처럼 친하니 **친할 친**

+ 木(나무 목), 見(볼 견, 뵐 현)

훈독 したしい, したしむ, おや　　**음독** しん

훈독 親しい 친하다　親しむ ① 친하게 하다, 친하게 지내다

② 익숙하다, 즐기다　親 부모님　父親 아버지　母親 어머니

음독 親友 친한 친구　親類 친척, 일가　親身 육친, 가까운 친척 (= 肉親 육친)

N4 小2
13획 / 부수 斤

서(立) 있는 나무(木)를 도끼(斤)로 베어 새로 만들어
새로우니 **새로울 신**

+ 斤(도끼 근, 저울 근) – 제목번호 230 참고

훈독 あたらしい, あらた, にい　　**음독** しん

훈독 新しい 새롭다, 새것이다　目新しい 새롭다, 신기하다, 진기하다

新た 새로움　新妻 새댁, 갓 결혼한 아내

음독 新規 신규　新人 신인　新年 신년　新入 신입

N2 中学
7획 / 제부수

서(立) 있는 곳이 **십(十)**자가 위인 것처럼 고생하니 고생할 **신**
또 먹기에 고생스럽도록 매우니 매울 **신**

훈독 **からい, つらい**　　음독 **しん**

훈독 辛い ① 맵다 ② 짜다, 박하다　塩辛い 짜다

辛い ① 고통스럽다, 괴롭다 ② 모질다, 냉혹하다

음독 辛気 마음이 꺼림칙함　辛苦 쓰라린 고생　辛勝 간신히 이김
(↔ 楽勝 낙승)　千辛万苦 천신만고

예외 辛うじて 겨우, 간신히

N2 小3
8획 / 부수 干

하나(一)만 바꿔 생각하면 **고생(辛)**도 행복하니 행복할 **행**
또 행복은 누구나 바라니 바랄 **행**

+ 행복은 고생과 백지 한 장 차이라는 데서 고생할 신, 매울 신(辛)의 위에
한 일(一)을 붙여서 행복할 행, 바랄 행(幸)을 만든 선인들의 아이디어가
빛나네요. 정말 생각하기에 따라 고생도 행복이 될 수 있지요. 이처럼 한자
의 어원을 생각하면 큰 교훈도 얻고 기발한 아이디어도 배우게 됩니다.

훈독 **さいわい, しあわせ, さち**　　음독 **こう**

훈독 幸い 다행히　幸せ ① 행복함 ② 운수　幸 ① 행복, 행운

② 사냥과 낚시로 잡은 것　海幸 바다에서 나는 것, 해산물

山幸 ① 사냥으로 잡은 것 ② (산에서 채취한) 나물이나 열매

음독 幸運 행운　不幸 불행　多幸 다복, (행)복이 많음

N2 小5
12획 / 부수 土

다행히(幸) 재산을 잘 **다스려(**殳**)** 소식도 알리고 은혜도
갚으니 알릴 보, 갚을 보

+殳 – 무릎 꿇도록(卩) 손(又)으로 잡아 다스리니 '다스릴 복'
+卩(무릎 꿇을 절, 병부 절, = 㔾), 又(오른손 우, 또 우) – 제목번호 179 참고

훈독 **むくいる**　　음독 **ほう**

훈독 報いる ① 보답하다, 갚다 ② 보복하다, 앙갚음하다

음독 報恩 보은　広報 홍보　情報 정보　天気予報 일기예보
電報 전보

N3 小3
8획 / 부수 肉(月)

몸(月**)**을 잘 **다스리기(**殳**)** 위해서는 옷도 입어야 하고, 밥도
먹어야 하며, 상관의 명령에도 복종해야 하니
옷 복, 먹을 복, 복종할 복

+月(달 월, 육 달 월)

음독 **ふく**

음독 服 옷　服用 복용　制服 제복　不服 불복　礼服 예복

참고자
10획 / 부수 ㅣ

매울 신, 고생할 신(辛) 위에 점 셋을 붙여
풀 무성할 착

N3 小3
13획 / 부수 木

풀 무성한(丵) 곳에 있는 **나무(木)**와 같이 이미 정해진
업이고 일이니 **업 업, 일 업**

+ 업(業) – ① 몸과 입과 뜻으로 짓는 선악의 소행
　　　　　 ② 직업

훈독 **わざ**　　음독 **ぎょう, ごう**

훈독 業人 기술이 뛰어난 사람 　神業 ① 신의 조화 ② 귀신같은 솜씨
　　　 力業 ① 힘으로 하는 기술 ② 중노동 　仕業 소행, 짓

음독 業者 ① 기업가 ② 동업자 　休業 휴업 　事業 사업 　創業 창업
　　　 分業 분업 　自業自得 자업자득

　　　 + '業'을 'ごう'로 읽는 단어는 불교와 관련된 어휘들이 많습니다.

예외 生業 생업, 가업, 직업

　　　 + '生業'은 'せいぎょう'로도 읽을 수 있습니다.

N2 小3
7획 / 부수 寸

글(文)로 **법도(寸)**에 맞게 상대하고 대답하니
상대할 대, 대답할 대

정자 對 – 풀 무성하듯(丵) 많은 사람이 자리(一)에 앉아 정해진 법도(寸)에
　　　 맞게 상대하고 대답하니 '상대할 대, 대답할 대'

+ 文(무늬 문, 글월 문), 寸(마디 촌, 법도 촌), 一('한 일'이지만 여기서는 자
리로 봄)

음독 **たい, つい**

음독 対処 대처 　対応 대응 　対立 대립 　反対 반대
　　　 対句 대구 　一対 한 쌍

N4　小1
3획 / 부수 一

일정한 **기준(一)**보다 위로 오르니 위 **상**, 오를 상

훈독 うえ, うわ, かみ, あがる, あげる, のぼる

음독 じょう, しょう

훈독 上 위　上下 ① 위아래 ② 거꾸로, 반대　目上 윗사람, 연장자
上回る 상회하다　上座 상석(↔ 下座 하석)　上がる 올라가다
上げる 올리다　上り下り 오르내림

음독 上品 고상함, 점잖음　上申 상신(윗사람이나 관청 등에 일에 대한
의견이나 사정 등을 말이나 글로 보고함)　上層 상층
上位 상위(↔ 下位 하위)　上手 잘하다　以上 이상
史上 역사상　上下 ① 상하 ② 위와 아래
+ '上下'는 'じょうげ'로도 읽을 수 있습니다.

N4　小1
3획 / 부수 一

일정한 **기준(一)**보다 아래로 내리니 아래 **하**, 내릴 하

훈독 した, しも, くださる, さがる, さげる, おりる, もと

음독 げ, か

훈독 下 아래　年下 연하, 손아래(↔ 年上 연상, 손위)
上下 ① 상위와 하위 ② 저고리와 바지　下さる 주시다
下がる 내려가다　下げる 내리다　下りる ① 내리다, 내려오다
② 결정·지시가 나오다　足下 발 밑

음독 下車 하차　下水 하수　下宿 하숙　下品 ① 하품 ② 상스러움
下降 하강　下線 밑줄　部下 부하

예외 下手 서투름, 어설픔

N4 **小1**
7획 / 제부수

무릎(口)부터 발(止)까지를 본떠서 발 족
또 발까지 편해야 마음이 넉넉하니 넉넉할 족

+ 발이 건강해야 신체 모두가 건강하다지요. 그래서 발 마사지, 족욕(足浴) 등 발 관련 프로그램이 많답니다.
+ 口('입 구, 말할 구, 구멍 구'지만 여기서는 무릎으로 봄), 浴(목욕할 욕)

훈독 **あし, たす, たりる, たる** **음독** **そく**

훈독 足^{あし} 발, 다리 足音^{あしおと} 발소리 足代^{あしだい} 교통비, 차비 足場^{あしば} 발판

足^たす 더하다 足^たりる 족하다, 충분하다 物足^{ものた}りない 어딘지

불만스럽다, 어딘가 부족하다

음독 一足^{いっそく} (신·양말 등의) 한 켤레 山足^{さんそく} 산기슭 発足^{ほっそく} 발족(어떤 조

직체가 새로 만들어져서 일이 시작됨) 不足^{ふそく} 부족 補足^{ほそく} 보충

満足^{まんぞく} 만족

예외 足袋^{たび} 일본식 버선

中学
10획 / 부수 手(扌)

손(扌)으로 발(足)목을 잡으니 잡을 착

+ 扌(손 수 변)

훈독 **とらえる** **음독** **そく**

훈독 捉^{とら}える ① 잡다, 붙잡다, 붙들다 ② 인식·파악하다, 받아들이다
음독 捕捉^{ほそく} 포착

N3 **小2**
4획 / 제부수

두 발()이 그쳐 있는 모습(止)에서 그칠 지

훈독 **とまる, とめる** **음독** **し**
훈독 止^とまる 멈추다, 서다 止^とめる 멈추다 口止^{くちど}め 입막음
음독 止血^{しけつ} 지혈 中止^{ちゅうし} 중지

N2 **小5**
8획 / 부수 止

하나(一)의 **주살**(弋)로도 적의 침략을 **그치게**(止) 하는
군사니 군사 무
또 군사들이 사용하는 무기니 무기 무

+ 弋(주살 익), 주살 – 줄을 매어 쏘는 화살

음독 **ぶ, む**

음독 武芸 무예 武器 무기 武士 무사 武術 무술 武力 무력
武者 무사

N3 **小2**
8획 / 부수 止

그쳤다가(止) **조금씩**(少) 걷는 걸음이니 걸음 보

정자 步

+ 少(적을 소, 젊을 소), 少[적을 소, 젊을 소(少)의 획 줄임]

훈독 **あるく, あゆむ** 음독 **ほ, ぶ, ふ**

훈독 歩く 걷다(= 歩む) 流れ歩く 헤매다, 떠돌다
歩み ① 걸음, 보조 ② 진행, 경과

음독 歩行者 보행자 牛歩 느린 걸음 進歩 진보 活歩 활보
歩合 ① 비율 ② 수수료, 보수 歩 (일본 장기의 말의 하나인) 졸(卒)

+ '歩'는 '졸'인 경우에만 'ふ'로 읽습니다.

N2 **小3**
12획 / 제부수

씹기를 그치고(止) **입 벌린**(凵) 속에 있는 **쌀 미**(米) 자처럼
나눠진 이의 모습에서 이 **치**
또 (옛날에) 이의 숫자로 알았던 나이니 나이 **치**

정자 齒 – 씹기를 그치고(止) 윗니(人人)와 나란히(一) 아랫니(人人)가
입 벌린(凵) 속에 있는 모습에서 '이 치'
또 (옛날에) 이의 숫자로 알았던 나이니 '나이 치'

+ 凵(입 벌릴 감, 그릇 감), 米(쌀 미), 人('사람 인'이지만 여기서는 이로 봄)

훈독 **は** 음독 **し**

훈독 歯 치아, 이(빨) 歯医者 치과의사 歯痛 치통 歯車 톱니바퀴
+ '歯痛'은 'しつう'라고도 읽습니다.

음독 歯科 치과 歯列 치열 犬歯 송곳니(= 糸切り歯)

113

N1 **中学**
7획 / 부수 廴

임무를 **맡고(壬) 걸어가는(廴)** 조정이나 관청이니
조정 정, 관청 정

+ 廴 – 구불구불한 길을 다리를 끌며 길게 걷는다는 데서 조금 걸을 척(彳)
  의 내리그은 획을 더 늘여서 '길게 걸을 인'
+ 조정(朝廷) – 임금이 정사를 펴며 의식을 행하는 곳
+ 壬(간사할 임, 짊어질 임, 아홉째 천간 임), 朝(아침 조, 조정 조, 뵐 조)

음독 てい
음독 休廷 휴정 法廷 법정

N2 **小3**
10획 / 부수 广

집(广) 안에 **조정(廷)**처럼 가꾼 뜰이니 **뜰 정**

+ 广(집 엄)

훈독 にわ **음독** てい
훈독 庭 정원 庭石 정원석 小庭 작은 정원, 좁은 뜰 中庭 안뜰
음독 庭訓 ① 가훈 ② 가정 교육 校庭 교정 後庭 뒤뜰

N2 **小6**
8획 / 부수 廴

삐뚤어져(丿) 하던 일을 **그치고(止) 길게 걸으면서(廴)**
끌고 늘이니 **끌 연, 늘일 연**

+ 丿(삐침 별)

훈독 のばす, のびる, のべる **음독** えん
훈독 延ばす 연장시키다, 연기하다 延びる 길어지다, 연기되다, 늘어
    지다 延べる 펴다, 늘이다, 늦추다
음독 延着 연착 延長 연장 延命 연명

N1 **小6**
15획 / 부수 言

말(言)을 늘이듯(延) 길게 울면서 태어나니 **태어날 탄**

+ 言(말씀 언) – 제목번호 212 참고

음독 たん
음독 誕生 탄생 誕生日 생일

N3 **小1**
5획 / 부수 止

하나(一)에 그쳐(止) 열중해야 바르니 바를 정

+ 止(그칠 지), 무슨 일이나 하나에 그쳐 열중해야 바르지요.

훈독 **ただしい, ただす, まさ**　　음독 **せい, しょう**

훈독 正しい 옳다, 바르다, 맞다　正す ① 바르게 하다, 바로잡다
② (시비, 명분을) 밝히다, 가리다　正に 바로, 틀림없이, 확실히
正夢 맞는 꿈

음독 正方形 정사각형　正解 정답　正確 정확　公正 공정
お正月 정월, 설　正面 정면

N2 **小5**
9획 / 부수 攵(攴)

바르도록(正) 치면서(攵) 다스리니 다스릴 정

+ 攵(칠 복, = 攴)

음독 **せい, しょう**

음독 政界 정계　政治 정치　国政 국정　行政 행정　財政 재정
摂政 섭정

N2 **小3**
8획 / 부수 宀

집(宀)안의 물건도 바르게(疋) 자리를 정하니 정할 정

+ '집(宀) 아래(下) 사람(人)이 잘 곳을 정하니 정할 정'으로 풀 수도 있네요.
+ 宀(집 면), 疋[바를 정(正)의 변형], 下(아래 하, 내릴 하)

훈독 **さだめる, さだまる**　　음독 **てい, じょう**

훈독 定める 정하다, 결정하다　見定める 확실히 보다, 확정하다
定まる 정해지다, 결정되다　定か 확실함, 분명함

음독 定員 정원　定期 정기　定食 정식　予定 예정　安定 안정
定規 ① 자 ② 모범, 본보기

N1 **小3**
16획 / 부수 攵(攴)

(개수가 많은 물건은 가운데를) 묶어(束) 양끝을 쳐서(攵) 바르게(正) 하면 가지런하니 가지런할 정

+ 束(묶을 속) – 제목번호 241 참고

훈독 **ととのえる, ととのう**　　음독 **せい**

훈독 整える 가다듬다, 정돈하다　整う 가지런해지다, 정돈되다

음독 整形外科 정형외과　整合 꼭 들어맞음, 꼭 맞춤　整枝 가지치기
整理 정리

N1 **中学**
9획 / 부수 日

해(日)처럼 밝고 **바르면(疋)** 옳으니 **옳을 시**
또 해(日)처럼 밝게 **바로(疋)** 이것이라며 가리키니
이 시, be동사 시

+ 疋[바를 정(正)의 변형], 是에는 영어의 be동사처럼 '~이다'라는 뜻도 있습니다.

훈독 **これ, この**　　음독 **ぜ**

음독 是正 시정　是非 시비, 옳고 그름　是是非非 시시비비
是非とも 기어코

N1 **小5**
12획 / 부수 手(扌)

손(扌)으로 **옳게(是)** 끌어 내놓으니 **끌 제, 내놓을 제**

+ 扌(손 수 변)

훈독 **さげる**　　음독 **てい**

훈독 提げる 들다

음독 提案 제안　提言 제언　提示 제시　提出 제출

N3 **小3**
18획 / 부수 頁

내용을 **옳게(是)** 알 수 있는 글의 **머리(頁)**는 제목이니
제목 제
또 먼저 쓰는 제목처럼 먼저 내는 문제니 **문제 제**

+ 頁(머리 혈) - 제목번호 338 참고

음독 **だい**

음독 題材 소재, 제재　題名 제목　課題 과제　主題 주제　出題 출제

N4 **小1**
4획 / 제부수

손가락을 편 **손(🖐)** 모양을 본떠서 손 수
또 손으로 하는 재주나 재주 있는 사람을 가리켜서
재주 수, 재주 있는 사람 수

+ 글자의 왼쪽에 붙는 부수인 변으로 쓰일 때는 扌(손 수 변)이지요.

훈독 **て, た**　음독 **しゅ**

훈독 手 손　手入れ ① 손질함 ② 단속　手首 손목　手本 ① 글씨본
② 본보기, 모범　手配 ① 준비, 절차 ② 수배　手前 ① 저 ② 너
人手 일손　手折る 손으로 꺾다

음독 手法 수법, 기교　運転手 운전사　挙手 거수(손을 위로 들어 올림)
助手 조수　入手 입수

N2 **小6**
8획 / 부수 手(扌)

손(扌)과 손(𠂆)을 하나(一)로 모으고 하는 절이니 절 배

[정자] 拜 – 손(手)과 손(𠂆)을 하나(一)로 모으고 하는 절이니 '절 배'
+ 𠂆[손 수, 재주 수, 재주 있는 사람 수(手)의 변형]

훈독 **おがむ**　음독 **はい**

훈독 拝む 공손히(손 모아) 절하다, 합장하다

음독 拝見する '보다, 읽다'의 겸손한 말　拝借金 빌려온 돈, 꾼 돈
九拝 ① 여러 번 배례하여 경의나 사의를 표함 ② 편지 끝에 써서
경의를 표하는 말
+ '拝見する'는 내가 보거나 읽는 행위를 낮춤으로써 상대방을 높이는 말입니다.

N2 **小2**
4획 / 제부수

짐승의 꼬리털(🪶) 모양(毛)을 본떠서 털 모

훈독 **け**　음독 **もう**

훈독 毛 털　毛糸 털실　毛皮 모피
+ '毛皮'는 'もうひ'로도 읽을 수 있습니다.

음독 毛布 모포　羊毛 양털

N4 **小1**
3획 / 제부수

두 손 모으고 앉아 있는 **여자(👤)** 모양(女)을 본떠서
여자 녀

훈독 **おんな, め**　　음독 **じょ**

훈독 女 여자　女気 (상냥한) 여자 마음　女びな 황후 모양으로 만든 인형
乙女 ① 소녀 ② 처녀

음독 女性 여성　女子 여자아이　男女 남녀　長女 장녀

+ '女子'는 'おなご'로도 읽을 수 있습니다.

N3 **小4**
6획 / 부수 女

여자(女)에게 **자식(子)**이 있으면 좋으니 좋을 호

+ 子(아들 자, 첫째 지지 자, 자네 자, 접미사 자)

훈독 **このむ, このましい, すく**　　음독 **こう**

훈독 好む ① 좋아하다, 즐기다 ② 바라다　好み 취향, 기호
好ましい ① 마음에 들다, 호감이 가다 ② 바람직하다, 탐탁하다
好き 좋아함　物好き 유별난 것을 좋아함, 호기심

음독 好意 호의　友好 우호　格好 모습, 모양　相好 표정

N2 **小5**
8획 / 부수 女

많이(十) 손(ヨ) 써주는 **여자(女)**가 아내니
아내 처

+ 十(열 십, 많을 십), ヨ(고슴도치 머리 계, 오른손 우)

훈독 **つま**　　음독 **さい**

훈독 妻 아내, 처　新妻 새댁, 갓 결혼한 아내　人妻 유부녀

음독 妻子 처자　夫妻 부부　無妻 독신 남자

+ '妻子'는 'つまこ'로도 읽을 수 있습니다.

참고자
8획 / 부수 女

서(立) 있는 본부인 아래에 있는 **여자(女)**는 첩이니
첩 첩

+ 立(설 립), 첩 – 본처 외에 데리고 사는 여자

훈독 **めかけ**　음독 **しょう**

훈독 妾 첩

음독 妾出 서출, 첩의 소생

N2 小5
11획 / 부수 手(扌)

손(扌)으로 **첩(妾)**처럼 친절하게 오는 손님을 주인에게 이어
주고 대접하니 이을 **접**, 대접할 **접**

훈독 **つぐ**　음독 **せつ**

훈독 接ぐ ① 접목하다 ② 이어 붙이다 接ぎ木 접목

음독 接戦 접전　接続 접속　応接間 응접실　間接 간접　直接 직접

N4 小2
5획 / 부수 毋

여자(ㄇ) 중 **젖(ㆍ)**을 드러낸 어머니 어미 모

+ ㄇ[여자 녀(女)의 변형], ㆍ(젖의 모양)

훈독 **はは**　음독 **ぼ**

훈독 母 (나의) 엄마, 어머니　母の日 어머니날(5월의 둘째 일요일)

음독 母校 모교　母国 조국　義母 의붓어머니, 시어머니　分母 분모

예외 お母さん (남의) 어머니

+ 일본어에서는 나의 가족을 말할 때와 남의 가족을 말할 때 다른 호
칭을 씁니다. 나의 어머니를 다른 사람에게 이야기할 때는 'はは'라
고 하고, 다른 사람의 어머니를 말할 때는 'おかあさん'이라고 합니
다. 단, 직접 자신의 어머니를 부를 때는 'おかあさん'이라고 부르지요.

참고자
4획 / 제부수

여자 녀(女)의 **변형(⺟)**에 금지와 부정을 나타내는 **가위표(十)**를
붙여 말 무, 없을 무

+ 일본에서 단독으로는 거의 쓰이지 않는 글자입니다.

훈독 なかれ

---

 122 毎_매 梅_매 海_해

N4 **小2**
6획 / 부수 ⺟

사람(⺅)마다 하지 **말아야(⺟)** 할 일이 항상 있으니
항상 매

정자 每 – 사람(⺅)은 항상 어머니(母)를 생각하니 '항상 매'
+ 일본 한자는 '⺅'아래에 말 무, 없을 무(⺟)를 쓰고, 정자는 어미 모(母)를
  씁니다.
+ ⺅[사람 인(人)의 변형]

훈독 ごと   **음독** まい

훈독 日毎^{ひごと} 매일, 날마다
음독 毎朝^{まいあさ} 매일 아침 毎週^{まいしゅう} 매주 毎月^{まいつき} 매달 毎度^{まいど} 항상, 번번이, 매번

N1 **小4**
10획 / 부수 木

나무(木) 중 **항상(毎)** 가까이 하는 매화나무니
매화나무 매
또 항상 가까이 하는 매화나무처럼 비가 자주 오는 장마니
장마 매

정자 梅
+ 매화는 이른 봄 추위 속에서 피어나는 절개 있는 꽃으로 사군자(四君子)의
  으뜸이고, 열매인 매실은 약효가 뛰어나 여러 용도로 쓰여 웬만한 집 정원
  에는 심어 꽃도 보고 열매도 이용했지요. '사군자'는 동양화에서 고결함이
  군자와 같다는 뜻으로 매란국죽(梅蘭菊竹)을 일컫는 말입니다.
+ 일본은 유월 초에 장마가 시작되는데 이때가 매실을 수확하는 시기지요.

훈독 うめ   **음독** ばい

훈독 梅^{うめ} 매실, 매화 梅干^{うめぼし} 매실장아찌 梅酒^{うめしゅ} 매실주
음독 入梅^{にゅうばい} 장마철, 장마철에 접어듦(6월 12일경) 出梅^{しゅつばい} 장마가 끝남
예외 梅雨^{つゆ} 장마

+ '梅雨'는 'ばいう'라고도 읽을 수 있으나 'ばいう'는 전문 기상 용어로
  일상생활에서는 잘 사용하지 않는 단어입니다.

N3 **小2**
9획 / 부수 水(氵)

물(氵)이 항상(每) 있는 바다니 **바다 해**

정자 海
+ 큰 바다는 '큰 바다 양, 서양 양(洋)' – 제목번호 355 참고

훈독 **うみ**　　음독 **かい**

훈독 海 바다　海路 해로, 배 여행　海風 해풍

+ '海路'는 'かいろ'로도 읽습니다.

음독 海運 해운　海外 해외　海軍 해군　海洋 해양　海員 선원

예외 海女 해녀

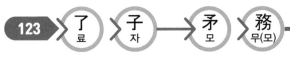

123　了 료　子 자　矛 모　務 무(모)

N2 **中学**
2획 / 부수 亅

아들(子)이 양팔 붙이고 모체에서 나온 모습(→了)으로, 나왔으니 고통을 마쳤다는 데서 **마칠 료**

음독 **りょう**

음독 了解 양해　完了 완료　終了 종료

N4 **小1**
3획 / 제부수

아들(子)이 두 팔 벌린 모습(𠀀)을 본떠서 **아들 자**
또 집집마다 아들을 첫째로 여기니 **첫째 지지 자**
또 아들처럼 편하게 부르는 2인칭 대명사 자네니 **자네 자**
또 아들처럼 만들어져 나오는 물건의 뒤에 붙이는 접미사니
접미사 자

훈독 **こ, ね**　　음독 **し**

훈독 子供 어린이　子犬 강아지　男の子 남자아이　女の子 여자아이
子の刻 자시

음독 分子 분자　原子 원자　調子 ① 가락 ② 곡조, 장단
利子 이자(= 利息)

손잡이 있는 창을 본떠서 **창 모**

훈독 **ほこ**   음독 **む**

훈독 矛 미늘창(쌍날칼을 꽂은 창과 비슷한 무기)
ほこ

음독 矛盾 모순
む じゅん

N1 中学
5획 / 제부수

창(矛)으로 적을 **치듯이(攵) 힘(力)**써 업신여기니
힘쓸 무, 업신여길 모

+ 攵(칠 복, = 攴), 力(힘 력)

훈독 **つとめる**   음독 **む**

훈독 務める (역이나 임무를) 맡다, 역할을 다하다
つと

務め 할 일, 의무, 임무
つと

음독 勤務 근무 義務 의무 業務 업무 公務員 공무원
きん む   ぎ む   ぎょう む   こう む いん

事務所 사무소 庶務 서무 職務 직무 責務 책무
じ む しょ   しょ む   しょく む   せき む

税務署 세무서 任務 임무
ぜい む しょ   にん む

N2 小5
11획 / 부수 力

---

124 〉予〉野〉預〉序
여(예)   야   예   서

좌우 손으로 주고받는 모습에서 **줄 여 (≒ 与)**
또 주는 나를 뜻하여 **나 여 (≒ 余)**
또 **미리 예(豫)**의 약자

+ 유 矛(창 모)
+ 일본어에서는 '미리 예(豫)'의 뜻으로만 쓰입니다.
+ 与(줄 여, 더불 여, 참여할 여) – 2권 제목번호 374 참고
+ 豫 – 자기(予)가 할 일을 코끼리(象)는 미리 아니 '미리 예'
+ 象 – 코끼리 모습을 본떠서 '코끼리 상, 모습 상, 본뜰 상'

훈독 **あらかじめ**   음독 **よ**

훈독 予め 미리, 사전에
あらかじ

음독 予言 예언 予算 예산 予選 예선 予想 예상 予報 예보
よ げん   よ さん   よ せん   よ そう   よ ほう

N2 小3
4획 / 부수 亅

N3 **小2**
11획 / 부수 里

마을(里)에서 내(予)가 좋아하는 곳은 먹을거리를 주는 들이니
들 야
또 들에 살아 손발이 거치니 **거칠 야**

+ 里(마을 리, 거리 리) – 제목번호 043 참고

| 훈독 | の | 음독 | や |

훈독 　野 ① 들 ② 논밭　野宿 노숙　大野 넓은 벌판, 너른 들
　　　　の　　　　　　　　　　　　　の じゅく　　　　おお の

음독 　野営 야영　野外 야외　野心 야심　野生 야생　野望 야망
　　　　や えい　　　　や がい　　　　や しん　　　　や せい　　　　や ぼう
　　　　分野 분야　平野 평야
　　　　ぶん や　　　　へい や

N2 **小6**
13획 / 부수 頁

내(予)가 머리(頁)로 미리 생각하고 맡기니
미리 예 (≒ 豫), 맡길 예

+ 頁(머리 혈) – 제목번호 338 참고
+ 일본어에서 予는 '미리'라는 뜻으로, 預는 '맡기다'라는 뜻으로 많이 쓰입니다.

| 훈독 | あずける, あずかる | 음독 | よ |

훈독 　預ける 맡기다, 위탁하다, 보관시키다　お預け 연기됨, 미루어짐
　　　　あず　　　　　　　　　　　　　　　　　　　あず
　　　　預かる 맡다, 보관하다　預かり ① 맡아 둠, 보관 ② 보관증
　　　　あず

음독 　預金 예금　預託 예탁
　　　　よ きん　　　　よ たく

N1 **小5**
7획 / 부수 广

집(广)에서도 내(予)가 먼저 지켜야 하는 차례니
먼저 서, 차례 서

+ 广(집 엄)

| 음독 | じょ |

음독 　序の口 ① 시초, 시작 ② (스모에서) 최하의 선수　序論 서론
　　　　じょ　くち　　　　　　　　　　　　　　　　　　　じょ ろん
　　　　公序 공공질서　順序 순서(= 次序)
　　　　こう じょ　　　　じゅん じょ　　　じ じょ

N2 小6
8획 / 부수 手

아들(子) 둘(二)이 양쪽(ㄱㄟ)에서 부모를 받들며 대를 이으니
받들 승, 이을 승

훈독 うけたまわる　　**음독** しょう

훈독 承る 듣다 聞く '듣다'의 겸양어

음독 承知 ① 알아들음 ② (소망이나 요구를) 들어줌, 승낙
承認 승인 継承 계승 口承 구승 了承 납득함

N1 참고자
6획 / 부수 一

학문을 **마친(了)** 사람을 **양쪽(ㄱㄟ)**에서 **받들어(一)** 도우니
도울 승
또 이렇게 임금을 돕는 정승이니 **정승 승**

+ 정승(政丞) − 조선시대 의정부의 영의정 · 좌의정 · 우의정을 일컫는 말
+ 政(다스릴 정)

훈독 たすける　　**음독** しょう, じょう

N2 小6
13획 / 부수 草(艹)

풀(艹) 성분의 **도움(丞)**을 받으려고 불(灬)에 찌니 **찔 증**

정자 蒸
+ 灬[불 화(火)가 글자의 아래에 붙는 발로 쓰일 때의 모습으로 '불 화 발']
+ 풀을 쪄서 나온 즙이나 향기를 약으로 이용하지요.

훈독 むす, むれる, むらす　　**음독** じょう

훈독 蒸す ① 무덥다 ② 찌다 蒸し暑い 무덥다 蒸れる 뜸 들다
蒸らす 뜸들이다

음독 蒸発 증발 蒸留 증류 水蒸気 수증기

N3 **小1**
2획 / 제부수

팔에 힘줄(ㄱ→力)이 드러난 모습에서 **힘 력**

훈독 **ちから**　　음독 **りょく, りき**

훈독 ちから ちからづよ
力 힘 力強い ① 마음 든든하다 ② 힘차다

음독 じゅうりょく　　ねん りき
重力 중력 念力 염력(의지의 힘, 정신을 집중하는 데서 생기는 힘)
よ りょく　　ぜんりょく　　いんりょく　　りき し
余力 여력 全力 전력, 있는 힘껏 引力 인력 力士 스모 선수
りき そう
力走 역주

N2 **小3**
7획 / 부수 力

또(且) 힘(力)써 도우니 **도울 조**

+ 且(또 차) - 제목번호 271 참고

훈독 **たすかる, たすける, すけ**　　음독 **じょ**

훈독 たす　　　　　　　　　　たす
助かる 살아나다, 도움이 되다 助ける 구조하다, 살리다
たす　　　　すけ　と
助け 도움 助っ人 가세하여 돕는 사람, 조력하는 사람

음독 じょげん　　きゅうじょ　　ほ じょ
助言 조언 救助 구조 補助 보조

N1 **中学**
5획 / 부수 女

여자(女)의 손(又)처럼 힘들게 일하는 종이니 **종 노**
또 종을 부르듯 남을 흉하게 부르는 접미사니

남을 흉하게 부르는 접미사 노

+ 주로 남자 종에 쓰이고, 매국노(売国奴) · 수전노(守銭奴)처럼 남을 흉하
게 부르는 접미사로도 쓰이죠. 여자 종은 '여자종 비(婢)'가 따로 있습니다.
+ 売(賣: 팔 매), 国(國: 나라 국), 守(지킬 수), 銭(錢: 돈 전)

훈독 **やつ**　　음독 **ど**

훈독 やつ　　　　わる やつ
奴 놈, 녀석 悪い奴 나쁜 놈
음독 ど れい　　ばいこく ど
奴隷 노예 売国奴 매국노

N2 **小4**
7획 / 부수 力

종(奴)처럼 힘(力)쓰니 **힘쓸 노**

훈독 **つとめる**　　음독 **ど**

훈독 つと
努める 힘쓰다, 노력하다, 애쓰다
음독 ど りょく
努力 노력

N2 小4
5획 / 부수 力

힘(力)써 말하며(口) 용기를 더하니 더할 가

+ 口(입 구, 말할 구, 구멍 구)

훈독 くわえる, くわわる　　**음독** か

훈독 加える ① 더하다, 보태다 ② 주다, 베풀다
くわ
加わる ① 가해지다, 더해지다 ② 참가하다, 가담하다
くわ
음독 加害 가해 加入 가입 加盟 가맹 加味 가미 加速 가속
か がい　　か にゅう　　か めい　　か み　　か そく

N1 小4
12획 / 부수 貝

더하여(加) 재물(貝)을 주며 축하하니 축하할 하

+ 貝(조개 패, 재물 패, 돈 패) – 제목번호 330 참고

음독 が

음독 祝賀 축하 年賀状 연하장
しゅく が　　ねん が じょう

참고자
6획 / 부수 力

힘(力)을 셋이나 합하니
힘 합할 협

N2 小4
8획 / 부수 十

많은(十) 힘을 합하여(劦) 도우니 도울 협

+ 十(열 십, 많을 십)

음독 きょう

음독 協会 협회 協議 협의 協商 협상 協定 협정 協力 협력
きょうかい　　きょう ぎ　　きょうしょう　　きょうてい　　きょうりょく

N1

3획 / 부수 乙(乚)

힘껏(力) 새(乚) 같은 힘도 또한 보태는 어조사니
또한 야, 어조사 야

+力[힘 력(力)의 변형], 乚[새 을, 둘째 천간 을, 굽을 을(乙)이 부수로 쓰일 때의 모습], 어조사(語助辭) – '말을 도와주는 말'로, 뜻 없이 다른 말의 기운만 도와주는 말
+語(말씀 어), 助(도울 조), 辞(辭: 말씀 사, 글 사, 물러날 사)

훈독 **か, なり, また, や**   음독 **や**

N3 **小2**

6획 / 부수 土

흙(土) 또한(也) 온 누리에 깔린 땅이니 **땅 지**
또 어떤 땅 같은 처지니 **처지 지**

음독 **ち, じ**

음독 地方 지방 地理 지리 地層 지층 地平線 지평선 地形 지형
　　 現地 현지 余地 여지, 여유 地主 지주 意地 고집(= 意気地)

N3 **小2**

6획 / 부수 水(氵)

물(氵) 또한(也) 고여 있는 연못이니 **연못 지**

훈독 **いけ**   음독 **ち**

훈독 池 연못

음독 園池 정원과 못 電池 전지 貯水池 저수지

N2 **小3**

5획 / 부수 人(亻)

사람(亻) 또한(也) 모두 다르고 남이니 **다를 타, 남 타**

훈독 **ほか**   음독 **た**

훈독 他の人 다른 사람

음독 他意 타의 他国 타국 他人 남, 타인 他方 ① 다른 방향 ② 한편
　　 + '他人'은 'あだびと'로도 읽을 수 있습니다.

N3 **小2**
3획 / 제부수

장인이 물건을 만들 때 쓰는 자(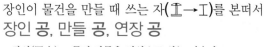)를 본떠서
장인 공, 만들 공, 연장 공

+ 장인(匠人) – 물건 만듦을 직업으로 삼는 기술자
　장인(丈人) – 아내의 친아버지
　여기서는 장인(匠人)의 뜻.
+ 匠(장인 장), 丈(어른 장, 길이 장)

음독 **こう, く**

음독 工業 공업　工事 공사　工場 공장　工夫 (공사장의) 인부
　　こうぎょう　　こうじ　　こうじょう　　こうふ

　　加工 가공　人工 인공　大工 목수
　　かこう　　じんこう　　だいく

　　+ '工夫'는 궁리, 방법이라는 뜻일 때는 'くふう'로, 공사장의 인부를 뜻할
　　　때는 'こうふ'로 읽습니다.

N2 **小6**
9획 / 부수 糸

(붉은 색을 제일 좋아하는 중국에서)

실(糸)을 가공하면(工) 주로 붉은 색이니 붉을 홍

+ 糸(실 사 변), 지금도 중국인들은 붉은 색을 좋아하여 환영, 찬양, 축하의
　뜻으로 많이 사용하지요.

훈독 **べに, くれない**　음독 **こう, く**

훈독 紅色 주홍색　口紅 립스틱　紅 다홍, 주홍색
　　べにいろ　　くちべに　　くれない

음독 紅茶 홍차　紅顔 젊은이의 혈색이 좋은 얼굴　紅炎 홍염
　　こうちゃ　　こうがん　　こうえん

　　真紅 진홍색
　　しんく

N1 **小4**
5획 / 부수 力

만드는(工) 데 힘(力)들인 공이며 공로니 공 공, 공로 공

+ 공로(功労) – 일에 애쓴 공적
+ 力(힘 력), 労(労: 수고할 로, 일할 로) – 제목번호 396 참고

훈독 **いさお**　음독 **こう**

훈독 功を立てる 공을 세우다
　　いさお　た

음독 功労 공로　功績 공적　奇功 뜻밖의 뛰어난 공적　成功 성공
　　こうろう　　こうせき　　きこう　　せいこう

N1 中学
12획 / 부수 攵(攵)

적을 **치고(攻)** 감히 **귀(耳)**를 잘라 옴이 용감하니
감히 감, 용감할 감

+ 攻(칠 공), 옛날 전쟁에서는 전쟁의 공을 알리기 위하여 귀를 잘라 왔다지
  요. 일본에 가면 임진왜란 때 잘라 간 귀를 묻은 이총(耳塚)이 있습니다.
+ 耳(귀 이), 塚(塚: 무덤 총), 감(敢)히 – ① 두려움이나 송구함을 무릅쓰고
  ② 말이나 행동이 주제넘게

훈독 **あえて** 음독 **かん**

훈독 敢えて 감히, 굳이, 억지로

음독 果敢 과감 勇敢 용감

小6
17획 / 부수 ⺍

반짝이는 **불꽃(⺍)**처럼 **바위(厂)**도 **용감히(敢)** 오르도록
엄하니 엄할 엄

정자 嚴 – 소리소리(口口)치며 바위(厂)도 용감히(敢) 오르도록 엄하니 '엄
      할 엄'

+ 厂(굴 바위 엄, 언덕 엄)
+ 정자 위에 쓰인 口口, 火火, 㷭은 일본 한자에서 모두 ⺍로 통일됩니다.

훈독 **きびしい, おごそか** 음독 **げん**

훈독 厳しい 엄하다, 엄격하다 厳か 엄숙함

음독 厳格 엄격 厳密 엄밀 厳重 엄중, 철저 尊厳 존엄

N2 **小2**
8획 / 부수 山

산(山)에서도 보이는 **돌(石)**은 바위니 바위 암

정자 巖 – 산(山)에 엄한(嚴) 모습으로 서있는 바위니 '바위 암'
+ 산의 숲속에서도 보이는 돌은 큰 바위지요. 바위 – 부피가 매우 큰 돌

훈독 **いわ** 음독 **がん**

훈독 岩 바위 岩穴 바위굴 岩山 바위산

음독 岩石 암석 奇岩 기암

N2 **小1**
6획 / 제부수

댓잎이 아래로 드리워진(个个→个个) 모양을 본떠서 대 죽

+ 부수로 쓰일 때는 짧게 쓴 ⺮입니다. 종이가 없었던 옛날에는 대쪽에 글을 썼기 때문에 책과 관련된 글자에 ⺮이 들어가지요.
+ 1년 이상 크고 나이테가 있는 것이 나무인데 대는 나이테가 없으니 '대나무'라 하지 않고 '대'라 했습니다.

훈독 たけ   **음독** ちく

훈독 竹 대나무 竹馬 죽마 竹垣 대(나무) 울타리 ささ竹 조릿대

+ '竹馬'는 'ちくば'로도 읽을 수 있습니다.

음독 竹園 ① 죽원 ② 대나무 숲 竹枝 ① 대나무 가지 ② 그 고장 특유
의 풍속·인심을 읊은 한시 竹夫人 죽부인 竹林 대나무 숲
糸竹 ① 악기 ② 음악, 관현

예외 竹刀 죽도

N2 **小4**
10획 / 부수 竹(⺮)

대(⺮)가 구부러지듯 허리 굽혀 예쁘게(夭) 웃으니
웃을 소

+ 夭(젊을 요, 예쁠 요, 일찍 죽을 요) - 2권 제목번호 311 참고

훈독 わらう, えむ   **음독** しょう

훈독 笑う 웃다 笑い話 우스운 이야기, 우스개 笑み 웃음, 미소

음독 笑話 우스운 이야기, 우스개 笑い声 웃음소리 言笑 담소(= 談笑)
失笑 실소

예외 笑顔 웃는 얼굴

N1 **小6**
12획 / 부수 竹(⺮)

대(⺮)처럼 질겨 몸(月)에서 힘(力)을 내게 하는 힘줄이니
힘줄 근

+ 月(달 월, 육 달 월)

훈독 すじ   **음독** きん

훈독 筋 ① 힘줄, 근육 ② (이야기, 소설 등의) 줄거리 ③ 핏대
大筋 (사물의) 대강, 요점 客筋 단골손님
一筋 ① 한줄기 ② 외곬, 한결같음

음독 筋肉 근육 筋力 근력

N2 小2
3획 / 부수 手(扌)

땅(一)에 **초목**(亅)의 **싹**(丿)이 자라나듯이(𣎴→𢀖)
사람에게도 있는 재주와 바탕이니 **재주 재, 바탕 재**

+ 처음에는 작지만 꽃도 피고 열매도 맺고 큰 재목도 되는 초목처럼, 사람에게도 그런 재주와 바탕이 있다는 데서 만들어진 글자

음독 **さい**

음독 才気 재기 才芸 재주 才人 재인 才能 재능 才量 재량
天才 천재 才幹 재간(어떤 일을 할 수 있는 재주와 솜씨)

N2 小4
7획 / 부수 木

나무(木) 중 무엇의 **바탕**(才)이 되는 재목이나 재료니
재목 재, 재료 재

+ 才는 눈으로 볼 수 없는 본바탕의 재주고, 材는 무엇을 만들 때의 재료를 말합니다. 옛날에는 대부분의 재료가 나무였기 때문에 글자에 나무 목(木)이 들어갔네요.

음독 **ざい**

음독 材質 재질 人材 인재 取材 취재

N2 小5
10획 / 부수 貝

돈(貝) 버는 **재주**(才)가 있어 늘어나는 재물이니
재물 재

+ 재물(財物) – 돈이나 값나가는 물건을 통틀어 일컫는 말
+ 貝(조개 패, 재물 패, 돈 패) – 제목번호 330 참고, 物(물건 물)

음독 **ざい, さい**

음독 財産 재산 家財 살림살이, 가구 文化財 문화재 財布 지갑

N1 小6
3획 / 제부수

손목(寸)에서 **맥박(丶)**이 뛰는 곳까지의 마디니 **마디 촌**
또 마디마디 살피는 법도니 **법도 촌**

+ 1촌은 손목에서 손가락 하나를 넣을 수 있는 거리에 있는 맥박이 뛰는 곳까
지니, 손가락 하나의 폭으로 약 3cm입니다. 1촌 = 1치. 1자의 1/10

음독 **すん**

음독 寸刻 촌각(매우 짧은 동안의 시간) 寸法 ① 길이, 치수, 척도 ② 작정,
순서, 계획 一寸 한 치

N3 小1
7획 / 부수 木

나무(木)를 마디**마디(寸)** 이용하여 집을 지은 마을이니
마을 촌

+ 木(나무 목)

훈독 **むら** 음독 **そん**

훈독 村 마을 村時雨 가을 소나기 村路 시골길, 마을길
村人 마을 사람

음독 村長 면장 村落 촌락, 마을 漁村 어촌 農村 농촌

N1 小6
10획 / 부수 言

말(言)로 마디**마디(寸)** 치며 토론하니 **칠 토, 토론할 토**

+ 言(말씀 언) – 제목번호 212 참고

훈독 **うつ** 음독 **とう**

훈독 討つ ① 베어 죽이다 ② 토벌하다, 공멸하다(쳐서 없애다)
음독 討議 토의 討論 토론

N2 小3
6획 / 부수 宀

집(宀)에서도 **법도(寸)**는 지키니 **지킬 수**

+ 宀(집 면)

훈독 **まもる, もり** 음독 **しゅ, す**

훈독 守る 지키다, 보호하다 お守り 부적 子守 아이를 봄, 아이 보는 사람
道守 길을 지키는 사람

음독 厳守 엄수 好守 호수비(운동 경기에서, 상대의 공격을 잘 막아내는 일)
死守 사수 留守 부재, 부재중

N2 小4
5획 / 부수 人(亻)

N2 小4
8획 / 부수 广

사람(亻)들은 촌(寸)수 가까운 친척끼리 서로 주기도 하고
부탁도 하니 줄 부, 부탁할 부

훈독 **つく, つける**　음독 **ふ**

훈독 付く 붙다　気付く 깨닫다, 눈치 채다　顔付き 얼굴 생김새, 용모
付ける 붙이다, 달다, 바르다　受付 접수처

음독 付近 부근, 근처　寄付 기부　交付 교부　納付 납부

집(广) 중 문서를 주고(付) 받는 관청이 있는 마을이니
관청 부, 마을 부
또 **집(广)에 준(付)** 물건을 넣어두는 창고니 창고 부

+ 广(집 엄)

음독 **ふ**

음독 府 일본 지방 공공 단체의 하나　府庁 부청　府立 부립
政府 정부

+ '府'는 일본의 지방 단위 중 하나로, '大阪府'와 '京都府' 두 개의 부가 있습니다.

N2 **小3**
7획 / 제부수

아이 밴 여자의 몸을 본떠서 **몸 신**

훈독 **み**　음독 **しん**

훈독 身 몸, 신체　身なり 옷차림, 복장　身近 신변(몸과 몸의 주위)
中身 알맹이, 내용

음독 身体 신체　身長 신장　一身 일신(자기 한 몸)　短身 단신
長身 장신

N1 **小6**
10획 / 부수 寸

활이나 총을 **몸(身)**에 대고 조준하여 손**마디(寸)**로 당겨 쏘니
쏠 사

+ 활이나 총은 몸의 얼굴에 대고 조준하여 쏘지요.

훈독 **いる**　음독 **しゃ**

훈독 射る 쏘다

음독 注射針 주사 바늘　発射 발사　反射 반사　放射能 방사능

N1 **小5**
17획 / 부수 言

말(言)을 **쏘듯이(射)** 갈라 끊어 분명하게 사례하고 사절하며
비니 **사례할 사, 사절할 사, 빌 사**

+ 言(말씀 언) – 제목번호 212 참고

훈독 **あやまる**　음독 **しゃ**

훈독 謝る 사과하다

음독 謝金 사례금　謝罪 사죄　謝絶 사절　感謝 감사
月謝 월사금(매달 내는 사례금)

N2 **小2**
6획 / 부수 寸

일정한 **땅(土)**에 **법도(寸)**를 지키며 수도하거나 일하도록 지은 절이나 관청이니 절 **사**, 관청 **시**

+ 어느 사회에나 일정한 규칙이 있지만 절 같은 사원(寺院)이 더욱 엄격함을 생각하고 만든 글자

훈독 **てら**　　**음독** **じ**

훈독 寺 절 寺参り 절에 참배함 山寺 산사

음독 寺社 절과 신사 古寺 고사, 고찰

　　+ '古寺'는 'ふるでら'로도 읽을 수 있습니다.

N1 **小3**
13획 / 부수 言

말(言)을 아끼고 **절(寺)**에서처럼 경건하게 짓는 시니 **시 시**

+ 시는 다른 문학 장르보다 말을 아끼고 경건하게 지으니 시를 '언어(言語)의 사원(寺院)'이라고도 하지요.
+ 言(말씀 언), 語(말씀 어), 院(집 원, 관청 원), 사원(寺院) – 종교의 수양 시설을 통틀어 이르는 말

음독 **し**

음독 詩 시 詩格 시의 격식 詩人 시인 詩集 시집 詩情 시정

N4 **小2**
10획 / 부수 日

(해시계로 시간을 재던 때에) **해(日)**의 위치에 따라 **절(寺)**에서 종을 쳐 알리는 때니 **때 시**

+ 日(해 일, 날 일), 시계가 없었던 옛날에는 해의 위치에 따라 시간을 짐작 했습니다. 지금도 절에서 일정한 시간에 종이나 북을 치지요.

훈독 **とき**　　**음독** **じ**

훈독 時 시간, 시각 時々 때때로, 가끔(= 時折)

음독 時代 시대, 시절 今時分 ① 지금쯤, 이맘때 ② 요즘, 이제
　　七時 7시 日時 일시, 시일

　　+ '時'는 시각의 '시'를 말할 때 쓰는 조수사로도 사용됩니다.
　　一時(いちじ), 二時(にじ), 三時(さんじ), 四時(よじ), 五時(ごじ), 六時(ろくじ),
　　七時(しちじ), 八時(はちじ), 九時(くじ), 十時(じゅうじ), 十一時(じゅういちじ),
　　十二時(じゅうにじ)

예외 時計 시계

N3 小3
9획 / 부수 手(扌)

손(扌)에 절(寺)에서 염주를 가지듯 가지니 가질 지

훈독 **もつ, もてる** 음독 **じ**

훈독 持つ 들다, 가지다 持ち上げる ① 들어 올리다, 쳐들다
② 치켜세우다 金持ち 부자 気持ち 마음, 기분, 감정
持てる ① 인기가 있다 ② 들 수 있다 ③ 견딜 수 있다

음독 持続 지속 持論 지론 操持 주의·뜻 등을 굳게 지켜 나감

N3 小3
9획 / 부수 彳

천천히 걸어(彳) 절(寺)에 가며 뒤에 오는 사람을 대접하여 같이 가려고 기다리니 대접할 대, 기다릴 대

+ 彳(조금 걸을 척)

훈독 **まつ** 음독 **たい**

훈독 待つ 기다리다 待合室 대합실 待ち合わせ 약속해 만나기로 함
心待ち 마음속으로 기다림

음독 待機 대기 期待 기대 接待 접대(= 持て成し) 優待 우대

N3 小4
10획 / 부수 牛(牜)

소(牜)가 절(寺)에 가는 일처럼 특별하니 특별할 특

+ 牜[소 우(牛)가 글자의 왼쪽에 붙는 부수인 변으로 쓰일 때의 모습으로 '소 우 변']

음독 **とく**

음독 特異 특이 特産 특산 特種 특종 特定 특정 特注 특별 주문

N2 小3
12획 / 부수 竹(⺮)

대(⺮)가 절(寺) 주변에 같은 무리를 이루고 차례로 서 있으니 같을 등, 무리 등, 차례 등

훈독 **ひとしい, など** 음독 **とう, どう**

훈독 等しい 같다, 동등하다 等 따위, 등

음독 等級 등급 等分 등분 上等 고급, 훌륭함 対等 대등
同等 동등 平等 평등

N1 **中学**
5획 / 부수 日

해(日)가 **지평선(一)** 위로 떠오르는 아침이니 **아침 단**

음독 **たん**

음독 一旦 ① 일단 ② 한때, 잠시, 잠깐 元旦 정월 초하루 月旦 매월 초

N2 **小6**
8획 / 부수 手(扌)

손(扌)으로 **아침(旦)**마다 짐을 메니 **멜 담**

정자 擔 – 짐을 손(扌)으로 살펴(詹) 메니 '멜 담'
+ 詹 – 언덕(厂)의 위아래에서 사람들(ク·儿)이 말하며(言) 살피니 '살필 첨'
+ 厂(굴 바위 엄, 언덕 엄), ク[사람 인(人)의 변형], 儿(어진사람 인, 사람 인 발)

훈독 **になう, かつぐ** 음독 **たん**

훈독 担う 짊어지다, 떠맡다 担い手 ① 짐을 메는 사람 ② 담당자
担ぐ 메다, 짊어지다
음독 担当 담당 担保 담보 負担 부담 分担 분담

N2 **小5**
11획 / 부수 彳

걸어가(彳) 아침(旦)부터 **법도(寸)**에 맞게 일하면 무엇이나
얻으니 **얻을 득**

+ 彳(조금 걸을 척), 寸(마디 촌, 법도 촌)

훈독 **える, うる** 음독 **とく**

훈독 得る 얻다, 획득하다, 이해하다 心得 ① 마음가짐 ② 소양, 지식, 이해
得る 손에 넣다, 얻다 有り得る 있을 수 있다
+ 격식을 차려서 이야기할 때는 'うる'라고 하는 것이 자연스럽습니다.
음독 得意 ① 득의 ② 득의양양 ③ 가장 숙련됨 得失 득실 所得 소득
納得 납득 利得 이득

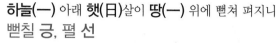

N1
6획 / 부수 二

하늘(一) 아래 **햇(日)**살이 **땅(一)** 위에 뻗쳐 퍼지니
뻗칠 긍, 펼 선

+ 一['한 일'이지만 여기서는 '하늘 · 땅'으로 봄]

훈독 **わたる**　　음독 **こう, せん**

N1 **小6**
9획 / 부수 宀

온 **집(宀)** 안에 **뻗치도록(亘)** 펴서 베푸니 **펼 선, 베풀 선**

+ 宀(집 면)

음독 **せん**

음독 ^{せんげん}宣言 선언　^{せんこく}宣告 선고　^{せんでん}宣伝 선전　^{せんぷ}宣布 선포

N3 **小2**
6획 / 부수 口

성(冂)에서 **하나(一)**의 **출입구(口)**로 같이 다니니 **같을 동**

+ 冂 – 멀리 떨어져 윤곽만 보이는 성이니 '멀 경, 성 경'
+ 좌우 두 획은 문의 기둥이고 가로획은 빗장을 그린 것이지요.

훈독 **おなじ**　　음독 **どう**

훈독 ^{おな}同じ 같음　^{おな}同い^{どし}年 동갑

음독 ^{どうい}同意 동의　^{どうかく}同格 동격　^{どうかん}同感 동감　^{どうじ}同時 동시　^{きょうどう}共同 공동

N2 **小5**
14획 / 부수 金

금(金)과 **같은(同)** 색의 구리니 **구리 동**

+ 金(쇠 금, 금 금, 돈 금), 몇 가지로밖에 색을 구분하지 못하던 옛날에, 구리와 금을 같은 색으로 보고 만든 글자네요.

훈독 **あかがね**　　음독 **どう**

훈독 ^{あかがね}銅 구리, 동

음독 ^{どう}銅 구리, 동　^{どうか}銅貨 동전(= 銅銭)　^{どうせん}銅線 구리철사　^{せいどう}青銅 청동

N2 小2
4획 / 부수 冂

성(冂)으로 **사람**(人)이 들어간 안이니 **안 내**

[정자] 内 – 성(冂)으로 들어(入)간 안이니 '안 내'
　　　또 궁궐 안에서 임금을 모시는 나인이니 '나인 나'

+ 冂(멀 경, 성 경), 人(사람 인), 入(들 입), 나인 – 궁궐 안에서 윗분을 모시는 내명부를 통틀어 이르는 말

[훈독] **うち**　　[음독] **ない, だい**

[훈독] 内 ① 안, 내부, 속 ② 집, 집안　内幕 내막

+ '内幕'의 '内'는 'ない'로도 읽을 수 있습니다.

[음독] 内科 내과　内外 내외, 안팎　案内 안내　国内 국내
　　　体内 체내　境内 경내, 구내

N1 小6
10획 / 부수 糸

실(糸)을 **안**(内)으로 들여 바치니 **들일 납, 바칠 납**

[정자] 納

[훈독] **おさめる, おさまる**　　[음독] **のう, とう, な, なん**

[훈독] 納める ① 납입하다 ② 거두다 ③ 받아들이다

納まる ① 납입되다 ② 걷히다

[음독] 納骨 납골　納税 납세　納入 납입　収納 수납　出納 출납
　　　納屋 곳간, 헛간　納戸 의복, 가구 등을 간수하여 두는 방

N3 小2
6획 / 제부수

고깃덩어리(冂)에 **근육**이나 **기름**(仌)이 있는 모양을 본떠서
고기 육
또 부수로 쓰일 때는 육 달 월(月)

+ 肉이 글자의 부수로 쓰일 때의 모습은 月인데, 원래의 '달 월'과 구분하기 위해 '육 달 월'이라고 부르지요.

[음독] **にく**

[음독] 肉 고기　肉親 육친(혈족 관계)　肉体 육체　皮肉 빈정댐

N2 **小3**
6획 / 부수 一

**하나(一)의 성(冂)이 산(山) 때문에 나뉘어 둘이고 짝이니
두 량, 짝 량**

[정자] 兩 – 하나(一)의 성(冂)을 둘로 나누어(丨) 양쪽에 들어(入) 있는 둘이
고 짝이니 '두 량, 짝 량'

+ 冂(멀 경, 성 경), 山(산 산), 入(들 입)
+ 両은 둘로 한 쌍이 되는 것을 세는 단위로도 쓰입니다.

[음독] **りょう**

[음독] 両国 양국　両親 부모님, 양친　両性 양성　両方 양쪽
りょうこく　　　りょうしん　　　　　りょうせい　　　りょうほう
両立 양립
りょうりつ

N2 **小4**
12획 / 부수 水(氵)

물(氵)이 무성한 잡초(艹)처럼 양(両)쪽에 가득 차니 찰 만

[정자] 滿

+ 氵(삼 수 변), 艹[초 두(艹)의 약자]

[훈독] **みたす, みちる**　　[음독] **まん**

[훈독] 満たす 가득히 채우다, 만족시키다
み

満ちる 그득 차다, 충족되다, 완전해지다
み

[음독] 満員 만원　満場 만장(사람들로 가득 찬 회장, 회장에 모인 사람들)
まんいん　　　まんじょう

干満 간만　不満 불만　未満 미만
かんまん　　ふまん　　みまん

N2 **小3**
5획 / 부수 大

성(冂)이 크게(大) 서 있는 가운데니 가운데 **앙**

[음독] **おう**

[음독] 中央線 중앙선

N3 **小6**
9획 / 부수 日

해(日)처럼 **가운데(央)**서 비치니
비칠 **영**

[훈독] **うつる, うつす, はえる**　　[음독] **えい**

[훈독] 映る 비치다, 보이다　映す 비추다　映える (빛을 받아) 빛나다

[음독] 映画 영화　映像 영상　映写室 영사실　反映 반영

N3 **小4**
8획 / 부수 草(艹)

풀(艹)의 **가운데(央)**에서 핀 꽃부리니 꽃부리 **영**
또 꽃부리처럼 빛나는 업적을 쌓은 영웅이니 영웅 **영**

[정자] 英

+ 영웅(英雄) - 재능과 지혜가 뛰어나 대중을 슬기롭게 인도할 만한 사람
+ 艹(초 두), 꽃부리 - 꽃잎 전체를 이르는 말, 雄(수컷 웅, 클 웅)

[음독] **えい**

[음독] 英会話 영어 회화　英語 영어　英詩 영시　英字 영문자
英文 영문

참고자
4획 / 부수 大

가운데 앙(央)의 앞쪽이 터지니
터질 쾌

음독 おう

N2 小5
7획 / 부수 心(忄)

막혔던 **마음**(忄)이 **터진**(夬) 듯 상쾌하니
상쾌할 쾌

+ 상쾌(爽快) – 기분이 시원하고 거뜬함
+ 忄(마음 심 변), 爽(시원할 상)

훈독 こころよい　　**음독** かい

훈독 快い 유쾌하다, 상쾌하다
음독 快感 쾌감　快気 상쾌한 기분　快挙 쾌거　快晴 쾌청
快適 쾌적　全快 완쾌

N2 小3
7획 / 부수 水(氵)

물(氵)이 한쪽으로 **터지니**(夬) 터질 결
또 물(氵)이 한쪽으로 **터지**(夬)듯 무엇을 한쪽으로 정하니
정할 결

훈독 きめる, きまる　　**음독** けつ

훈독 決める 결정하다　決まる 결정되다　決まり ① 규칙, 습관 ② 결말
음독 決意 결의　決心 결심　決定 결정　決戦 결전　判決 판결
解決 해결　対決 대결

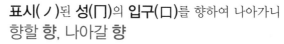

N2 小3
6획 / 부수 口

표시(ノ)된 성(冂)의 입구(口)를 향하여 나아가니
향할 향, 나아갈 향

+ ノ('삐침 별'이지만 여기서는 표시로 봄), 冂(멀 경, 성 경), 口(입 구, 말할 구, 구멍 구)

훈독 **むく, むける, むかう, むこう**　음독 **こう**

훈독 向く 향하다, (얼굴을) 돌리다
上向く ① 위를 향하다 ② 상태가 좋아지다
出向く (목적지로) 나가다　顔向け 대면
向かう 향하다, 다가오다, 맞서다　向かい 맞은편, 건너편
手向う 맞서다, 대항하다　向う ① 저쪽 ② 맞은편, 건너편 ③ 행선지

음독 向上 향상　意向 의향　外向 외향　動向 동향　方向 방향

예외 日向 양지, 양달

N1 中学
8획 / 부수 ⺌

(말로 실수하는 경우가 많으니) 작은(⺌) 일이라도 성(冂)처럼
입(口)을 지킴은 오히려 높이 숭상하니
오히려 상, 높을 상, 숭상할 상

정자 尚

+ ⺌[작을 소(小)의 변형]

훈독 **なお**　음독 **しょう**

훈독 尚 ① 역시, 여전히, 아직 ② 더구나, 오히려　尚更 그 뒤에, 더욱더

음독 高尚 고상, 점잖음　好尚 ① 취미, 기호 ② 유행

N2 小5
6획 / 부수 冂

하나(一)의 성(冂)처럼 흙(土)으로 다시 두 번이나 쌓으니
다시 재, 두 번 재

+ 土(흙 토)

훈독 **ふたたび**　음독 **さい, さ**

훈독 再び 두 번, 재차, 다시

음독 再会 재회　再現 재현　再三 두세 번　再発 재발
再来月 다다음 달　再来週 다다음 주　再来年 내후년

N3 **小5**
11획 / 부수 土

N2 **小6**
10획 / 부수 儿

N2 **小2**
6획 / 부수 小(ᵉ)

높이(尚) 흙(土)을 다져 세운 집이니 집 당
또 자기 집에서처럼 당당하니 당당할 당

음독 **どう**

음독 堂々 당당, 거침없이, 버젓이 議事堂 의사당 講堂 강당
高堂 ① 높은 집 ② 편지 등에서 상대방의 집·집안사람의 높임말
食堂 식당

(어떤 뜻을) 숭상하는(尚) 사람(儿)들의 무리니
무리 당

정자 黨 – 높은(尚) 뜻을 품고 어두운(黑) 현실을 개척하려고 모인 무리니
'무리 당'

+ 儿(어진사람 인, 사람 인 발), 黑(黑: 검을 흑)

음독 **とう**

음독 党派 당파 政党 정당 入党 입당 野党 야당

작은(ᵉ) 손(크)길이라도 정성스럽게 대해야 함이 마땅하니
마땅할 당
또 마땅하게 어떤 일을 당하니 당할 당

정자 當 – 숭상하여(尚) 먹을거리를 주는 전답(田)을 잘 가꿈이 마땅하니
'마땅할 당'
또 마땅하게 어떤 일을 당하니 '당할 당'

+ ᵉ[작을 소(小)의 변형], 크(고슴도치 머리 계, 오른손 우)

훈독 **あたる, あてる** 음독 **とう**

훈독 当たる 맞다, 당하다 当たり前 당연함 日当たり 볕이 듦
当てる 맞히다, 얹다 手当て ① 수당 ② 수단
割り当て 할당, 배당, 분담

음독 当時 ① 당시 ② 그 무렵 当選 당선 当人 본인, 당사자
本当 정말, 진짜

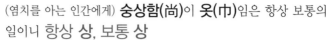

N2 小5
11획 / 부수 巾

(염치를 아는 인간에게) **숭상함(尚)**이 **옷(巾)**임은 항상 보통의 일이니 **항상 상, 보통 상**
또 항상 떳떳하게 살아 떳떳하니 **떳떳할 상**

+ 巾('수건 건'이지만 여기서는 옷으로 봄)
+ 인간의 생존에 기본으로 필요한 것을 식(食 – 밥 식, 먹을 식), 주(住 – 살 주, 사는 곳 주)보다 의(衣 – 옷 의)를 먼저 써서 '의식주(衣食住)'라고 함은 염치를 아는 인간에게 옷의 중요함을 강조한 것이지요.

훈독 **つね, とこ** 음독 **じょう**

훈독 常に 항상 常日ごろ 늘, 평소 常態 상태, 정상적인 상태
世の常 ① 세상에 보통 있는 일 ② 세습
常夏 늘 여름임(열대 지방)

음독 常住 상주 通常 통상 居常 평상시 正常 정상
平常 평상, 평소, 보통 日常 일상

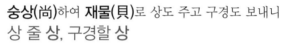

숭상(尚)하여 **재물(貝)**로 상도 주고 구경도 보내니
상 줄 상, 구경할 상

+ 貝(조개 패, 재물 패, 돈 패) – 제목번호 330 참고

음독 **しょう**

음독 賞 상 賞金 상금 賞美 ① 감상함 ② 맛있게 먹음 賞品 상품
賞味 음식을 음미하면서 먹음 入賞 입상

N2 小5
15획 / 부수 貝

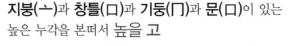

N4 **小2**
10획 / 제부수

지붕(亠)과 창틀(口)과 기둥(冂)과 문(口)이 있는 높은 누각을 본떠서 높을 고

훈독 **たかい, たかまる, たかめる**　음독 **こう**

훈독 高い ① 높다 ② 비싸다 ③ (키가) 크다　背高 키가 큰 사람
名高い 유명하다　高まる 높아지다, 오르다　高める 높이다

음독 高温 고온　高価 고가　高原 고원, 높은 지대　高校 고등학교
高校生 고등학생　高級 고급

N1 **中学**
9획 / 부수 亠

높이(亠) 지어 장정(丁)들이 쉬도록 한 정자니 정자 정

+ 亠[높을 고(高)의 획 줄임], 丁(고무래 정, 못 정, 장정 정, 넷째 천간 정)
  – 제목번호 194 참고

음독 **てい**

음독 亭主 (집)주인　山亭 산에 있는 여관, 산장

N2 **小5**
11획 / 부수 人(亻)

사람(亻)이 정자(亭)에 머무르니 머무를 정

음독 **てい**

음독 停止 정지　停車 정차　停電 정전　調停 조정, 중재
バス停 버스 정류장

+ 정류소라는 뜻의 '停留所'라는 단어도 있지만 'バス停'가 더 많이 쓰입니다.

N1 **中学**
8획 / 부수 ㅗ

높은(ㅗ) 학문을 배운 **아들(子)**이 행복을 누리니
누릴 향

+ ㅗ[높을 고(高)의 획 줄임], 子(아들 자, 첫째 지지 자, 자네 자, 접미사 자)

음독 **きょう**

음독 きょうじゅ
享受 향수, 누림　享年 향년, 죽었을 때의 나이　きょうねん

きょうらく
享楽 향락
きょうゆう
享有 향유(누리어 가짐)

참고자
11획 / 부수 子

행복을 **누리며(享)** 둥글게(丸) 살기를 바라는 누구니
누구 숙

+ 丸(둥글 환, 알 환) - 제목번호 063 참고

훈독 **いずれ**

N1 **小6**
15획 / 부수 火(灬)

누구(埶)나 **불(灬)**에는 익으니 **익을 숙**
또 몸에 익도록 익혀 익숙하니 **익숙할 숙**

+ 灬[불 화(火)가 글자의 발에 붙는 부수인 발로 쓰일 때의 모습으로 '불 화 발']

훈독 **うれる**　　음독 **じゅく**

훈독 う
熟れる (과일 등이) 익다, 여물다

음독 じゅっこう　せいじゅく　そうじゅく　はんじゅく　み じゅく
熟考 숙고　成熟 성숙　早熟 조숙　半熟 반숙　未熟 미숙

147

N3 **小2**
8획 / 부수 亠

높은(亠) 곳에도 **작은(小)** 집들이 많은 서울이니
서울 경

+ 亠[높을 고(高)의 획 줄임], 서울 같은 큰 도시는 땅이 부족하여 높은 곳까지 집을 짓고 살지요. 요즘은 정비되어 좋아졌지만 옛날에는 고지대에 달동네가 많았답니다.

음독 **きょう**

음독 上京 상경 帰京 귀경

N1 **小6**
12획 / 부수 尢

(꿈이 있는 사람은 벼슬자리가 많은) 서울(京)로 **더욱(尤)** 나아가
꿈을 이루니 **나아갈 취, 이룰 취**

+ 尤 – 절름발이(尢)에 점(丶)까지 있어 더욱 허물이니 '더욱 우, 허물 우'
+ 尢 – [양팔 벌리고(一) 다리 벌린 사람(人)을 본떠서 만든] 큰 대(大)의 한 획을 구부려 절름발이를 나타내어 '굽을 왕, 절름발이 왕'
+ 부수는 굽을 왕, 절름발이 왕(尢)이네요.

훈독 **つく, つける** 음독 **しゅう**

훈독 就く 들다, 오르다, 취임하다

就ける 자리에 오르게 하다, 취임시키다

음독 就学 취학 就業 취업 就任 취임 就職 취직

N2 **小4**
12획 / 부수 日

햇(日)빛이 **서울(京)**을 비추면 드러나는 경치가 크니
볕 경, 경치 경, 클 경

+ 햇빛이 비치면 보이지 않던 것도 보이고, 또 멀리까지도 보이니 크다고 한 것입니다.

음독 **けい**

음독 絶景 절경, 아주 좋은 경치 全景 전경 背景 배경

風景 ① 풍경 ② 모양, 상태 夜景 야경

예외 景色 경치, 풍경

喬
교

橋
교

N1 참고자
12획 / 부수 口

N2 小3
16획 / 부수 木

젊은(夭) 사람이 높이(喬) 올라가 높으니 높을 교

+ 夭(젊을 요, 예쁠 요, 일찍 죽을 요) - 제목번호 261 奏 주 참고, 喬 [높을 고(高)의 획 줄임]
+ 일본 사람들의 이름에도 사용되는 한자입니다.

음독 **きょう**

음독 きょうぼく
喬木 교목(줄기가 곧고 굵으며 높이가 8미터 넘게 크는 나무)

나무(木)로 높이(喬) 걸쳐 만든 다리니 다리 교

+ 木(나무 목), 건축 자재가 귀하던 옛날에는 다리도 나무로 놓았지요.

훈독 **はし**   음독 **きょう**

훈독 はし   はしせん   いし ばし
     橋 다리   橋銭 다리를 건너는 통행세   石橋 돌다리

     おお はし   まる き ばし
     大橋 대교   丸木橋 외나무다리

음독 きょうとう   てっきょう   ほ どうきょう
     橋頭 교두, 다리 근처   鉄橋 철교   歩道橋 육교

咼
괘(와)

過
과

참고자
9획 / 부수 口

입(口)이 비뚤어진 모양을 본떠서
입 비뚤어질 **괘**, 입 비뚤어질 **와**

비뚤어지게(咼) 지나**가(辶)** 지나치니 **지날 과, 지나칠 과**
또 지나치는 허물이니 **허물 과**

+辶(뛸 착, 갈 착)

훈독 **すぎる, すごす, あやまつ**　　음독 **か**

훈독 過ぎる ① 지나다, 통과하다 ② (시간, 기한이) 지나다, 끝나다
言い過ぎる 말이 지나치다　通り過ぎる 지나가다, 통과하다
過ごす ① 보내다 ② (시간을) 경과시키다, 소비하다
過ち 실수, 잘못

음독 過激 과격　過去 과거　過重 과중　過多 과다　過半数 과반수
過労 과로　過失 과실

N2　小5
12획 / 부수 辶(辶)

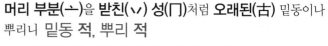

153　商 적　適 적　敵 적　商 상

참고자
11획 / 부수 口

머리 부분(亠)을 **받친(丷) 성(冂)**처럼 **오래된(古)** 밑동이나
뿌리니 **밑동 적, 뿌리 적**

+ 亠(머리 부분 두), 冂(멀 경, 성 경), 古(오랠 고, 옛 고)

음독 **きょう**

N2　小5
14획 / 부수 辶(辶)

뿌리(商)는 알맞은 곳으로 뻗어 **가니(辶)**
알맞을 적, 갈 적

음독 **てき**

음독 適する 알맞다, 적당하다　適性 적성　適切 적절　適当 적당
適度 적당한 정도　適用 적용

N1 **小6**
15획 / 부수 攴(攵)

뿌리(商), 즉 근본까지 들추며 **치는(攵)** 원수니
원수 적

+ 攵(칠 복, = 攴)

훈독 **かたき** 음독 **てき**

훈독 敵 ① 적 ② 경쟁 상대 ③ 원수 敵討ち 복수
敵役 ① (연극에서) 악인역 ② 미움 받는 역할, 처지

음독 敵 적 敵意 적의 敵手 적수 敵対 적대 宿敵 숙적
天敵 천적 無敵 무적

N2 **小3**
11획 / 부수 口

머리(亠)에 물건을 **이고(丷)** 다니며 **성(冂)** 안에서
사람(儿)이 말하며(口) 장사하니 장사할 **상**
또 장사할 때 이익을 헤아리듯 무엇을 헤아리니 헤아릴 **상**

+ 冂(멀 경, 성 경), 儿(어진사람 인, 사람 인 발), 口(입 구, 말할 구, 구멍 구)

훈독 **あきなう** 음독 **しょう**

훈독 商う 장사하다, 매매하다

음독 商業 상업 商人 상인 商品 상품 行商 행상 通商 통상

+ '商人'은 'あきびと', 'あきんど' 등으로도 읽을 수 있습니다.

154 〉門 문 〉問 문 〉聞 문 〉関 관

N3 **小2**
8획 / 제부수

좌우 두 개의 문짝이 붙은 **문(門)**을 본떠서 문 문

훈독 **かど** 음독 **もん**

훈독 門 ① 문 ② 집 앞 門口 집의 출입구, 문간

음독 門 문 門番 문지기, 수위 校門 교문 正門 정문 入門 입문
部門 부문

N3 **小3**
11획 / 부수 口

문(門) 앞에서 말하여(口) 물으니 물을 문

+ 口(입 구, 말할 구, 구멍 구)
+ 어른께는 문 열지 않고 문 앞에서 묻지요.

훈독 **とう, とん**　음독 **もん**

훈독 問う 묻다　言問う ① 말을 걸다, 인사하다 ② 찾아가다, 심방하다
問い 물음　問い合わせ 조회, 문의　問屋 도매상

음독 問題 문제　応問 질문에 응답함　下問 아랫사람에게 물음
学問 학문

N4 **小2**
14획 / 부수 耳

문(門)에 귀(耳) 대고 들으니 들을 문

+ 耳(귀 이)

훈독 **きく, きこえる**　음독 **ぶん, もん**

훈독 聞く 듣다　聞き手 청자, 듣는 사람　聞き取り 듣기
立ち聞き 엿들음　聞こえる 들리다

음독 見聞 견문　新聞 신문　風聞 풍문　聴聞 청문
前代未聞 전대미문(이제까지 들어 본 적이 없음)

N2 **小4**
14획 / 부수 門

문(門)의 양쪽(丷) 문짝을 하나(一)로 크게(大) 이어 닫는 빗장이니 빗장 관
또 빗장처럼 이어지는 관계니 관계 관

정자 關 – 문(門)의 작고(幺) 작은(幺) 이쪽(𢆶)저쪽(𠂤)을 이어 닫는 빗장이니
'빗장 관'
　　또 빗장처럼 이어지는 관계니 '관계 관'

+ 大(큰 대), 幺(작을 요, 어릴 요), 빗장 – 문을 닫고 가로질러 잠그는 막대기

훈독 **せき**　음독 **かん**

훈독 関 ① 관문 ② 가로막는 것　関路 관문으로 통하는 길
関が原 운명을 건 싸움, 일본의 유명한 전쟁이 있었던 지역(이름)

음독 関心 관심　関門 ① 관문 ② 통과하기 어려운 곳
税関 세관　難関 난관

開

N3 小3
12획 / 부수 門

문(門)의 빗장(一)을 받쳐 들듯(廾) 잡아 여니 열 개

+ 廾(받쳐 들 공)

훈독 ひらく, ひらける, あく, あける   음독 かい

훈독 開く 열리다, 벌어지다 開き戸 여닫이 문 開ける 열리다, 트이다
開く 열리다 開ける 열다 開けたて (문을) 열고 닫음, 개폐
음독 開会 개회 開港 개항 開始 개시 開発 개발 開幕 개막
公開 공개 満開 만개

閉

N2 小6
11획 / 부수 門

문(門)에 빗장(才)을 끼워 닫으니 닫을 폐

+ 才('재주 재, 바탕 재'지만 여기서는 빗장으로 봄)

훈독 しまる, しめる, とじる, とざす   음독 へい

훈독 閉まる 닫히다 閉める 닫다 閉じる 닫다, 눈을 감다
閉ざす ① (문을) 닫다, 잠그다 ② (길을) 막다, 폐쇄하다 ③ 가두다
음독 閉会 폐회 閉口 질림, 항복함 閉校 폐교 開閉 개폐
密閉 밀폐

間

N4 小2
12획 / 부수 門

문(門) 안으로 햇(日)빛이 들어오는 사이(▥▪→間)니
사이 간

훈독 あいだ, ま   음독 かん, けん

훈독 間 사이 間に合う 제시간에 대다 手間 수고
음독 間税 간접세 区間 구간 期間 기간 中間 중간 時間 시간
夜間 야간 世間 세간, 세상 人間 인간
예외 幕間 막간

簡

N2 小6
18획 / 부수 竹(⺮)

(종이가 없던 옛날에) 대(⺮) 조각 사이(間)에 적은 편지니
편지 간
또 편지처럼 필요한 말만 써 간단하니 간단할 간

+ ⺮(대 죽) – 제목번호 131 참고

음독 かん

음독 簡素 간소 簡体字 간체자(중국에서 사용하는 한자) 簡単 간단
簡略 간략

153

N1 **小3**
7획 / 제부수

제기(🥛→豆) 모양을 본떠서 제기 두
또 제기처럼 둥근 콩이니 **콩 두**

+ 제기(祭器) – 제사에 쓰이는 그릇
+ 祭(제사 제, 축제 제), 器(器: 그릇 기, 기구 기)

| 훈독 | **まめ** | 음독 | **とう, ず** |

훈독 豆 콩 豆油 콩기름 枝豆 풋콩, 풋콩을 삶은 것
음독 豆乳 두유 緑豆 녹두 納豆 낫토 大豆 대두, 콩
예외 小豆 팥

N3 **小2**
16획 / 부수 頁

콩(豆)처럼 둥근 **머리(頁)**니 머리 두
또 머리처럼 높은 우두머리니 **우두머리 두**

+ 頁(머리 혈) – 제목번호 338 참고

| 훈독 | **あたま, かしら, こうべ** | 음독 | **とう, ず, と** |

훈독 頭 머리 頭数 머릿수 頭金 (선불) 계약금 頭割り 머릿수대로 나눔
頭文字 머리글자(로마자 표기에서 앞에 오는 대문자)
頭を垂れる 고개(를)숙이다
음독 頭部 두부, 머리 부분 頭骨 두개골 頭上 두상 頭痛 두통
音頭 선창(노래나 구령 등을 맨 먼저 부름)

N3 **小3**
12획 / 부수 矢

화살(矢)이 콩(豆)만하여 짧고 모자라니
짧을 단, 모자랄 단

+ 矢(화살 시) – 제목번호 218 참고

| 훈독 | **みじかい** | 음독 | **たん** |

훈독 短い 짧다 気短 조급함, 성급함(= 短気) 手短 간략함, 간단함
음독 短音 단음 短歌 단가(일본 전통 시 중 하나) 短期 단기
短所 단점 短編 단편

N2 **小5**
13획 / 부수 豆

상다리가 **굽을(曲)** 정도로 **제기(豆)**에 음식을 많이 차려 풍성하니 풍성할 풍

+ 曲(굽을 곡, 노래 곡) – 제목번호 048 참고

훈독 **ゆたか** 음독 **ほう**

훈독 豊か 풍족함, 풍부함, 충분함

음독 豊作 풍작 豊熟 풍숙, 오곡이 풍성하게 익음 豊年 풍년
豊富 풍부 豊満 풍만, 풍성

N2 **小3**
5획 / 부수 示(ネ)

신(ネ) 앞에 몸 **구부리고(乚)** 표하는 예도니 예도 례

정자 禮 – 신(示) 앞에 풍성한(豊) 음식을 차리는 것은 신에 대한 예도니 '예도 례'

+ ネ[보일 시, 신 시(示)가 부수로 쓰일 때의 모습으로 '보일 시, 신 시 변'], 乚[새 을, 둘째 천간 을, 굽을 을(乙)이 부수로 쓰일 때의 모습]

음독 **れい, らい**

음독 お礼 답례, 사례 礼節 예절 礼物 예물 無礼 무례
返礼 답례 目礼 눈인사 礼賛 예찬

N2 **小6**
10획 / 제부수

살 속의 **뼈(冎)**를 본떠서 뼈 골

훈독 **ほね** 음독 **こつ**

훈독 骨 뼈 骨折り 노력, 수고 骨組み 뼈대 一骨 애씀 小骨 잔뼈, 잔가시

음독 骨格 골격 骨子 골자, 요점 骨折 골절 筋骨 근육과 골격, 체격

N3 **小2**
7획 / 부수 人(亻)

사람(亻)의 **근본(本)**은 몸이니 몸 체

정자 體 – 뼈(骨)마디로 풍성하게(豊) 이루어진 몸이니 '몸 체'
+ 本(근본 본, 뿌리 본) – 제목번호 030 참고

훈독 **からだ** 음독 **たい, てい**

훈독 体 몸 体付き 몸매
+ '몸'을 뜻하는 'からだ'는 '身体(からだ)'로도 쓸 수 있습니다.

음독 体格 체격 体重 체중, 몸무게 体力 체력 固体 고체
人体 인체 大体 대개, 거의 本体 본체 立体 입체
世間体 세상(남들)에 대한 체면(= 外聞)

참고자
9획 / 부수 癶

걸어가(癶) 하늘(天)의 뜻을 헤아리니
헤아릴 계, 열째 천간 계

+ 癶(등지고 걸어가는 모양에서 '등질 발, 걸을 발'), 天(하늘 천)

훈독 **みずのと**

N3 **小3**
9획 / 부수 癶

걸어가(癶) 두(二) 사람(儿)이 활을 쏘면 싸움이 일어나니
쏠 발, 일어날 발

정자 發 – 걸어가(癶) 활(弓)과 창(殳)을 쏘면 싸움이 일어나니 '쏠 발, 일어날 발'

+ 儿(어진사람 인, 사람 인 발), 弓(활 궁), 殳(칠 수, 창 수, 몽둥이 수)

음독 **はつ, ほつ**

음독 発音 발음   発火 발화   発行 발행   発生 발생
　　 発送 발송   発展 발전   発表 발표   告発 고발   出発 출발
　　 連発 연발   発起 발기   発作 발작

예외 発つ 출발하다, 떠나다

N2 **小3**
12획 / 부수 癶

걸어(癶) 제기(豆)처럼 납작한 곳을 디디며 오르니 **오를 등**
또 올려 기재하니 **기재할 등**

+ 필순이 한국 한자와 다릅니다.

훈독 **のぼる**　　음독 **とう**

훈독 登る 오르다

음독 登記 등기   登校 등교   登場 등장   登用 등용   登録 등록

N2 **小4**
6획 / 부수 火

불(火)을 고무래(丁) 같은 곳에 올려 켠 등불이니 **등불 등**

정자 燈 – 불(火)을 올려(登) 켠 등불이니 '등불 등'

+ 丁(고무래 정, 못 정, 장정 정, 넷째 천간 정) – 제목번호 194 참고

훈독 **ひ, ともしび**　　음독 **とう**

훈독 灯 불빛, 등불   灯 등불(= 灯)

음독 灯台 등대   灯油 등유   電灯 전등

예외 万灯 ① 수많은 등불 ② 초롱, 등롱

N1 참고자
2획 / 부수 丿

(세월이 빨라) 사람은 **지팡이(丿)**에 의지할 **허리 굽은 사람(⁊)**으로 곧 이에 늙으니 **곧 내, 이에 내**

+ 이에 − 이리하여 곧

음독 **ない**

음독 乃至 내지('얼마에서 얼마까지'의 뜻을 나타내는 말)

N1 中学
3획 / 부수 又

곧(乃) 이르러 **미치니(乀)** 이를 급, 미칠 급

+ 乀[파임 불(乀)의 변형이지만 여기서는 이르러 미치는 모양으로 봄]

훈독 **およぶ, およぼす**　　음독 **きゅう**

훈독 及ぶ 달하다, 이르다, 끼치다　聞き及ぶ 전해 듣다　及び 및, 또
　　及ぼす 미치게 하다

음독 及第 급제, 합격　言及 언급　追及 ① 뒤쫓음 ② 추궁함
　　波及 파급

N1 小3
9획 / 부수 糸

실(糸)을 이을(及) 때 따지는 등급이니 **등급 급**

+ 糸(실 사 변), 실을 이을 때는 굵기나 곱기의 등급을 따지지요.

음독 **きゅう**

음독 級友 같은 반 친구　下級 하급　学級 학급　上級 상급
　　同級 동급　特級 특급

N2 小6
6획 / 부수 口

입(口)으로 공기를 폐까지 **이르도록(及)** 들이쉬어 마시니
숨 들이쉴 흡, 마실 흡

훈독 **すう**　　음독 **きゅう**

훈독 吸う ① (숨을) 쉬다 ② (담배를) 피우다
　　吸い物 (식사 때 내는) 맑은 국

음독 吸引 흡인　吸入 흡입　吸収 흡수

N4 **小2**
8획 / 제부수

입(一)의 위아래에 난 긴 수염을 본떠서 길 장
또 수염이 길면 어른이니 어른 장

+ 一('한 일'이지만 여기서는 다문 입으로 봄), 수염은 나이 들면 주로 입 주
위에 나지요.

훈독 **ながい**　　음독 **ちょう**

훈독 長い 길다　長さ 길이　長雨 장마　長引く 오래 끌다, 지연되다

+ '長雨'는 'ながめ'로 읽을 수도 있습니다.

음독 長音 장음　長期 장기　長所 장점
長短 ① 장점과 단점 ② 긴 것과 짧은 것 ③ 남는 것과 부족한 것
長方形 직사각형　課長 과장　特長 특별한 장점

예외 長 ① 두목, 우두머리 ② 가장 뛰어난 것

小5
11획 / 부수 弓

활(弓)시위를 길게(長) 벌리니 벌릴 장
또 벌리듯 마음을 열고 베푸니 베풀 장

+ 弓(활 궁) - 제목번호 215 참고

훈독 **はる**　　음독 **ちょう**

훈독 張る ① 뻗다, 뻗치다 ② 펼치다　引っ張る ① 잡아끌다 ② 끌어당기다
張り切る 긴장하다, 힘이 넘치다　張り紙 ① 종이를 바름 ② 벽보

음독 主張 주장　出張 출장

N1 **小3**
11획 / 부수 巾

수건(巾) 같은 천으로 길게(長) 둘러 가린 장막이니 장막 장
또 장막처럼 보이지 않게 가리고 쓰는 장부니 장부 장

+ 巾(수건 건) - 제목번호 199 참고

훈독 **とばり**　　음독 **ちょう**

훈독 帳 커튼

음독 帳場 카운터　帳面 장부, 노트　通帳 통장　手帳 수첩

+ '帳面'을 'ちょうづら'라고 읽으면 '장부상에 기재된 숫자'라는 뜻이 됩니다.

참고자
4획 / 부수자

늙을 로(老)가 부수로 쓰일 때의 모양으로
흙(土)에 **지팡이(丿)**를 짚어야 할 정도로 늙으니
늙을 로 엄

+ 丿('삐침 별'이지만 여기서는 지팡이로 봄)
+ '엄'은 글자의 위와 왼쪽을 덮는 부수 이름이기에 실제 독음인 '로'로 제목
　을 삼았어요.

N2 小4
6획 / 부수 耂

흙(土)에 **지팡이(丿)**를 **비수(匕)**처럼 꽂으며 걸어야 할
정도로 늙으니 **늙을 로**

+ 匕(비수 비, 숟가락 비) - 제목번호 348 참고

훈독 **おいる, ふける**　　음독 **ろう**

훈독 老いる 늙다　老ける 늙다
음독 老化 노화　老後 노후　老年 노년　老廃物 노폐물　老練 노련

N1 小6
7획 / 부수 子

늙은(耂) 부모를 **아들(子)**이 받드는 효도니 **효도 효**

음독 **こう**

음독 孝行 효행　孝道 효도　孝子 효자
　　孝順 어버이의 분부에 잘 순종하는 모양　不孝 불효

N3 **小3**
8획 / 부수 耂

노인(耂)이 날(日)마다 낮추어 말하는 놈이나 것이니
놈 자, 것 자

정자 者 – 노인(耂)이 낮추어 말하는(白) 놈이나 것이니 '놈 자, 것 자'
+ 늙을 로 엄(耂) 아래에 해 일, 날 일(日)이 붙으면 일본 한자, 흰 백, 밝을
백, 깨끗할 백, 아뢸 백(白)이 붙으면 정자입니다.

훈독 **もの**　　음독 **しゃ**

훈독 大立者 가장 유명한 배우, 가장 중요시되는 인물
変わり者 괴짜　悪者 나쁜 놈, 악인

음독 医者 의사　学者 학자　記者 기자　後者 후자　前者 전자
第三者 제삼자　作者 작자

N3 **小2**
6획 / 부수 耂

노인(耂)처럼 크게(丂) 살피고 생각하니 살필 고, 생각할 고

+ 丂['공교할 교, 교묘할 교'지만 여기서는 큰 대(大)의 변형으로 봄]

훈독 **かんがえる**　　음독 **こう**

훈독 考える 생각하다　考え方 사고방식

음독 考案 고안　考古学 고고학　考査 고사　思考 사고　熟考 숙고
選考 선고(여럿 가운데에서 자세히 검사하여 골라 뽑음)　備考 비고

N3 **小2**
11획 / 부수 攵

늙은이(耂)가 자식(子)을 치며(攵) 가르치니 가르칠 교

정자 敎 – 어질게(乂) 많이(亠) 자식(子)을 치며(攵) 가르치니 '가르칠 교'
+ 子(아들 자, 첫째 지지 자, 자네 자, 접미사 자), 攵(칠 복 = 攴), 乂(벨 예,
다스릴 예, 어질 예), 亠[열 십, 많을 십(十)의 변형]

훈독 **おしえる, おそわる**　　음독 **きょう**

훈독 教える 가르치다　教わる 배우다

음독 教師 교사　宗教 종교　教育 교육

N2 小6
15획 / 부수 言

말(言)로도 **사람(者)**들이 처리하는 모든 여러 일이니
모든 제, 여러 제

[정자] 諸

음독 **しょ**

음독 諸君 제군, 여러분　諸兄 제형, 여러분　諸国 여러 나라
諸島 제도, 여러 섬

예외 諸人 여러 사람, 모든 사람, 일동
+ '諸人'은 'しょにん', 'しょじん'으로도 읽을 수 있습니다.

N3 小3
11획 / 부수 邑(阝)

사람(者)들이 많이 사는 **고을(阝)**은 도시니 도시 도
또 도시처럼 사람이 많이 모인 모두니 모두 도

[정자] 都

훈독 **みやこ**　음독 **と, つ**

훈독 都 ① 서울, 수도, 도읍지 ② 도시

음독 都会 도시, 도회지　都心 도심　首都 수도　都合 사정, 형편
都度 매번, 때마다　好都合 안성맞춤

N3 小3
12획 / 부수 日

해(日)가 **사람(者)** 위에 있는 것처럼 더우니 더울 서

[정자] 暑

훈독 **あつい**　음독 **しょ**

훈독 暑い 덥다　暑さ 더위　暑苦しい 숨 막힐 듯이 덥다

음독 暑気 여름 더위　残暑 늦더위　盛暑 한더위(한창 심한 더위)
防暑 방서, 더위를 막음(↔ 防寒 방한, 추위를 막음)

N2 小6
11획 / 부수 草(艹)

(부귀공명을 멀리하고) **초야(艹)**에 묻혀 **사람(者)**이 유명한 글을
지어 드러나니 글 지을 저, 드러날 저
또 (옛날에는) 풀(艹)로 **사람(者)**이 옷을 만들어 붙게 입었으니
붙을 착, 입을 착

[정자] 著

훈독 **いちじるしい, あらわす**　음독 **ちょ**

훈독 著しい 현저하다, 두드러지다　著す 저술하다

음독 著作 저작　著者 저자　著述 저술　著書 저서
著名 저명, 유명　原著 원작

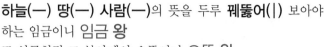

N2 **小1**
4획 / 제부수

하늘(一) 땅(一) 사람(一)의 뜻을 두루 **꿰뚫어(丨)** 보아야 하는 임금이니 **임금 왕**
또 임금처럼 그 분야에서 으뜸이니 **으뜸 왕**
또 **구슬 옥(玉)**이 부수로 쓰일 때의 모습으로 **구슬 옥 변**

+ 필순이 한국 한자와 다릅니다.

음독 **おう**

음독 王 왕 王位 왕위 王宮 왕궁, 궁궐 王室 왕실 王子 왕자
王女 공주 国王 국왕 女王 여왕

예외 天王星 천왕성

(임금보다 더 책임감을 갖는 분이 주인이니)

점(丶)을 임금 왕(王) 위에 찍어서 **주인 주**

+ '왕인정신'이란 말은 없지만 '주인정신, 주인의식'이란 말이 있는 것을 보면 임금보다 더 책임감을 갖는 사람이 주인이지요.
+ 한자에서는 점 주(丶)나 삐침 별(丿)로 어느 부분이나 무엇을 강조하기도 합니다.

N3 **小3**
5획 / 부수 丶

훈독 **ぬし, おも, あるじ**　　음독 **しゅ**

훈독 主 주인 持ち主 소유자, 보유자 家主 ① 가장, 세대주 ② 집주인
主 주요함, 중심

+ '家主'의 '家'는 'いえ'로 읽어도 됩니다.

음독 主観 주관 主語 주어 主人公 주인공 主体 주체 主役 주역 主要 주요

임금 왕(王) 우측에 **점(丶)**을 찍어서 **구슬 옥**

+ 원래는 구슬 세(三) 개를 끈으로 꿰어(丨) 놓은 모습(王)이었으나 임금 왕(王)과 구별하기 위하여 점 주(丶)를 더하여 '구슬 옥(玉)'입니다. 그러나 임금 왕(王)은 부수로 쓰이지 않으니, 구슬 옥(玉)이 부수로 쓰일 때는 원래의 모습인 王으로 쓰고 '구슬 옥 변'이라 부르지요.

N2 **小1**
5획 / 제부수

훈독 **たま**　　음독 **ぎょく**

훈독 玉 구슬 玉子 ① 알 ② 달걀 親玉 중심인물, 우두머리, 두목
肝っ玉 배짱 目玉 눈알, 안구

음독 玉座 옥좌, 보좌 玉石 옥석, 훌륭한 것과 하찮은 것 宝玉 보석

+ '玉石'을 'たまいし'로 읽으면 '알돌'이라는 뜻이 됩니다.

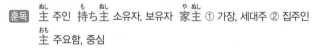

집(宀)의 **구슬**(玉)처럼 소중한 보배니 **보배 보**

[정자] 寶 – 집(宀)의 구슬(王)과 장군(缶) 속에 간직한 재물(貝) 같은 보배니
'보배 보'

+ 缶(장군 부 – 물 같은 액체를 넣어 나르는 도구)

훈독 **たから**   음독 **ほう**

훈독 宝 보물, 보배 宝くじ 복권 宝探し 보물찾기 宝物 보물

음독 宝器 보물 宝石 보석 家宝 가보 国宝 국보
財宝 재산과 보물

N2 小6
8획 / 부수 宀

165
班 반   全 전

구슬(王)과 **구슬**(王)을 칼(刂)로 나눈 반이니 **나눌 반, 반 반**

+ 王(임금 왕, 으뜸 왕, 구슬 옥 변), 刂[칼 도 방(刂)의 변형]

음독 **はん**

음독 班 반, 조 班長 반장 班別 반별 首班 수반, 제1의 석차 · 지위

N1 小6
10획 / 부수 玉(王)

사람(人)이 왕(王)이 되면 모든 것이 갖추어져 온전하니
온전할 전

[정자] 全 – 조정에 들어가(入) 왕(王)이 되면 모든 것이 갖추어져 온전하니
'온전할 전'

+ 王 위에 사람 인(人)이 들어가면 일본 한자, 들 입(入)이 들어가면 정자네요.

훈독 **まったく**   음독 **ぜん**

훈독 全く 완전히, 아주, 전혀

음독 全国 전국 全身 전신 全集 전집 全体 전체 全納 완납
全部 전부 安全 안전

예외 全て 전부, 모두, 모조리

N2 小3
6획 / 부수 人

N1 **中学**
7획 / 부수 口

입(口)에 맞는 음식을 **왕(王)**께 보이고 드리니
보일 정, 드릴 정

정자 呈 – 입(口)에 맞는 음식을 짊어지고(壬) 가서 보이고 드리니 '보일 정, 드릴 정'

+ 입 구, 말할 구, 구멍 구(口) 아래에 임금 왕, 으뜸 왕, 구슬 옥 변(王)이면 일본 한자, 간사할 임, 짊어질 임, 아홉째 천간 임(壬)이면 정자

음독 **てい**

음독 呈示 정시, 꺼내 보임, 제시 進呈 진정, 드림

N2 **小5**
12획 / 부수 禾

벼(禾)를 얼마나 **드릴(呈)** 것인지 법으로 정한 정도니
법 정, 정도 정

정자 程

+ 정도(程度) – ① 사물의 성질이나 가치를 양부(良否), 우열 등에서 본 분량이나 수준
　　　　　　② 알맞은 한도
　　　　　　③ 그만큼 가량의 분량

+ 禾(벼 화), 度(법도 도, 정도 도, 헤아릴 탁), 良(어질 량, 좋을 량), 否(아닐 부, 막힐 비)

훈독 **ほど**　　음독 **てい**

훈독 程近い 가깝다, 그리 멀지 않다　先程 아까, 조금 전
　　中程 중간, 절반, 도중　余程 상당히, 대단히
음독 程度 정도　課程 과정　規程 규정　日程 일정　旅程 여정

N1 **小6**
13획 / 부수 耳

귀(耳)로 제대로 듣고 **입(口)**으로 제대로 말하는 **왕(王)**처럼 성스러운 성인이니 # 성스러울 성, 성인 성

정자 聖 – 귀(耳)를 보이게(呈) 기울여 잘 들어주는 성스러운 성인이니 '성스러울 성, 성인 성'

+ 耳(귀 이), 성인(聖人) – 덕과 지혜가 뛰어나 모든 사람의 스승이 될 만한 사람

음독 **せい**

음독 聖書 성서　聖地 성지　聖人 성인　聖母 성모　神聖 신성

참고자

4획 / 부수 士

삐뚤어진(ノ) 선비(士)는 간사하여 나중에 큰 죄업을
짊어지니 간사할 **임**, 짊어질 **임**, 아홉째 천간 **임**

+ ノ('삐침 별'이지만 여기서는 삐뚤어진 모습으로 봄), 士(선비 사, 군사 사,
칭호나 직업에 붙이는 말 사)

훈독 **みずのえ**　음독 **じん**

N2 **小5**

6획 / 부수 人(亻)

사람(亻)이 어떤 일을 **짊어져(壬)** 맡으니 맡을 **임**

훈독 **まかせる, まかす**　음독 **にん**

훈독 任せる 맡기다 あなた任せ ① 남에게 의지하여 그대로 맡겨 둠

② 일이 되어가는 대로 맡겨 둠 他人任せ 나 몰라라 함
人任せ 남에게 맡김 任す 맡기다

음독 任期 임기 任命 임명 委任 위임 信任 신임 適任 적임
転任 전임 先任 선임

N1 **小6**

13획 / 부수 貝

맡은(任) 일을 하고 받는 **돈(貝)**이 품삯이니 품삯 **임**
또 무엇을 **맡기고(任) 돈(貝)**을 빌리니 빌릴 **임**

+ 貝(조개 패, 재물 패, 돈 패) - 제목번호 330 참고

음독 **ちん**

음독 賃上げ 임금 인상 賃貸し 세를 줌(↔ 賃借り) 賃金 임금, 보수
賃貸 임대 賃借 임차(돈을 내고 남의 물건을 빌려 씀)
運賃 운임 家賃 집세

N3 小3
8획 / 부수 水(氵)

물(氵)을 한쪽으로 주(主)로 대고 쏟으니
물 댈 주, 쏟을 주

+ 主(주인 주)

훈독 そそぐ, つぐ　**음독** ちゅう

훈독 注ぐ ① 흘러 들어가다 ② (물, 눈물, 비, 눈 등이) 쏟아지다

음독 注意 주의　注水 물을 부음　注入 주입　注目 주목
注文 주문　注油 주유

N3 小3
7획 / 부수 人(亻)

사람(亻)이 주(主)로 사는 곳이니 살 주, 사는 곳 주

훈독 すむ, すまう　**음독** じゅう

훈독 住む 살다　住まう 살다　住まい 주소, 사는 일, 살이

음독 住所 주소　住宅 주택　住民 주민　移住 이주　衣食住 의식주

N2 小3
9획 / 부수 木

나무(木) 중 집의 주인(主)처럼 큰 역할을 하는 기둥이니
기둥 주

훈독 はしら　**음독** ちゅう

훈독 柱 기둥　柱時計 괘종시계, 벽시계

음독 柱石 주석, 의지하는 중요한 사람, 기둥　支柱 버팀목, 지주
電柱 전신주　氷柱 고드름

N1 小5
8획 / 부수 彳

걸어서(彳) 주인(主)에게 가니 갈 왕

+ 彳(조금 걸을 척)

훈독 いく, ゆく　**음독** おう

훈독 往く ① 딴 곳으로 움직여 가다 ② (계속해서) ~ 해 (나)가다
③ 점점 변해서 그렇게 되다, ~져 가다

음독 往時 옛날, 지난날　往生 왕생　往復 왕복　往来 왕래(= 行き来)

N3 **小1**
8획 / 제부수

주(主)된 **몸(月)**의 마음은 언제나 푸르고 젊으니
푸를 청, 젊을 청

[정자] 青 – 주(主)된 둘레(円)의 색은 푸르니 '푸를 청'
또 푸르면 젊으니 '젊을 청'

+ 주인 주(主)의 변형(龶) 아래에 달 월, 육 달 월(月)이면 일본 한자, 円(둥글 원, 둘레 원, 일본 화폐 단위 엔 – 제목번호 332 참고)이면 정자

[훈독] **あおい**　[음독] **せい**

[훈독] 青い 파랗다, 푸르다　青白い 창백하다　青空 푸른 하늘
青葉 푸른 잎　青物 ① 푸성귀 ② 등 푸른 생선

[음독] 青少年 청소년　青春 청춘　青年 청년

[예외] 真っ青 새파랗다

N1 **小5**
10획 / 부수 糸

주(主)된 **실(糸)**의 색은 흰색이니 흴 소
또 흰색은 모든 색의 바탕이 되고 요소가 되며 소박하니
바탕 소, 요소 소, 소박할 소

+ 처음 뽑아낸 실은 대부분 흰색이지요.

[훈독] **もと**　[음독] **そ, す**

[훈독] 素より ① 처음부터, 본래, 본디 ② 물론, 말할 것도 없이

[음독] 素材 소재　素質 소질　元素 원소　水素 수소　要素 요소
素足 맨발　素顔 맨얼굴　素手 맨손　素敵 아주 멋짐, 매우 근사함
素晴らしい 멋지다, 훌륭하다

[예외] 素人 아마추어, 비전문인, 풋내기

N2 **小5**
8획 / 부수 毋

주인(主)이 손대지 **말라고(毋)** 한 것은 독한 독이 있기 때문이니
독할 독, 독 독

[정자] 毒 – 주인(主)이나 어미(母)는 강하고 독하니 '독할 독'
또 독한 독이니 '독 독'

+ 주인 주(主)의 변형(龶) 아래에 毋(말 무, 없을 무)면 일본 한자, 母(어미 모)면 정자, 여자는 약하지만 어머니는 강하지요.

[음독] **どく**

[음독] 毒 독　解毒 해독　気の毒 ① 딱함, 가엾음, 불쌍함 ② (폐를 끼쳐) 미안스러움　中毒 중독　防毒 방독(독물, 독가스, 세균, 방사성 물질 등의 독기로부터 피해를 막음)

167

N2 **小4**
11획 / 부수 水(氵)

물(氵)이 **푸른(青)**빛이 나도록 맑으니
맑을 청

정자 清

+ 물이 맑으면 푸른빛이 납니다.

훈독 **きよい, きよめる, きよまる** 음독 **せい**

훈독 清い 깨끗하다, 순수하다, 맑다　清らか 맑음, 깨끗함
清める 맑게 하다, 정하게 하다, 깨끗이　清まる 맑아지다, 깨끗해지다

음독 清音 청음(히라가나와 가타카나에서 탁점이나 반탁점이 붙지 않은 음)
清潔 청결　清酒 청주　清貧 청빈

예외 清水 맑은 샘물

N2 **小2**
12획 / 부수 日

해(日)가 **푸른(青)** 하늘에 드러나며 날이 개니
날 갤 청

정자 晴

훈독 **はれる, はらす** 음독 **せい**

훈독 晴れる (하늘이) 개다　晴れ 하늘이 갬, 날씨가 좋음
晴れ間 ① 비, 눈이 갠 사이 ② 구름 사이로 보이는 푸른 하늘
晴れ着 나들이옷　見晴らし 전망

음독 晴天 맑은 하늘

예외 五月晴れ 5월의 맑은 날씨

N2 **小5**
11획 / 부수 心(忄)

마음(忄)을 **푸르게(青)**, 즉 희망 있게 쓰는 정이니
정 정

정자 情

+ 정(情) – ① 느끼어 일어나는 마음 ② 사랑이나 친근감을 느끼는 마음

훈독 **なさけ** 음독 **じょう, せい**

훈독 情け 정　情け深い 동정심이 많다, 인정이 많다

음독 情味 ① 인간미 ② 풍미, 정취　事情 사정　同情 동정
表情 표정　実情 실정　人情 인정　風情 운치

N2 小5
11획 / 부수 貝

주인(主)이 꾸어간 **돈(貝)**을 갚으라고 꾸짖으며 묻는 책임이니
꾸짖을 **책**, 책임 **책**

+ 貝(조개 패, 재물 패, 돈 패) - 제목번호 330 참고

훈독 **せめる** 음독 **せき**

훈독 ^せ責める 책망하다

음독 ^{せき にん}責任 책임 ^{じ せき}自責 자책 ^{じゅうせき}重責 중책 ^{しょくせき}職責 직책 ^{めん せき}面責 면책(바로 그
사람 앞에서 잘못을 책망함) ^{もん せき}問責 문책

N2 小4
16획 / 부수 禾

벼(禾)를 책임지고(責) 묶어 쌓으니
쌓을 **적**

+ 禾(벼 화), 요즘은 벼를 콤바인으로 한 번에 수확하지만 옛날에는 일일이
손으로 수확했지요. 익은 벼는 제때에 베어서 말려 묶어 쌓아 놓고 타작에
대비해야 했으니 이 과정에서 잘못하여 비를 맞히면 안 되지요.

훈독 **つむ, つもる** 음독 **せき**

훈독 ^つ積む 쌓다, 싣다 ^{つ きん}積み金 적금 ^{つ た}積み立てる 적립하다
^{ふな づ}船積み 선적 ^{やま づ}山積み 산더미처럼 높게 쌓아 올림
^つ積もる 쌓이다 ^{み づ}見積もり 어림, 견적

음독 ^{せきせつ}積雪 적설 ^{しゅうせき}集積 집적, 다량으로 모음 ^{たい せき}体積 체적, 부피
^{めん せき}面積 면적 ^{よう せき}容積 용적

N2 小5
17획 / 부수 糸

실(糸)을 책임지고(責) 맡아 짜니
짤 **적**

+ 糸(실 사 변)

음독 **せき**

음독 ^{ぎょうせき}業績 업적 ^{じっせき}実績 실적 ^{せいせき}成績 성적

참고자
8획 / 제부수

꽁지 짧은 새를 본떠서 **새 추**

+ 단독으로는 거의 쓰이지 않고 주로 글자의 구성 성분으로 쓰입니다.
+ 필순이 한국 한자와 다릅니다.

N1 **小6**
11획 / 부수 手(扌)

(놓아 주려고) **손(扌)**으로 **새(佳)**를 미니
밀 추, 밀 퇴

+ '밀 퇴'로는 퇴고(推敲)에만 쓰입니다.
+ 퇴고(推敲) – '밀고 두드림'으로, 글을 지을 때 여러 번 생각하여 고치고 다듬음
+ 扌(손 수 변), 敲(두드릴 고)

훈독 おす　　**음독** すい

훈독 推す 미루어 알다, 헤아리다　推し量る 헤아리다, 추측하다
음독 推移 추이　推進 추진　推定 추정　推理 추리　推論 추론
類推 유추

N3 **小3**
11획 / 부수 辵(辶)

(앞으로만 나아가는) **새(佳)**처럼 **나아가니(辶)**
나아갈 진

+ 辶(뛸 착, 갈 착), 새는 뒤로는 가지 못하고 앞으로만 가지요.

훈독 すすむ, すすめる　　**음독** しん

훈독 進む 진행하다, 나아가다　進める 진행시키다, 진척시키다
음독 進学 진학　進出 진출　進度 진도　進路 진로　行進 행진
前進 전진

N2 小5
13획 / 부수 水(氵)

物(氵) 위에 새(隹) 열(十) 마리가 평평하게 법도에 준하여 날아가니 **평평할 준, 법도 준, 준할 준**

+ 준(準)하다 – 어떤 본보기에 비추어 그대로 좇다.

음독 **じゅん**

음독 準急 준급행열차　準備 준비　基準 기준　規準 규준
水準 수준　標準 표준

N2 小5
14획 / 부수 隹

많이(九) 나무(木) 위에 여러 종류의 새(隹)들이 섞여 있으니 **섞일 잡**

정자 雜 – 우두머리(亠) 밑에 많은 사람들(㐫)처럼 나무(木)에 여러 종류의 새(隹)들이 섞여 있으니 '섞일 잡'

+ 九(아홉 구, 클 구, 많을 구), 木(나무 목), 亠(머리 부분 두), 人(사람 인)

음독 **ざつ, ぞう**

음독 雑音 잡음　雑貨 잡화　雑草 잡초　雑多 잡다　雑談 잡담
雑木 잡목　雑巾 걸레　雑木林 나무숲

예외 雑魚 잡어(여러 가지 자질구레한 물고기)

N3 小3
12획 / 부수 隹

새(隹)들이 나무(木) 위에 모이니 **모일 집**
또 여러 내용을 모아놓은 책도 나타내어 **책 집**

훈독 **あつまる, あつめる, つどう**　음독 **しゅう**

훈독 集まる 모이다　集まり 모임　集める 모으다
集う 모이다　集い 모임, 회합

음독 集会 집회　集計 집계　集金 수금　集合 집합　集中 집중
特集 특집

171

N2 小2
6획 / 제부수

새의 양 **날개**와 **깃**( )을 본떠서 날개 우, 깃 우

정자 羽

훈독 **は, はね**　음독 **う**

훈독 羽 ① 날개 ② 화살에 단 새의 깃털　羽根 배드민턴의 셔틀콕
羽織 기모노 위에 입는 짧은 겉옷　羽 ① 날개 ② (새의) 깃털

음독 羽毛 (새의) 깃털

N3 小3
11획 / 부수 羽

아직 **깃(羽)**이 **흰(白)** 어린 새는 나는 법을 익히니 익힐 습

정자 習

+ 새는 종류에 관계없이 어릴 때는 모두 깃이 흰색이고, 새도 처음부터 나는
것이 아니라 나는 법을 익혀서 낢을 생각하고 만든 글자

훈독 **ならう**　음독 **しゅう**

훈독 習う 배우다, 익히다　見習う ① 본받다 ② 보고 익히다

음독 習慣 습관　習字 습자　講習 강습　旧習 구습　実習 실습
予習 예습　練習 연습

N2 小6
11획 / 부수 羽

닭이 **깃(羽)**을 **세워(立)** 치면서 울 때 밝아오는 다음날이니
다음날 익

정자 翌

+ 立(설 립), 이른 새벽에 닭이 울 때쯤부터 날이 새지요.

음독 **よく**

음독 翌朝 다음 날 아침, 이튿날 아침　翌月 익월, 다음 달
翌日 익일, 다음날, 이튿날　翌週 다음 주　翌年 다음해

+ '翌朝'는 'よくちょう'로도 읽을 수 있습니다.

N3 小2
18획 / 부수 日

해(日) 뜨면 **날개(ㅋㅋ)** 치며 나는 **새(隹)**들처럼 활동하는
요일이니 요일 요

+ 요일(曜日) – 1주일의 각 날을 이르는 말

음독 **よう**

음독 火曜日 화요일　水曜日 수요일　金曜日 금요일　土曜日 토요일

+ 요일을 말할 때 '月, 火, 水, 木, 金, 土, 日' 뒤에 '曜日'을 붙여서 말하기도
하지만, '日'을 빼고 '月曜' 이런 식으로 말하기도 합니다.

N3 **小2**
11획 / 제부수

새(🕊→🐦)의 옆모습을 본떠서 새 조

+ 한자는 무엇을 본떠서 만든 글자라도 앞에서 본 모습, 옆에서 본 모습, 위에서 본 모습 등 어떤 모습이 가장 잘 그 대상을 나타낼까를 고려하여 만들었습니다.

훈독 **とり**　음독 **ちょう**

훈독 鳥 새　鳥居 도리이(신사 입구에 있는 '井'자 모양의 나무 기둥)
鳥目 야맹증　小鳥 작은 새　千鳥足 술 취해서 비틀거림, 갈지자 걸음

음독 鳥類 조류　一石二鳥 일석이조　花鳥 ① 꽃과 새 ② 풍류
白鳥 백조

N2 **小2**
14획 / 부수 鳥

입(口)으로 새(鳥)처럼 우니 울 명

훈독 **なく, なる, ならす**　음독 **めい**

훈독 鳴く (동물이) 울다　鳴き声 (동물의) 울음소리　鳴る 울리다
鳴り物 악기　高鳴る 크게 울리다　耳鳴り 이명
鳴らす 소리를 내다, 울리다

음독 共鳴 공명　悲鳴 비명

N2 **小3**
10획 / 부수 山

바다에 새(鳥)들이 사는 산(山)처럼 솟은 섬이니
섬 도 (= 嶋)

+ 鳥[새 조(鳥)의 획 줄임]
+ 嶋 – (바다에서) 산(山)처럼 높아 새(鳥)들이 사는 섬이니 '섬 도'

훈독 **しま**　음독 **とう**

훈독 島 섬　島国 섬나라　小島 소도, 작은 섬

음독 半島 반도　列島 열도　無人島 무인도

참고자

12획 / 부수 隹

바위(厂) 틈에 살며 **사람(亻)**처럼 예의 바른 **새(隹)**는 기러기니 **기러기 안**

+ 厂(굴 바위 엄, 언덕 엄), 雁은 작은 기러기, 鴻(기러기 홍)은 큰 기러기로 구분하세요.

훈독 **かり**　음독 **がん**

훈독 雁 ^{かり} 기러기

음독 雁 ^{がん} 기러기　雁首 ^{がんくび} ① 담뱃대의 대통, 담배통 ② (사람의) 목, 머리
雁行 ^{がんこう} ① 기러기 떼의 행렬 ② 비스듬히 줄을 지어감　雁書 ^{がんしょ} 편지

N1 小5

7획 / 부수 心

집(广)에 있는 **마음(心)**처럼 편안하게 응하니 **응할 응**

정자 應 – 집(广)에서 사람(亻)이 키운 새(隹)는 주인의 마음(心)에 응하니 '응할 응'

+ 广(집 엄), 心(마음 심, 중심 심)
+ 응(応)하다 – 물음이나 요구, 필요에 맞추어 대답하거나 행동하다.

훈독 **こたえる**　음독 **おう**

훈독 応える ^{こた} ① 자극을 세게 받다 ② 응하다, 반응하다 ③ (기대 등에) 부응하다, 보답하다

음독 応ずる ^{おう} 응하다, 답하다, 승낙하다　応答 ^{おうとう} 응답　応用 ^{おうよう} 응용
相応 ^{そうおう} 상응　適応 ^{てきおう} 적응

예외 相応しい ^{ふさわ} 어울리다　順応 ^{じゅんのう} 순응

N1 **小6**
16획 / 부수 大

큰(大) 새(隹)가 밭(田)에서 먹이를 찾으려고 다른 일은 떨치고 힘쓰니 떨칠 분, 힘쓸 분

+ 大(큰 대), 田(밭 전, 논 전)
+ 떨치다 – ① 위세나 명성 같은 것이 널리 알려지다.
② 세게 떨어지게 하다.
여기서는 ②의 뜻.

훈독 **ふるう** 음독 **ふん**

훈독 奮う ① 떨치다, 용기를 내다 ② 성해지다

음독 奮起 분기 奮発 분발 奮戦 분전 興奮 흥분 発奮 분발

N2 **小5**
15획 / 부수 石

돌(石)로 덮으면(冖) 새(隹)도 날지 못하는 것처럼 확실하니 확실할 확

+ 石(돌 석), 冖(덮을 멱)

훈독 **たしかめる** 음독 **かく**

훈독 確か 분명함, 명확함 確かめる 확인하다

음독 確固 확고 確実 확실 確定 확정 確答 확답 確保 확보
確率 확률 確立 확립 明確 명확 適確 틀림이 없음, 확실함

N1 **小5**
20획 / 부수 言

말(言) 못하는 풀(艹) 속의 새(隹)들도 또(又)한 보호하니 보호할 호

+ 言(말씀 언) – 제목번호 212 참고, 又(오른손 우, 또 우) – 제목번호 179 참고

훈독 **まもる** 음독 **ご**

훈독 護る ① 지키다 ② 소중히 하다, 어기지 않다 ③ 수호하다, 보호하다

음독 護衛 호위 過保護 과보호 防護 방호(어떤 공격이나 해로부터
막아 지켜서 보호함) 弁護 변호 養護 양호

참고자

11획 / 부수 隹

(키가 크고 흰색이라) **사람(亻)**마다 **한(一)** 번쯤 보았을
새(隹)는 황새니 황새 관

[정자] 雚 – 풀(艹) 속에 입(口)과 입(口)을 넣어 먹이를 찾는 새(隹)는 황새니
'황새 관'

+ 亻[사람 인(人)의 변형]

N2 **小4**

18획 / 부수 見

황새(雈)처럼 목을 늘이고 **보니(見)** 볼 관

[정자] 觀

+ 見(볼 견, 뵐 현) – 제목번호 265 참고

[훈독] **みる**　[음독] **かん**

[훈독] 観る　① 보다 ② 눈으로 파악 · 확인하다 ③ 조사하다

[음독]
観客_{かんきゃく} 관객　観光_{かんこう} 관광　観戦_{かんせん} 관전　観測_{かんそく} 관측　観念_{かんねん} 각오, 단념, 체념
外観_{がいかん} 외관　景観_{けいかん} 경관　先入観_{せんにゅうかん} 고정 관념

N2 **小6**

15획 / 부수 木

나무(木)에 앉은 **황새(隹)**처럼 의젓해 보이는 권세니
권세 권

[정자] 權

+ 木(나무 목)

[음독] **けん, ごん**

[음독]
権利_{けんり} 권리　権力_{けんりょく} 권력　実権_{じっけん} 실권　人権_{じんけん} 인권　政権_{せいけん} 정권
主権_{しゅけん} 주권　特権_{とっけん} 특권　権化_{ごんげ} 권화(부처가 중생을 구하기 위하여 임
시로 인간이 되어 나타나는 일), 화신

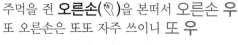

N1 中学
2획 / 제부수

주먹을 쥔 **오른손(🖐)**을 본떠서 오른손 우
또 오른손은 또또 자주 쓰이니 **또 우**

+ 자주 쓰는 오른손을 뜻하는 글자 又에 '또 우'라는 뜻이 붙었네요.

훈독 **また**　　음독 **ゆう**

N4 小2
4획 / 부수 又

자주(ナ) 손(又) 잡으며 사귀는 벗이니 **벗 우**

+ ナ[열 십, 많을 십(十)의 변형]

훈독 **とも**　　음독 **ゆう**

훈독 友 친구 (とも)

음독 友愛 우애 (ゆう あい)　友人 친구 (ゆうじん)　友情 우정 (ゆうじょう)　校友 교우 (こう ゆう)　良友 좋은 친구 (りょうゆう)

N2 小3
4획 / 부수 又

가린(厂) 것을 손(又)으로 거꾸로 뒤집으니
거꾸로 반, 뒤집을 반

+ 厂('굴 바위 엄, 언덕 엄'이지만 여기서는 가린 모습)

훈독 **そる, そらす**　　음독 **はん, たん, ほん**

훈독 反る ① 휘다, 젖혀지다 ② 몸 등이 뒤로 젖혀지다 (そ)

　　反り ① 휨 ② 성질, 성격, 기풍 (そ)

　　反らす ① (반대 방향으로) 휘게 하다 ② 뒤로 젖히다 (そ)

음독 反感 반감 (はんかん)　反応 반응 (はん のう)　反面 반면 (はんめん)　反乱 반란 (はんらん)　反論 반론 (はん ろん)

　　反発 반발 (はんぱつ)　反物 옷감 (たんもの)　謀反 모반 (む ほん)

N1 小4
7획 / 부수 阜(阝)

언덕(阝)이 **뒤집어질듯(反)** 경사진 비탈이니 **비탈 판 (= 坂)**

+阝(언덕 부 변), 坂 − 흙(土)이 거꾸로(反) 선 듯한 비탈이니 '비탈 판'

훈독 **さか**　　음독 **はん**

훈독 大阪 오사카(일본의 도시) (おお さか)

음독 阪神 오사카와 고베 (はん しん)

N2 小3
8획 / 부수 木

나무(木)를 톱으로 켜면 **반대(反)**쪽으로 벌어지면서 생기는 널조각이니 널조각 판

+ 널조각 – 널빤지의 조각

훈독 **いた**　　음독 **はん, ばん**

훈독 板 판자, 널빤지　板切れ 널조각　板前 ① 요리사 ② 주방

음독 鉄板 철판　平板 평평한 판자　板書 판서　黒板 칠판

N2 小5
8획 / 부수 片

나무 조각(片)에 글자를 새겨 **뒤집어(反)** 인쇄하니 인쇄할 판

+ 片(조각 편) – 제목번호 387 참고

음독 **はん**

음독 版画 판화　再版 재판(= 重版)　新版 신판　絶版 절판
出版 출판　初版 초판

N2 小3
7획 / 부수 土

흙(土)이 **거꾸로(反)** 선 듯한 비탈이니 비탈 판

+ 土(흙 토)

훈독 **さか**　음독 **はん**

훈독 坂 언덕　坂道 비탈길, 언덕길
下り坂 ① 내리막(흥성 끝에 쇠퇴함) ② 날씨가 나빠짐　山坂 산 고개

음독 坂路 언덕길　急坂 가파른 언덕

N2 小3
7획 / 부수 辵(辶)

거꾸로(反) 가게(辶) 돌이키니 돌이킬 반

훈독 **かえす, かえる**　음독 **へん**

훈독 返す 돌려주다, 갚다　引き返す 되돌아가다, 되돌리다
返り忠 배반　宙返り 공중제비, 재주넘기　若返り 회춘

음독 返済 변제　返事 답변, 답장　返送 반송　返品 반품

N1 中学
10획 / 부수 木

여러 손(𠭳)들이 잎을 따 누에를 먹이는 뽕**나무(木)**니
뽕나무 상

+ 又(오른손 우, 또 우), 뽕나무 잎을 여러 사람의 손으로 따서 누에를 길렀
지요.

훈독 **くわ**　　음독 **そう**

훈독 桑[くわ] 뽕나무

음독 桑園[そうえん] 뽕나무 밭　桑門[そうもん] 상문, 승려

N1 小6
9획 / 부수 木

물(氵)에 넣고 **많이(九) 나무(木)**로 휘저으며 물들이니
물들일 염

+ 九(아홉 구, 클 구, 많을 구), 木(나무 목)

훈독 **そめる, そまる, しみる**　　음독 **せん**

훈독 染[そ]める ① 물들이다 ② (그림물감 등을) 칠하다　染[そ]め物[もの] 염색, 염색물

　　染[そ]まる 물들다　染[し]みる ① 스며들다 ② 물들다

　　染[し]み ① 얼룩 ② 기미, 검버섯

음독 染色[せんしょく] 염색　染料[せんりょう] 염료　感染[かんせん] 감염　伝染[でんせん] 전염

179

N2 小3
5획 / 제부수

가죽(厂)을 칼(丨) 들고 손(又)으로 벗기는 모습에서
가죽 피

+ 厂[굴 바위 엄, 언덕 엄(厂)의 변형이지만 여기서는 가죽으로 봄], 丨('뚫을
곤'이지만 여기서는 칼로 봄)

훈독 **かわ**   음독 **ひ**

훈독 皮 가죽, 껍질 皮切り 최초, 개시

음독 皮革 피혁, 가죽 皮相 ① 피상 ② (사물의) 겉, 표면
鉄面皮 철면피

N2 小3
8획 / 부수 水(氵)

물(氵)의 가죽(皮)에서 치는 물결이니 물결 파

+ 물의 표면이 물의 가죽인 셈이지요.

훈독 **なみ**   음독 **は**

훈독 波 파도 波打ち際 파도가 밀어닥치는 곳, 물가 波打つ 물결치다
波風 ① 풍파 ② 분쟁, 불화 波立つ 파도가 일다 大波 큰 파도
高波 높은 파도 人波 인파

음독 波止場 선창, 부두 音波 음파 短波 단파 電波 전파

참고자
5획 / 부수 土

또(又) 흙(土) 위에 생긴 물줄기니 물줄기 경

[정자] 坙 – 하나(一)의 냇물(巜)이 흐르면서 만들어지는(工) 물줄기니 '물줄기 경'

+ 又(오른손 우, 또 우), 土(흙 토), 工(장인 공, 만들 공, 연장 공)
+ 巜[내 천(川)이 부수로 쓰일 때의 모습으로 개미허리 같다하여 '개미허리 천']

N3　小3
12획 / 부수 車

수레(車)가 물줄기(圣)처럼 저절로 달리도록 가벼우니 가벼울 경

+ 車(수레 거, 차 차)

[훈독] **かるい, かろやか**　[음독] **けい**

[훈독] 軽い 가볍다　軽口 ① 우습고 재미있는 이야기 ② 입이 가벼움
③ 재치 있는 말　軽業 ① 몸을 가볍게 날려 하는 곡예 ② 위험이
많은 사업이나 계획　手軽に 손쉽게, 간편하게
軽やか 발랄하고 경쾌함

[음독] 軽易 경이, 손쉬움　軽快 경쾌　軽挙 경거, 경솔
軽視 경시　軽重 경중

N2　小5
11획 / 부수 糸

실(糸)이 물줄기(圣)처럼 길게 지나는 날실이니 지날 경, 날실 경
또 베를 짤 때 날실이 기본이듯이 사람 사는 기본을 적어놓은 경서니 경서 경

[정자] 經

+ 베를 짤 때 길게 늘어뜨린 쪽의 실을 날실 경(経), 좁은 쪽의 실을 씨실 위(緯)라 합니다.

[훈독] **へる**　[음독] **けい, きょう**

[훈독] 経る ① 지나가다, 거치다 ② (시간, 장소를) 지나다
[음독] 経過 경과　経度 경도　経歴 경력　経路 경로　経典 경전

181

걸을(彳) 때 **물줄기(圣)**처럼 빨리 가는 지름길이니
지름길 경, 길 경

[정자] 徑

+ 彳(조금 걸을 척), 물줄기는 항상 낮은 곳으로 흐르지요.

[음독] **けい**

[음독] 径路 작은 길(= 小径) 直径 직경, 지름 山径 산길
半径 반경, 반지름

N1 **小4**
8획 / 부수 彳

---

184 石 研 破
     석 연 파

언덕(厂) 밑에 있는 **돌(口)**을 본떠서 돌 석

+ 厂[굴 바위 엄, 언덕 엄(厂)의 변형], 口('입 구, 말할 구, 구멍 구'지만 여기
서는 돌로 봄)

[훈독] **いし** [음독] **こく, せき, しゃく**

[훈독] 石 돌 石山 돌산 黒石 검은 (바둑) 돌

[음독] 石 체적의 단위. 석, 섬 石炭 석탄 石油 석유 化石 화석
歯石 치석 磁石 자석

N2 **小1**
5획 / 제부수

돌(石)을 하나(一)같이 **받쳐 들고(廾)** 가니 갈 연
또 갈고 닦듯이 연구하니 **연구할 연**

[정자] 研 – 돌(石)을 방패(干)와 방패(干)를 이은 것처럼 평평하게 가니 '갈 연'
또 갈고 닦듯이 연구하니 '연구할 연'

+ 廾(받쳐 들 공), 干(방패 간, 범할 간, 얼마 간, 마를 간)

[훈독] **とぐ** [음독] **けん**

[훈독] 研ぐ ① (칼 등을) 갈다 ② 닦아서 윤을 내다

[음독] 研究 연구 研修 연수

N3 **小3**
9획 / 부수 石

돌(石) 가죽(皮)처럼 단단하면 잘 깨지니 깨질 파
또 깨져서 생명이 다하니 다할 파

[훈독] **やぶる, やぶれる** [음독] **は**

[훈독] 破る 깨다, 찢다 型破り 관행을 깸. 색다름, 파격적임
破れる 깨지다, 찢어지다

[음독] 破格 파격 破産 파산 破片 파편 大破 대파 打破 타파
難破 난파

N2 **小5**
10획 / 부수 石

N3 **小3**
6획 / 부수 月

많이(ナ) 고기(月)를 가지고 있으니 가질 유, 있을 유

+ ナ[열 십, 많을 십(十)의 변형], 月(달 월, 육 달 월)

훈독 **ある**　　음독 **ゆう, う**

훈독 有る ① 있다(존재) ② 가지고 있다(소유)

음독 有効 유효　有利 유리　有料 유료　有力 유력　特有 특유
有無 유무

N4 **小1**
5획 / 부수 口

자주(ナ) 써서 말(口)에 잘 움직이는 오른쪽이니 오른쪽 우

+ 요즘은 어느 손이나 잘 써야 하지만 옛날에는 오른손만을 썼고, 늘 써서 습관이 되어서 오른손이 편하니 대부분의 일을 오른손으로 했지요.

훈독 **みぎ**　　음독 **う, ゆう**

훈독 右 오른쪽　右側 오른쪽　右手 오른손

음독 右折 우회전　右方 오른쪽, 우측　座右 신변, 곁

N4 **小1**
5획 / 부수 工

(목수는 왼손에 자를 들고 오른손에 연필이나 연장을 듦을 생각하여)

많이(ナ) 자(工)를 쥐는 왼쪽이니 왼쪽 좌

또 왼쪽은 낮은 자리도 뜻하여 낮은 자리 좌

+ 工(자를 본떠서 만든 글자로 '장인 공, 만들 공, 연장 공'이지만 여기서는 본떠 만든 '자'로 봄)

훈독 **ひだり**　　음독 **さ**

훈독 左 왼쪽　左利き 왼손잡이　左側 왼쪽　左手 왼손

음독 左折 좌회전　左方 왼쪽, 좌측　左程 그다지, 별로　左右 좌우
左遷 좌천 (↔ 栄転 영전)

N1 **小4**
7획 / 부수 人(イ)

사람(イ)이 왼쪽(左)에서 도우니 도울 좌

음독 **さ**

음독 補佐 보좌

N2 小5
5획 / 부수 巾

많이(ナ) 수건(巾)처럼 넓게 베를 펴니 베 포, 펼 포
또 불교에서 펴 베푸는 보시니 보시 보

+ 보시(布施) – 자비심으로 남에게 재물이나 불법을 베풂
+ 施(행할 시, 베풀 시)

훈독 **ぬの**　　음독 **ふ**

훈독 布 ① 직물 ② 삼베와 무명 布地 천

음독 布団 이불 財布 지갑 公布 공포(= 発布 발포) 流布 유포

예외 分布 분포

N2 小4
7획 / 부수 巾

찢어진(乂) 베(布)옷이면 새 옷을 바라니 바랄 희
또 아무리 바라도 이루어지는 것은 드무니 드물 희

정자 希, 稀 – 벼(禾)는 바라는(希) 만큼 수확하기가 드무니 '드물 희'
+ 정자는 바랄 희(希), 드물 희(稀)로 나누어져 있는데 일본 한자에서는 두 글자를 希 하나로 쓰네요.
+ 乂(벨 예, 다스릴 예, 어질 예), 禾(벼 화)

훈독 **まれ**　　음독 **き**

훈독 希れ 드묾, 희소함, 좀처럼 없음 希に見る 매우 드물다, 드물게 보다

음독 希書 희귀한 서적 希少 희소 希望 희망
古希 고희(70세의 다른 명칭)

N1 **小6**
3획 / 제부수

사람이 엎드려 절(●※)하는 모양(己)에서
몸 기, 자기 기, 여섯째 천간 기

훈독 **おのれ**　음독 **こ, き**

훈독 　おのれ
　　　己 자기

음독 　いっこ　　　　じこ　　　　　　　　り こ
　　 一己 자기 혼자　自己 자기, 자기 자신　利己 이기
　　　ち き
　　 知己 지기, 지인

N2 **小2**
10획 / 부수 言

말(言) 중에 **자기(己)**에게 필요한 부분은 기록하거나 기억하니
기록할 기, 기억할 기

+ 言(말씀 언) – 제목번호 212 참고

훈독 **しるす**　음독 **き**

훈독 　しる
　　　記す 적다, 쓰다, 기록하다

음독 　き じ　　　き にゅう　　き めい　　　　　　　　き ろく
　　 記事 기사　記入 기입　記名 기명(이름을 적음)　記録 기록
　　　しょ き　　　ひょう き　　　にっ き
　　 書記 서기　表記 표기　日記 일기

N1 **小5**
9획 / 부수 糸

실(糸)에서 **몸(己)**처럼 중요한 벼리니 **벼리 기**

또 벼리처럼 중요한 질서나 해는 기록하니
질서 기, 해 기, 기록할 기

+ 糸(실 사 변)
+ 벼리란 그물의 위쪽 코를 오므렸다 폈다 하는 줄로 그물에서 제일 중요한
　줄이니, 일이나 글의 뼈대가 되는 줄거리를 비유하기도 합니다.

음독 **き**

음독 　き こう　　　せい き　　　ふう き
　　 紀行 기행　世紀 세기　風紀 풍기

N2 **小4**
7획 / 부수 攴(攵)

자기(己)를 **치며(攵)** 허물을 고치니 **고칠 개**

+ 攵(칠 복, = 攴)

훈독 **あらためる, あらたまる**　음독 **かい**

훈독 　あらた　　　　　　　　　　　　あらた
　　 改める 고치다, 개선하다　改まる 고쳐지다, 바뀌다

음독 　かいえき　　　かい かく　　　かいてい　　　かいせん　　　　　　　　かいりょう
　　 改易 개역　改革 개혁　改定 개정　改選 개선(다시 뽑음)　改良 개량

N3 **小2**
7획 / 제부수

땅(土)을 점(卜)치듯 사람(人)이 가려 디디며 달리고 도망가니
달릴 주, 도망갈 주

+ 土(흙 토), 卜(점 복)

[훈독] **はしる** [음독] **そう**

[훈독] 走る 달리다, 뛰다

[음독] 走行 주행 走破 주파 完走 완주 競走 경주 暴走 폭주

N2 **小4**
10획 / 부수 彳

한갓 걷거나(彳) 달리는(走) 무리니
한갓 도, 걸을 도, 무리 도

+ 彳(조금 걸을 척)

[음독] **と**

[음독] 徒手 맨손 徒歩 도보 徒労 헛수고 生徒 학생

N3 **小3**
10획 / 부수 走

달리려고(走) 몸(己)이 일어나니 **일어날 기**

또 일어나 시작하니 **시작할 기**

[훈독] **おきる, おこる, おこす** [음독] **き**

[훈독] 起きる 일어나다, 기상하다 早起き 일찍 일어남

起こる 일어나다, 발생하다 起こす 깨우다, 일으키다

[음독] 起源 기원 起立 기립 起用 기용(① 인재를 높은 자리에 올려 씀
② 면직되거나 휴직한 사람을 다시 관직에 불러 씀)

提起 제기 再起 재기

2획 / 부수자

사람이 무릎 꿇고 앉아 있는 모양을 본떠서 **무릎 꿇을 절**
또 부절이나 병부의 반쪽을 본떠서 **병부 절 (= 卩)**

+ 부절(符節)은 인쇄술이 발달하기 전에 대(竹)나 옥(玉)으로 만든 일종의
  신분증이고, 병부(兵符)는 병사를 동원하는 문서로 똑같이 만들거나 하나
  를 둘로 나누어 맞춰 보았답니다.
+ 符(부절 부, 부호 부), 節(節: 마디 절, 절개 절, 계절 절), 兵(군사 병)

N2 小5
5획 / 부수 犬(犭)

개(犭)가 **무릎(巳)**을 물듯이 죄를 범하니 **범할 범**

+ 犭(큰 개 견, 개 사슴 록 변)

훈독	**おかす**	음독	**はん**

훈독 犯す 범하다, 어기다
음독 犯人 범인 犯行 범행 再犯 재범 重犯 중범
防犯 방범(범죄가 생기지 않도록 미리 막음)

N1 中学
4획 / 부수 厂

굴 바위(厂) 밑에 **무릎 꿇어야(巳)** 할 정도의 재앙이니
재앙 액

+ 재앙(災殃) - 뜻하지 아니하게 생긴 불행한 변고. 또는 천재지변으로 인한
  불행한 사고
+ 厂(굴 바위 엄, 언덕 엄), 災(재앙 재), 殃(재앙 앙)

음독 **やく**

음독 厄介 ① 귀찮음, 성가심 ② 폐, 신세
厄年 운수가 사나운 나이(남자 - 25, 42, 60세 / 여자 - 19, 33세)
厄払い 푸닥거리 厄日 ① 손 있는 날 ② 운수가 사나운 날

小6
6획 / 부수 卩(巳)

사람(ク)에게 **재앙(厄)**이 닥치면 위험하니 **위험할 위**

+ ク[사람 인(人)의 변형]

훈독	**あぶない, あやうい, あやぶむ**	음독	**き**

훈독 危ない 위험하다 危うい 위태롭다, 위험하다
危ぶむ 위태로워하다, 걱정하다, 불안해하다
음독 危害 위해 危機 위기 危急 위급 危地 위험한 장소, 처지, 입장
危難 재난 安危 안위

N2 小4
5획 / 부수 人

사람(人)으로 하여금 **하나**(一)같이 **무릎 꿇게**(卩) 명령하니
하여금 령, 명령할 령

+ 卩[무릎 꿇을 절, 병부 절(卩, = 㔾)의 변형]

음독 **れい, りょう**

음독 令夫人 영부인　号令 호령　指令 지령　法令 법령　命令 명령
律令制 율령제

N2 小4
7획 / 부수 氷(冫)

얼음(冫)처럼 상관의 **명령**(令)은 차니 찰 랭

훈독 **つめたい, ひえる, ひやす, ひやかす, さめる**

음독 **れい**

훈독 冷たい 차갑다　冷える 식다, 차가워지다　花冷え 꽃샘추위
冷や酒 찬술　冷や水 냉수(= 冷水)　冷やかす 식히다, 차게 하다
冷める 식다

음독 冷戦 냉전　冷笑 냉소　冷評 냉정한 평가

N2 小5
14획 / 부수 頁

명령하며(令) 거느리는 **우두머리**(頁)니
거느릴 령, 우두머리 령

+ 頁(머리 혈) – 제목번호 338 참고

음독 **りょう**

음독 領海 영해　領事 영사　領地 영지　領土 영토　横領 횡령
受領書 수령서　要領 요령

N2 小3
8획 / 부수 口

입(口)으로 **명령하니**(令) 명령할 명
또 명령으로 좌우되는 목숨이나 운명이니 목숨 명, 운명 명

+ 令[하여금 령, 명령할 령(令)의 변형]
+ 令은 문서로 내리는 명령, 命은 입으로 내리는 명령이지만 같이 씁니다.

훈독 **いのち**　음독 **めい, みょう**

훈독 命 목숨, 생명, 수명

음독 命ずる 명하다, 명령하다　命中 명중　使命 사명
人命 인명　天命 천명　寿命 수명

N1 中学
7획 / 부수 卩(㔾)

하던 행동을 **그치고(皀)** 곧바로 **무릎 꿇으니(卩)** 곧 즉

[정자] 卽 – 날이 하얀(白) 비수(匕) 앞에 곧 무릎 꿇으니(卩) '곧 즉'

+皀[멈출 간, 어긋날 간(艮)의 변형], 白(흰 백, 밝을 백, 깨끗할 백, 아뢸 백), 匕(비수 비, 숟가락 비)

[훈독] **すなわち**　[음독] **そく**

[훈독] 即ち 즉, 곧, 단적으로
　　すなわ

[음독] 即位 즉위　即決 즉결　即座 그 자리, 즉석, 당장
　　そく い　　そっけつ　　そく ざ
　　即答 즉답　即売 즉매, 직매
　　そく とう　　そく ばい
　　不即不離 부즉불리(찬성도 아니하고 반대도 아니 함)
　　ふ そく ふ り

N1 小4
13획 / 부수 竹(⺮)

대(⺮)가 자라면서 **곧(即)** 생기는 마디니 마디 **절**
또 마디마디 곧은 절개니 절개 **절**
또 마디마디 나눠지는 계절이니 계절 **절**

[정자] 節

+ 절개(節槪) – ① 신념, 신의 등을 굽히지 아니하고 굳게 지키는 꿋꿋한 태도
　　② 지조와 정조를 깨끗하게 지키는 여자의 품성
+ 槪(槪: 대개 개, 대강 개, 절개 개)

[훈독] **ふし**　[음독] **せつ, せち**

[훈독] 節 ① (대나무, 갈대 등의) 마디 ② 사람이나 동물의 관절
　　ふし
　　節目 ① 마디 ② 단락, 고비
　　ふし め

[음독] 節制 절제　節約 절약　一節 일절　関節 관절　使節 사절
　　せっせい　　せつ やく　　いっせつ　　かんせつ　　し せつ
　　時節 시절　忠節 충절　調節 조절　礼節 예절　お節介 쓸데없는 참견
　　じ せつ　　ちゅうせつ　　ちょうせつ　　れいせつ　　せっかい
　　お節料理 오세치 요리(일본의 설날 음식 중 하나)
　　せちりょう り

N1 참고자
4획 / 부수 己

뱀(巴)에 먹이가 내려가는 **볼록한 모양(|)**을 본떠서 뱀 **파**
또 뱀 꼬리처럼 생긴 땅 이름이니 꼬리 **파**, 땅 이름 **파**

+ 巳(몸을 사리고 꼬리를 든 뱀 모양에서 '뱀 사, 여섯째 지지 사'), | ('뚫을
곤'이지만 여기서는 볼록한 모양), 뱀은 먹이를 통째로 삼켜 내려가는 부분
이 불룩하게 보이니 그런 모양을 본떠서 만든 글자입니다.

훈독 **ともえ**

N1 小5
8획 / 부수 肉(月)

몸(月)이 **뱀(巴)** 먹이 먹는 모양처럼 불룩하게 살쪄 기름지니
살찔 **비**, 기름질 **비**
또 식물을 살찌게 하는 거름이니 거름 **비**

훈독 **こえる, こやす**   음독 **ひ**

훈독 肥える ① 살찌다 ② (땅이) 비옥해지다 肥 ① 비료, 거름 ② 분뇨, 똥과 오줌
下肥 인분뇨의 거름 肥やす ① 살찌게 하다 ② 땅을 기름지게 하다

③ 감상력을 기르다 肥やし 거름, 비료

음독 肥大 비대 肥料 비료 肥満 비만 液肥 액체 비료

N3 小2
6획 / 제부수

사람(ク)이 **뱀(巴)**을 보고 놀라는 얼굴빛이니 빛 **색**

+ ク[사람 인(人)의 변형]
+ '뱀(巴)을 보고 놀라는 사람(ク)의 얼굴빛이니 빛 색'으로 하면 좋은데 필순
을 고려해서 어원을 풀다보니 어색한 어원이 되고 말았네요.

훈독 **いろ**   음독 **しょく, しき**

훈독 色 색 色々 여러 가지 色男 여자에게 인기가 있는 남자
色白 살갗이 흼 茶色 갈색 音色 음색

+ '音色'은 'おんしょく'로도 읽을 수 있습니다.

음독 異色 이색 三原色 삼원색 着色 착색 特色 특색 色相 색상
色調 색조

실(糸) 자르듯 **사람(ク)**이 **뱀(巴)**을 끊으면 죽으니

끊을 절, 죽을 절

또 잡념을 끊고 하나에만 열중하면 가장 뛰어나게 되니

가장 절

+ 糸(실 사 변)

N2 小5
12획 / 부수 糸

훈독 **たえる, たやす, たつ**　음독 **ぜつ**

훈독 絶^たえる 끊어지다, 중단되다　絶^たえず 늘, 끊임없이

絶^たやす 끊어지게 하다　絶^たつ 끊다

음독 絶遠^{ぜつえん} 아주 멀리 떨어짐　絶技^{ぜつぎ} 대단히 뛰어난 연기, 기술

絶賛^{ぜっさん} 절찬　絶食^{ぜっしょく} 절식　絶世^{ぜっせい} 절세(① 세상과 교제를 끊음 ② 세상에

비할 바 없을 만큼 뛰어나게 빼어남)　絶対^{ぜったい} 절대　絶望^{ぜつぼう} 절망

---

193 关 권 〉 巻 권 〉 券 권 〉 勝 승

이쪽저쪽(ソ)으로 **사내(夫)**가 구부리니 **구부릴 권**

[정자] 关 – 팔(八)자 걸음으로 사내(夫)가 걸으며 구부정하게 구부리니 '구부릴 권'

+ 八(여덟 팔, 나눌 팔), 夫(사내 부, 남편 부)
+ 어원 해설을 위해 가정해 본 글자로 실제 쓰이지는 않음

참고자
6획

허리 **구부리고(关) 자기(己)**를 위해 읽는 책이니 **책 권**

또 책을 둥글게 마니 **말 권**

[정자] 巻 – 허리 구부리고(关) 무릎 꿇고(已) 앉아 읽는 책이니 '책 권'
+ 己(몸 기, 자기 기), 已(무릎 꿇을 절, 병부 절, = 卩)

훈독 **まく**　음독 **かん**

훈독 巻^まく 감다, 말다　巻^まき ① 서적 ② 권　取^とり巻^まく ① 둘러싸다 ② 빌붙다

음독 巻頭^{かんとう} 권두　巻子本^{かんすぼん} 두루마리 책　巻末^{かんまつ} 권말　首巻^{しゅかん} 제 1권, 첫째 권

예외 席巻^{せっけん} 석권('돗자리를 만다'로, 빠른 기세로 영토를 휩쓸거나 세력 범위를
넓힘을 이르는 말)

N2 小6
9획 / 부수 己

구부리고(㒸) 앉아 칼(刀)로 새겨 만든 문서니 문서 권

[정자] 券

+ 刀(칼 도), 자기(己)를 위하여 읽는 책이면 책 권(巻), 칼로 새겨 만든 문서면 문서 권(券)

[음독] **けん**

[음독] 商品券 상품권　乗車券 승차권　定期券 정기권
　　　入場券 입장권　旅券 여권

N2　小6
8획 / 부수 刀

몸(月) 구부려(㒸) 힘(力)써서 이기니 이길 승
또 이기면 뭔가 나으니 나을 승

[정자] 勝

+ 力(힘 력)

[훈독] **かつ, まさる**　　[음독] **しょう**

[훈독] 勝つ 이기다　勝手 제멋대로임　勝ち目 승산　勝る 낫다, 우수하다
[음독] 勝者 승자　勝利 승리　圧勝 압승　完勝 완승　決勝 결승

N2　小3
12획 / 부수 力

194　丁 정　町 정　打 타　頂 정

고무래나 못(丁→丁)의 모양을 본떠서 고무래 정, 못 정
또 고무래처럼 튼튼한 장정도 가리켜서
장정 정, 넷째 천간 정

+ 고무래 – 곡식을 말릴 때 넓게 펴서 고르는 도구로, 단단한 나무로 튼튼하게 만들지요.

[음독] **ちょう, てい**

[음독] 一丁前 일 인분, 한 사람 몫　口八丁 말주변이 좋음
　　　包丁 식칼　園丁 정원사

N1　小3
2획 / 부수 一

밭(田)에서 **장정(丁)**들이 일하는 동네니 동네 **정**

또 **밭(田)**에 **고무래(丁)**처럼 두둑한 밭두둑이니 밭두둑 **정**

또 밭두둑처럼 일정하게 나눠 놓은 면적 단위니

면적 단위 **정**

+ 일본에서 한국의 읍에 해당하는 행정 구역으로 쓰입니다.
+ 1정보(町步) – 3,000평(坪), 99.17아르
+ 步(步: 걸음 보), 坪(坪: 평 평), 1평은 1.818×1.818 = 3.305124㎡

| 훈독 | **まち** | 음독 | **ちょう** |

훈독 町 마을 町筋 거리 下町 서민 동네

음독 町 ① 시가지 ② 일본 지방 자치 단체 중 하나
町内会 주민 자치 조직

손(扌)에 망치 들고 **못(丁)**을 치듯이 치니 칠 **타**

+ 扌(손 수 변)

| 훈독 | **うつ** | 음독 | **だ** |

훈독 打つ 치다, 때리다 打合せ 협의 打ち切る 중단하다 打ち身 타박상
打ち水 (먼지나 더위를 막기 위해서) 길이나 뜰에 뿌리는 물
打ち破る 깨버리다, 격파하다 値打ち 값, 가격

음독 打開 타개 打楽器 타악기 打者 타자 安打 안타

고무래(丁)처럼 굽은 **머리(頁)**의 정수리니 정수리 **정**

또 정수리가 있는 머리 꼭대기니 꼭대기 **정**

+ 頁(머리 혈) – 제목번호 338 참고

| 훈독 | **いただき, いただく** | 음독 | **ちょう** |

훈독 頂 꼭대기 頂く 받들다, ～해 주시다

음독 山頂 산 정상 登頂 등정

N2 **小5**
5획 / 부수 口

장정(丁)처럼 씩씩하게 **말할(口)** 수 있는 것은 옳으니
옳을 가
또 옳으면 가히 허락하니 가히 **가**, 허락할 **가**

음독 **か**

음독 可決 가결 可成 제법, 어지간히, 상당히
許可 허가(↔ 不可 불가) 生半可 어중간함, 어설픔
半可通 잘 알지도 못하면서 아는 체함

예외 可笑しい ① 어처구니 없음 ② (같잖아서) 우스움

N3 **小2**
14획 / 부수 欠

옳다(可) 옳다(可) 하며 **하품(欠)**하듯 입 벌리고 부르는
노래니 노래 **가**

+ 欠(하품 흠, 모자랄 결) – 제목번호 336 참고

훈독 **うた, うたう** 음독 **か**

훈독 歌 노래 歌う 노래 부르다 童歌 동요

음독 歌詞 가사 歌手 가수 歌舞伎 가부키(일본 전통 연극 중 하나)
校歌 교가

N2 **小5**
8획 / 부수 水(氵)

물(氵)이 **가히(可)** 틀을 잡고 흘러가며 이룬 내나 강이니
내 **하**, 강 **하**

훈독 **かわ** 음독 **か**

훈독 河 강, 하천

음독 河川 하천 運河 운하 大河ドラマ 대하 드라마

194

N4 小2
7획 / 부수 人(亻)

사람(亻)이 **옳은(可)** 일만 하는데 어찌 무엇을 나무라겠는가
에서 **어찌 하, 무엇 하**

훈독 **なに, なん**   **음독** **か**

훈독 何 무엇 何か 무언가 何とか 어떻게든, 그럭저럭, 간신히
何で 왜, 어째서 何でも 무엇이든지 何分 몇 분
何時 몇 시 何人 몇 명

+ 何를 'なに'로 읽을 때와 'なん'으로 읽을 때는 일정한 규칙이 있습니다.

① なに ⊙ '何' 뒤에 'に, も, か, が, を, から, まで, より' 등의 조사가
오는 경우
예 何が 무엇이
ⓒ '何' 뒤에 '내용이나 이름을 묻는 말'이 와서 여러 가지 중에서 어느
것에 해당하는가에 대해 묻는 경우
예 何色 무슨 색
② なん ⊙ '何' 뒤에 'の, で, と, だ, です' 등의 조사나 조동사가 이어지는 경우
예 何ですか 무엇입니까?
ⓒ 뒤에 수량을 나타내는 말이 와서 '몇'이라는 의미로 쓰이는 경우
예 何階 몇 층

음독 如何 어떻게 如何に ① 어떤 방법으로 ② 아무리
如何物 가짜, 위조품

N2 小3
10획 / 부수 草(艹)

풀(艹)을 묶듯 **사람(亻)**이 **옳게(可)** 잘 묶어 메는 짐이니
멜 하, 짐 하

+ 艹(초 두), 옛날에는 퇴비로 쓰거나 짐승의 먹이로 쓰기 위하여 산과 들에
나가 풀을 베었는데, 풀은 짧아서 잘 묶어지지 않으니 요령 있게 잘 묶어
짊어져야 했지요.

훈독 **に**   **음독** **か**

훈독 荷物 짐 荷造り 짐 꾸리기 重荷 ① 무거운 짐, 부담 ② 괴로운 일

음독 荷重 하중(어떤 물체 등의 무게) 荷担 가담함 出荷 출하

195

N1 **中学**
8획 / 부수 大

크게(大) 옳으면(可) 기이하니 기이할 기
또 기이함이 짝도 없는 홀수니 홀수 기

음독 き

음독 奇特 기특함 奇人 기인 奇数 기수, 홀수 奇想天外 기상천외
好奇心 호기심

小4
11획 / 부수 土

흙(土)이 기이하게(奇) 뻗어나간 갑이니
갑 기

+ 갑(岬) – 바다 쪽으로 뾰족하게 뻗은 육지
+ 岬(산허리 갑, 곶 갑)

훈독 さい

훈독 埼玉県 사이타마 현(일본 현의 하나)

N1 **小4**
11획 / 부수 山

산(山)이 기이하게(奇) 험하니 험할 기
또 험한 갑이나 곶이니 갑 기, 곶 기

+ 곶(串) – 바다로 내민 반도보다 작은 육지

훈독 さき

훈독 崎 갑, 곶 長崎県 나가사키 현(일본 현의 하나)

N2 **小5**
11획 / 부수 宀

집(宀)에 기이하게(奇) 붙어사니 붙어살 기
또 붙어살도록 부치니 부칠 기

+ 宀(집 면)

훈독 よる, よせる   **음독** き

훈독 寄る 들르다 年寄り 노인 立ち寄る 들르다
近寄る 접근하다, 가까이 가다 身寄り 친척
寄せる 다가오다, 보내다 寄席 라쿠고, 만담 공연장

음독 寄宿生 기숙생 寄贈 기증 数寄屋 다도를 위해 지은 건물

小4

5획 / 부수 口

허리 **구부리고**(🙇→コ) **한(一)** 사람의 **입(口)**에서 나온 명령을 맡으니 맡을 **사**

또 관청에서 일을 맡아 하는 벼슬이니 벼슬 **사**

+ 벼슬 – 나랏일을 맡아 다스리는 자리

훈독 **つかさどる**　음독 **し**

훈독 司る ① 맡다 ② 취급하다, 담당하다 ③ 관리하다, 지배하다

음독 司会 사회　司書 사서　司法 사법　上司 상사　行司 스모 심판

N2 **小6**

12획 / 부수 言

말(言)을 **맡아서(司)** 하는 말이나 쓰는 글이니

말 **사**, 글 **사**

+ 言(말씀 언) – 제목번호 212 참고

음독 **し**

음독 形容詞 형용사　作詞 작사　数詞 수사　接続詞 접속사

　　助詞 조사　動詞 동사　品詞 품사

N1 **小5**

13획 / 부수 食(飠)

밥(食)을 **맡아(司)** 먹이고 기르니

먹일 **사**, 기를 **사**

정자 飼

+ 飠[밥 식, 먹을 식(食)이 글자의 왼쪽에 붙는 부수인 변으로 쓰일 때의 모습으로 '밥 식, 먹을 식 변'], 정자에서 밥 식, 먹을 식(食)이 부수로 쓰일 때는 飠모습입니다.

훈독 **かう**　음독 **し**

훈독 飼う 기르다　飼い葉 꼴, 여물　放し飼い 방목(= 野飼い)

음독 飼育 사육　飼料 사료

中学

3획 / 제부수

성(冂)처럼 사람(丨)이 몸에 두르는 수건이니
수건 건

+ 수건(手巾) – 얼굴이나 몸을 닦기 위하여 만든 천 조각
+ 冂(멀 경, 성 경), 丨('뚫을 곤'이지만 여기서는 사람으로 봄), 手(손 수, 재주 수, 재주 있는 사람 수)

훈독 **はば**　음독 **きん**

훈독 巾 はば ① 폭 ② 위세 ③ 여유

음독 巾着 きんちゃく 염낭, 돈주머니　頭巾 ずきん 두건　雑巾 ぞうきん 걸레

N3 小2

5획 / 부수 巾

머리(亠)에 수건(巾) 두르고 가는 시장이나 시내니
시장 시, 시내 시

+ 亠(머리 부분 두), 모자 쓰듯이 옛날에는 수건 두르고 시장에 갔던가 봐요.

훈독 **いち**　음독 **し**

훈독 市場 いちば 시장　市子 いちこ 무당, 무녀　朝市 あさいち 아침 장

음독 市 し 시　市内 しない 시내(↔ 市外 시외)　市役所 しやくしょ 시청　海市 かいし 신기루
都市 とし 도시

N3 小2

8획 / 부수 女

여자(女)가 시장(市)에 갈 정도로 큰 윗누이니
윗누이 자

+ 女(여자 녀)

훈독 **あね**　음독 **し**

훈독 姉 あね (나의) 언니, 누나　姉貴 あねき 누님

음독 姉妹 しまい 자매

예외 お姉さん おねえさん (나 혹은 남의) 언니, 누나　従姉妹 いとこ 사촌 형제(= 従兄弟 いとこ)

N1 小6

9획 / 부수 肉(月)

몸(月)에서 시장(市)처럼 바쁜 허파니
허파 폐

+ 月(달 월, 육 달 월), 허파로 숨을 쉬니 허파는 바쁘지요. 허파는 몸에서 넓게 자리 잡고 있으니 '몸(月)에서 시장(市)처럼 넓게 자리 잡고 있는 허파니 허파 폐'라고도 합니다.

음독 **はい**

음독 肺 はい 폐　肺炎 はいえん 폐렴　肺活量 はいかつりょう 폐활량　片肺 かたはい 한쪽 폐

머리(亠)를 감추어야(乚) 할 정도로 망하여 달아나니
망할 **망**, 달아날 **망**
또 망하여 죽으니 죽을 망

+ 亠(머리 부분 두), 乚(감출 혜, 덮을 혜, = 匸)

훈독 **なくなる, なくす**　**음독** **ぼう, もう**

훈독 亡くなる 돌아가시다　亡くす 잃다, 여의다, 사별하다
亡き者 죽은 사람

음독 亡姉 죽은 누이　亡命 망명　興亡 흥망　死亡 사망
未亡人 미망인　亡者 망자

N2　小6
3획 / 부수 亠

망한(亡) 마음(心)처럼 잊으니
잊을 **망**

+ 心(마음 심, 중심 심) – 제목번호 253 참고

훈독 **わすれる**　**음독** **ぼう**

훈독 忘れる 잊다, 두고 내리다　忘れ形見 남겨진 또는 잊지 않기 위한
忘れ物 분실물
度忘れ 깜빡 잊어버림　物忘れ 건망증

음독 忘年会 송년회

N2　小6
7획 / 부수 心

망가진(亡), 즉 이지러진 달(月)을 보고 왕(王) 같은 보름달이
되는 보름을 바라니 바랄 **망**, 보름 **망**

+ 王(임금 왕, 으뜸 왕, 구슬 옥 변), 보름 – 음력의 매월 15일. 이때 둥근 보름달이 뜨지요.

훈독 **のぞむ, のぞましい**　**음독** **ぼう, もう**

훈독 望む 바라다, 소망하다　望み 소망　望ましい 바람직하다

음독 望遠鏡 망원경　失望 실망　待望 대망　有望 유망　要望 요망
欲望 욕망　本望 숙원

예외 望月 보름달

+ '望月'은 'ぼうげつ'로도 읽을 수 있습니다.

N2　小4
11획 / 부수 月

N1 참고자
6획 / 부수 ㅗ

돼지 **머리(ㅗ)**와 **뼈대(亥)** 모양을 본떠서
돼지 해, 열두째 지지 해

훈독 **い**　　음독 **がい**

N2 小6
8획 / 부수 刀(刂)

돼지(亥) 뼈에 **칼(刂)**로 새기니 새길 각
또 숫자를 새겨 나타내는 시각이니 시각 각

+ 종이가 없었던 옛날에는 나무나 바위나 뼈 같은 것에 글자를 새겼답니다.
+ 刂(칼 도 방)

훈독 **きざむ**　　음독 **こく**

훈독 刻む ① 잘게 썰다 ② 새기다
음독 一刻 ① 일각 ② 짧은 시간　時刻表 시각표　即刻 즉각　定刻 정각

참고자
4획 / 부수 ㅗ

머리(ㅗ) 아래 **안석(几)**처럼 이어진 목이니 목 항
또 목처럼 높으니 높을 항

+ 几(안석 궤) – 제목번호 232 참고

훈독 **たかぶる, たかい**　　음독 **こう**

N2 小5
10획 / 부수 舟

배(舟)에 **높은(亢)** 돛을 세우고 건너니 건널 항

+ 舟(배 주), 옛날에는 주로 돛단배로 물을 건넜지요.

음독 **こう**

음독 航空 항공　航海 항해　航路 항로　運航 운항　出航 출항
難航 난항

N3 小2
8획 / 부수 夕

**머리(亠) 두르고 사람(亻)이 자는 저녁(夕)부터
이어지는(乀) 밤이니 밤 야**

+ 亠(머리 부분 두), 亻(사람 인 변), 夕(저녁 석), 乀('파임 불'이지만 여기서
는 이어지는 모양)

훈독 **よ, よる**   음독 **や**

훈독 夜中 한밤중 夜回り 야간 순찰 夜毎 밤마다, 매일 밤
夜店 밤에 벌이는 노점 夜 밤
夜昼 ① 주야 ② 밤낮, 언제나

+ '夜中'을 'やちゅう'로 읽으면 '(전날의) 야밤중'이라는 뜻이 됩니다.

음독 夜勤 야근 夜具 침구 今夜 오늘밤 深夜 심야 十五夜 음력
보름날 밤 除夜 제야 日夜 ① 주야 ② 늘, 언제나

예외 昨夜 어젯밤

+ '昨夜'는 'さくや'로도 읽을 수 있습니다.

N2 小5
11획 / 부수 水(氵)

물(氵)이 밤(夜)처럼 어두운 진액이나 즙이니 진액 액, 즙 액

음독 **えき**

음독 液状 액상 液体 액체 胃液 위액 廃液 폐수

N2 中学
10획 / 부수 心

N2 小4
9획 / 부수 夊

또(亦) 자꾸 마음(心)에 생각하며 사모하니 사모할 련

[정자] 戀 – 실(絲)처럼 계속 말(言)과 마음(心)으로 생각하며 사모하니 '사모할 련'

+ 亦(또 역), 心(마음 심, 중심 심), 絲(실 사), 言(말씀 언)

[훈독] **こいしい**　[음독] **れん**

[훈독] 恋しい 그립다　恋 사랑　恋文 연애편지　恋人 연인

[음독] 恋愛 연애　恋歌 연가　恋情 연정　失恋 실연

또(亦) 자꾸 치면(夊) 변하니 변할 변

[정자] 變 – 실(絲)처럼 길게 말하고(言) 치면(夊) 변하니 '변할 변'

+ 夊(칠 복, = 攵)

[훈독] **かわる, かえる**　[음독] **へん**

[훈독] 変わる 변하다, 바뀌다　変わり目 ① 바뀔 때 ② 구별, 차이

相変わらず 변함없이　風変わり 색다른 모양

変える 변화시키다

[음독] 変 이상함　変質 변질　変節 변절　変色 변색

変動 변동　異変 이변　急変 급변

도움말

〈이 책의 내용은 계속 진화 발전하는 구조입니다.〉

이 책에 나온 어원은 책이 나올 때까지의 최선의 어원이지만, 아직 명쾌하게 풀어지지 않은 어원은 책이 나온 뒤에도 계속 연구하여, 더 좋은 어원이 생각날 때마다 모아서, 다시 찍을 때마다 수정 보완하고 있습니다.

그러니 이 책은 처음 나올 때의 내용 그대로 고정되지 않고, 판을 거듭할수록 계속 진화 발전하는 구조입니다.

N2 **小4**
6획 / 제부수

동정과 옷고름이 있는 저고리를 본떠서 **옷 의**

+ 글자의 왼쪽에 붙는 변으로 쓰일 때는 衤(옷 의 변)

| 훈독 | **ころも** | 음독 | **い** |

훈독　衣 옷, 의복(= 衣)

음독　衣装 의상　衣服 의복　衣類 의류　衣料 의료(의복의 재료)

N2 **小3**
8획 / 부수 衣

흙(土)이 **옷(衣)**에 묻은 겉이니 **겉 표**

| 훈독 | **おもて, あらわす, あらわれる** | 음독 | **ひょう** |

훈독　表 표면, 집 앞　表す 나타내다, 증명하다, 표현하다
　　　表れる 나타나다

음독　表現 표현　表紙 표지　公表 공표　図表 도표

N1 **小6**
10획 / 人(亻)

사람(亻)이 **겉(表)** 부분을 나누어 주니 **나누어 줄 표**
또 나누어 담는 가마니니 **가마니 표**

| 훈독 | **たわら** | 음독 | **ひょう** |

훈독　俵 가마니

음독　土俵 스모 경기장의 씨름판

참고자
10획 / 부수 衣

한(一) 벌씩 옷(衣)을 식구(口) 수대로 챙기니
옷 챙길 원

음독 えん, おん

N3 小2
13획 / 부수 辵(辶)

옷 챙겨(袁) 가야(辶) 할 만큼 머니 멀 원

+ 袁[옷 챙김 원(袁)의 변형]

훈독 とおい 음독 えん, おん

훈독 遠い 멀다 遠く 먼 곳 遠回り 멀리 돌아감, 우회함

음독 遠近 원근 遠足 소풍 遠方 먼 곳 久遠 구원, 영원

N2 小2
13획 / 부수 口

옷 챙겨(袁) 싸듯 울타리를 친(口) 동산이나 밭이니
동산 원, 밭 원

훈독 その 음독 えん

훈독 花園 꽃밭 学びの園 배움의 동산(학교)

음독 園児 원아 公園 공원 動物園 동물원 田園 전원

N2 **小5**
8획 / 부수 刀(刂)

N1 **小5**
14획 / 부수 衣

소(牛)고기나 천(巾)을 칼(刂)로 자르는 제도니 제도 제
또 제도에 맞게 억제하니 억제할 제

+ 牛(소 우), 巾('수건 건'이지만 여기서는 천으로 봄), 刂(칼 도 방)

음독 **せい**

음독 制作 (예술 작품 등을) 제작 制定 제정 制度 제도 体制 체제

제도(制)에 따라 옷(衣)을 지어 만드니 지을 제, 만들 제

음독 **せい**

음독 製作 (도구 등을) 제작 製造 제조 製品 제품 製本 제본

N1 中学
4획 / 부수 屮

땅(一)에서 **싹 날(屯)** 때 싹이 묻혀있는 모습에서 **묻힐 둔**
또 묻히듯이 병사들이 숨어 진 치니 **진 칠 둔**

+屯[싹 날 철, 풀 초(屮)의 변형]

훈독 **たむろ**　　음독 **とん**

훈독 屯 사람이 모인 곳, 진영

음독 屯営 둔영　屯所 병사들이 주둔하는 곳

N2 小6
10획 / 부수 糸

아직 베로 짜지 않은 **실(糸)**과 땅에 **묻혀(屯)** 올라오는
새싹처럼 순수하니 **순수할 순**

+ 糸(실 사 변)

음독 **じゅん**

음독 純情 순정　純白 순백　清純 청순　単純 단순

N2 小5
9획 / 부수 辵(辶)

거슬러(屰) 가며(辶) 배반하니
거스를 역, 배반할 역

+ 屰 – 사람이 거꾸로 선 모습에서 '거꾸로 설 역, 거스를 역'

훈독 **さか, さからう**　　음독 **ぎゃく**

훈독 逆 거꾸로 된 모양　逆立ち 물구나무

逆らう 거스르다, 거역하다

음독 逆 반대임　逆行 역행　逆効果 역효과　逆境 역경　反逆 반역

N3 **小2**
4획 / 제부수

(쟁기로 갈아지는 흙이 모나고 일정한 방향으로 넘어가니)

쟁기로 밭가는 모양을 본떠서 **모 방**, 방향 **방**

또 쟁기는 밭을 가는 중요한 방법이니 방법 **방**

훈독 **かた**　　음독 **ほう**

훈독 方 분(사람을 가리키는 말)　大方 대개, 거의, 대체로
書き方 쓰는 방법　目方 무게, 중량

음독 方位 방위　方法 방법　方面 방면　片方 한 방향

N2 **小6**
11획 / 부수 言

좋은 **말씀(言)**을 듣기 위해 어느 **방향(方)**으로 찾아 방문하니

찾을 **방**, 방문할 **방**

훈독 **たずねる, おとずれる**　　음독 **ほう**

훈독 訪ねる 방문하다　訪れる 방문하다, 내방하다

음독 訪問 방문　来訪者 내방자, 방문자

N2 **小5**
7획 / 부수 阜(阝)

언덕(阝)처럼 **사방(方)**에 둑을 쌓아 막으니

둑 **방**, 막을 **방**

+阝(언덕 부 변)

훈독 **ふせぐ**　　음독 **ぼう**

훈독 防ぐ 막다, 방어하다, 방지하다

음독 防火 방화　防止 방지　防水 방수　国防 국방　予防 예방

N2 小3
8획 / 부수 攴(攵)

어떤 **방향(方)**으로 가도록 **쳐(攵)** 놓으니 놓을 방

+ 攵(칠 복, = 攴)

훈독 はなす, はなつ, はなれる, ほうる

음독 ほう

훈독 放^{はな}す 놓다　見放^{みはな}す 단념하다　放^{はな}つ 놓아 주다, 풀어 주다
放^{はな}れる 놓이다, 풀리다　放^{ほう}る 내던지다

음독 放送^{ほうそう} 방송　放出^{ほうしゅつ} 방출　放心^{ほうしん} 방심　放置^{ほうち} 방치　放任^{ほうにん} 방임
開放^{かいほう} 개방　解放^{かいほう} 해방　野放図^{のほうず} 방자함

N1 小6
16획 / 부수 水(氵)

물(氵)결이 **하얗게(白)** 일도록 격하게 **놓아(放)** 부딪치니
격할 격, 부딪칠 격

+ 격(激)하다 - 기세나 감정 등이 급하고 거세다.

훈독 はげしい　　**음독** げき

훈독 激^{はげ}しい 세차다, 잦다

음독 激増^{げきぞう} 격증, 급격하게 늘거나 붊　激賞^{げきしょう} 격상(매우 칭찬함, 격찬)
激動^{げきどう} 격동　激変^{げきへん} 격변　激烈^{げきれつ} 격렬　感激^{かんげき} 감격　急激^{きゅうげき} 급격

N3 **小3**
10획 / 부수 方

사방(方) 사람(亻)들이 씨족(氏)처럼 모인 군사니 군사 려
또 군사처럼 지나가는 나그네니 나그네 려

+ 亻[사람 인(人)의 변형], 氏[성 씨, 뿌리 씨(氏)의 변형]

훈독 **たび**　음독 **りょ**

훈독 旅 여행　旅立ち 여행길에 오름　旅人 여행자

+ '旅人'의 '人'을 'にん'으로 읽으면 '뜨내기, 방랑자, 떠돌이'라는 뜻이 됩니다.

음독 旅客機 여객기　旅館 여관　旅行 여행　旅費 여비

N3 **小3**
11획 / 부수 方

사방(方)에서 사람(亻)과 사람(亻)들이 크게(大) 모여 이룬 겨레니 겨레 족

음독 **ぞく**

음독 家族 가족　貴族 귀족　種族 종족　民族 민족

N1 **小4**
14획 / 부수 方

사방(方) 사람(亻)들이 알아보는 그(其)것은 기니 기 기

+ 其(그 기) – 제목번호 273 참고

훈독 **はた**　음독 **き**

훈독 旗 기, 깃발　旗色 형세, 전황　旗印 목표, 기치

旗日 국경일, 국기를 게양하는 날

음독 国旗 국기　軍旗 군기

N2 **小3**
12획 / 부수 辵(辶)

사방(方)으로 사람(亻)이 아들(子)을 데리고 다니며(辶) 놀고 여행하니 놀 유, 여행할 유

훈독 **あそぶ**　음독 **ゆう**

훈독 遊ぶ 놀다　遊び 놀이　遊び人 일정한 직업이 없이 빈들거리는

건달, 난봉꾼　水遊び 물놀이

음독 遊園地 유원지　遊学 유학　遊興 유흥　外遊 외유

N4 小2
7획 / 제부수

머리(亠)로 두(二) 번 생각하고 **입(口)**으로 말하는 말씀이니 **말씀 언**

+ 자칫 잘못하면 실수하니 말을 조심해야 하지요.
+ 亠(머리 부분 두), 二(둘 이), 口(입 구, 말할 구, 구명 구)

훈독 **いう, こと** 음독 **げん, ごん**

훈독 言う 말하다 言葉 말 泣き言 우는 소리, 푸념, 넋두리

음독 言語 언어 言論 언론 一家言 일가견 温言 부드러운 말
発言 발언 遺言 유언

N2 小4
9획 / 부수 人(亻)

사람(亻)이 **말한(言)** 대로 행하면 믿으니 **믿을 신**
또 믿을 만한 소식이니 **소식 신**

음독 **しん**

음독 信念 신념 信用 신용 確信 확신 通信 통신 発信 발신
返信 답장, 회신 迷信 미신

N4 小2
14획 / 부수 言

말(言)로 **나(吾)**의 뜻을 알리는 말씀이니 **말씀 어**

+ 吾 - 다섯(五) 손가락, 즉 손으로 자신을 가리키며 말하는(口) 나니 '나 오'

훈독 **かたる, かたらう** 음독 **ご**

훈독 語る 말하다, 이야기하다 語り口 말투, 말하는 방법 物語 이야기
語らう 이야기를 주고받다, 함께 이야기하다

음독 語学 어학 語源 어원 熟語 숙어 日本語 일본어
母国語 모국어 略語 약어 用語 용어

N1 小5
12획 / 부수 言

말(言)로 **바르게(正)** 증명하니 **증명할 증**

정자 證 - 말(言)로 높은 데 올라(登)서서 바르게 증명하니 '증명할 증'
+ 登(오를 등) - 제목번호 158 참고

훈독 **あかし** 음독 **しょう**

훈독 証 증거

음독 証人 증인 傍証 방증 保証 보증 証券 증권 偽証 위증

N1 **小6**
6획 / 제부수

혀(千)가 입(口)에서 나온 모양을 본떠서 **허 설**

+ 千('일천 천, 많을 천'이지만 여기서는 혀의 모습으로 봄)

훈독 **した**　음독 **ぜつ**

훈독 舌打ち 혀를 참　舌先 혀끝, 언변　舌なめずり 입맛을 다심
二枚舌 앞뒤가 다른 말, 일구이언

음독 舌頭 혀끝　毒舌 독설
弁舌 변설(입담 좋게 말을 잘 하는 재주), 구변

N2 **小2**
9획 / 부수 水(氵)

물(氵)기가 혀(舌)에 있어야 사니 **살 활**

훈독 **いかす**　음독 **かつ**

훈독 活かす ① 살리다 ② 소생시키다 ③ 살려 두다

음독 活気 활기　活発 활발　活路 활로　活力 활력　活用 활용
生活 생활

N4 **小2**
13획 / 부수 言

말(言)을 혀(舌)로 하는 말씀이나 이야기니
말씀 화, 이야기 화

+ 言(말씀 언) – 제목번호 212 참고

훈독 **はなす**　음독 **わ**

훈독 話す 말하다, 이야기하다　話 이야기　話合い 의논, 상담
小話 짧은 이야기　世間話 세상 이야기, 잡담
作り話 꾸며낸 이야기

음독 話題 화제　会話 회화　電話 전화　神話 신화　手話 수화
対話 대화

N2 **小4**
13획 / 부수 辛

혀(舌)로 매서운(辛) 말씀이나 글을 쓰고 물러나니
말씀 사, 글 사, 물러날 사

[정자] 辭 – 손(爪)에 창(丫)들고 성(冂)을 지키는 군인들이 사사로운(厶) 욕심으로 또(又) 매서운(辛) 말씀이나 글을 쓰고 물러나니 '말씀 사, 글 사, 물러날 사'

+ 舌(혀 설), 辛(고생할 신, 매울 신), 爪('손톱 조'지만 여기서는 손의 뜻), 冂(멀 경, 성 경), 丫[창 모(矛)의 획 줄임], 厶(사사로울 사, 나 사), 又(오른손 우, 또 우)

[훈독] **やめる** [음독] **じ**

[훈독] 辞める 그만두다, 사직하다

[음독] 辞書 사전 辞職 사직 辞退 사퇴 辞表 사표 辞任 사임
お世辞 알랑거리는 말, 겉치레의 인사 固辞 고사 賛辞 찬사
美辞 미사

N2 **小6**
7획 / 부수 乙(乚)

혀(舌)로 아무 말이나 새(乚)처럼 지저귀면 어지러우니
어지러울 란

[정자] 亂 – 손(爪)에 창(丫) 들고 성(冂)을 지키는 군인들이 사사로운(厶) 욕심으로 또(又) 새(乚) 떼처럼 난리를 일으켜 어지러우니 '어지러울 란'

+ 乚[새 을, 둘째 천간 을, 굽을 을(乙)이 부수로 쓰일 때의 모습]

[훈독] **みだす, みだる, みだれる** [음독] **らん**

[훈독] 乱す 흩뜨린, 어지럽히다 乱る 어지럽히다, 흩뜨리다
乱れる 흐트러지다, 혼란해지다

[음독] 乱雑 난잡 乱視 난시 乱読 난독 乱暴 난폭 混乱 혼란
内乱 내란

N1 小2
3획 / 제부수

등이 굽은 활을 본떠서 활 궁

훈독 ゆみ　**음독** きゅう

훈독 弓 활　弓形 활과 같이 굽은 형상　石弓 석궁
馬弓 말을 탄 채로 활을 쏨

음독 弓道 궁도(= 弓術)　運弓 바이올린이나 첼로 등을 켤 때의 활의 사용법
強弓 센 활　洋弓 양궁

N3 小2
4획 / 부수 弓

활(弓)시위에 화살(丨)을 걸고 잡아끄니 끌 인

+ 丨('뚫을 곤'이지만 여기서는 화살로 봄)

훈독 ひく, ひける　**음독** いん

훈독 引く ① 끌다, 이끌다 ② 빼다　引き金 방아쇠　字引 자전, 옥편
手引き ① 인도, 안내 ② 초보, 첫걸음　福引き 제비뽑기
間引く 솎아 내다　引け目 열등감　早引け 조퇴

음독 引火 인화　引率 인솔　引退 은퇴　引用 인용

N3 小2
7획 / 부수 弓

머리를 땋고(丫) 활(弓)과 화살(丿)을 가지고 노는 아우나
제자니 아우 제, 제자 제

+ 丫 – 나뭇가지의 갈라진 부분(가장귀)을 본떠서 만든 상형 문자로 '가장귀
아, 가장귀지게 묶은 머리 아'
+ 丿('삐침 별'이지만 여기서는 화살로 봄)

훈독 おとうと　**음독** だい, で, てい

훈독 弟 남동생

음독 兄弟 형제　弟子 제자　弟妹 남동생과 여동생　師弟 사제
門弟 문하생

N1 小3
11획 / 부수 竹(⺮)

대(⺮) 마디처럼 아우(弟)들에게 있는 차례니 차례 제

+ ⺮(대 죽), 弚[아우 제, 제자 제(弟)의 획 줄임], 형제들은 차례가 있지요.

음독 だい

음독 第一 ① 제일 ② 첫 번째 ③ 가장 뛰어남　第一線 최전방
第六感 육감

213

N1 참고자
5획 / 부수 弓

활(弓)시위를 내(厶) 앞으로 당기면 넓게 커지니
넓을 홍, 클 홍

+ 厶(사사로울 사, 나 사) - 제목번호 341 去의 주 참고

음독 **ぐ, こう**

음독 弘法 '弘法大師(= 平安초기의 고승 空海의 시호)'의 준말, 스님
弘報 홍보, 일반에게 널리 알림

N3 小2
11획 / 부수 弓

큰(弘) 벌레(虫)는 강하니 **강할 강**
또 강하게 밀어붙이는 억지니 **억지 강**

+ 虫(벌레 충)
+ 強이 정자인데 한국 한자에서는 속자인 强으로 많이 씁니다.
+ 속 强 – 활(弓)처럼 입(口)으로 벌레(虫)가 당겨 무는 힘이 강하니 '강할 강'
　　또 강하게 밀어붙이는 억지니 '억지 강'

훈독 **つよい, つよまる, しいる**　　음독 **きょう, ごう**

훈독 強い 강하다　強気 성미가 강함　心強い 마음 든든하다
強まる 강해지다, 세지다　強いる 강요하다

음독 強化 강화　強制 강제　強敵 강적(↔ 弱敵 약한 적)
強調 강조　富強 부강　強引 강제, 강행

N3 小2
10획 / 부수 弓

활들(弓弓)이 얼고(冫) 얼어서(冫) 힘이 약하니 **약할 약**

정자 弱 – 한 번에 활 두 개(弓弓)에다 화살 두 개(丿丿)씩을 끼워 쏘면 힘이
약하니 '약할 약'
+ 冫[얼음 빙(氷)이 부수로 쓰일 때의 모습으로 점이 둘이니 '이 수 변'], 丿('삐침
별'이지만 여기서는 화살로 봄)
+ 활이 얼면 잘 구부려지지 않아 힘이 약하지요.

훈독 **よわい, よわる, よわまる, よわめる**　　음독 **じゃく**

훈독 弱い 약하다　弱気 무기력함, 나약함　弱み 약점
弱る ① 약해지다 ② 곤란해지다, 난처해지다　弱まる 약해지다
弱める 약화시키다

음독 弱者 약자(↔ 強者 강자)　強弱 강약　貧弱 빈약　病弱 병약함

참고자

5획 / 부수 弓

하나의 **활(弓)**로 동시에 **두 개의 화살(ノノ)**은 쏘지 않으니
아닐 불
또 글자가 미국 돈 **달러($)**와 비슷하니 달러 불

N2 **小5**

12획 / 부수 貝

귀하지 **않게(弗)** 재물(貝)을 쓰니 쓸 비
또 쓰는 비용이니 비용 비

+ 貝(조개 패, 재물 패, 돈 패) - 제목번호 330 참고

| 훈독 | **ついやす, ついえる** | 음독 | **ひ** |

훈독　費やす 쓰다, 다 써버리다　費える 축나다

음독　費目 비용의 명목　費用 비용　学費 학비　経費 경비
　　　光熱費 광열비(전등을 켜고 난방을 하는 데 드는 비용)
　　　実費 실비　出費 지출

사람(亻)이 **사사로이(ム)** 모시는 부처니 부처 불
또 발음이 프랑스와 비슷하여 프랑스 불

N2 **小5**

4획 / 부수 人(亻)

정자 佛 – 사람(亻)이 아닌(弗) 도를 깨친 부처니 '부처 불'
　　　　또 발음이 프랑스와 비슷하여 '프랑스 불'

+ 부처 – ① 큰 도를 깨친 불교의 성자
　　　　② 화를 낼 줄 모르고 자비심이 두터운 사람을 비유하여 이르는 말

| 훈독 | **ほとけ** | 음독 | **ぶつ** |

훈독　仏 부처, 불상　仏心 불심　生き仏 생불, 덕망이 높은 승려

음독　仏像 불상　仏法 불법, 불도, 불교　仏間 불상이나 위패를 모신 방
　　　念仏 염불

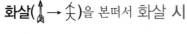

N1 **小2**
5획 / 제부수

화살(↑ → 矢)을 본떠서 화살 시

훈독 **や** 음독 **し**

훈독 矢 화살 矢先 화살촉 矢印 화살표 弓矢 활과 화살

음독 一矢 일시, 한 개의 화살

N2 **小4**
5획 / 부수 大

화살 시(矢)의 위를 연장하여 이미 쏘아버린 화살을 나타내어
(쏘아진 화살은 잃어버린 것이란 데서) 잃을 실

훈독 **うしなう** 음독 **しつ**

훈독 失う 잃다

음독 失格 실격 失言 실언 失業 실업 失調 실조 失礼 실례, 무례함
失明 실명 焼失 소실

N3 **小2**
8획 / 부수 矢

(과녁을 맞히는) 화살(矢)처럼 사실에 맞추어 말할(口) 정도로
아니 알 지

훈독 **しる** 음독 **ち**

훈독 知る 알다 お知らせ 안내문 知り合い 아는 사이

음독 知識 지식 知人 지인 知性 지성 知能 지능 通知 통지
未知 미지 無知 무지 認知 인지

N2 **小6**
14획 / 부수 疋

비수(匕)와 화살(矢)과 창(マ)으로 무장하고 점(卜)치며
사람(人)이 의심하니 의심할 의

+ 匕(비수 비, 숟가락 비), マ[창 모(矛)의 획 줄임], 卜(점 복)

훈독 **うたがう** 음독 **ぎ**

훈독 疑う 의심하다

음독 疑心 의심 疑問 의문 質疑 질의 容疑者 용의자

侯 후 候 후

N1 中学
9획 / 부수 人(亻)

N2 小4
10획 / 부수 人(亻)

사람(亻)이 **만들어(コ) 화살(矢)**을 쏘는 과녁이니 과녁 **후**
또 과녁을 잘 맞히는 사람이 되었던 제후니 제후 **후**

+ コ[장인 공, 만들 공, 연장 공(工)의 변형]

음독 **こう**

음독 王侯 왕후 諸侯 제후 列侯 열후[천자(天子)에게 조공(朝貢)을 하
는 작은 나라의 임금]

바람에 날릴까봐 **과녁(侯)**에 **화살(丨)**을 쏠 때는 기후를 염탐
하니 기후 **후**, 염탐할 **후**

+ 丨('뚫을 곤'이지만 여기서는 화살로 봄), 바람에 따라 화살의 방향이 달라
  지니 잘 염탐해야 하지요.
+ 염탐하다 – 몰래 남의 사정을 살피고 조사하다.

훈독 **そうろう** 음독 **こう**

훈독 居候 식객(남의 집에서 살면서 얻어먹는 사람)

음독 候補 후보 気候 기후 時候 그때그때의 계절, ~의 계절
測候 기상 관측 天候 날씨, 기후

N1 **小2**
2획 / 제부수

옛날 칼(🖋→刀) 모양을 본떠서 **칼 도**

+ 글자의 오른쪽에 붙는 부수인 방으로 쓰일 때는 '칼 도 방(刂)'이지요.

훈독 **かたな** 음독 **とう**

훈독 刀 외날의 칼, 검 刀傷 칼에 베인 상처 小刀 ① 창칼 ② 주머니칼

+ '小刀'를 'しょうとう'라고 읽으면 '작은 칼'이라는 뜻이 됩니다.

음독 短刀 단도 木刀 목검

N1 **中学**
3획 / 부수 刀

칼 도(刀)의 날(丿) 부분에 점(丶)을 찍어서 **칼날 인**

+ 한자는 점 주(丶)나 삐침 별(丿)로 무엇이나 어느 부분을 강조합니다.

훈독 **は** 음독 **じん**

훈독 刃 (칼 등의) 날 刃先 칼끝 刃物 날붙이 片刃 한쪽 날

음독 自刃 칼로 자살함 白刃 빼어 든 예리한 칼날

N1 **中学**
7획 / 부수 心

칼날(刃)로 심장(心)을 위협하는 것 같은 상황도 참으니 **참을 인**
또 칼날(刃)로 심장(心)을 위협하듯이 잔인하니 **잔인할 인**

+ 잔인(殘忍)하다 – 인정이 없고 아주 모질다.
+ 心(심장을 본떠서 '마음 심, 중심 심'), 殘(殘: 잔인할 잔, 해칠 잔, 나머지 잔)

훈독 **しのぶ** 음독 **にん**

훈독 忍ぶ ① 남이 모르게 하다, 숨다 ② 견디다, 참다
忍び ① 남 몰래 함 ② 미행 ③ 절도 忍び足 살금살금 걸음
忍びやか 남몰래 살며시 하는 모양 忍び笑い 소리죽여 웃는 웃음

음독 忍苦 인고 忍従 참고 따름 忍術 둔갑술(= 忍法) 残忍 잔인

N2 **小6**
14획 / 부수 言

(하고 싶은) 말(言)을 참고(忍) 인정하니 **인정할 인**

훈독 **みとめる** 음독 **にん**

훈독 認める 인정하다
認め印 (막)도장, 인정하는 증거로 찍는 도장(↔ 実印)

음독 認可 인가 認識 인식 確認 확인 公認 공인
是認 시인(↔ 否認 부인) 容認 용인

칼(刀) 두(二) 개로 **고을(阝)**을 어찌 지킬 것인가에서
어찌 나
또 **칼(刀) 두(二)** 개로 **고을(阝)**을 지키면 짧은 시간에 당하니
짧은 시간 나

+阝(고을 읍 방)

N1 中学
7획 / 부수 邑(阝)

음독 **な**
음독 ^{だん な} 旦那 남편

입(口)으로 먹기 위해 **힘(力)**껏 **칼(刂)**로 나누어 다르니
나눌 별, 다를 별

+刀[힘 력(力)의 변형]

N3 小4
7획 / 부수 刀(刂)

훈독 **わかれる**　　음독 **べつ**
훈독 ^{わか}別れる 헤어지다 ^{わか}別れ 이별
음독 別に 그다지, 별로 ^{べつべつ}別々 따로따로, 각각
^{べつもの}別物 ① 다른 것, 딴 것 ② 예외 ^{けつべつ}決別 결별 ^{さ べつ}差別 차별
^{とくべつ}特別 특별 ^{はんべつ}判別 판별

옷(衤)을 만드는 데는 옷감을 **칼(刀)**로 자르는 일이 처음이니
처음 초

+ 衤[옷 의(衣)가 부수로 쓰일 때의 모습으로 '옷 의 변']

N2 小4
7획 / 부수 刀

훈독 **はじめ, はつ, そめる, うい**　　음독 **しょ**
훈독 ^{はじ}初め 처음 ^{はじ}初めて 처음으로, 최초로 ^{はじ}初めまして 처음 뵙겠습니다
^{つきはじ}月初め 월초 ^{はつこい}初恋 첫사랑 ^{はつみみ}初耳 처음 듣는 일 ^{はつゆき}初雪 첫눈
^{な そ}馴れ初め (남녀가) 친해진 계기 ^{ういご}初子 첫 아이
음독 ^{しょ き}初期 초기 ^{しょきゅう}初級 초급 ^{しょ ほ}初歩 초보 ^{しょしんしゃ}初心者 초심자, 초보자
^{とう しょ}当初 당초, 최초 ^{ねん しょ}年初 연초

N3 **小2**

4획 / 부수 刀

일곱(七) 번이나 **칼(刀)**질하여 모두 끊으니 모두 **체**, 끊을 **절**
또 끊어지는 듯 마음이 간절하니 간절할 **절**

+ 七(일곱 칠)

훈독 **きる, きれる**   **음독** **せつ, さい**

훈독 切る 자르다, 베다 切手 우표, 수표, 어음 首切り 참수

　　横切る ① 가로지르다, 횡단하다 ② 스치다 乱切り 난도질

　　切れる 베이다, 다치다 切れ 조각, 토막

　　切れ口 ① 잘린 곳, 단면 ② 단언함

음독 切開 절개 切実 절실 切断 절단 切ない 애달프다, 안타깝다

　　親切 친절 一切 일체, 모두

N2 **中学**
5획 / 부수 口

칼(刀)처럼 날카롭게 입(口)으로 부르니 부를 소

＋ 상관의 명령은 칼처럼 날카롭고 위엄 있게 들림을 생각하고 만든 글자

훈독 **めす**　　음독 **しょう**

훈독 召す 드시다, 잡수시다　召し上がる 드시다

음독 召喚 소환

N2 **小5**
8획 / 부수 手(扌)

손(扌)짓하여 부르니(召) 부를 초

훈독 **まねく**　　음독 **しょう**

훈독 招く 부르다, 초대하다　招き ① 초대, 초청, 초빙 ② 손님을 끌기
위하여 놓은 간판이나 장식물　手招き 손짓으로 부름

음독 招集 소집　招待 초대

小3
9획 / 부수 日

해(日)를 불러(召) 온 듯 밝으니 밝을 소

＋ 日(해 일, 날 일)

음독 **しょう**

음독 昭和 쇼와(1926년 12월 25일부터 1989년 1월 7일까지 사용된 일본 연
호)

N2 **小4**
13획 / 부수 火(灬)

밝게(昭) 불(灬)로 비추니 비출 조

＋ 灬(불 화 발)

훈독 **てる, てらす, てれる**　　음독 **しょう**

훈독 照る 빛나다, 비치다　照り返す 반사하다　日照り 가뭄
照らす 비추다　照れる 쑥스러워하다, 수줍어하다

음독 照会 조회(어떠한 사항이나 내용이 맞는지 관계되는 기관 등에 알아보
는 일)　照合 대조하여 확인함　照射 (햇볕 등이) 내리쬠
照明 조명　参照 참조　対照 대조

참고자
3획 / 제부수

주살을 본떠서 주살 **익**

+ 주살 – 줄을 매어 쓰는 화살

훈독 **いぐるみ**　음독 **よく**

참고자
4획 / 제부수

몸체가 구부러지고 손잡이 있는 창을 본떠서 **창 과**

훈독 **ほこ**　음독 **か**

훈독 戈 쌍날칼을 꽂은 창과 비슷한 무기

음독 干戈 방패와 창　兵戈 ① 무기 ② 전쟁

참고자
5획 / 부수 戈

초목(ノ)이 창(戈)처럼 자라 무성하니
무성할 무, 다섯째 천간 무

+ ノ('삐침 별'이지만 여기서는 초목으로 봄), 주로 다섯째 천간으로 쓰이고
'무성하다' 뜻으로는 위에 초 두(艹)를 붙인 무성할 무(茂)를 씁니다.

훈독 **つちのえ**　음독 **ぼ**

N1　中学
8획 / 부수 草(艹)

풀(艹)이 **무성하니(戊) 무성할 무**

훈독 **しげる**　음독 **も**

훈독 茂る 우거지다, 무성하다　茂み 숲, 수풀
生い茂る (초목이) 무성하다, 우거지다

음독 繁茂 번무

N2 **小4**
6획 / 부수 戈

무성하게(戌) 장정(丁)처럼 일하여 이루니 이룰 성

+ 丁[고무래 정, 못 정, 장정 정(丁)의 변형]

훈독 **なる, なす** 음독 **せい, じょう**

훈독 成る 이루어지다 成り立つ 성립하다, 구성되다
持て成す 대접하다, 환대하다

음독 成果 성과 成人 성인 成長 성장 成年 성년
成分 성분 育成 육성 構成 구성 合成 합성 成就 성취

N2 **小4**
9획 / 부수 土

흙(土)을 쌓아 이룬(成) 성이니 성 성

훈독 **しろ** 음독 **じょう**

훈독 城 성 根城 본거지

음독 城下 성의 아래 金城 견고한 성 古城 고성 落城 낙성

N1 **小6**
13획 / 부수 言

말씀(言)대로 이루려고(成) 들이는 정성이니 정성 성

훈독 **まこと** 음독 **せい**

훈독 誠 ① 진실 ② 진심, 성의

음독 誠実 성실(↔ 不誠実 불성실) 誠意 성의

N1 **小6**
11획 / 부수 皿

이루어진(成) 음식을 그릇(皿)에 많이 차려 성하니
성할 성

+ 皿(그릇 명) - 제목번호 274 참고, 성(盛)하다 - 무성하다, 왕성하다.

훈독 **もる, さかる** 음독 **せい, じょう**

훈독 盛る ① 높이 쌓아 올리다 ② (그릇에) 많이 담다
盛り上がる ① 부풀어 오르다, 솟아오르다 ② (소리, 기세 등이) 높아지다
目盛り ① 계량기 눈금 ② 눈대중함
盛る ① 번창하다 ② 활발해지다 盛り 한창 盛ん 성행, 번성

음독 盛大 성대 盛装 한껏 차려입음 全盛期 전성기
繁盛 번성, 번창

N3 小3
5획 / 부수 人(亻)

전쟁터에서는 **사람(亻)**이 할 일을 **주살(弋)**이 대신하니
대신할 대
또 부모를 대신하여 이어가는 세대니 세대 대
또 물건을 대신하여 치르는 대금이니 대금 대

+ 화살이나 주살은 멀리 떨어져 있는 적을 향해 쏠 수도 있고, 글이나 불도
묶어 보낼 수 있으니, 사람이 할 일을 대신한다고 한 것이지요.

훈독 **かわる, かえる, しろ, よ**　　음독 **だい, たい**

훈독 代わる 대신하다, 대표하다　お代り 한 그릇 더
身代わり 대신, 대역　代える 바꾸다, 교환하다
代 ① 재료, 기초가 되는 것 ② 대용물 ③ 몫
形代 재앙을 쫓는 데 쓰는 종이 인형
飲み代 술값　千代 천년, 영구, 영원

음독 代金 대금　代弁 대변　代表 대표　代役 대역　代用 대용
代理 대리　現代 현대　電話代 전화비
希代 희대(세상에 드물어 흔히 없음)

N2 小3
6획 / 부수 工

주살(弋)을 **만들(工)** 때 따르는 법과 의식이니
법 식, 의식 식

+ 의식(儀式) – 예식을 갖추는 법식
+ 工(장인 공, 만들 공, 연장 공), 儀(거동 의)

음독 **しき**

음독 式場 식장　式服 예복　格式 격식　新式 신식　正式 정식
方程式 방정식　本式 본식　礼式 예식　略式 약식

N3 小4
13획 / 부수 言

말(言)이 **법(式)**에 맞는지 시험하니 시험할 시

+ 言(말씀 언)

훈독 **ためす, こころみる**　　음독 **し**

훈독 試す 시험하다　試し 시험, 시도
試みる 시험해 보다, 시도해 보다, 실제로 해 보다
試み 시도

음독 試験 시험　試行 시행　試食 시식　試練 시련　入試 입시

참고자

8획 / 부수 戈

창(戈) 들고 **식구(口)**와 **땅(一)**을 지키며 혹시라도 있을지 모르는 적의 침입에 대비하니 **혹시 혹**

+ 口('입 구, 말할 구, 구멍 구'지만 여기서는 식구로 봄), 一('한 일'이지만 여기서는 땅으로 봄)

훈독 **ある**

훈독 或 어떤, 어느 或いは 혹은, 또는

N2 小6

11획 / 부수 土

땅(土)에서 **혹시(或)**라도 있을지 모르는 분쟁을 막기 위하여 나누어 놓은 구역이니 **구역 역**

음독 **いき**

음독 域外 역외, 구역 밖(↔ 域内 역내, 구역 안) 全域 전역
地域 지역 流域 유역 領域 영역

N4 小2

8획 / 부수 口

사방을 **막고(口) 구슬(玉)**처럼 소중히 국민을 지키는 나라니 **나라 국**

정자 國 – 사방을 막고(口) 혹시(或)라도 쳐들어올 것을 지키는 나라니 '나라 국'

+ 玉(구슬 옥) – 제목번호 164 참고

훈독 **くに** 음독 **こく**

훈독 国 국가, 나라 国境 국경 雪国 눈이 많이 오는 지방

+ '国境'은 'こっきょう'로도 읽을 수 있습니다.

음독 国営 국영 国家 국가 国権 국권 国交 국교 国産 국산
国立 국립 国連 국제 연합 기구, UN 外国 외국 中国 중국

N1 **小6**
14획 / 부수 金

쇠(金)로 만들어 쌓아두는(戔) 돈이니 돈 전

[정자] 錢

+ 戔 – 창(戈)을 두(二) 개나 들고 해치니 '해칠 잔'
　　또 해치면 적어도 원망이 쌓이고 찌꺼기가 남으니 '적을 전, 쌓일 전, 나머지 잔'
+ 金(쇠 금, 금 금, 돈 금) – 제목번호 280 참고

[훈독] **ぜに**　　[음독] **せん**

[훈독] 銭形 엽전 모양　銭金 돈, 금전　紙銭 지폐　小銭 동전
[음독] 銭湯 공중목욕탕　金銭 금전　無銭 무전

N2 **小4**
10획 / 부수 歹

죽도록(歹) 잔인하게 해치니(戔) 잔인할 잔, 해칠 잔
또 죽도록(歹) 해쳐도(戔) 남는 나머지니 나머지 잔

[정자] 殘

+ 歹 – 하루(一) 저녁(夕) 사이에 뼈 앙상하게 말라 죽으니 '뼈 앙상할 알, 죽을 사 변(= 歺)'
+ 歺 – 점(卜)쳐 나온 대로 저녁(夕)에 뼈 앙상하게 말라 죽으니 '뼈 앙상할 알, 죽을 사 변'
+ 夕(저녁 석), 卜(점 복)

[훈독] **のこる, のこす**　　[음독] **ざん**

[훈독] 残る 남다　残り 남은 것, 나머지　居残る 잔류하다
　　心残り 마음에 걸림, 유감, 미련　残す 남기다, 남겨 두다
　　取り残す 남겨두다, 떼 놓다
[음독] 残金 잔금, 잔액　残照 저녁놀　残高 잔고, 잔액　残留 잔류
　　残余 잔여
[예외] 名残 자취, 추억, 기념

N2 **小4**
9획 / 부수 水(氵)

물(氵) 속에 돌이나 흙이 쌓여서(戔) 얕으니 얕을 천

[정자] 淺

[훈독] **あさい, あさましい**　　[음독] **せん**

[훈독] 浅い 얕다　浅ましい ① 한심스럽다, 딱하다 ② 비열하다, 야비하다
　　③ 비참하다　浅手 경상, 가벼운 상처
[음독] 浅海 얕은 바다(↔ 深海 심해)　浅近 천박함　浅見 얕은 소견
　　深浅 (감정, 색깔 등의) 깊음과 얕음

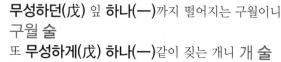

참고자

6획 / 부수 戈

무성하던(戊) 잎 하나(一)까지 떨어지는 구월이니
구월 술
또 **무성하게(戊) 하나(一)**같이 짖는 개니 **개 술**
또 개는 열한째 지지니 **열한째 지지 술**

+ 한자의 어원에 나온 날짜나 달은 모두 음력이고, 가을은 7, 8, 9월이니
  9월은 늦가을이지요.

훈독 **いぬ**　음독 **じゅつ**

훈독 戌年 술년(개해)

음독 戊戌 무술

N2 小5

12획 / 부수 水(氵)

물(氵)기를 다(咸) 빼면 줄어드니 **줄어들 감**

+ 咸 – 개(戊)는 한 마리만 짖어도(口) 다 짖으니 '다 함'

훈독 **へる, へらす**　음독 **げん**

훈독 減る 줄다, 감소하다　目減り ① 흘리거나 새거나 해서 분량, 무게
가 줆 ② 시세나 가치의 변화로, 그 가치가 상대적으로 감소함
減らす 줄이다

음독 減刑 감형　減速 감속　減縮 감축　加減 가감, 조절
軽減 경감　節減 절감　増減 증감　半減 반감

N2 小3

13획 / 부수 心

정성을 다해(咸) 마음(心) 쓰면 느끼고 감동하니
느낄 감, 감동할 감

+ 감동(感動) – 크게 느끼어 마음이 움직임
+ 動(움직일 동), 정성을 다해 마음 쓰면 감동하고, 감동하면 영원히 잊지 못
  하지요. 그러니 영원하려면 감동을 주어야 하고 감동을 주려면 정성을 다
  해야 합니다.

음독 **かん**

음독 感じる 느끼다　感覚 감각　感情 감정　感動 감동
感無量 감개무량　五感 오감　使命感 사명감　予感 예감

참고자
6획

많이(十) 창(戈)으로 찍어 끊으니 **끊을 재**

+ 𢦏가 쓰인 글자들을 참고하여 추정해 본 글자로 실제 쓰이는 글자는 아님

N1 **小6**
12획 / 부수 衣

옷(衣)감을 **잘라**(𢦏) 재단하려고 몸의 크기를 헤아리고
결단하니 **재단할 재, 헤아릴 재, 결단할 재**

+ 衣(옷 의) – 제목번호 205 참고

훈독 たつ, さばく　**음독** さい

훈독 裁つ 마르다, 재단하다　裁く 재판하다, 판가름하다, 중재하다
음독 裁判 재판　裁量 재량　制裁 제재　仲裁 중재

N1 **참고자**
9획 / 부수 口

말(口)을 **끊을**(𢦏) 때 붙이는 어조사니 **어조사 재**
또 말(口)을 **끊으며**(𢦏) 비로소 일을 시작하니 **비로소 재**

+ 口(입 구, 말할 구, 구멍 구), 어조사 – 뜻 없이 말의 기운만 도와주는 말

음독 さい

음독 快哉 쾌재

N2 **小3**
13획 / 부수 金

쇠(金) 중에 흔하여 **잃어도**(失) 되는 철이니 **쇠 철**

정자 鐵 – 쇠(金) 중에 비로소(哉) 왕(王)이 된 철이니 '쇠 철'
+ 철은 쇠 중에 제일 많이 쓰이니 쇠 중의 왕인 셈이고, 또 흔하여 잃어도 된
　다고 했네요.
+ 失(잃을 실), 王(임금 왕, 으뜸 왕, 구슬 옥 변)

음독 てつ

음독 鉄筋 철근　鉄鉱 철광　鉄道 철도　私鉄 민영 철도
　　　製鉄 제철　地下鉄 지하철

N1 中学
4획 / 제부수

도끼(🔨)나 옛날 저울을 본떠서 도끼 근, 저울 근

음독 **きん**

음독 斤 근(약 600그램) 斤量 근량, 근수, 무게

N2 小4
7획 / 부수 手(扌)

손(扌)에 도끼(斤) 들고 찍어 꺾으니 꺾을 절

훈독 **おる, おれる** 음독 **せつ**

훈독 折る 꺾다, 접다 折れる 꺾이다, 부러지다 手折る 손으로 꺾다
折り目 접은 금 時折 때때로, 가끔

음독 折角 모처럼 折衷 절충 挫折 좌절

N3 小2
7획 / 부수 辵(辶)

(저울에 물건을 달 때) 저울(斤)의 막대가 눈금에서 좌우로
옮겨 가는(辶) 거리처럼 가깝고 비슷하니
가까울 근, 비슷할 근

훈독 **ちかい** 음독 **きん**

훈독 近い 가깝다 近道 지름길 手近 가까이 있음 身近 신변

음독 近眼 근시 近世 근세 近代 근대 近隣 가까운 最近 최근
接近 접근

N3 小5
15획 / 부수 貝

도끼(斤)와 도끼(斤)로 재물(貝)을 나눌 때 드러나는
바탕이니 바탕 질

+ 貝(조개 패, 재물 패, 돈 패) – 제목번호 330 참고

음독 **しつ, しち, じち**

음독 質素 검소 質問 질문 実質 실질 物質 물질 本質 본질
質屋 전당포 人質 인질

예외 気質 장인 기질

+ '気質'은 '일반적인 사람의 기질'이라는 뜻으로 읽을 때는 'きしつ'로
읽습니다.

N1 中学
5획 / 부수 一

도끼(斤)를 하나(一)씩 들고 적을 지키는 언덕이니
언덕 구

+ 주로 언덕에 숨어서 적을 지키지요.

훈독 **おか**　음독 **きゅう**

훈독 ^{おか}丘 언덕

음독 ^{きゅうりょう}丘陵 구릉　^{さ きゅう}砂丘 사구, 모래 언덕

N1 中学
8획 / 부수 山

언덕(丘)처럼 바위가 많은 큰 **산(山)**이니 **큰 산 악**

+ 설악산, 관악산, 월악산, 치악산, 모악산 등등 岳이 들어간 산은 주로 바위가
많은 산입니다.

훈독 **たけ**　음독 **がく**

훈독 ^{たけ}岳 높은 산

음독 ^{がくじん}岳人 산악인, 등산가　^{がく ふ}岳父 장인　^{さんがく}山岳 산악

N2 小4
7획 / 부수 八

언덕(丘) 아래 **여덟(八)** 명씩 있는 군사니 **군사 병**

+ 옛날이나 지금이나 군대의 작은 단위(분대)는 약 8~9명으로 편성되지요.

음독 **へい, ひょう**

음독 ^{へい き}兵器 병기, 무기　^{へい し}兵士 병사　^{へいたい}兵隊 군대　^{へいりょく}兵力 병력
^{ばんぺい}番兵 파수병　^{ほ へい}募兵 모병　^{ひょうろう}兵糧 병량
^{だいひょう}大兵 우람스러운 몸집 (↔ ^{こ ひょう}小兵 몸이 작음)

+ '大兵'을 'たいへい'로 읽으면 '대군'이라는 뜻이 됩니다.

참고자

2획 / 제부수

안석이나 책상의 모습을 본떠서 안석 궤, 책상 궤

+ 안석(案席) – 앉을 때 몸을 기대는 방석
+ 案(책상 안, 생각 안, 계획 안), 席(자리 석)

훈독 **つくえ**   음독 **き**

음독 几帳面 착실하고 꼼꼼함, 차근차근함
き ちょうめん

N2 小6

6획 / 부수 木

나무(木)로 안석(几)처럼 만든 책상이니 책상 궤
또 나무(木)를 패거나 자를 때 안석(几)처럼 받치는 모탕이니
모탕 예

+ 모탕 – ① 나무를 패거나 자를 때에 받쳐 놓는 나무토막
        ② 곡식이나 물건을 땅바닥에 놓거나 쌓을 때 밑에 괴는 나무토막

훈독 **つくえ**   음독 **き**

훈독 机 책상
つくえ

음독 机上 탁상 机辺 책상 부근
き じょう   き へん

N1 中学
3획 / 부수 几

공부하는 **책상(几)**에 **점(丶)**이 찍힘은 무릇 보통이니
무릇 범, 보통 범

+ 무릇 – 종합하여 살펴 보건대

훈독 **およそ, すべて**　**음독** **ぼん, はん**

훈독 凡そ 대충, 대개　大凡 대강, 대략, 대요　凡て 전부, 모조리

음독 凡作 평범하고 시시한 작품　凡人 보통 사람　非凡 비범함
平凡 평범함　凡例 범례

N3 小2
9획 / 제부수

무릇(凡) 벌레(虫)를 옮기는 바람이니 **바람 풍**
또 바람으로 말미암은 풍속·경치·모습·기질·병 이름 풍

+ 虫(벌레 충), 작은 벌레들은 바람으로 옮겨간다고 하지요.

훈독 **かぜ, かざ**　**음독** **ふう, ふ**

훈독 風 바람　雨風 비바람　風車 ① 풍차 ② 팔랑개비　風向き 풍향
風上 바람이 불어오는 쪽(↔ 風下 바람이 불어가는 쪽)

음독 風習 풍습　風速 풍속　風土 풍토　風力 풍력　強風 강풍
暴風 폭풍　気風 기풍　風呂 목욕, 목욕탕

N2 小5
16획 / 부수 竹(⺮)

대(⺮)로도 장인(工)은 **무릇(凡) 나무(木)**처럼 쌓고 지으니
쌓을 축, 지을 축

+ ⺮(대 죽), 工(장인 공, 만들 공, 연장 공) – 제목번호 129 참고

훈독 **きずく**　**음독** **ちく**

훈독 築く 쌓다, 구축하다

음독 築造 축조　建築 건축　新築 신축　増築 증축

참고자

5획

패인(八) 구멍(口)에 물이 고인 늪이니 늪 연

+ 八(여덟 팔, 나눌 팔), 口(입 구, 말할 구, 구멍 구)
+ 늪 – ① 땅바닥이 우묵하게 파여서 늘 물이 괴어있는 곳
   　　② 빠져나오기 힘든 상태나 상황을 비유적으로 이르는 말
   여기서는 ①의 뜻.

N1 **小6**

8획 / 부수 水(氵)

물(氵)이 늪(谷)을 따라 내려가듯 따르니 따를 연

| 훈독 | そう | 음독 | えん |

훈독 　沿う 따르다　海沿い 해안, 연안

음독 　沿海 연해　沿線 연선　沿道 연도

N2 **小2**

11획 / 부수 舟

배(舟) 중 늪(谷)에도 다니도록 만든 배니 배 선

+ 舟 – 통나무배를 본떠서 '배 주' – 중학교

| 훈독 | ふね, ふな | 음독 | せん |

훈독 　船 배　船出 출범, 출항

음독 　船舶 선박　造船所 조선소　風船 풍선　汽船 기선(증기선)
　　　漁船 어선

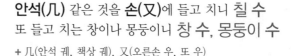

4획 / 부수자

안석(几) 같은 것을 손(又)에 들고 치니 칠 수
또 들고 치는 창이나 몽둥이니 **창 수, 몽둥이 수**

+ 几(안석 궤, 책상 궤), 又(오른손 우, 또 우)

N2 小3
7획 / 부수 彳

가서(彳) 창(殳) 들고 부리니 부릴 역

+ 彳(조금 걸을 척)

음독 **やく, えき**

음독 役者 배우, 연기자 役所 관공서 役人 관리, 공무원
役目 임무, 역할 配役 배역 退役 퇴역 군인 服役 복역

N2 小5
11획 / 부수 言

말(言)로 상대의 주장을 치며(殳) 자기주장을 세우고 베푸니
세울 설, 베풀 설

훈독 **もうける** 음독 **せつ**

훈독 設ける ① 마련하다, 베풀다 ② 만들다 ③ 설치하다
음독 設計 설계 設置 설치 設定 설정 設備 설비 設立 설립
新設 신설

N2 小3
7획 / 부수 手(扌)

손(扌)으로 창(殳)을 던지니 던질 투

훈독 **なげる** 음독 **とう**

훈독 投げる 던지다 投げ出す 내던지다, 팽개치다, 포기하다
身投げ 투신, 몸을 던짐
음독 投資 투자 投手 투수 投票 투표 投入 투입 投薬 투약

N2 小6
9획 / 부수 殳

언덕(阝)을 **치고(殳)** 깎아서 차례로 만든 계단이니
차례 단, 계단 단

+ 阝[언덕 애(厓)의 변형]

음독 だん

음독 段階 단계 段々 점점 段取り 순서, 방도, 절차 手段 수단
だんかい *だんだん* *だんど* *しゅだん*
一段と 한층, 더욱
いちだんと

N2 小5
10획 / 부수 殳

베고(乂) 나무(木)로 **쳐서(殳)** 죽여 빨리 감하니
죽일 살, 빠를 쇄, 감할 쇄

정자 殺 – 베고(乂) 찍고(丶) 나무(木)로 쳐서(殳) 죽여 빨리 감하니 '죽일
살, 빠를 쇄, 감할 쇄'
+ 점 주(丶)가 없으면 일본 한자, 있으면 정자
+ 乂(벨 예, 다스릴 예, 어질 예), 감(減 – 줄어들 감)하다 – 적어지다, 줄
다, 줄이다

훈독 ころす **음독** さつ, せつ, さい

훈독 殺す 죽이다 殺し屋 살인청부업자
ころ *ころ や*
음독 殺人 살인 暗殺 암살 自殺 자살 他殺 타살 毒殺 독살
さつじん *あんさつ* *じ さつ* *た さつ* *どく さつ*
殺生 살생 相殺 상쇄(상반되는 것이 서로 영향을 주어 효과가 없어지는 일)
せっしょう *そうさい*

N1 中学
11획 / 부수 殳

군사(士)가 굳게 **덮어(冖)** 만든 **안석(几)**처럼 되어 **쳐도(殳)**
끄떡없는 껍질이니 껍질 각

정자 殻 – 군사(士)가 굳게 덮어(冖) 만든 하나(一)의 안석(几)처럼 되어 쳐도
(殳) 끄떡없는 껍질이니 '껍질 각'
+ 글자 가운데에 한 일(一)이 없으면 일본 한자, 있으면 정자
+ 士(선비 사, 군사 사, 칭호나 직업 이름에 붙이는 말 사), 冖(덮을 멱)

훈독 から **음독** かく

훈독 殻 껍질, 껍데기, 허물
から
음독 甲殻 갑각 地殻 지각
こう かく *ち かく*

껍질(殼) 속에 여물어 차 있는 곡식(禾)이니 곡식 곡

정자 穀
+ 글자 가운데에 한 일(一)이 없으면 일본 한자, 있으면 정자
+ 殼[껍질 각(殼)의 획 줄임], 禾('벼 화'로 곡식의 대표)

음독 **こく**

음독 穀物 곡물　穀類 곡류　穀倉 곡창　五穀 오곡　雑穀 잡곡

N1　小6
14획 / 부수 禾

---

237 臣 신 ▶ 臥 와 ▶ 臨 림

**임금 앞에 엎드려 눈을 크게 뜬(目→目) 신하를 본떠서
신하 신**

음독 **しん, じん**

음독 臣下 신하　家臣 가신　忠臣 충신　大臣 대신

N2　小4
7획 / 제부수

**항상 몸을 굽히는 신하(臣)처럼 사람(人)이 누우니
누울 와**

음독 **が**

음독 臥像 와상, 누워있는 상　安臥 편안한 자세로 누움
病臥 ① 와병(병으로 자리에 누움. 또는 병을 앓고 있음) ② 자리보전

참고자
9획 / 부수 臣

엎드려(臣) 물건(品) 가까이 임하니 임할 림

+ 臣[누울 와(臥)의 변형으로, 여기서는 엎드린다는 뜻으로 봄], 品(물건 품,
등급 품, 품위 품)

훈독 **のぞむ**　음독 **りん**

훈독 臨む 면하다, 향하다, 대하다

음독 臨時 임시　臨席 임석　臨終 임종　来臨 왕림

N1　小6
18획 / 부수 臣

中学

15획 / 부수 皿

(거울이 귀하던 시절에는) **엎드려(臥) 물(一) 있는 그릇(皿)** 에 비추어 보았으니 **볼 감**

+ 一('한 일'이지만 여기서는 평평한 물의 모습으로 봄), 皿(그릇 명)

음독 **かん**

음독 監禁 감금　監査 감사　監視 감시　監護 감호, 감독 보호

N1　小6

17획 / 부수 見

엎드리듯(臥) 몸을 굽혀 하나(一)씩 보니(見) 볼 람

정자 覽 – 보고(臨) 또 보니(見) '볼 람'

+ 글자 가운데에 皿이 있으면 정자, 없으면 일본 한자
+ 見(볼 견, 뵐 현), 정자에서 皿은 그릇 명(皿)의 변형으로 봄

음독 **らん**

음독 一覧表 일람표　回覧 회람　観覧 관람　通覧 대충 훑어봄
博覧会 박람회　便覧 편람(보기 편리하도록 간추린 책)　要覧 요람

N2　小4

13획 / 부수 土

흙(土)에서 사람(亠)이 입(口)에 먹을 것을 만들어 그릇(皿)에 담는 소금이니 **소금 염**

정자 鹽 – 엎드린(臥) 듯 허리 구부리고 소금밭(鹵)에서 만들어 그릇(皿)에 담는 소금이니 '소금 염'

+ 亠[사람 인(人)의 변형], 皿(그릇 명), 臥[엎드릴 와(臥)의 변형], 鹵 – 소금밭을 본떠서 '소금 로, 소금밭 로'
+ 염전에서는 바닷물을 잘 관리하여 소금을 만들지요.

훈독 **しお**　음독 **えん**

훈독 塩 소금　塩味 소금 맛　塩気 소금기　塩水 소금물

+ '塩味'는 'しおみ'로도 읽을 수 있습니다.

음독 塩田 염전　塩分 염분　食塩 식염(먹는 소금)

참고자
12획 / 부수 臣

풀(丿) 사이에 **창(戈)** 들고 **신하(臣)**를 숨기니 숨길 **장**

[정자] 臧 – 장수(爿)가 창(戈)으로 신하(臣)를 보호하고 숨겨주는 마음이
착하니 '숨길 장, 착할 장'

+ 丿('삐침 별'이지만 여기서는 풀로 봄), 臣(신하 신), 戈(창 과)

[음독] **そう, ぞう**

N2 小6
15획 / 부수 草(艹)

풀(艹)로 **숨겨(戚)** 감추니 감출 **장**
또 감추어 두는 곳간이니 곳간 **장**

[정자] 藏

+ '蔵'은 우리나라에서 쓰는 한자 모양과 다르니 주의하세요.

[훈독] **くら**　　[음독] **ぞう**

[훈독] 蔵 곳간　蔵入り 곳간에 넣어 둠, 입고　蔵出し 출고
家蔵 재산, 가산

[음독] 蔵相 재무 장관　所蔵 소장　貯蔵 저장　冷蔵庫 냉장고

N2 小6
19획 / 부수 肉(月)

몸(月) 속의 **곳간(蔵)** 같은 오장이니 오장 **장**

+ 오장(五臟) – 심장, 신장, 비장, 폐장, 간장의 다섯 가지 내장을 통틀어 이르
는 말

+ 각각의 첫 글자만 따서 '오장은 심신비폐간'으로 외세요.

[음독] **ぞう**

[음독] 臓器 장기　臓物 (소, 돼지, 생선 등의) 내장　心臓 심장
内臓 내장

N4 小2
8획 / 부수 木

나무(木) 사이로 해(日)가 떠오르는 동쪽이니
동쪽 동

+ 俞 束(묶을 속) – 제목번호 241 참고

훈독 ひがし　　**음독** とう

훈독 東 동쪽　東風 동풍　東向き 동향

음독 東京 도쿄(일본의 수도)　東南アジア 동남아시아　東西 동서
東洋 동양

N2 小3
14획 / 부수 糸

실(糸)을 밝은 **동쪽(東)**에 대고 가리듯 밝게 익히니
익힐 련

정자 練 – 실(糸)을 가려(柬) 엮듯 무엇을 가려 익히니 '익힐 련'
+ 실 사(糸)에 동쪽 동(東)이면 일본 한자, 분별할 간, 가릴 간(柬)이면 정자
+ 柬 – 나무(木)를 그물(罒)처럼 촘촘하게 살펴 분별하고 가리니 '분별할 간,
　　가릴 간'
+ 罒(그물 망)

훈독 ねる　　**음독** れん

훈독 練る ① (명주 · 실 등을) 누이다(잿물에 삶아 희고 부드럽게 하다)
　　　　② 반죽하다 ③ 단련하다, 다듬다

음독 修練 수련　熟練 숙련　未練 미련　洗練 세련

239

참고자
6획 / 부수 木

나무(木)에 덮인(冖) 듯 붙어있는 가시니 가시 자

+ 冖(덮을 멱)

훈독 どけ

N1 小6
12획 / 부수 竹(⺮)

대(⺮)로 만든 가시(束)처럼 아픈 채찍이니 채찍 책

또 채찍질할 때 다치지 않게 신경 써야 하는 꾀니 꾀 책

음독 さく

음독 策略 책략 策士 책사 奇策 기책(기묘한 꾀)
金策 돈을 마련함 失策 실책 政策 정책 対策 대책
方策 방책

N2 小4
7획 / 부수 木

나무(木)를 묶으니(口) 묶을 속

+ 口('입 구, 말할 구, 구멍 구'지만 여기서는 묶은 모습으로 봄)

훈독 たば 음독 そく

훈독 束 다발, 묶음 札束 돈뭉치 花束 꽃다발 一束 한 다발

음독 装束 옷차림 結束 결속 検束 검속

예외 束の間 잠깐 동안, 순간 束子 수세미

N2 小3
10획 / 부수 辶(⻌)

(신발 끈을) 묶고(束) 뛰면(辶) 빠르니 빠를 속

+ 辶(뛸 착, 갈 착)

훈독 はやい, はやまる, はやめる, すみやか 음독 そく

훈독 速い 빠르다(속도) 速まる 빨라지다 速める 빠르게 하다
速さ 속력, 속도 速やか 빠름, 신속함

음독 速攻 속공 速度 속도 速報 속보 速力 속력 快速 쾌속
高速 고속 急速 급속 時速 시속 初速 초속

N1 **小5**
13획 / 부수 干

해 돋을(후) 때부터 **사람(人)**과 **방패(干)**를 관리하는 간부니
간부 간
또 나무에서 간부 같은 줄기니 줄기 간

+ 후 – 나무 사이에 해(日) 돋는 모습에서 '해 돋을 간' – 실제 쓰이는 글자는
아님
+ 干(방패 간, 범할 간, 얼마 간, 마를 건) – 제목번호 083 참고

| 훈독 | **みき** | 음독 | **かん** |

훈독 幹 ① 나무줄기 ② 사물의 주요 부분
음독 幹事 간사 幹部 간부 語幹 어간 骨幹 골간, 뼈대
根幹 근간, 근본, 중추 基幹 기간 新幹線 신칸센(일본의 KTX)

N3 **小2**
12획 / 부수 月

해 돋는데(후) 아직 **달(月)**도 있는 아침이니 아침 조
또 (신하는) 아침마다 조정에 나가 임금을 뵈었으니
조정 조, 뵐 조

| 훈독 | **あさ** | 음독 | **ちょう** |

훈독 朝 아침 朝方 해 뜰 무렵, 아침결 朝立ち 아침 일찍 길을 떠남
朝日 아침 해
음독 朝食 조식 朝会 조회 朝刊 조간
一朝一夕 일조일석, 짧은 시일
예외 今朝 오늘 아침

N1 **小6**
15획 / 부수 水(氵)

바닷물(氵)이 **아침(朝)** 저녁으로 불었다 줄었다 하는 조수니
조수 조

+ 조수(潮水) – 주기적으로 들었다가 나갔다가 하는 바닷물

| 훈독 | **しお** | 음독 | **ちょう** |

훈독 潮 조수, 바닷물 潮時 ① 물때, 조수가 들고 날 때 ② 기회, 적당한 때
入り潮 ① 썰물, 간조 ② 밀물, 만조
+ '潮'는 'うしお'로도 읽을 수 있습니다.
음독 潮流 조류 紅潮 홍조 思潮 사조 風潮 풍조 満潮 만조

N4 **小1**
7획 / 제부수

수레(車) 모양을 본떠서 수레 거, 차 차

훈독 **くるま**　음독 **しゃ**

훈독 車 차　車代 차비　車座 빙 둘러앉음

음독 降車 하차(타고 있던 차에서 내림)　客車 객차　自動車 자동차
自転車 자전거　水車 수차(물레방아)　高飛車 고압적인 태도
発車 발차(차가 떠남)

N2 **小3**
10획 / 부수 广

집(广)에 수레(車) 같은 물건을 넣어 두는 창고니 창고 고

+ 广 (집 엄)

음독 **こ, く**

음독 金庫 금고　在庫 재고　車庫 차고　書庫 서고　文庫 문고
庫裏 절의 부엌, 주지나 그 가족이 머무는 곳

N2 **小4**
10획 / 부수 辵(辶)

차(車)가 지나간(辶) 바퀴 자국처럼 이으니 이을 련

훈독 **つらなる, つらねる, つれる**　음독 **れん**

훈독 連なる 한 줄로 줄지어 있다, 나란히 늘어서 있다
連ねる 늘어놓다, 한 줄로 세우다　連れる 데리고 가다
引き連れる 데리고 가다, 뒤에 거느리다　道連れ 동행, 길동무

음독 連合 연합　連休 연휴　連日 연일　連想 연상　連続 연속
連勝 연승　関連 관련

N2 小4
9획 / 부수 車

덮어서(冖) 차(車)까지 위장한 군사니 **군사 군**

+ 冖(덮을 멱), 군사들은 적에게 들키지 않으려고 주위 환경에 어울리게 무언가로 덮어 위장하지요.

음독 **ぐん**

음독 軍人 군인 軍勢 군대의 세력 軍隊 군대 軍手 목장갑
軍備 군비 軍服 군복 強行軍 강행군

N1 小6
12획 / 부수 手(扌)

손(扌)으로 군사(軍)를 지휘하려고 휘두르니
지휘할 휘, 휘두를 휘

음독 **き**

음독 揮発油 휘발유 指揮者 지휘자 発揮 발휘

N3 小3
12획 / 부수 辵(辶)

군사(軍)들이 갈(辶) 때는 차도 운전하여 옮기니 **옮길 운**
또 삶을 옮기는 운수니 **운수 운**

+ 운수(運數) – 이미 정하여져 있어 인간의 힘으로는 어쩔 수 없는 운명
+ 数(數: 셀 수, 두어 수, 자주 삭, 운수 수)

훈독 **はこぶ**　　음독 **うん**

훈독 運ぶ 운반하다, 나르다

음독 運送 운송 運動 운동 運命 운명 運用 운용 悪運 악운

N1 참고자
5획 / 부수 卩

(봄기운이 왕성하여) 두 문짝을 활짝 열어 놓은(╫╫ → 卯) 모양을 본떠서 **왕성할 묘**

또 귀를 쫑긋 세운 토끼로도 보아 **토끼 묘**

또 토끼는 넷째 지지니 **넷째 지지 묘**

훈독 **う**

훈독 卯月 음력 4월

N2 小6
7획 / 부수 卩

물고기의 두 개 알주머니(◖◗ → 卵) 모양을 본떠서 **알 란**

훈독 **たまご** 음독 **らん**

훈독 卵 달걀 卵色 달걀 껍데기 색 卵形 계란형

음독 魚卵 어란 産卵 산란

N2 小4
6획 / 부수 卩

손톱(ㅌ)으로 잡고 **무릎 꿇고(卩)** 찍는 도장이니
찍을 인, 도장 인

+ㅌ[손톱 조(爪)의 변형], 卩(무릎 꿇을 절, 병부 절, = 㔾)

훈독 **しるし** 음독 **いん**

훈독 印 표지, 표시 目印 표지, 표시

음독 印章 인장 実印 인감도장 私印 사인(개인이 쓰는 도장) 調印 조인

도움말

〈간지(干支)〉

여기서 干은 천간(天干)의 약칭이고, 支는 지지(地支)의 약칭이며, 干支(간지)는 天干(천간)과 地支(지지)를 합해서 일컫는 말입니다.

천간 (天干)	甲 (갑)	乙 (을)	丙 (병)	丁 (정)	戊 (무)	己 (기)	庚 (경)	辛 (신)	壬 (임)	癸 (계)		
지지 (地支)	子 (자)	丑 (축)	寅 (인)	卯 (묘)	辰 (진)	巳 (사)	午 (오)	未 (미)	申 (신)	酉 (유)	戌 (술)	亥 (해)

干과 支는 따로 쓰일 때도 있고, 위 아래로 짝을 지어 쓰일 때도 있습니다. 干과 支를 차례로 짝지어 놓으면, 육십 개의 각각 다른 짝이 되는데, 이것을 六十甲子라고 하지요. 또 천간은 10개이므로 十干, 지지는 12개이므로 十二支라고도 하고요.

+ 干(방패 간, 범할 간, 얼마 간, 마를 간), 支(다룰 지, 가를 지, 지출할 지)

N2 小5
10획 / 부수 田

왕성하게(卯) 일하려고 밭(田)에 머무르니 머무를 류

+ 卯[왕성할 묘(卯)의 변형]

훈독 **とめる, とまる**　음독 **りゅう, る**

훈독 留める 멈추게 하다　書留 ① 써 둠 ② 등기우편
引き留める 만류하다
留まる ① 머물다 ② 붙박이다, 고정되다 ③ (새가) 앉다, 쉬다

음독 留学生 유학생　保留 보류　留守電 부재중 전화
留守番 집 보기(부재 중 집을 지킴)
加留多 가루타(일본 전통 카드놀이 중 하나)

N2 小5
12획 / 부수 貝

왕성하게(卯) 물건(貝)을 무역하며 바꾸니
무역할 무, 바꿀 무

+ 貝(조개 패, 재물 패, 돈 패) - 제목번호 330 참고

음독 **ぼう**

음독 貿易 무역　密貿易 밀무역(법을 어기고 몰래 무역함)

N2 小6
5획 / 부수 幺

아직 **작은(幺) 힘(力)**이면 어리니 어릴 유

+ 幺 – 작고 어린 아기 모습을 본떠서 '작을 요, 어릴 요'
+ 力(힘 력)

훈독 おさない   **음독** よう

훈독 幼友達 소꿉친구
음독 幼少年 유소년 幼稚 유치함 幼稚園 유치원

N1 小6
11획 / 부수 邑(阝)

어린(彡) 시절 멈추어(艮) 살던 시골 **고을(阝)**이 고향이니
시골 향, 고향 향

정자 鄕 – 어린(彡) 시절 흰(白) 쌀밥을 숟가락(匕)으로 먹으며 살던 시골
고을(阝)이 고향이니 '시골 향, 고향 향'

+ 彡[작을 요, 어릴 요(幺)의 변형], 艮[멈출 간, 그칠 간(艮)의 획 줄임], 阝(고
을 읍 방), 白(흰 백, 밝을 백, 깨끗할 백, 아뢸 백), 匕(비수 비, 숟가락
비)

훈독 さと   **음독** きょう, ごう

훈독 故鄕 고향, 예전에 살던 곳, 고적
음독 鄕土色 향토색 鄕里 고향, 향리 帰鄕 귀향 故鄕 고향
他鄕 타향
本鄕 본향, 고향, 어떤 지역에 최초로 창시되어 중심이 된 땅

N4 小2
9획 / 부수 彳

조금씩 걷고(彳) 조금(幺)씩 천천히 걸으면(夂) 뒤지고
늦으니 뒤 후, 늦을 후

+ 彳(조금 걸을 척), 夂(천천히 걸을 쇠, 뒤져 올 치)

훈독 のち, うしろ, あと, おくれる   **음독** ご, こう

훈독 後 뒤, 후 後程 조금 지난 뒤, 나중에 後ろ 뒤 後で 나중에
後先 ① 전후, 앞뒤 ② 순서가 바뀜 後書き ① (책의) 뒷말, 후기
② 추신 氣後れ 기가 죽음, 주눅
음독 以後 이후 今後 이후, 앞으로 最後 최후, 마지막 直後 직후
後記 후기

N2 **中学**
12획 / 부수 幺

(아직은) **작고(幺) 작게(幺)** 보이는 **창(戈)**과 **사람(人)**이지만
몇이나 되는지 살피는 기미니 **몇 기, 기미 기**

| 훈독 | **いく** | 음독 | **き** |

훈독 幾つ ① 몇, 몇 개 ② 몇 살 幾多 수많이
幾分 ① 일부분 ② 어느 정도, 조금, 약간 幾ら 얼마

음독 幾何学 기하학

N2 **小4**
16획 / 부수 木

나무(木) 몇(幾) 개로 얽어 만든 베틀이니 **베틀 기**
또 베틀같이 짜인 기계나 기회니 **기계 기, 기회 기**

| 훈독 | **はた** | 음독 | **き** |

훈독 機 베틀

음독 有機 유기(생명을 가지며, 생활 기능이나 생활력을 갖추고 있음)
機能 기능 機会 기회 機関 기관 機構 기구

N1 **中学**
13획 / 부수 糸

실(糸)로 **감춰(ㄴ)** 놓은 **쌀(米)**이 나오지 않도록 터진 곳을
이으니 **이을 계**

정자 繼 – 실(糸)로 덮은(ㄴ) 것의 속이나 밖을 조금(幺)씩 이으니 '이을 계'

| 훈독 | **つぐ, まま** | 음독 | **けい** |

훈독 継ぐ 잇다, 이어받다 継ぎ目 ① 이은 자리, 이음매 ② 관절
受け継ぐ 이어받다, 계승하다 引き継ぐ 물려받다
継子 의붓자식 継父 계부 継母 계모

음독 継走 계주 継続 계속 中継 중계

N2 **小5**
11획 / 부수 斤

감춰(ㄴ) 놓은 **쌀(米)**이 나오도록 **도끼(斤)**로 끊으니
끊을 단
또 무엇을 끊듯이 결단하니 **결단할 단**

정자 斷 – 덮어(ㄴ) 놓은 물건이 조금(幺)씩 나오도록 도끼(斤)로 끊으니
'끊을 단'
또 무엇을 끊듯이 결단하니 '결단할 단'

| 훈독 | **ことわる, たつ** | 음독 | **だん** |

훈독 断る 거절하다 断つ 자르다, 끊어 버리다

음독 断層 단층 断定 단정 断念 단념 決断 결단
中断 중단 判断 판단 油断 방심, 부주의

N3 **小2**
13획 / 부수 木

(악기의 대표인) **북(白)**을 **나무(木)** 위에 올려놓고 양손으로
두드리며(ː: <) 풍류를 즐기고 좋아하니
풍류 악, 즐길 락, 좋아할 요

정자 樂 – (악기의 대표인) 북(白)을 작고(幺) 작은(幺) 실로 나무(木) 받침
대 위에 묶어놓고 치며 풍류를 즐기며 좋아하니 '풍류 악, 즐길
락, 좋아할 요'

+ 白('흰 백, 밝을 백, 깨끗할 백, 아뢸 백'이지만 여기서는 '북'으로 봄)

훈독 **たのしい, たのしむ**   음독 **がく, らく**

훈독 楽しい 즐겁다 楽しむ 즐기다 楽しみ ① 즐거움, 낙 ② 기대

음독 楽曲 악곡 楽団 악단 楽長 악장 楽 편안함 楽園 낙원
楽観 낙관 快楽 쾌락 気楽 ① 마음이 편함 ② 홀가분함
行楽 행락 千秋楽 (연극, 스모 등) 흥행의 최종일
食道楽 식도락

N3 **小3**
16획 / 부수 草 (艹)

풀(艹) 중 환자들이 **좋아하는(楽)** 약이니 약 약

+ 艹(초 두), 옛날에는 대부분의 약을 풀에서 구했답니다.

훈독 **くすり**   음독 **やく**

훈독 薬 약 薬屋 약국, 약방 粉薬 가루약 水薬 물약
음독 薬品 약품 座薬 좌약 製薬 제약 調薬 약의 조제
毒薬 독약 農薬 농약 服薬 복약(복용)

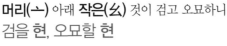

N1 **中学**
5획 / 제부수

머리(亠) 아래 **작은(幺)** 것이 검고 오묘하니
검을 현, 오묘할 현

+ 오묘(奧妙)하다 – 심오하고 묘하다.
+ 亠(머리 부분 두), 幺(작을 요, 어릴 요), 奧(奧: 속 오), 妙(묘할 묘)

음독 **げん**

음독 玄関 현관 玄孫 고손, 증손의 자식

예외 玄人 전문가, 숙련자

참고자
9획 / 부수 草(艹)

검은(玄)빛 두 개가 겹쳐 더 검으니 검을 **자**
또 검으면 눈에 잘 보이니 지시 대명사로도 쓰여 이 **자**

+ 원래 검을 현, 오묘할 현(玄) 두 개로 된 글자지만 다른 글자의 일부로
  쓰일 때는 위가 붙은 모습(茲)입니다.

N1 **小4**
12획 / 부수 水(氵)

(과일이나 채소가) 물(氵) 같은 형태로 영양분을 빨아들여
이렇게(茲) 불어나 드는 맛이니 불을 **자**, 맛 **자**

+ 茲[검을 자, 이 자(茲)의 변형]

훈독 **しげる**   음독 **じ**

훈독 滋る 초목이 무성하다, 빽빽히 들어차다

음독 滋味 깊은 맛 滋養分 자양분(몸의 영양을 좋게 하는 성분)
    滋賀県 시가현(일본의 현 중의 하나)

小6
14획 / 부수 石

돌(石) 중 **이렇게(茲)** 쇠를 끌어당기는 자석이니 자석 **자**
또 돌(石)처럼 **이렇게(茲)** 구워 만든 사기그릇이니
사기그릇 자

음독 **じ, し**

음독 磁気 자기 磁器 사기그릇 磁力 자기력 青磁 청자
    電磁波 전자기파

N2 **小1**
6획 / 제부수

실(糸)을 감아놓은 **실타래(🧵)**를 본떠서 **실 사, 실 사 변**

훈독 **いと**　음독 **し**

훈독 糸 실 糸口 실마리, 단서 糸筋 실낱 糸巻き 실패

음독 一糸 한 가닥의 실 金糸 금실 綿糸 면사, 무명실

N1 **小6**
13획 / 부수 糸

실(糸) 중 누에의 **입(口)**을 통해 **몸(月)**에서 나온 실로 짠 비단이니 **비단 견**

+ 누에의 입으로 몸속 실이 나오지요.

훈독 **きぬ**　음독 **けん**

훈독 絹 비단, 명주 絹糸 견사, 명주실

+ '絹糸'는 'けんし'로도 읽을 수 있습니다.

음독 絹雲 새털구름 絹布 견포, 비단, 견직물

N3 **小3**
11획 / 부수 糸

(누에 같은 벌레가) **실(糸)** 뽑아 집 짓는 일은 **겨울(冬)**이 되기 전에 다하여 마치니 **다할 종, 마칠 종**

+ 冬(겨울 동) – 제목번호 285 참고

훈독 **おわる, おえる**　음독 **しゅう**

훈독 終わる 끝나다 終わり 끝 終える 끝내다

음독 終演 종연(연극, 연설, 연주 등이 끝남) 終日 (온)종일
終身 종신 終息 종식 終着駅 종착역 最終 최종

N1 **小4**
15획 / 부수 糸

실(糸) 중 **물건(曰)**과 **물건(曰)**을 **이어(ㄴ)** 묶는 노끈이니 **노끈 승**

정자 繩 – 실(糸)로 힘쓸(黽) 수 있게 만든 노끈이니 '노끈 승'

+ 黽 – 무엇에 매여 힘쓰는 모습이나 맹꽁이를 본떠서 '힘쓸 민, 맹꽁이 맹'

+ 曰('가로 왈'이지만 여기서는 물건으로 봄)

훈독 **なわ**　음독 **じょう**

훈독 縄 새끼줄 縄張り 세력 범위, 세력권

음독 縄規 규칙, 표준 自縄自縛 자승자박

N1 **小6**
7획 / 부수 糸

하나(丿)의 **실(糸)**처럼 이어지는 혈통이니
이을 계, 혈통 계

음독 **けい**

음독　系列 계열　家系 가계　体系 체계　太陽系 태양계
けいれつ　　かけい　　たいけい　　たいようけい
直系 직계　同系 동계　父系 부계
ちょっけい　どうけい　ふけい

N2 **小3**
9획 / 부수 人(亻)

사람(亻)들이 서로 **이어지는(系)** 관계니 관계 계
또 관계되는 사람끼리 모인 계니 계 **계**

훈독 **かかる**　　음독 **けい**

훈독　係る 이런　係員 담당자　係長 계장　係わる 관계되다, 관련되다
かか　　かかりいん　　かかりちょう　　かか
음독　係留 계류　関係 관계　連係 연계
けいりゅう　かんけい　れんけい

N2 **小4**
10획 / 부수 子

아들(子)의 대를 **이어주는(系)** 손자니 손자 손

훈독 **まご**　　음독 **そん**

훈독　孫 손자　孫の手 효자손　孫娘 손녀　内孫 친손자　外孫 외손자
まご　　まごて　　まごむすめ　　うちまご　　そとまご
음독　子孫 자손
しそん

N3 **小3**
9획 / 부수 目

한 **눈(目)**에 덮어(ㄴ) 바라볼 정도로 **작은(小)** 고을이니
고을 현

정자 縣 – 한 눈(目)에 덮어(ㄴ) 바라볼 정도로 조금(小)씩 혈통(系)이 같은
사람들이 모여 사는 고을이니 '고을 현'
+ 目(눈 목, 볼 목, 항목 목), ㄴ(감출 혜, 덮을 혜, = 匚), 小(작을 소)

음독 **けん**

음독　県 현(일본의 지방 행정 단위)　県知事 현지사(한국의 도지사)
けん　　けんちじ

251

N3 **小2**
4획 / 제부수

마음(丶心)이 가슴에 있다고 생각하여 **심장(🫀)**을 본떠서
마음 심

또 심장이 있는 몸의 중심이니 **중심 심**

+ 글자의 왼쪽에 붙는 부수인 변으로 쓰일 때는 忄(마음 심 변), 글자의 발에
   붙는 부수인 발로 쓰일 때는 㣺(마음 심 발)이나 心 그대로 쓰기도 합니다.

| 훈독 | **こころ** | 음독 | **しん** |

훈독 心 마음   心当り 짐작, 짚이는 데

음독 心身 심신   心情 심정   感心 ① 감탄 ② 질림, 어이없음, 기가 막힘
　　　細心 세심   中心 중심   熱心 열심임

예외 心地 기분, 심정, 느낌   心地好い 기분 좋다, 상쾌하다
　　　真心 진심   肝心 중요함, 요긴함   信心 믿음, 신앙심
　　　用心 조심, 주의, 경계

N2 **小4**
5획 / 부수 心

하나(丿)에만 매달리는 **마음(心)**으로 반드시 이루니
반드시 필

+ 丿('삐침 별'이지만 여기서는 하나로 봄)

| 훈독 | **かならず** | 음독 | **ひつ** |

훈독 必ず 반드시, 꼭

음독 必死 필사   必然 필연   必修 필수   必勝 필승   必要 필요

(옛날에 곡식이 귀했던 시절에는)

벼(禾)를 **반드시(必)** 숨겨야 했으니 **숨길 비**

+ 禾('벼 화'로 곡식의 대표)

N1 **小6**
10획 / 부수 禾

| 훈독 | **ひめる** | 음독 | **ひ** |

훈독 秘める ① 숨기다, (속에) 간직하다 ② 내포하다

음독 秘訣 비결   秘藏 비장   秘密 비밀   極秘 극비   神秘 신비

집(宀)을 반드시(必) 산(山)속에 짓고 산다면 빽빽할 정도로 많은 비밀이 있으니 빽빽할 밀, 비밀 밀

+ 宀(집 면)

훈독 ひそか　　**음독** みつ

훈독 密か 가만히 몰래 함

음독 密接 밀접　密集 밀집　密度 밀도　密林 밀림

過密 과밀, 빽빽함　精密 정밀　内密 비밀

+ 'みつ' 뒤에 'か행, さ행, た행' 글자가 오면 'つ'가 'っ(촉음)'으로 발음됩니다.

N1 **小6**
11획 / 부수 宀

---

254 亜(아) 悪(악(오))

버금 아, 다음 아(亞)를 쉽게 써서 버금 아, 다음 아

[정자] 亞 – (신체적 능력이 보통 사람보다 부족한) 두 곱사등이(𠀎𠀎)를 본떠서 '버금 아, 다음 아'

+ 버금 – 으뜸의 바로 아래로, 다음. 두 번째

음독 あ

음독 亜流 아류　亜鉛 아연

N1 **中学**
7획 / 부수 二

최선이 아닌 **다음(亜)**을 생각하는 **마음(心)**이 악하니
악할 악
또 악은 모두 미워하니 미워할 오

[정자] 惡

+ 무슨 나쁜 짓을 하는 것만이 악한 것이 아니라 이것이 안 되면 저것 하지 식으로 최선을 다하지 않고 다음을 생각하는 마음이 제일 크게 악하지요.

훈독 わるい　　**음독** あく, お

훈독 悪い 나쁘다　意地悪 심술궂음, 짓궂음, 심술쟁이

決まり悪い 쑥스럽다, 멋쩍다, 창피하다

음독 悪化 악화　悪天候 악천후　悪童 악동

悪日 운이 나쁜 날, 불길한 날　暴悪 포악　悪寒 오한

N3 **小3**
11획 / 부수 心

N4 小1
3획 / 제부수

하나(ﾉ)를 나누어(八) 작으니 작을 소

+ 八(여덟 팔, 나눌 팔)

훈독 **ちいさい, お, こ**　　**음독** **しょう**

훈독 小さい 작다　小川 개울, 시내　小石 작은 돌
小切手 수표　小言 잔소리　小指 새끼손가락
小間物 화장 도구 등의 자질구레한 물건, 장신구

음독 小学校 초등학교　小学生 초등학생　小吉 조그마한 행운
小量 소량

N4 小2
4획 / 부수 小

작은(小) 것이 또 **떨어져 나가(ﾉ)** 적으니 적을 소
또 나이가 적어 젊으니 젊을 소

+ 小와 少 구별 – 작을 소(小)는 주로 크기가 작다는 뜻이고, 적을 소, 젊을
소(少)는 주로 양이 적다, 젊다는 뜻입니다. 그래서 작을 소(小)의 반대는
큰 대(大), 적을 소, 젊을 소(少)의 반대는 많을 다(多)와 늙을 로(老)지요.

훈독 **すくない, すこし**　　**음독** **しょう**

훈독 少ない 적다　少なくとも 적어도　少し 조금　少しも 조금도

음독 少々 조금, 약간　少額 소액　減少 감소　多少 다소　幼少年 유소년

N1 中学
7획 / 부수 肉(月)

작은(⺌) 몸(月)처럼 작으니 작을 소
또 **작아도(⺌) 몸(月)**은 부모를 닮으니 닮을 초

정자 肖

+ ⺌[작을 소(小)의 변형], 月(달 월, 육 달 월)

음독 **しょう**

음독 肖像 초상　不肖 불초

물(氵)로 **작아지게(肖)** 끄거나 삭이니 **끌 소, 삭일 소**
또 열정을 삭이고 물러서니 **물러설 소**

정자 消

+氵(삼 수 변)

N2 小3
10획 / 부수 水(氵)

훈독 **きえる, けす**　음독 **しょう**

훈독 消える ① 꺼지다 ② 사라지다　消す ① 끄다 ② 없애다
消しゴム 지우개　打ち消す 부정하다　取り消す 취소하다

음독 消化 소화　消去 소거　消極的 소극적　消息 소식
消毒 소독　消費 소비　消防署 소방서　消耗 소모

---

256 > 不 > 否
　　불(부)　부(비)

하나(一)의 **작은(小)** 잘못도 해서는 아니 되니
아닐 불, 아닐 부

+ 한국 한자에서는 ㄷ, ㅈ으로 시작하는 말 앞에서 '부'로 발음합니다.
+ 小(작을 소)

N3 小4
4획 / 부수 一

음독 **ふ, ぶ**

음독 不安 불안　不景気 불경기　不動産 부동산　不注意 부주의
不正 부정　不気味 어쩐지 기분이 나쁨　不器用 서투름
不調法 서투름, 미흡함

아니(不)라고 **말하니(口)** **아닐 부**
또 아니 되게 막히니 **막힐 비**

+ 口(입 구, 말할 구, 구멍 구)

N2 小6
7획 / 부수 口

훈독 **いなむ**　음독 **ひ**

훈독 否 불찬성, 동의하지 않음　否む 부정하다

음독 否決 부결　否定 부정　可否 가부

예외 賛否 찬성과 반대

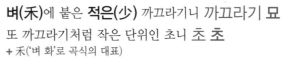

N2 **小3**
9획 / 부수 禾

벼(禾)에 붙은 적은(少) 까끄라기니 까끄라기 묘
또 까끄라기처럼 작은 단위인 초니 초 초
+ 禾('벼 화'로 곡식의 대표)

음독 **びょう**

음독 秒 초(시간 단위) 秒針 (시계의) 초침 秒速 초속
秒読み 초읽기 寸秒 아주 짧은 시간 毎秒 매초

N2 **小6**
9획 / 부수 石

돌(石)이 조금(少)씩 깨져 이루어지는 모래니
모래 사 (= 沙)
+ 沙 – 물(氵)로 인하여 작아진(少) 모래니 '모래 사' – 중학교

훈독 **すな** 음독 **さ, しゃ**

훈독 砂 모래 砂時計 모래시계 砂場 모래사장 砂山 모래 산
음독 砂金 사금(물가나 물 밑의 모래 또는 자갈 속에 섞인 금)
砂丘 사구 防砂堤 방사제 砂利 자갈 土砂 토사

N2 **小4**
9획 / 부수 目

조금(少)씩 눈(目)여겨 살피니 살필 성
또 사물을 조금(少)씩 줄여서 보니(目) 줄일 생

훈독 **はぶく, かえりみる** 음독 **せい, しょう**

훈독 省く 생략하다, 간단히 하다 省みる 반성하다
음독 自省 자성 反省 반성 省略 생략

N2 小5
5획 / 제부수

하늘 땅(二)에 작은(小) 기미가 보이니 보일 시
또 이렇게 기미를 보이는 신이니 신 시

+ 글자의 왼쪽에 붙는 부수인 변으로 쓰일 때는 '보일 시, 신 시 변(礻)'으로, 옷 의(衣)가 글자의 변으로 쓰일 때의 모습인 '옷 의 변(衤)'과 비슷하니 혼동하지 마세요.

훈독 しめす　음독 じ

훈독 示す 가리키다, 보이다, 나타내다

음독 訓示 훈시　指示 지시　展示 전시　表示 표시

N4 小2
7획 / 부수 示(礻)

신(礻) 중에 토지(土)를 주관하는 토지신이니 토지신 사
또 토지신께 제사지낼 때처럼 모두 모이니 모일 사

정자 社

+ 대부분의 나라가 농업 국가였던 옛날, 나라를 세우면 천자나 제후가 단을 쌓아 토지신인 사(社)와 곡식 신인 직(稷)에 제사를 지냈답니다. 그래서 왕실과 나라를 통틀어 이르는 말을 종묘사직(宗廟社稷)이라 하지요.
+ 稷(기장 직, 곡식 신 직), 宗(종가 종, 으뜸 종), 廟(사당 묘)

훈독 やしろ　음독 しゃ

훈독 社 신사, 신을 모시는 건물

음독 社員 사원　社会 사회　社交 사교　社宅 사택　会社 회사
当社 당사　商社 상사　出社 출사　入社 입사

N1 小4
8획 / 부수 大

자기 잘못이 커(大) 보이니(示) 어찌할까에서
어찌 내 · 나

음독 な

음독 奈落 나락, 지옥　奈辺 어느 근방, 어디

+ 나락(奈落 · 那落) – 범어(梵語) Naraka의 음역(音訳)으로, ① 지옥 ② 벗어나기 어려운 절망적인 상황을 비유하여 이르는 말
+ 落(떨어질 락), 那(어찌 나), 梵(범어 범), 語(말씀 어), 音(소리 음), 訳(譯: 번역할 역)

N1 **小6**
8획 / 부수 宀

집(宀)에서 조상의 **신(示)**을 모시는 종가니 종가 종
또 종가는 그 집안의 으뜸이니 으뜸 종

+ 宀(집 면)

 しゅう, そう

음독 宗徒 종도, 신도　宗派 종파　改宗 개종　宗家 종가　宗主 종주
宗族 종족, 일족, 일문

---

259 〉 **祭** 〉 **際** 〉 **察**
제　　제　　찰

N2 **小3**
11획 / 부수 示

고기(夕)를 손(⺇)으로 **신(示)**께 올리는 제사니 제사 제
또 제사처럼 많은 사람들이 모여 즐기는 축제니 축제 제

+夕[달 월, 육 달 월(月)의 변형], ⺇[오른손 우, 또 우(又)의 변형]

 まつる　　음독 **さい**

훈독 祭る 제사지내다　祭 ① 제사 ② 마쓰리, 축제　夏祭り 여름 축제
雪祭り 눈 축제

음독 祭日 (축)제일　祭礼 제례　司祭 (가톨릭의) 사제, 신부
前夜祭 전야제

N2 **小5**
14획 / 부수 阜(阝)

언덕(阝)에서 **제사(祭)** 지낼 때니 때 제
또 때가 가까운 근처나 곁이니 근처 제, 곁 제
또 이럴 때는 모두 모여 즐겁게 사귀니 사귈 제

+ 시제(時祭) – 음력 10월에 5대 이상의 조상 무덤에 가족들이 모여 지내는
　제사
+阝(언덕 부 변), 時(때 시)

 きわ　　음독 **さい**

훈독 際 ① 가장자리 ② 바로 옆, 곁, 근처 ③ 직전　口際 입 언저리, 입가
手際 솜씨　死に際 임종　水際 물가

음독 交際 교제　国際 국제　実際 ① 실제 ② 참으로, 정말로

집(宀)에서 **제사(祭)** 때 제물을 살피니 **살필 찰**

음독 さつ

음독 察知 헤아려 앎　監察 감찰　観察 관찰　考察 고찰
査察 사찰　視察 시찰　明察 명찰

N2 **小4**
14획 / 부수 宀

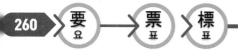

260　要
요　→　票
표　→　標
표

몸을 **덮는(襾)** 옷이 **여자(女)**에게는 더욱 중요하고 필요하니
중요할 요, 필요할 요

+ 襾 – 뚜껑(ㅛ)을 덮으니(冂) 덮을 아
+ ㅛ(뚜껑의 모습), 冂['멀 경, 성 경'이지만 여기서는 덮을 멱(冖)의 변형으로 봄]
+ 襾[덮을 아(襾)의 변형]

훈독 いる, かなめ　　**음독** よう

훈독 要る 필요하다　要 가장 중요한 것, 요점

음독 要件 요건　要所 중요한 곳　要職 요직　要約 요약
肝要 간요, 긴요　重要 중요

N2 **小4**
9획 / 부수 襾

덮은(襾) 것이 잘 **보이게(示)** 표시한 표니 **표시할 표, 표 표**

+ 示(보일 시, 신 시)

음독 ひょう

음독 票 표　票決 표결　開票 개표　集票 ① 표를 얻음 ② 집표
得票 득표

N1 **小4**
11획 / 부수 示

나무(木)에 **표시(票)**한 표니 **표시할 표, 표 표**

+ 票는 종이에 쓴 일반적인 표시, 標는 나무로 드러나게 한 표시

음독 ひょう

음독 標語 표어　標識 표지, 표시　標本 표본　座標 좌표　目標 목표

N1 **小4**
15획 / 부수 木

259

N3 小2
9획 / 부수 日

하늘 땅(二)에 점점 크게(大) 해(日)가 다가오는 봄이니 봄 춘

+ 二('둘 이'지만 여기서는 하늘과 땅), 봄에는 남쪽으로 내려갔던 해가 북쪽으로 올라오기 시작하여 더욱 크게 느껴지고 따뜻하지요.

훈독 **はる**　　음독 **しゅん**

훈독 春 봄 春先 초봄 春風 춘풍, 봄바람 小春 음력 10월의 딴 이름

음독 思春期 사춘기 早春 이른 봄 立春 입춘

N1 小6
9획 / 부수 大

하늘 땅(二) 같은 위대한(大) 분께 예쁜(天) 것을 드리며 아뢰니 아뢸 주

+ 天 – 위(丿)로 크게(大) 자라나는 모양이 젊고 예쁘니 '젊을 요, 예쁠 요'
  또 기울어(丿) 큰(大) 뜻을 펼치지 못하고 일찍 죽으니 '일찍 죽을 요'

훈독 **かなでる**　　음독 **そう**

훈독 奏でる 켜다, 연주하다

음독 奏楽 주악 奏法 연주법 演奏 연주 合奏 합주 間奏 간주
協奏曲 협주곡

中学
8획 / 부수 大

하늘 땅(二) 같이 위대한(大) 분을 많이(十) 받드니 받들 봉

+ 十[일천 천, 많을 천(千)의 변형]

훈독 **たてまつる**　　음독 **ほう, ぶ**

훈독 奉る 바치다

음독 奉仕 봉사 奉納 봉납 奉賀 봉하, 축하를 드림 奉祝 봉축
供奉 행차에 참가함

N2 小6
12획 / 부수 木

나무(木) 중 받들고(奉) 치는 몽둥이니 몽둥이 봉

음독 **ぼう**

음독 棒 막대, 몽둥이 棒暗記 통째로 욈 棒切れ 나무토막, 짧은 막대기
棒立ち (놀라서) 우뚝 섬 棒引き 말소함
相棒 동료, 짝 鉄棒 철봉

+ '鉄棒'을 'かなぼう'로 읽으면 '쇠막대기'라는 뜻이 됩니다.

풀이 무성하게 자라 예쁘니 풀 무성할 봉, 예쁠 봉
또 재물이 **삼(三)**대까지 **이어질(|)** 정도로 풍성하니
풍성할 풍

N1 小6
16획 / 부수 心

집(宀)이나 나라의 **어지러운(丰)** 일을 **법망(罒)**으로 다스
리기 위해 **마음(心)**을 다해 만든 법이니 법 헌

+ 법망(法網) – '법의 그물'로, 범죄자에 대한 제재를 물고기에 대한 그물로
  비유하여 이르는 말
+ 罒(그물 망), 法(법 법), 網(그물 망), 丰[풀 무성할 봉, 예쁠 봉(丰)의 변
  형 – 무성하니 어지럽다는 뜻도 된 것]

음독 **けん**

음독 憲法 헌법　憲章 헌장　憲兵 헌병　違憲 위헌　家憲 가헌(한 집
안의 법도)　改憲 개헌　合憲 합헌　立憲 입헌

N2 小4
10획 / 부수 宀

집(宀)에서 **어지럽게(丰)** 말하며(口) 해치고 방해하니
해칠 해, 방해할 해

+ 宀(집 면)

음독 **がい**

음독 害虫 해충　公害 공해　殺害 살해　自害 자해　水害 수해
損害 손해　傷害 상해　百害 백해　利害 이해(이익과 손해)
有害 유해　要害 요해, 요충지

N2 小6
12획 / 부수 刀(刂)

해(害) 되는 것을 **칼(刂)**로 베어 나누니 벨 할, 나눌 할

+ 刂(칼 도 방)

훈독 **わる, われる, さく**　　**음독** **かつ**

훈독 割る 나누다, 가르다　割合 비율　割引 할인　割り前 몫, 배당액, 배당량
割増し 할증　時間割 ① 수업 시간표 ② 예정표
役割 역할　割れる 깨지다　割れ物 깨지기 쉬운 물건
割れ目 갈라진 틈, 균열　割く 할애하다

음독 割腹 할복　分割 분할

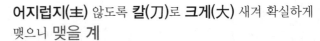

N1 中学
9획 / 부수 大

어지럽지(丰) 않도록 **칼(刀)**로 **크게(大)** 새겨 확실하게 맺으니 **맺을 계**

또 **어지럽게(丰) 칼(刀)** 들고 **크게(大)** 싸우던 부족 이름이니 **부족 이름 글**

[정자] 契
+ 丰[풀 무성할 봉, 예쁠 봉(丰)의 변형], 刀(칼 도)
+ 필순이 한국 한자와 다릅니다.

[훈독] **ちぎる**   [음독] **けい**

[훈독] 契る 장래를 약속하다, 부부로서의 인연을 맺다
ちぎ
契り 약속, 부부의 인연을 맺음
[음독] 契印 계인, 계약 도장 契機 계기 契約書 계약서
けいいん   けい き   けい やく しょ

N1 小5
15획 / 부수 水(氵)

물(氵)로 **어지럽게(丰)** 더러워진 **칼(刀)**과 **실(糸)**을 씻어 깨끗하니 **깨끗할 결**

[정자] 潔

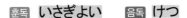

[훈독] **いさぎよい**   [음독] **けつ**

[훈독] 潔い 미련 없이 깨끗하다
いさぎよ
[음독] 潔白 결백 簡潔 간결 高潔 고결 純潔 순결 不潔 불결
けっ ぱく   かんけつ   こう けつ   じゅんけつ   ふ けつ

N4 **小1**
5획 / 제부수

둥글고 눈동자 (Ө) 있는 **눈(Ө)**을 본떠서 눈 목

또 눈으로 보니까 볼 목

또 눈에 잘 보이게 만든 항목이니 항목 목

훈독 **め, ま**　음독 **もく, ぼく**

훈독 目 ① 눈 ② ~번째　目方 무게, 중량　目盛 (계량기의) 눈금
目安 목표, 표준　多目 좀 많은 정도　効き目 효력, 보람
真面目 성실함　木目 나뭇결　目の当たり 바로 눈앞

음독 目的 목적　目録 목록　目論見 계획, 의도　人目 남의 눈
面目 면목

N1 **小6**
9획 / 부수 目

(눈이 부시거나 더 잘 보려고 할 때) **손(手)**을 **눈(目)** 위에 얹고
보니 볼 간

+ 手[손 수, 재주 수, 재주 있는 사람 수(手)의 변형]

훈독 **みる**　음독 **かん**

훈독 看る 보살피다

음독 看過 간과　看護婦 간호사　看守 간수　看板 간판　看病 간병

N4 **小1**
7획 / 제부수

눈(目)으로 **사람(儿)**이 보거나 뵈니 **볼 견, 뵐 현**

+ 目(눈 목, 볼 목, 항목 목), 뵙다 – 웃어른을 대하여 보다.

훈독 **みる, みえる, みつける, みせる**   음독 **けん**

훈독 見る 보다 見送り 송별, 배웅 見える 보이다
　　 見方 ① 보는 방법, 보기 ② 견해 ③ 관점 見つける 발견하다
　　 見せる 보이다 花見 벚꽃놀이
음독 見当 ① 목표 ② 방향 見物 구경
　　 一見 ① 한번 봄 ② 첫 대면 発見 발견

N2 **小5**
11획 / 부수 玉(王)

구슬(王)을 갈고 닦으면 이제 바로 무늬가 **보이고(見)** 나타나니 **이제 현, 나타날 현**

+ 王(임금 왕, 으뜸 왕, 구슬 옥 변)

훈독 **あらわす, あらわれる**   음독 **げん**

훈독 現す 나타내다, 증명하다 現れる 나타나다, 드러나다
　　 現れ ① 표현 ② 결과
음독 現行 현행 現在 현재 現実 현실 現場 현장, 상황 出現 출현

N2 **小5**
11획 / 부수 見

사내(夫)가 눈여겨**보아야(見)** 할 법이니 **법 규**

+ 夫(사내 부, 남편 부), 혈기 왕성한 사내는 자칫 법을 어길 수 있으니 조심해야 하지요.

음독 **き**

음독 規制 규제 規則 규칙 規律 규율 正規 정규

N1 **小6**
11획 / 부수 見

보고(礻) 또 **보며(見)** 살피니 **볼 시, 살필 시**

정자 視

+ 礻[보일 시, 신 시(示)가 글자의 변으로 쓰일 때의 모습으로 '보일 시, 신 시 변']

음독 **し**

음독 視線 시선 視力 시력 視野 시야 近視 근시 重視 중시
　　 注視 주시

N2 **小2**
8획 / 부수 目

많이(十) 눈(目)으로 감춰진(ㄴ) 부분까지 살펴도 곧고 바르니 곧을 직, 바를 직

훈독 ただちに, なおす, なおる　　**음독** ちょく, じき

훈독 直ちに ① 곧, 즉각 ② 바로, 직접　直す 고치다　手直し 불완전한 곳을 고침　出直し (돌아갔다가) 다시 오다, 처음부터 다시 함　直る 고쳐지다, 바로잡히다　仲直り 화해　素直 순수함, 솔직함, 순진함

음독 直営 직영　直感 직감　直行 직행　直線 직선　直面 직면　宿直 숙직　直筆 직필　正直 정직

N2 **小3**
12획 / 부수 木

나무(木)를 곧게(直) 세워 심으니 심을 식

훈독 うえる, うわる　　**음독** しょく

훈독 植える 심다　植木 정원수, 분재　植木屋 정원사　田植え 모내기　植わる 심어지다

음독 植物 식물　植民地 식민지　移植 이식

N2 **小6**
10획 / 부수 人(亻)

사람(亻)이 바르게(直) 평가하여 매긴 값이니 값 치

훈독 ね, あたい　　**음독** ち

훈독 値上げ 가격 인상(↔ 値下げ)　値段 값, 가격　値引き 값을 깎음, 깎아 줌　高値 고가, 비싼 값　元値 원가　値 값, 값어치

음독 価値 가치　数値 수치

N3 **小3**
10획 / 부수 目

많은(十) 눈(目)이 쳐다봐도 하나(一)같이 팔(八)방에 통하도록 참되니 참 진

정자 眞 – 비수(匕)처럼 눈(目)뜨고 감추어진(ㄴ) 것을 나누고(八) 파헤쳐 보아도 참되니 '참 진'

훈독 ま　　**음독** しん

훈독 真ん中 한가운데　真似 흉내　生真面目 고지식함

음독 真実 진실　真相 진상(사물이나 현상의 거짓 없는 모습이나 내용)　真理 진리　純真 순진　写真家 사진가

참고자
12획 / 부수 心

곧고 바른(直) 마음(心)이 덕이니 덕 덕

+ 덕 덕, 클 덕(德)의 고자(古字)
+ 덕(德) – ① 도덕적·윤리적 이상을 실현해 나가는 인격적 능력
          ② 공정하고 남을 넓게 이해하고 받아들이는 마음이나 행동
          ③ 베풀어 준 은혜나 도움

N1 小4
14획 / 부수 彳

행실(彳)이 덕스러우니(悳) 덕 덕
또 덕이 있으면 크게 쓰이니 클 덕

정자 德 – 행실(彳)이 덕스러우니(悳) '덕 덕'
         또 덕이 있으면 크게 쓰이니 '클 덕'
+ 글자 가운데에 한 일(一)이 없으면 일본 한자, 있으면 정자
+ 悳[덕 덕(悳)의 변형(變)에서 획 줄임], 彳(조금 걸을 척)

음독 **とく**

음독 德行 덕행 德政 덕정 德望 덕망 功德 공덕 人德 인덕
     德利 ① (아가리가 길쭉한) 술병 ② (비유적으로) 헤엄을 못 치는 사람
       + '德利'는 'とっくり'라고도 읽습니다.
     道德 도덕 美德 미덕 不德 부덕 不德義 부덕의, 덕의에 어긋남

N1 中学
17획 / 부수 耳

귀(耳)로 덕스러운(悳) 소리를 들으니 들을 청

정자 聽 – 귀(耳)로 왕(王)처럼 덕스러운(悳) 소리를 들으니 '들을 청'
+ 耳(귀 이), 王(임금 왕, 으뜸 왕, 구슬 옥 변)

훈독 **きく**   음독 **ちょう**

훈독 聴く 주의해서 듣다, 귀를 기울이다
음독 聴覚 청각 聴講 청강 聴取 청취 聴衆 청중 視聴 시청

N2 小6
5획 / 부수 广

집(广) 중 장정(丁)들이 일하는 관청이니 관청 청

정자 廳 – 집(广) 중 백성들의 의견을 들어주는(聽) 관청이니 '관청 청'
+ 广(집 엄), 丁(고무래 정, 못 정, 장정 정)

음독 **ちょう**

음독 官庁 관청 県庁 현청(일본의 도청) 退庁 퇴청(관청에서 근무를
마치고 퇴근함) 登庁 등청(관청에 출근함) 本庁 본청

N3 **小2**
9획 / 제부수

머리털(⩗) 아래 **이마(ノ)**와 **눈(目)**이 있는 머리니 머리 수
또 머리처럼 위에 있는 우두머리니 **우두머리 수**

훈독 **くび** 음독 **しゅ**

훈독 首 목 首筋 목덜미 首輪 목걸이 足首 발목

음독 元首 원수 自首 자수 部首 (한자의) 부수

N4 **小2**
9획 / 부수 刀(刂)

우두머리(⩗)가 **몸(月)**에 **칼(刂)**을 차고 나서는 앞이니
앞 전

+ ⩗[머리 수, 우두머리 수(首)의 획 줄임], 月(달 월, 육 달 월), 刂(칼 도 방)

훈독 **まえ** 음독 **ぜん**

훈독 前 앞, 전 前書き 서언, 머리말, 서론 前金 선금 前歯 앞니

음독 前提 전제 前方 전방 前後 전후 以前 이전 事前 사전
直前 직전

N4 **小2**
12획 / 부수 辵(辶)

머리(首) 두르고 **가는(辶)** 길이니 **길 도**
또 길처럼 사람이 가야 할 도리니 **도리 도**
또 도리에 맞게 말하니 **말할 도**

훈독 **みち** 음독 **どう**

훈독 道 길 枝道 샛길 片道 편도 細道 좁은 길
筋道 사리, 조리, 절차, 순서

음독 道場 도장 横断歩道 횡단보도 間道 샛길, 지름길
報道 보도 人道 인도 修道院 수도원

N2 **小5**
15획 / 부수 寸

도리(道)와 **법도(寸)**에 맞게 인도하니 **인도할 도**

+ 寸(마디 촌, 법도 촌) - 제목번호 133 참고

훈독 **みちびく** 음독 **どう**

훈독 導く 인도하다, 안내하다, 이끌다, 지도하다

음독 導出 도출 導入 도입 先導 선도 主導権 주도권

N4 **小1**
6획 / 제부수

귀 모양을 본떠서 **귀 이**

훈독 **みみ**　　음독 **じ**

훈독 耳^{みみ} 귀　耳新^{みみあたら}しい 금시초문이다　耳打^{みみう}ち 귓속말　空耳^{そらみみ} 헛들음,

잘못 들음　早耳^{はやみみ} 남보다 빨리 들음

음독 耳介^{じかい} 귓바퀴　耳語^{じご} 귓속말　耳順^{じじゅん} 이순, 60세

耳目^{じもく} 이목, 귀와 눈

N2 **小3**
8획 / 부수 又

귀(耳)로 듣고 **손(又)**으로 취하여 가지니 **취할 취, 가질 취**

＋ 又(오른손 우, 또 우) – 제목번호 179 참고

훈독 **とる**　　음독 **しゅ**

훈독 取^とる 잡다, 벗다, (사진을) 찍다　取^とり組^くむ 맞붙다, 대전하다,

몰두하다　取^とっ手^て 손잡이　取引^{とりひき} 거래, 흥정　受取^{うけとり} 수취인

書取^{かきとり} 받아쓰기　手取^{てど}り 실수령액　日取^{ひど}り 날짜를 정함, 택일

음독 取得^{しゅとく} 취득　採取^{さいしゅ} 채취　先取^{せんしゅ} 선취

N2 **小4**
12획 / 부수 曰

(무슨 일을 결정할 때) 여러 사람의 **말(曰)**을 **취하여(取)** 들음이

가장 최선이니 **가장 최**

＋ 曰(가로 왈), 가로다 – '말하다'를 예스럽게 이르는 말

훈독 **もっとも**　　음독 **さい**

훈독 最^{もっと}も 가장

음독 最高^{さいこう} 최고　最高潮^{さいこうちょう} 최고조　最善^{さいぜん} 최선　最初^{さいしょ} 최초

最大^{さいだい} 최대(↔ 最小 최소)　最適^{さいてき} 최적　最中^{さいちゅう} 한창, 한중간

예외 最早^{もはや} 벌써, 이미, 어느새　最中^{さなか} 한창

N3 **小2**
7획 / 부수 士

선비(士)가 뱀(尸)처럼 길게 내는 소리니 소리 성

[정자] 聲 – 선비(士)가 놀라 뱀(尸)을 칠(殳) 때 지르는 소리처럼 귀(耳)에
들려오는 소리니 '소리 성'

+ 士(선비 사), 尸[뱀 파, 꼬리 파, 땅 이름 파(巴)의 변형], 殳(칠 수, 창 수,
몽둥이 수)

[훈독] **こえ, こわ**　　[음독] **せい, しょう**

[훈독] 声 (목)소리　地声 타고난 음성, 본래 목소리
泣き声 ① 울음 섞인 목소리 ② 울음소리, 우는 소리
声色 ① 음색, 목청 ② 성대모사

[음독] 声調 성조　声明 성명　音声 음성　拡声器 확성기　肉声 육성
大音声 우렁찬 목소리

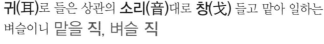

270 職 직 　織 직 　識 식(지)

N2 **小5**
18획 / 부수 耳

귀(耳)로 들은 상관의 소리(音)대로 창(戈) 들고 맡아 일하는 벼슬이니 맡을 직, 벼슬 직

+ 音(소리 음), 戈(창 과), 다른 종족과 싸움이 많았던 옛날에는 항상 무기를
지니고 일했으니 무기와 관련된 글자도 많습니다.

[음독] **しょく**

[음독] 職員 직원　職権 직권　職業 직업　職人 직인, 장색, 공장
職場 직장　失職 실직

N1 **小5**
18획 / 부수 糸

실(糸) 치는 소리(音)가 창(戈) 부딪치는 소리를 내며 짜니 짤 직

+ 베를 짤 때 날실에 씨실을 쳐 넣는 바디 소리가 나지요. '바디'는 베틀에서
날실에 씨실을 쳐서 베를 짜는 도구
+ 糸(실 사, 실 사 변)

[훈독] **おる**　　[음독] **しき, しょく**

[훈독] 織る (직물을) 짜다　織り 방직, 옷감　織物 직물
[음독] 組織 조직　紡織 방직

말(言)이나 소리(音)를 창(戈)으로 알게 기록하니
알 식, 기록할 지

음독 **しき**

음독 識見 식견 識別 식별 意識 의식 学識 학식 常識 상식
博識 박식 面識 면식

N2 · 小5
19획 / 부수 言

271 且 차 〉 組 조 〉 祖 조 〉 査 사

그릇(⌣)에 음식을 또또(겹겹이) 쌓아올린(且) 모양에서
또 차

훈독 **かつ**

훈독 且つ ① 동시에, 또한 ② 한편

N1 · 中学
5획 / 부수 一

실(糸)을 겹치고 또(且) 겹쳐 짜니 짤 조

훈독 **くむ**   음독 **そ**

훈독 組む 짜다, 구성하다 組合 조합 組み立てる 조립하다
心組み 마음가짐, 생각 仕組み ① 짜임새 ② 구조, 기구 ③ 계획
番組 방송 프로그램
음독 組閣 조각, 내각을 짬 組織 조직 組成 조성

보면(礻) 또(且) 절해야 하는 할아버지니 할아버지 조

또 할아버지 위로 대대의 조상이니 **조상 조**

정자 祖
+ 앞에 부수가 보일 시, 신 시 변(礻)이면 일본 한자, 보일 시, 신 시(示)면 정자

음독 **そ, ぞ**

음독 祖国 조국 祖父 (나의) 할아버지 祖母 (나의) 할머니
先祖 선조, 조상
예외 お祖母さん (남의) 할머니

나무(木)까지 또(且) 조사하니 조사할 사

음독 **さ**

음독 <ruby>査収<rt>さ しゅう</rt></ruby> 사수 <ruby>査定<rt>さ てい</rt></ruby> 사정 <ruby>査問<rt>さ もん</rt></ruby> 사문 <ruby>精査<rt>せい さ</rt></ruby> 자세히 조사함
<ruby>調査<rt>ちょう さ</rt></ruby> 조사

N2 **小5**
9획 / 부수 木

---

272 則 즉(칙) 側 측 測 측

재물(貝)을 칼(刂)로 나누는 데 곧 있어야 하는 법칙이니
곧 즉, 법칙 칙

+ 貝(조개 패, 재물 패, 돈 패) - 제목번호 330 참고, 刂(칼 도 방)
+ 재물은 잘못 나누면 분쟁이 생기니 법칙을 만들어 나누어야 하지요.

훈독 **のり, すなわち**   음독 **そく**

훈독 <ruby>則ち<rt>すなわ</rt></ruby> 그때는, ~할 때는 (언제든지), ~하면 곧
음독 <ruby>原則<rt>げん そく</rt></ruby> 원칙 <ruby>反則<rt>はん そく</rt></ruby> 반칙 <ruby>不規則<rt>ふ き そく</rt></ruby> 불규칙 <ruby>変則<rt>へん そく</rt></ruby> 변칙 <ruby>法則<rt>ほう そく</rt></ruby> 법칙

N2 **小5**
9획 / 부수 刀(刂)

사람(亻)이 곧(則)바로 알 수 있는 곁이니 곁 측

+ 곁 - ① 어떤 대상의 옆. 또는 공간적·심리적으로 가까운 데
　　　② 가까이에서 보살펴 주거나 도와줄 만한 사람

훈독 **がわ**   음독 **そく**

훈독 <ruby>片側<rt>かた がわ</rt></ruby> 한쪽 편, 한 측 <ruby>向こう側<rt>む がわ</rt></ruby> 저쪽, 반대로, 상대편 <ruby>両側<rt>りょう がわ</rt></ruby> 양측
음독 <ruby>側近<rt>そっ きん</rt></ruby> 측근 <ruby>側面<rt>そく めん</rt></ruby> 측면

N2 **小4**
11획 / 부수 人(亻)

물(氵)의 양을 법칙(則)에 따라 헤아리니 헤아릴 측

훈독 **はかる**   음독 **そく**

훈독 <ruby>測る<rt>はか</rt></ruby> 측정하다, 재다
음독 <ruby>測定<rt>そく てい</rt></ruby> 측정 <ruby>測量<rt>そく りょう</rt></ruby> 측량 <ruby>実測<rt>じっ そく</rt></ruby> 실측 <ruby>推測<rt>すい そく</rt></ruby> 추측 <ruby>予測<rt>よ そく</rt></ruby> 예측

N2 **小5**
12획 / 부수 水(氵)

참고자
8획 / 부수 八

단(甘)것을 받침대(丌)에 올려 유인하는 그쪽이니 그 기

+ 甘[달 감, 기쁠 감(甘)의 변형], 丌(대 기)

훈독 **その, それ, そ**

훈독 其の 그(연체사 – 말이 술술 나오지 않을 때에 잇는 말) 其れ 그것
其処 그곳

N2 **小3**
12획 / 부수 月

그(其) 달(月)이 차고 이지러진 것을 보고 기간을 정하고
기약했으니 기간 **기**, 기약할 **기**

+ 月(달 월, 육 달 월), 해는 항상 똑같은 모습이지만 달은 늘 그 모양이 변하
니 약속하기에 좋아 달의 어떤 모양일 때 다시 만나자고 기약할 수 있지요.

음독 **き, ご**

음독 期限 기한 期日 기일 時期 시기 延期 연기 更年期 갱년기
満期 만기 末期 임종(= 最期)

+ '末期'를 'まっき' 라고 읽을 때는 '말기'라는 뜻이 됩니다.

N2 **小5**
11획 / 부수 土

그(其) 바탕에 흙(土)을 다진 터나 기초니 터 **기**, 기초 **기**

+ 土(흙 토)
+ 터 – ① 집이나 건물을 지었거나 지을 자리
② 활동의 토대나 일이 이루어지는 밑바탕

훈독 **もと, もとい** 　 음독 **き**

훈독 基 근본, 토대, 기초 基づく 기초를 두다, 의거하다
基 토대, 기초, 기본, 근본(격식 차린 말씨)

음독 基金 기금 基地 기지 基本給 기본급

N2 **小3**
5획 / 제부수

받침 있는 **그릇**(→皿)을 본떠서 그릇 명

+ 윤 罒(그물 망) – 제목번호 325 참고
+ 아래에 받침을 나타내는 긴 줄이 있으면 '그릇 명(皿)', 없으면 '그물 망(罒)'

훈독 **さら**

훈독 皿 접시　皿洗い 접시닦이　一皿二皿 한 접시 두 접시
　　　 大皿 큰 접시　小皿 작은 접시

N1 **小5**
10획 / 부수 皿

양쪽(丷)으로 **하나**(一)씩 **나누어**(八) **그릇**(皿)에 더하면
유익하니 더할 익, 유익할 익

[정자] 益 – 나누고(八) 한(一) 번 더 나누어(八) 그릇(皿)에 더하면 유익하니
　　　'더할 익, 유익할 익'

+ 八(여덟 팔, 나눌 팔)

음독 **えき, やく**

음독 益友 유익한 벗　収益 수익　純益 순익　便益 편익　利益 이익
　　　有益 유익　無益 무익
　　　+ '無益'의 '益'은 'えき'로도 읽을 수 있습니다.

N2 **小3**
12획 / 부수 水(氵)

물(氵)이 **해**(日)가 비친 **그릇**(皿)에 있으면 따뜻하니
따뜻할 온
또 무슨 일을 따뜻하도록 여러 번 반복하여 익히니 익힐 온

[정자] 溫 – 물(氵)을 죄수(囚)에게도 그릇(皿)으로 떠 주는 마음이 따뜻하니
　　　'따뜻할 온'
　　　또 무슨 일을 따뜻하도록 여러 번 반복하여 익히니 '익힐 온'

+ 氵(삼 수 변), 日(해 일, 날 일), 여러 번 문지르면 따뜻해지듯이 여러 번 반
　복하여 익히니 '익힐 온'이지요.

훈독 **あたたかい, あたたまる, あたためる**　　음독 **おん**

훈독 温かい 따뜻하다　温か 따뜻함　温まる 따뜻해지다
　　　温める 따뜻하게 하다

음독 温室 온실　温情 온정　温水 온수　温泉 온천
　　　温存 소중하게 보존함　検温 체온을 잼　体温 체온

예외 温い 미지근하다　生温い 미적지근하다, 미온적이다

N2 小3
6획 / 제부수

N1 小6
12획 / 부수 血

핏방울(丿)이 그릇(皿)에 떨어지는 모양에서 피 혈

+ 丿('삐침 별'이지만 여기서는 떨어지는 핏방울로 봄)

훈독 ち   **음독** けつ

훈독 血 피 血筋 핏줄 血走る 핏발이 서다, 안구가 충혈되다
血道 혈맥, 혈관

음독 血液型 혈액형 血管 혈관 高血圧 고혈압(↔ 低血圧 저혈압)
出血 출혈

핏(血)줄 가까운 **우두머리(丿)**를 따라(|) 양쪽(人人)으로
모인 무리니 **무리 중**

+ ㈜ 象(코끼리 상, 모습 상, 본뜰 상) – 제목번호 368 참고

+ 丿('삐침 별'이지만 여기서는 우두머리로 봄)

음독 しゅう

음독 衆議院 중의원(일본의 하원 의원 ↔ 参議院)
衆目 많은 사람의 눈 観衆 관중 公衆 공중 大衆 대중

N1 小4
4획 / 제부수

(사람의 씨족은 나무뿌리처럼 뻗으니) **나무뿌리(**大**)**가 땅 위로 나온(大→氏) 모양을 본떠서 성 씨, 뿌리 씨

훈독 うじ   **음독** し

훈독 氏 성, 가문 氏神 그 고장의 수호신
うじ   うじがみ

음독 氏族 씨족 氏姓 성씨 氏名 성명 同氏 그 사람
しぞく   しせい   しめい   どうし

N3 小2
10획 / 부수 糸

나무의 섬유질인 **실(**糸**)**이 **나무뿌리(**氏**)**처럼 엉켜서 만들어지는 종이니 종이 지

훈독 かみ   **음독** し

훈독 紙 종이 紙製 종이로 만듦 落とし紙 휴지, 화장지 手紙 편지
かみ   かみせい   お   がみ   て がみ

鼻紙 휴지, 코 푸는 종이
はながみ

음독 紙面 지면 印紙 인지 再生紙 재생지(헌 종이를 풀어 녹여서 다시
しめん   いんし   さいせいし

만든 종이) 筆紙 지필 用紙 용지 和紙 일본 종이
ひっし   ようし   わし

몸(月)에서 **바위(**厂**)** 사이에 뻗은 **나무뿌리(**氏**)** 같은 혈관이나 힘줄의 줄기니 혈관 맥, 줄기 맥

[정자] 脈

+ 月(달 월, 육 달 월), 厂(굴 바위 엄, 언덕 엄), 氏[성 씨, 뿌리 씨(氏)의 변형]

N1 小5
10획 / 부수 肉(月)

음독 みゃく

음독 金脈 금맥 血脈 혈맥 山脈 산맥 静脈 정맥 動脈 동맥
きんみゃく けつみゃく さんみゃく じょうみゃく どうみゃく

文脈 문맥
ぶんみゃく

물(氵)이 **바위(**厂**)** 사이에 뻗은 **나무뿌리(**氏**)**처럼 갈라져 흐르는 갈래니 물갈래 파

또 물갈래 같은 파벌이니 파벌 파

[정자] 派

N1 小6
9획 / 부수 水(氵)

음독 は

음독 派生 파생 派出所 파출소 派出婦 파출부 派手 화려함
は せい   はしゅつじょ   はしゅつふ   は で

派兵 파병 特派員 특파원
は へい   とく は いん

참고자
5획 / 부수 氏

나무는 **뿌리**(氏)가 있는 **밑**(一)이 근본이니 밑 **저**, 근본 **저**

+ 나무는 뿌리가 성해야 잘 자라니 뿌리가 있는 밑이 근본이지요.

음독 てい

N3 小4
7획 / 부수 人(亻)

사람(亻)이 **밑**(氏)에 있어 낮으니 낮을 **저**

훈독 **ひくい, ひくめる, ひくまる**　음독 **てい**

훈독 低い 낮다　低める ① 낮게 하다 ② 천하게 하다
低まる 낮아지다

음독 低温 저온　低下 저하　低気圧 저기압　低級 저급　低層 저층
低調 저조　高低 고저, 높고 낮음　最低 최저

N2 小4
8획 / 부수 广

집(广)의 **밑**(氏)부분이니 밑 **저**

+ 广(집 엄), 낮을 저(低)는 주로 높낮이가 낮다는 말이고, 밑 저(底)는 눈에
보이지 않는 밑부분을 가리킵니다.

훈독 **そこ**　음독 **てい**

훈독 底 바닥　底意 저의　底積み 밑바닥에 실음　底力 저력
心底 마음속

음독 底辺 저변　海底 해저　根底 근본, 토대　水底 수저, 물 밑
地底 땅속

+ '水底'는 'みずそこ'로도 읽을 수 있습니다.

참고자
6획 / 제부수

눈(目) 앞에 **비수(匕)**처럼 위험한 것이 보이면 멈추니
멈출 간

+目[눈 목, 볼 목, 항목 목(目)의 변형], 匕[비수 비, 숟가락 비(匕)의 변형]

N2 小5
9획 / 부수 阜(阝)

언덕(阝)에 막혀 **멈춰야(艮)** 하는 한계니 **한계 한**

+阝(언덕 부 변)

훈독 **かぎる**　음독 **げん**

훈독 限る 한정하다, 한하다　限り 한계

음독 限界 한계　限定 한정　限度 한도, 한계　権限 권한
最大限 최대한　制限 제한

N2 小3
10획 / 부수 木

나무(木)를 **멈춰(艮)** 있게 하는 뿌리니 **뿌리 근**

훈독 **ね**　음독 **こん**

훈독 根 뿌리　根強い 뿌리 깊다　根回し 사전 교섭　垣根 울타리
屋根 지붕

음독 根気 끈기　根元 근원　根本 근본　大根 무

N2 小6
9획 / 부수 辵(辶)

하던 일을 **멈추고(艮)** 물러나니(辶) 물러날 **퇴**

+辶(뛸 착, 갈 착)

훈독 **しりぞく, しりぞける**　음독 **たい**

훈독 退く 물러나다, 비키다　退ける 치우다, 비키다, 물리치다

음독 退化 퇴화　退色 퇴색　退任 퇴임　減退 감퇴　後退 후퇴

N3 小4
5획 / 부수 氏

N2 中学
10획 / 부수 目

N1 小5
11획 / 부수 目

모인(冖) 여러 씨(氏)족들로 된 백성이니 백성 민

+ 冖('덮을 멱'이지만 여기서는 모인 모습으로 봄], 氏(성 씨, 뿌리 씨)

훈독 **たみ**　　음독 **みん**

훈독 民 백성, 국민
_{たみ}

음독 民間 민간　民主 민주　民衆 민중　国民 국민　市民 시민
_{みんかん}　_{みんしゅ}　_{みんしゅう}　_{こくみん}　_{し みん}
難民 난민
_{なんみん}

눈(目) 감고 백성(民)들은 자니 잘 면

+ 目(눈 목, 볼 목, 항목 목)

훈독 **ねむる, ねむい**　　음독 **みん**

훈독 眠る 잠들다　居眠り 말뚝잠(앉아서 졺)　一眠り 한숨 잠
_{ねむ}　　_{い ねむ}　　　　　_{ひとねむ}
眠い 졸리다　眠気 졸음
_{ねむ}　　_{ねむ け}

음독 快眠 쾌면　仮眠 선잠　就眠 취면, 잠이 듦　熟眠 숙면
_{かいみん}　_{か みん}　_{しゅうみん}　　　_{じゅくみん}

눈(目)동자를 멈추고(艮) 바라보는 눈이니 눈 안

+ 艮(멈출 간)

훈독 **まなこ, め**　　음독 **がん**

훈독 眼 눈, 눈알
_{まなこ}

음독 眼科 안과　眼球 안구　眼目 안목　検眼 눈의 시력을 검사함
_{がん か}　_{がんきゅう}　_{がん もく}　_{けんがん}
主眼 주안　着眼 착안(어떤 일을 눈여겨보아 그 일을 성취할 기틀을
_{しゅ がん}　_{ちゃくがん}
잡음)

N4 小1

8획 / 제부수

덮여 있는(人) 한(一) 곳의 **흙(土)**에 **반짝반짝(ヽヽ)** 빛나는
쇠나 금이니 **쇠 금, 금 금**
또 금처럼 귀한 돈이니 **돈 금**

+ 人('사람 인'이지만 여기서는 덮여 있는 모습으로 봄), 土(흙 토)

| 훈독 | **かね, かな** | 음독 | **きん** |

훈독 　お金 돈　 小金 약간의 목돈　 用心金 비상금　 金物 철물
　　　金具 쇠 장식

음독 　金品 금품　 金言 격언　 現金 현금　 純金 순금　 負担金 부담금
　　　年金 연금　 料金 요금

N3 小3

14획 / 부수 金

금(金) 다음에 **머물러(艮)** 있는 은이니 **은 은**

+ 금이 제일 좋고 다음이 은이라는 데서 만들어진 글자

| 음독 | **ぎん** |

음독 　銀 은　 銀河 은하　 銀行 은행　 銀世界 눈으로 덮인 경치
　　　路銀 여비, 노자

N2 **小4**
7획 / 부수 艮

점(丶)같이 작은 잘못도 **그치면(艮)** 좋고 어지니
좋을 량, 어질 량

+ 丶(점 주), 艮(멈출 간)
+ 어질다 – 마음이 너그럽고 착하며 슬기롭고 덕행이 높다.

| 훈독 | **よい** | 음독 | **りょう** |

훈독 良い 좋다 仲良し 사이좋은 친구
음독 良好 양호 良識 양식 良質 양질 良心 양심 良否 좋고 나쁨
良薬 좋은 약 温良 온량(성품이 온화하고 무던하다) 不良 불량

N1 **小6**
10획 / 부수 月

어질어(良) 마음 씀이 **달빛(月)**처럼 밝으니 밝을 랑

[정자] 朗

+良[좋을 량, 어질 량(良)의 변형], 月(달 월, 육 달 월)

| 훈독 | **ほがらか** | 음독 | **ろう** |

훈독 朗らか ① (성격이) 쾌활함, 명랑함 ② (날씨가) 쾌청함
음독 朗読 낭독 朗報 낭보, 기쁜 소식 晴朗 청랑(날씨가 맑고 화창하다)
明朗 명랑

N4 **小2**
9획 / 제부수

사람(人) 몸에 **좋은(良)** 것은 밥이니 밥 **식**

또 밥 같은 음식을 먹으니 먹을 **식**

+ 글자의 왼쪽에 붙는 변으로 쓰일 때는 '밥 식, 먹을 식 변(飠)'인데, 정자에서는 飠모습입니다.

훈독 **くう, たべる, くらう**　음독 **しょく, じき**

훈독 食う 먹다　食い意地 식탐, 게걸스럽게 먹음　大食い 대식가
立ち食い 입석(서서 먹음)　食べる 먹다　食べ過ぎ 과식
食べ物 음식물, 먹을 것　面食らう 당황하다

음독 食事 식사　食費 식비　外食 외식　月食 월식　和食 일식
餌食 먹이, 희생물　断食 단식

N4 **小3**
12획 / 부수 食(飠)

먹을(飠) 때 **하품(欠)**하듯 입 벌리고 마시니 마실 **음**

정자 飮

+ 欠(하품 흠, 모자랄 결) – 제목번호 336 참고

훈독 **のむ**　음독 **いん**

훈독 飲む 마시다　飲み過ぎ 과음　飲み手 술꾼　飲み物 음료수, 마실 것
음독 飲酒 음주　飲料 음료　飲食 음식

N3 **小4**
12획 / 부수 食(飠)

먹을(飠) 때 혀로 이리저리 **뒤집으며(反)** 씹어 먹는 밥이니 밥 **반**

정자 飯

+ 反(거꾸로 반, 뒤집을 반) – 제목번호 179 참고

훈독 **めし**　음독 **はん**

훈독 飯 밥　飯炊き 취사　銀飯 흰쌀밥
음독 朝ご飯 아침밥　昼ご飯 점심밥　夕ご飯 저녁밥, 저녁 식사
晩ご飯 저녁밥, 夕食의 다소 공손한 표현

N1 **小4**
15획 / 부수 食

양(羊)처럼 **먹여(食)** 기르니 기를 **양**

+ 𦍌[양 양(羊)의 변형]

훈독 **やしなう**　음독 **よう**

훈독 養う 기르다, 부양하다
음독 養成 양성　養分 양분　休養 휴양　素養 소양　修養 수양
保養 보양

N2 **小4**
8획 / 부수 宀

(옛날에) **집(宀)**이 높은 **언덕(𠂤)**에 있으면 주로 백성을
다스리는 관청이었으니 관청 관

또 관청에 근무하는 벼슬이니 벼슬 관

+ 𠂤[쌓일 퇴, 언덕 퇴(自)의 획 줄임], 自 – 흙이 비스듬히(丿) 쌓인(𠂤) 모습
에서 '쌓일 퇴, 언덕 퇴'로, '쌓일 퇴, 언덕 퇴(堆)'의 원자인 垍의 획 줄임

음독 **かん**

음독 官営 관영　官職 관직　官費 관비　器官 기관　神官 신관
　　　 上官 상관　長官 장관

N3 **小3**
16획 / 부수 食(飠)

(출장가면) **먹고(食)** 묵을 수 있도록 **관리(官)**들을 위해 지은
집이 객사니 집 관, 객사 관

정자 館
+ 객사(客舍) – ① 나그네를 치거나 묵게 하는 집
　　　　　　 ② 고려·조선 시대에 각 고을에 설치하여 다른 곳에서 온
　　　　　　　　 벼슬아치를 대접하고 묵게 하던 집
+ 客(손님 객), 舍(舍: 집 사)

훈독 **やかた**　음독 **かん**

음독 館内 관내(도서관, 박물관, 체육관과 같은 건물의 안)　映画館 영화관
　　　 会館 회관　大使館 대사관　本館 본관

N2 **小4**
14획 / 부수 竹(⺮)

대(⺮)가 **벼슬(官)**한 것처럼 좋게 쓰인 대롱이나 피리니
대롱 관, 피리 관

또 피리 구멍을 잘 조절하여 불듯 잘 관리하니 관리할 관

훈독 **くだ**　　음독 **かん**

훈독 管 관

음독 管楽器 관악기　管理 관리　移管 이관　気管支 기관지
　　　 保管 보관

N2 小5
10획 / 부수 巾

쌓인(𠂤) 듯 많은 제자들이 빙 **둘러(帀)** 있는 스승이나 전문가니
스승 사, 전문가 사

또 **쌓인(𠂤)** 듯 많이 **둘러싼(帀)** 군사니 **군사 사**

+ 帀 – 머리(一)에 수건(巾) 두른 모습에서 '두를 잡'
+ 一('한 일'이지만 여기서는 '머리'로 봄)

음독 **し**

음독 師事 사사 医師 의사 講師 강사 庭師 정원사 牧師 목사

小4
8획 / 제부수

흙의 **쌓임(𦣻)**이 **많은(十)** 언덕이니 **언덕 부**

+ 𦣻 – 비스듬하게(ノ) 흙이 쌓여 있는 모습에서 '쌓일 퇴, 언덕 퇴'
+ 글자의 왼쪽에 붙는 阝는 언덕 부(阜)가 글자의 왼쪽에 붙는 부수인 변으로 쓰이는 경우로 '언덕 부 변'이라 부르고, 글자의 오른쪽에 붙는 阝는 고을 읍(邑)이 글자의 오른쪽에 붙는 부수인 방으로 쓰이는 경우로 '고을 읍 방'이라 부릅니다.
+ 중국 산동성에 있는 곡부(曲阜)라는 도시는 공자님의 유적을 모신 곳으로 유네스코가 지정한 세계 문화유산이지요.

음독 **ふ**

음독 岐阜 기후 현(중부 지방 서부 내륙에 있는 현)

N2 小3
9획 / 부수 辵(辶)

언덕(𠂤)까지 쫓아서 따라 **가니(辶)** 쫓을 추, 따를 추

+ 辶(뛸 착, 갈 착)

훈독 **おう** 　 음독 **つい**

훈독 追う 쫓다 追って書き 추신 追い風 순풍
　　　追い付く ① (뒤쫓아) 따라붙다 ② 따라잡다 ③ 달하다
　　　追い手 추격자

음독 追加 추가 追想 추상 追放 추방 追納 추납
　　　追従 아부, 아첨
　　　+ '追従'은 'ついじゅう'로 읽으면 '추종'이라는 뜻이 됩니다.

〉夂 쇠(치) 〉冬 동 〉麦 맥

3획 / 부수자

N3 小2
5획 / 부수 夂

N2 小2
7획 / 제부수

사람(勹)이 다리를 끌며(乀) 천천히 걸어 뒤져 오니 천천히 걸을 쇠, 뒤져 올 치

+ 원래 천천히 걸을 쇠(夂)와 뒤져 올 치(夂)는 다르지만, 획수도 같고 모양과 뜻도 비슷하여 같이 취급하였어요.
+ 勹[사람 인(人)의 변형], 乀('파임 불'이지만 여기서는 다리를 끄는 모양으로 봄)

계절 중 뒤에 와서(夂) 물이 어는(冫) 겨울이니 겨울 동

+ 冫[얼음 빙(氷)이 부수로 쓰일 때의 모습인 이 수 변(氵)의 변형]

훈독 **ふゆ**　음독 **とう**

훈독 冬 겨울（ふゆ）　冬物 겨울옷, 겨울 용품（ふゆもの）　冬休み 겨울방학（ふゆやす）

음독 冬期 동기（とうき）　冬至 동지（とうじ）　冬眠 동면(겨울잠)（とうみん）

주인(主)이 천천히(夂) 거두는 보리니 보리 맥

정자 麥 – (봄이) 오면(夾) 천천히(夂) 거두는 보리니 '보리 맥'
+ 主[주인 주(主)의 변형], 夾[올 래(來)의 변형], 보리는 가을에 심어 여름이 오기 전 늦은 봄에 거두지요.

훈독 **むぎ**　음독 **ばく**

훈독 麦 보리（むぎ）　麦茶 보리차（むぎちゃ）　小麦 밀（こむぎ）

음독 麦秋 초여름（ばくしゅう）

참고자
7획 / 부수 夊

믿음직스럽도록(允) 의젓하게 **천천히 걸어(夊)** 가니
의젓하게 걸을 준, 갈 준

+ 允 – 나(厶)와 뜻이 같은 사람(儿)이면 진실로 믿고 허락하니 '진실로 윤,
　　믿을 윤, 허락할 윤'
+ 厶(사사로울 사, 나 사), 儿(어진사람 인, 사람 인 발), 夊(천천히 걸을 쇠,
　　뒤져 올 치)

N1 小5
14획 / 부수 酉

발효시킨 **술(酉)**은 시간이 **가면(夋)** 더 발효되어 시니 **실 산**

+ 酉(술 그릇 유, 술 유, 닭 유, 열째 지지 유), 발효시켜 만든 술은 오래두면
　　식초가 됩니다.

훈독 **すい**　　음독 **さん**

훈독 酸い(= すっぱい) 시다, 신맛이 나다
음독 酸化 산화　酸性 산성　酸素 산소

N2 小6
10획 / 부수 阜(阝)

언덕(阝)에서 **천천히 걸어(夊) 소(ヰ)**처럼 내려오니 **내릴 강**
또 내려와 몸을 낮추고 항복하니 **항복할 항**

+阝(언덕 부 변), ヰ[소 우(牛)의 변형]

훈독 **おりる, おろす, ふる**　　음독 **こう**

훈독 降りる 내려오다　降ろす 내리다　降る (비, 눈이) 내리다, 오다
　　降り出す 내리기 시작하다
음독 降参 항복, 굴복　降水 강수　降雪 강설　以降 이후　下降 하강

285

참고자

9획 / 부수 夊

사람(宀)들은 해(日)가 지면 **걸어서(夊)** 집으로 다시
돌아오니 **다시 부, 돌아올 복**

+ 宀[사람 인(人)의 변형], 夊(천천히 걸을 쇠, 뒤져 올 치)

N2 小6

13획 / 부수 肉(月)

몸(月)에 **거듭(复)** 포개진 내장이 들어있는 배니 **배 복**

| 훈독 | はら | 음독 | ふく |

훈독 　腹 배　腹立ち 화냄, 성냄　腹黒い 속이 검다　中っ腹 화가 치밂
　　　横腹 옆구리

음독 　腹筋 복근　腹部 복부　空腹 공복　山腹 산허리, 산 중턱

N2 小5

14획 / 부수 衣(ネ)

옷(ネ)을 **거듭(复)** 입어 겹치니 **겹칠 복**

+ ネ(옷 의 변)

음독 　ふく

음독 　複合 복합　複雑 복잡　複数 복수　複写 복사　重複 중복

N2 小5

12획 / 부수 彳

걸어서(彳) 다시 **돌아오니(复)** 다시 부, 돌아올 복

+ 彳(조금 걸을 척)

음독 　ふく

음독 　復活 부활　復帰 복귀　復元 복원　復古 복고　復習 복습
　　　回復 회복　反復 반복　報復 보복

N3 **小2**
6획 / 제부수

(얼굴이 자기를 대표하니) 얼굴에서 잘 드러나는

이마(丿)와 눈(目)을 본떠서 자기 **자**

또 자기 일은 스스로 하니 **스스로 자**

또 모든 것이 비롯됨은 자기로부터니 **부터 자**

[훈독] **みずから, おのずから**　　[음독] **じ, し**

[훈독] 自ら 몸소, 친히　自ら 저절로, 자연히

[음독] 自他 자타　自由 자유　自覚 자각　自発 자발
自主 자주　自然 자연

N2 **小3**
10획 / 부수 心

자기(自)를 **마음(心)**으로 생각하며 쉬니 **쉴 식**

또 쉬면서 가쁜 숨을 고르며 숨 쉬니 **숨 쉴 식**

또 노후에 쉬도록 돌보아 주는 자식이니 **자식 식**

[훈독] **いき**　　[음독] **そく**

[훈독] 息 ① 호흡, 숨소리 ② 목숨　息苦しい 숨 막히다, 답답하다
一息 ① 단 숨 ② 한숨 돌림, 잠깐 쉼

[음독] 愛息 (다른 사람의) 아들　休息 휴식　子息 자식

[예외] 息子 아들

N3 **小2**
10획 / 부수 夂

(너무 더워서) **하나(一)**같이 **스스로(自) 천천히 걸으려고(夂)**
하는 여름이니 **여름 하**

[훈독] **なつ**　　[음독] **か, げ**

[훈독] 夏 여름　夏着 여름옷　真夏 한여름

[음독] 夏期 하기(여름의 시기)　今夏 올 여름　初夏 초여름　夏至 하지

N2 **小4**
5획 / 부수 辵(辶)

칼(刀)로 잘려 **나간(辶)** 것 같은 끝이나 가니 **끝 변, 가 변**

[정자] 邊 − (어려움에 봉착해도) 스스로(自) 구멍(穴) 뚫린 방향(方)을
　　찾아가면(辶) 끝나는 가장자리니 '끝 변, 가 변'

+ 刀(칼 도), 穴(구멍 혈), 辶(뛸 착, 갈 착, = 辵)

[훈독] **あたり, べ**　　[음독] **へん**

[훈독] 辺り 근처, 주변, 언저리　海辺 해변　上辺 겉, 표면, 외관

[음독] 辺地 산간벽지　周辺 주변　対辺 대변

287

N2 **小3**
14획 / 제부수

N2 **小3**
9획 / 제부수

자기(自)의 **밭(田)**처럼 생긴 얼굴에 **받쳐 든(廾)** 모습으로 우뚝 솟은 코니 **코 비**

또 코로 숨을 쉬기 시작하면서 생명이 비롯하니 **비롯할 비**

+ 田(밭 전, 논 전), 廾(받쳐 들 공)

훈독 **はな** 음독 **び**

훈독 鼻 코 鼻歌 콧노래 鼻先 코 끝 鼻水 콧물

음독 鼻音 비음 耳鼻科 이비인후과

사람 **얼굴(😊→面)**을 정면에서 본떠서 **얼굴 면**

또 얼굴 향하고 보니 **향할 면, 볼 면**

+ 一은 머리, ノ은 이마, 나머지는 눈과 코와 입이 있는 얼굴이지요.

훈독 **おも, おもて, つら** 음독 **めん**

훈독 面白い 재미있다 面映ゆい 낯간지럽다, 부끄럽다
面持ち 표정 面 ① 얼굴, 안면 ② 가면, 탈 面構え 억센(고약한) 얼굴
泣き面 울상, 우는 얼굴 鼻面 콧등, 코끝

음독 面接 면접 一面 일면 対面 대면 断面 단면 場面 장면
表面 표면 両面 양면

N2 小6
9획 / 제부수

걸어 놓은 짐승 가죽의 **머리(卝)**와 **몸통(口)**과 **다리(一)**와 **꼬리(丨)**를 본떠서 가죽 혁

또 가죽으로 무엇을 만들려고 고치니(가공하니) 고칠 혁

+ 가죽은 원래 그대로는 쓰지 못하고 가공하여 옷이나 가방, 신발의 소재로 사용하지요.

훈독 **かわ**　　음독 **かく**

훈독 革 가죽　帯革 허리띠, 가죽띠　牛革 소가죽

음독 革新 혁신　革命 혁명　変革 변혁

N2 小4
10획 / 부수 巾

장식을 꿰어 만든 **끈(卝)**으로 **덮어(冖) 수건(巾)**처럼 둘러 차는 띠니 찰 대, 띠 대

정자 帶 – 장식을 꿰어 만든 끈(卝)으로 덮어(冖) 수건(巾)처럼 둘러차는 띠니 '찰 대, 띠 대'

+ 冖(덮을 멱), 巾(수건 건)

훈독 **おびる**　　음독 **たい**

훈독 帯びる ① (몸에) 차다 ② 띠다, ~한 기미가 있다
帯 띠(기모노나 유카타 위에 두르는 허리띠)

음독 一帯 일대　温帯 온대　寒帯 한대　世帯 세대, 가구
地帯 지대　熱帯 열대　付帯 부대　連帯感 연대감

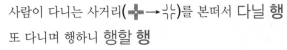

N4 **小2**
6획 / 제부수

사람이 다니는 사거리(╋→彳亍)를 본떠서 **다닐 행**

또 다니며 행하니 **행할 행**

또 (친척의 이름에서 돌려) 다니며 쓰는 항렬이니 **항렬 항**

+ 行列(행렬) ① 여럿이 줄서서 감. 또는 그 줄
② 어떤 수를 몇 개의 행과 열로 나열한 표
(항렬) ① 같은 혈족에서 갈라져 나간 계통 사이의 대수 관계
② 형제 관계를 같은 항렬이라 함
+ 列(벌일 렬, 줄 렬)

훈독 **いく, ゆく, おこなう**　　**음독** **こう, ぎょう, あん**

훈독 行く·行く 가다　行き方 가는 방법　行方 행방　行き先 목적지
行う 행하다

음독 行動 행동　実行 실행　通行 통행　平行 평행　行事 행사
行列 행렬　興行 흥행　行宮 행궁(임금이 나들이 때에 머물던 별궁)

참고자
10획 / 제부수

잘 다듬어진 가죽을 본떠서 **가죽 위**

또 서로 반대 방향으로 어기는 모습이니 **어길 위**

+ '가죽 피(皮)'는 벗긴 채의 털이 있는 가죽, '가죽 혁, 고칠 혁(革)'은 무두질
한 가죽, '가죽 위, 어길 위(韋)'는 잘 다듬은 가죽
+ 무두질 – 짐승의 가죽에서 털과 기름을 뽑고 부드럽게 다루는 일
+ 韋는 원래 9획인데 아래 글자 衛에 맞추어 10획으로 하였습니다.

음독 **い**

N1 **小5**
16획 / 부수 行

서로 **어긋나게(韋)** 바꿔 **다니며(行)** 지키니 **지킬 위**

+ 보초는 일정한 시간마다 서로 엇갈리게 바꿔 다니며 서야, 즉 장소를 서로
교대하면서 서야 빈틈이 없지요.

훈독 **まもる**　　**음독** **えい**

훈독 衛る ① 지키다 ② 소중히 하다, 어기지 않다 ③ 수호하다, 보호하다

음독 衛星 위성　衛生 위생　自衛 자위　守衛 수위　防衛 방위

中学
4획 / 제부수

손톱 모양을 본떠서 **손톱 조**

+ 부수로는 爫의 모습으로, 내려 그은 세 획이 짧습니다.

훈독 **つめ, つま**

훈독 爪 손톱, 발톱 爪印 지장 爪切り 손톱깎이 爪先 발끝, 발부리

中学
8획 / 부수 采

손톱(爫)으로 나무(木)를 캐니 캘 채

또 손으로 나무를 고르는 모양이니 **고를 채, 모양 채**

+ 爫('손톱 조'지만 손으로 보기도 함)

음독 **さい**

음독 采の目 ① 주사위의 눈 ② 주사위 모양 風采 풍채
采配 ① 지휘봉 ② 총채, 먼지떨이

N2 小5
11획 /부수 手(扌)

손(扌)으로 가려서 캐니(采) 가릴 채, 캘 채

훈독 **とる**　　음독 **さい**

훈독 採る 뽑다, 채집하다, 채용하다
음독 採決 채결 採鉱 채광 採集 채집 採油 ① 기름을 짬 ② 석유를 파냄
採用 채용

N3 小4
11획 / 부수 草(艹)

풀(艹)에서 골라 캐는(采) 나물이니 나물 채

+ 艹(초 두)

훈독 **な**　　음독 **さい**

훈독 青菜 ① 푸성귀, 푸른 채소 ② 순무 若菜 봄나물
음독 菜食 채식 総菜 반찬, 나물 白菜 배추 野菜 채소
예외 お菜 반찬

291

N2 小3
8획 / 부수 又

손톱(爫)처럼 덮어(冖) 손(又)으로 받으니 받을 수

+ 冖(덮을 멱), 又(오른손 우, 또 우) - 제목번호 179 참고

훈독 うける, うかる　　**음독** じゅ

훈독 受ける ① 받다 ② 시험 치다　受け入れる 받아들이다

引き受ける 떠맡다, 인수하다　受身 수동

受け持つ 맡다, 담당하다　受かる 붙다, 합격하다

음독 受賞 수상　受験 수험　受信 수신　感受性 감수성

손(扌)으로 받도록(受) 주거나 가르치니

줄 수, 가르칠 수

N1 小5
11획 / 부수 手(扌)

훈독 さずける, さずかる　　**음독** じゅ

훈독 授ける 수여하다, 하사하다　授かる 내려 주시다, 점지하다

음독 授業 수업　授乳 수유　伝授 전수

손톱(爫)처럼 덮어주며(冖) 마음(心)으로 서서히

다가가는(夂) 사랑이니 사랑 애

또 사랑하여 즐기고 아끼니 즐길 애, 아낄 애

+ 夂(천천히 걸을 쇠, 뒤져 올 치)

N2 小4
13획 / 부수 心

훈독 めでる　　**음독** あい

훈독 愛でる 사랑하다, 귀여워하다

愛おしい ① 몹시 귀엽다, 사랑스럽다 ② 가엾다, 불쌍하다

음독 愛好 애호　博愛 박애　愛情 애정　愛用 애용　割愛 할애

純愛 순애　愛想 붙임성

+ '愛想'의 '想'은 'そう'로도 읽습니다.

참고자

9획 / 부수 爪(爫)

손(爫)으로 **한(一)** 명의 **벗(友)**을 이에 끌어당기니

이에 원, 끌 원, 당길 원

+ 爫('손톱 조'지만 여기서는 손으로 봄), 友(벗 우), 이에 – 이러하여서 곧

小4

12획 / 부수 女

여자(女)가 사람들의 관심을 **끌(爰)** 정도로 미인이니

미인 원

훈독 **ひめ**　　음독 **えん**

훈독 愛媛県 에히메 현(일본 행정 구역 중 하나)

음독 才媛 재원(재주가 뛰어난 젊은 여자)

N1　小6

13획 / 부수 日

햇(日)빛을 **당기면(爰)** 따뜻하니 따뜻할 난

훈독 **あたたかい, あたたまる, あたためる**　　음독 **だん**

훈독 暖かい 따뜻하다, 포근하다, 다정하다

暖まる 따뜻해지다, 훈훈해지다　暖める 따뜻하게 하다

음독 暖色 난색(보는 사람에게 따뜻한 감을 주는 색)　暖流 난류

温暖 온난　寒暖 한난　春暖 봄날의 따뜻함

참고자
7획 / 부수 子

새가 **발톱(爫)**으로 **알(子)**을 품어 굴리며 알 까게 알 속의 새끼를 기르니 **알 깔 부, 기를 부**

+ 子('아들 자, 첫째 지지 자, 자네 자, 접미사 자'지만 여기서는 새알로 봄), 알은 품으면서 적당히 굴려 고루 따뜻하게 해야 부화되지요.

N2 小6
8획 / 부수 乙(乚)

기를(孚) 때 꼭지(乚)로 먹이는 젖이니 젖 유

+ 乚[새 을, 둘째 천간 을, 굽을 을(乙)이 부수로 쓰일 때의 모습이지만 여기서는 꼭지로 봄]

훈독 **ちち, ち**   음독 **にゅう**

훈독 乳 젖, 유방 乳牛 젖소 乳首 젖꼭지 乳飲み子 젖먹이

+ '乳牛'는 'にゅうぎゅう'로도 읽을 수 있습니다.

음독 乳歯 유치 乳製品 유제품 牛乳 우유 初乳 초유 豆乳 두유
母乳 모유

예외 乳母 유모

3획 / 부수자

고슴도치 머리 모양을 본떠서 **고슴도치 머리 계**

또 오른손의 손가락을 편 모양으로도 보아 **오른손 우**

+ 원자는 彐인데 ヨ으로도 많이 쓰입니다.

+ 오른손 우, 또 우(又)는 주먹을 쥔(❦) 모양, 고슴도치 머리 계, 오른손 우
  (ヨ)는 오른손 손가락을 편(☜) 모양입니다.

N3 小3
8획 / 부수 亅

한(一) 입(口)이라도 더 먹이기 위해 **손(ヨ)**에 **갈고리(亅)**
들고 일하며 섬기니 **일 사, 섬길 사**

+ 亅(갈고리 궐)

훈독 こと **음독** じ, ず

훈독 こと 事 일, 사건 しごと 仕事 일 みごと 見事 훌륭함
わざごと 業事 특별한 연습이 필요한 동작

음독 じけん 事件 사건 かじ 家事 집안일 けんじ 検事 검사 だいじ 大事 중요함, 소중함
こうずか 好事家 호사가

N3 小3
9획 / 부수 心

(위험을 느껴) 아무 **사람(ク)**이나 **손(ヨ)**으로 잡는 **마음(心)**처럼
급하니 **급할 급**

+ ク[사람 인(人)의 변형]

훈독 いそぐ **음독** きゅう

훈독 いそ 急ぐ 서두르다

음독 きゅうに 急に 갑자기 きゅうこう 急行 급행 きゅうぞう 急増 급증 きゅうぞう 急造 급조 おうきゅう 応急 응급
とっきゅう 特急 특급

N1 小4
11획 / 부수 广

(일 끝내고) **집(广)**에서 **손(ヨ)**까지 **물(氺)**에 씻은 듯 마음이
편안하니 **편안할 강**

+ 广(집 엄), 氺(물 수 발)

훈독 やすい **음독** こう

훈독 やす 康らか 편안, 평화, 안온

음독 けんこう 健康 건강 しょうこう 小康 소강(소란이나 분란, 혼란 등이 그치고 조금 잠잠함)

참고자
4획 / 부수 尸

오른손(⺕)에 지휘봉(丿)을 들고 다스리는 벼슬이니 다스릴 윤, 벼슬 윤

+ 丿('삐침 별'이지만 여기서는 지휘봉으로 봄)

N2 小3
7획 / 부수 口

다스리며(尹) 입(口)으로 명령하는 임금이니 임금 군

또 임금처럼 섬기는 남편이나 그대니 남편 군, 그대 군

훈독 きみ   **음독** くん

훈독 君 당신, 너   母君 어머니의 높임말
음독 ～君 군(손아랫사람 이름에 붙이는 호칭)   君子 군자   君主 군주

N1 小4
10획 / 부수 邑(阝)

임금(君)이 다스리는 고을(阝)이니 고을 군

+阝(고을 읍 방)

음독 ぐん

음독 郡 군(일본 지방 행정 단위)

N2 小4
13획 / 부수 羊

임금(君)을 따르는 양(羊) 떼처럼 많은 무리니 무리 군

+ 羊(양 양)

훈독 むれる, むらがる   **음독** ぐん

훈독 群れる 떼를 짓다   群れ 떼, 무리
群がる 떼 지어 모이다, 군집하다
음독 群生 군생(식물 등이 한 곳에 모여서 남)   群集 군집   群島 군도

N1 **中学**
10획 / 부수 口

집(广)에서 **손**(⼹)에 **회초리**(|) 들고 **입**(口)으로 갑자기
소리치면 황당하니 갑자기 당, 황당할 당

+ 황당(荒唐)하다 – 말이나 행동 등이 참되지 않고 터무니없다.
+ 广(집 엄), 荒(거칠 황), 唐은 '당나라 당'으로도 쓰입니다.

훈독 **から**   음독 **とう**

훈독 唐(から) 옛 중국을 가리키는 말
음독 唐辛子(とう がら し) 고추 唐詩(とう し) 당나라의 시 唐突(とう とつ) 당돌

N1 **小6**
16획 / 부수 米

쌀(米)밥에 엿기름을 넣으면 **갑자기**(唐) 단맛으로 바뀌어
되는 사탕이니 사탕 당, 사탕 탕

+ 米(쌀 미) – 제목번호 055 참고

음독 **とう**

음독 糖分(とう ぶん) 당분 糖類(とう るい) 당류 砂糖(さ とう) 설탕 果糖(か とう) 과당 血糖(けっ とう) 혈당

한쪽은 **고슴도치 머리(ㅋ)**처럼 펴지게 하고,
다른 한쪽은 **덮어(冖) 수건(巾)** 같은 천으로 묶어 손잡이를
만든 비니 **비 추**

+ 冖(덮을 멱), 巾(수건 건)

훈독 **ほうき**　　음독 **そう, しゅう**

N2 참고자
8획 / 부수 巾

여자(女) 중 **비(帚)** 들고 집일을 하는 아내나 며느리니
아내 부, 며느리 부

음독 **ふ**

음독 婦人 부인　婦女子 부녀자　家政婦 가정부　産婦人科 산부인과
主婦 주부　農婦 농부

예외 新婦 신부　妊婦 임산부

N2 小5
11획 / 부수 女

두 번(刂)이나 **비(帚)**로 쓸어내고 돌아오니 **돌아올 귀**

정자 歸 – 쌓이고(𠂤) 그쳐(止) 있는 먼지를 비(帚)로 쓸어내고 돌아오니 '돌
아올 귀'

+ 刂[칼 도 방(刂)의 변형이지만 여기서는 두 번으로 봄], 𠂤(쌓일 퇴, 언덕 퇴),
止(그칠 지)

훈독 **かえる, かえす**　　음독 **き**

훈독 帰る 돌아가다, 돌아오다　帰り 귀가　帰り道 돌아오는 길
里帰り ① 첫 친정나들이 ② 고용된 사람이 휴가를 얻어 자기 집에 돌아감
日帰り 당일치기　帰す 돌려보내다

음독 帰結 귀결　帰国 귀국　帰宅 귀가　帰省 귀성　帰路 귀로

N3 小2
10획 / 부수 巾

6획 / 부수자

오른손(⺕)에 잡고 쓰는 붓을 본떠서 **붓 율**

+ ⺕[고슴도치 머리 계, 오른손 우(⺕)의 변형], 요즘에는 붓을 대로 만든다는 데서 위에 대 죽(⺮)을 붙인 붓 필(筆)로 많이 씁니다.
+ ⺮[대 죽(竹)이 부수로 쓰일 때의 모습]

N2 **小6**
9획 / 부수 彳

행할(彳) 법을 **붓(聿)**으로 써놓은 법률이니 **법률 률**
또 법률처럼 일정하게 반복되는 음률이니 **음률 률**

+ 彳(조금 걸을 척)

음독 りつ, りち

음독 律動 율동 一律 일률 定律 ① 정해진 법칙이나 규칙 ② 자연법칙
法律 법률 律義 ① 의리가 두터움 ② 성실하고 정직함

N2 **小3**
12획 / 부수 竹(⺮)

대(⺮)로 만든 **붓(聿)**으로 쓰는 글씨니 **붓 필, 글씨 필**

훈독 ふで **음독** ひつ

훈독 筆 붓 筆先 붓끝, 붓을 다루는 솜씨, 운필 絵筆 그림 붓
一筆 ① (편지를) 조금, 잠깐 씀 ② 먹을 다시 묻히지 않고 단번에 씀

음독 筆記 필기 筆者 필자 筆法 필법 筆名 필명 筆力 필력
自筆 자필(↔ 代筆 대필) 特筆大書 대서특필 万年筆 만년필
能筆 능필, 달필(↔ 悪筆 악필)

예외 一筆 같은 필적 末筆 편지의 끝에 쓰는 문구

N3 **小4**
9획 / 부수 廴

붓(聿)으로 길게 써 가며(廴) 계획을 세우니 세울 건

+ 廴(길게 걸을 인)

훈독 **たてる, たつ**   음독 **けん, こん**

훈독 建てる 짓다, 세우다   建前 상량(마룻대)   建て増し 증축
建物 건물   建つ 세워지다

음독 建設 건설   建造 건조   建築物 건축물   建白 건의(= 建言)
再建 재건   建立 (사원이나 탑 등을) 세우다

N1 **小4**
11획 / 부수 人(亻)

사람(亻)은 몸을 똑바로 세워야(建) 건강하니 건강할 건

훈독 **すこやか**   음독 **けん**

훈독 健やか 튼튼함, 건전, 건강함

음독 健在 건재   健全 건전   健忘症 건망증   強健 강건
保健室 보건실

예외 健気 ① 씩씩하고 부지런함 ② 기특함

N2 小4
6획 / 부수 亅

N2 小4
14획 / 부수 靑(青)

사람(ク)이 손(ヨ)에 갈고리(亅)도 들고 다투니 다툴 쟁

[정자] 爭 – 손톱(爫)도 세우고 오른손(ヨ)에 갈고리(亅)도 들고 다투니 '다툴 쟁'
+ ク[사람 인(人)의 변형], ヨ(고슴도치 머리 계, 오른손 우), 亅(갈고리 궐)

[훈독] あらそう　　**[음독] そう**

[훈독] 争う 다투다, 싸우다　争い 경쟁, 분쟁　口争い 말싸움

[음독] 争議 쟁의　戦争 전쟁　論争 논쟁

푸르게(青), 즉 공정하게 경쟁하면(争) 불평이 없어 고요하니 고요할 정

[정자] 靜
+ 青[푸를 청, 젊을 청(青)의 약자]

[훈독] しずか, しずまる, しずめる　　**[음독] せい, じょう**

[훈독] 静か 조용함　物静か ① 고요함, 조용함 ② (언행이) 차분함
静まる 조용해지다　静める 조용하게 하다

[음독] 静止 정지　静的 정적　静聴 조용히 들음　安静 안정
平静 평정　冷静 냉정　静脈 정맥

N4 **小2**
10획 / 부수 曰

붓(聿)으로 말하듯(曰) 쓰니 쓸 서
또 써놓은 글이나 책이니 글 서, 책 서

+ 聿(붓 율), 曰(가로 왈), 가로다 – '말하다'의 옛말

훈독 かく **음독** しょ

훈독 書く 쓰다 落書き 낙서 下書き 초고, 초안
筋書き ① (소설, 극 등의) 대강의 줄거리 ② 미리 꾸며놓은 계획

음독 書道 서도, 서예 書評 서평 書物 서책, 책, 도서 書類 서류
投書 투서 文書 문서 願書 입학 원서 原書 원서

N3 **小2**
9획 / 부수 日

한 자(尺) 이상 아침(旦) 해가 올라오면 낮이니 낮 주

정자 晝 – 붓(聿)으로 해(日) 하나(一)를 보고 그릴 수 있는 낮이니 '낮 주'
+ 尺(자 척), 旦(아침 단), 1자 – 30.3cm

훈독 ひる **음독** ちゅう

훈독 昼 낮, 점심 昼下がり 정오를 조금 넘긴 무렵(오후 2시경)
昼間 주간, 낮(동안) 小昼 ① 정오 무렵의 시각 ② 간식(= おやつ)
+ '昼間'은 'ちゅうかん'으로도 읽을 수 있습니다.

음독 昼食 중식, 점심 식사 白昼 백주, 대낮

N3 **小2**
8획 / 부수 田

하나(一)를 대상으로 말미암아(由) 입 벌리고(凵) 그린
그림이니 그림 화
또 그림 그리듯이 그으니 그을 획

정자 畫 – 붓(聿)으로 밭(田) 하나(一)를 그린 그림이니 '그림 화'
또 그림 그리듯이 그으니 '그을 획'

+ 由(말미암을 유, 까닭 유), 凵(입 벌릴 감, 그릇 감), 田(밭 전, 논 전)

음독 が, かく

음독 画家 화가 画工 화공 画室 화실 画報 화보 画法 화법
画面 화면 印画 인화 自画自賛 자화자찬 画期的 획기적
画数 획수 計画 계획 区画 구획

N2 **小4**
5획 / 부수 勹

싸고(勹) 한 **몸(己)**이 되도록 묶어 싸니 **쌀 포**

[정자] 包 – 싸고(勹) 또 뱀(巳)처럼 긴 실로 묶어 싸니 '쌀 포'
+ 勹 – 사람(人)이 몸을 구부려 에워싸니 '쌀 포'
+ 己(몸 기, 자기 기, 여섯째 천간 기), 巳(뱀 사, 여섯째 지지 사)

[훈독] **つつむ**　[음독] **ほう**

[훈독] 包む 싸다, 포장하다　上包み 겉포장　小包み 소포
[음독] 包装 포장　包容力 포용력　内包 내포

N1 **小5**
5획 / 부수 口

몇 단어씩 **싸서(勹) 입(口)**으로 읽기 좋게 나눠 놓은 글귀니
글귀 구

또 몸 **구부리고(勹) 구멍(口)**으로 들어가는 모습처럼 굽으니
굽을 구

[음독] **く**

[음독] 決まり文句 상투어, 틀에 박힌 말　語句 어구　文句 문구, 불평
成句 속담　名句 명구

N2 **小4**
12획 / 부수 木

나무(木)에 새긴 **하나(一)**의 **글귀(句)**를 또(又) 한(一) 번
끝까지 다하여 익히니 **끝 극, 다할 극**

+ 又(오른손 우, 또 우) – 제목번호 179 참고

[훈독] **きわめる, きわまる**　[음독] **きょく, ごく**

[훈독] 極める 끝까지 가다, 한도에 이르다
見極める 끝까지 지켜보다, 확인하다
極まる 극도에 달하다, ~하기 짝이 없다　極み 극도, 극점
[음독] 極限 극한　極大 극대(↔ 極小 극소)　極論 극론(극단적인 논의)
極力 극력(있는 힘을 아끼지 않고 다함. 또는 그 힘)　北極海 북극해
南極 남극　両極 ① 남극과 북극 ② 음극과 양극　極悪 극악
極意 (예도, 무술 등의) 가장 심오한 경지, 비법
極上 극상, 최상　極楽 극락

싸인(勹) 하나의 **점(丶)** 같은 작은 그릇이니
작은 그릇 **작 (= 勺)**

+ 勺 – 싸인(勹) 하나(一)의 점 같은 작은 그릇이니 '작은 그릇 작'
+ 쌀 포(勹) 안에 점 주(丶)를 넣기도 하고 한 일(一)을 넣기도 합니다.

음독 **しゃく**

N1 참고자
3획 / 부수 勹

실(糸)로 **작은(勺)** 매듭을 맺듯이 맺고 약속하니
맺을 **약**, 약속할 **약**

음독 **やく**

음독 約束 약속　規約 규약　契約 계약　制約 제약
破約 계약을 취소함　盟約 맹약(굳게 맹세한 약속)　予約 예약

N2 **小4**
9획 / 부수 糸

하얗게(白) **싼(勹)** 판에 **점(丶)**을 찍어 맞히는 과녁이니
맞힐 **적**, 과녁 **적**

또 과녁은 잘 보이도록 만들어 밝으니 밝을 **적**

또 '그 성격을 띠는, 그에 관계된, 그 상태로 된'의 뜻을 더하는
접미사니 접미사 **적**

+ 白(흰 백, 밝을 백, 깨끗할 백, 아뢸 백) – 제목번호 076 참고

훈독 **まと**　음독 **てき**

훈독 的 ① 과녁 ② 목표, 대상
的場 ① 활터, 사장 ② 과녁이 세워져 있는 곳
的外れ ① 화살이 과녁을 벗어남 ② (발언이) 요점을 벗어남

음독 的確 적확　的中 적중　一時的 일시적　先天的 선천적
積極的 적극적　知的 지적

N2 **小4**
8획 / 부수 白

참고자
4획 / 부수 勹

싸(勹) 놓은 것을 **털어 버리면(ノノ)** 없으니 없을 물

또 이처럼 털어 버리지 말라는 데서 말 물

+ ノ('삐침 별'이지만 여기서는 털어 버리는 모습) – 제목번호 138 참고

음독 もち, もつ

음독 勿論 물론 勿体 거드름부리는 모양 勿体ない 아깝다

N3 **小3**
8획 / 부수 牛(牜)

소(牛)를 팔아 **없애서(勿)** 사는 물건이니 물건 물

+ 옛날에는 소가 재산 목록 1호였으니 큰 일이 있으면 소를 팔아서 그 돈으로
　치르거나 필요한 물건을 샀지요.

훈독 もの 　**음독** ぶつ, もつ

훈독 物 물건 入れ物 그릇, 용기 本物 진짜, 실물 物事 사물, 일

음독 物色 물색 物体 물체 実物 실물 人物 인물 生物 생물
農産物 농산물 薬物 약물 作物 작물 食物 음식물

N2 **小5**
7획 / 부수 土

흙(土)덩이를 **없애고(勹)** 평평하게 고르니
평평할 균, 고를 균

+ 勹('적을 균, 두루 균'이지만 여기서는 말 물, 없을 물(勿)의 변형으로 봄)

음독 きん

음독 均一 균일 均質 균질 均等 균등 平均 평균

N2 **小5**
8획 / 부수 日

해(日)가 **없어(勿)**졌다 나타났다 하듯 쉽게 바뀌니
쉬울 이, 바꿀 역

또 사서삼경의 하나로, 점치는 **주역(周易)**도 나타내어
주역 역, 점칠 역

+ 유 昜(볕 양, 햇살 양) – 제목번호 307 참고

훈독 やさしい 　**음독** えき, い

훈독 易しい 쉽다

음독 易者 점쟁이 交易 교역 安易 손쉬움, 안이함 簡易 간이
平易 평이함 難易度 난이도

305

참고자

9획 / 부수 日

아침(旦)마다 없던(勿) 해가 떠서 비치는 볕과 햇살이니
볕 양, 햇살 양

+ 旦(아침 단) - 제목번호 138 참고

N2 **小3**

12획 / 부수 阜(阝)

언덕(阝) 위를 비추는 **햇볕(昜)**이니 **볕 양**

또 볕이 비추면 드러나니 **드러날 양**

+阝(언덕 부 변)

| 음독 | **よう** |

음독 陽気 ① 화려하고 왕성함 ② 기후 斜陽 몰락, 쇠퇴
      秋陽 가을 햇볕

예외 陽炎 아지랑이 夕陽 석양

N3 **小2**

12획 / 부수 土

흙(土)이 **햇살(昜)**처럼 넓게 펴진 마당이니 **마당 장**

또 마당에서 벌어지는 상황이니 **상황 장**

훈독 **ば**   음독 **じょう**

훈독 場所 장소 場合 경우 浅場 강가나 여울의 얕은 곳
      洗い場 (음식점의) 설거지 칸, 주방 売り場 매장

음독 場外 장외(↔ 場内 장내) 会場 회장 球場 구장 休場 휴장
      競技場 경기장 退場 퇴장 来場 그 장소에 옴

N1 **小6**
13획 / 부수 肉(月)

N1 **小6**
13획 / 부수 人(亻)

N2 **小3**
12획 / 부수 水(氵)

몸(月) 속에 **햇살(昜)**처럼 넓게 퍼진 창자니 **창자 장**

+ 月(달 월, 육 달 월)

음독 **ちょう**

음독 腸炎 장염 胃腸 위장 結腸 결장 十二指腸 십이지장
大腸 대장 直腸 직장 小腸 소장

사람(亻)과 사람(宀)은 **햇살(昜)**에 피부가 상하니 **상할 상**

+ 亻(사람 인 변), 宀[사람 인(人)의 변형]

훈독 **きず, いたむ, いためる** 음독 **しょう**

훈독 傷 상처, 흠 傷付く 다치다 傷む 상하다 傷める 상하게 하다
음독 傷心 상심 外傷 외상 軽傷 경상 中傷 중상 負傷 부상
食傷 ① 식체, 체함 ② 식상, 싫증이 남, 물림
예외 火傷 화상

+ '火傷'은 'かしょう'로도 읽습니다.

물(氵)에 **햇살(昜)** 같은 열을 가해 끓인 국이니
끓일 탕, 국 탕

훈독 **ゆ** 음독 **とう**

훈독 お湯 따뜻한 물, 더운물 湯冷まし 끓여서 식힌 물
湯飲み 찻잔 湯引く 살짝 데치다 湯船 목욕통
上がり湯 목욕이 끝난 후 탕에서 나올 때 몸에 끼얹는 깨끗한 더운물
朝湯 아침 목욕 足湯 족욕 出で湯 온천
茶の湯 ① 다도 ② 차를 끓여 마시는 모임
음독 温湯 온탕 熱湯 열탕 入湯 입탕(입욕)

N4 小2
3획 / 부수 一

하늘(一) 아래 **싸여(勹)** 있는 물건들도 많으니 많을 만
또 많은 숫자인 일만이니 일만 만

[정자] 萬 – 풀(卝)밭에는 원숭이(禺)도 많으니 '많을 만'
　　　　또 많은 숫자인 일만이니 '일만 만'

+ 禺 – 밭(田)에서 기른 농작물을 발자국(内) 남기며 훔쳐 먹는 원숭이니 '원
　　　숭이 우'
+ 内 – 성(冂)처럼 사사로이(厶) 남긴 발자국이니 '발자국 유'
+ 一('한 일'이지만 여기서는 하늘로 봄), 勹(쌀 포), 卝(초 두), 冂(멀 경, 성
　　경), 厶(사사로울 사, 나 사)

[훈독] **よろず**　　[음독] **まん, ばん**

[훈독] ^{よろず や}
　　　万屋 만물상

[음독] ^{まんいち} 万一 만일　^{まん び} 万引き 물건을 사는 체하고 훔침
　　　^{まんびょう} 万病 만병　^{ばんこっ き} 万国旗 만국기　^{ばん じ} 万事 만사　^{ばんじん} 万人 만인
　　　^{ばんぜん} 万全 만전　^{ばん のう} 万能 만능

小4
9획 / 부수 木

나무(木) 중 **언덕(厂)**에 **많이(万)** 자라는 칠엽수니
칠엽수 회

+ 칠엽수(七葉樹) – 칠엽수과의 낙엽 교목. 잎이 떡갈나무 모양으로 5~7개가
　　　　　　　　 달린 일본 열도 특산종임

[훈독] **とち**
[훈독] ^{とち き}
　　　栃の木 칠엽수

참고자

2획 / 제부수

(점치던) 거북이 등이 갈라진(🐢→卜) 모양을 본떠서

점 복

+ 옛날에는 거북이 등을 불태워 갈라진 모양을 보고 점을 쳤습니다.

음독 **ぼく**

N4 小2

5획 / 부수 夕

저녁(夕)에 **점(卜)**치러 나가는 밖이니 **밖 외**

+ 夕(저녁 석), 卜[점 복(卜)의 변형]

훈독 **そと, ほか, はずす, はずれる**　　음독 **がい, げ**

훈독 外 밖, 바깥　外方 다른 쪽, 딴 쪽　外 그 밖　外す ① 떼다

② 떼어 내다 ③ 빼다　外れる ① 빠지다 ② 벗겨지다, 풀어지다

③ 누락되다　仲間外れ 동료들한테 따돌림을 받음

음독 外勤 외근　外形 외형　外交 외교　外国人 외국인

外来 외국에서 옴　以外 이외　除外 제외　例外 예외　外科 외과

N2 中学

5획 / 부수 卜

점(卜)쟁이에게 **말하며(口)** 점치니 **점칠 점**

또 **표지판(卜)**을 **땅(口)**에 세우고 점령하니 **점령할 점**

+ 점령(占領)하다 – (일정한 곳을) 점령하여 거느리다.

+ 口(입 구, 말할 구, 구멍 구), 占의 어원에서 口는 땅으로 봄, 領(거느릴 령, 우두머리 령)

훈독 **しめる, うらなう**　　음독 **せん**

훈독 占める 차지하다　占う 점치다

음독 占拠 점거　占領 점령　占有率 점유율　独占 독점

N4 小2

8획 / 부수 广

집(广)에 **점령하듯(占)** 물건을 진열하여 파는 가게니

가게 점

+ 广(집 엄)

훈독 **みせ**　　음독 **てん**

훈독 店 가게　店屋 상점, 가게　店先 가게 앞(= 店頭)

음독 店主 점주　開店 개점　支店 지점　商店 상점　当店 이 가게

閉店 폐점　百貨店 백화점　来店 내점(가게에 옴)　洋品店 양품점

N1 小6
10획 / 부수 彳

걸어서(彳) 이쪽저쪽(乂)으로 아래(下)까지 사람(人)을 좇아 따르니 좇을 종, 따를 종

[정자] 從 – 걸어서(彳) 두 사람(人人)이 점(卜)치는 사람(人)을 좇아 따르니 '좇을 종, 따를 종'

[훈독] したがう, したがえる　　[음독] じゅう, しょう, じゅ

[훈독] 従う ① 따르다, 쫓다 ② 쏠리다
従える ① 따르게 하다, 복종시키다 ② 거느리다

[음독] 従業員 종업원　従事 종사　従来 종래
専従 한 가지 일에만 종사함　主従 주종　服従 복종　従容 종용
従三位 종3품

N1 小6
16획 / 부수 糸

실(糸)을 따라(從) 세로로 놓으니 세로 종, 놓을 종

[훈독] たて　　[음독] じゅう

[훈독] 縦 세로　縦書き 세로쓰기　縦長 세로로 긺

[음독] 縦横 종횡　縦走 종주　縦断 종단　操縦 조종
放縦 방종(제멋대로 행동하여 거리낌이 없음)

4획 / 부수자

사람(ㅡ)이 엇갈리게(乂) 치니 칠 복 (= 攴)

+ 통 攴 – 점(卜)칠 때처럼 오른손(又)에 회초리를 들고 툭툭 치니 '칠 복'
+ ㅡ[사람 인(人)의 변형], 乂('벨 예, 다스릴 예, 어질 예'지만 여기서는 엇갈리는 모습으로 봄), 卜(점 복), 又(오른손 우, 또 우) – 제목번호 179 참고
+ 칠 복(攵, 攴)은 4획, 천천히 걸을 쇠, 뒤져 올 치(夊)는 3획입니다.

N2 小4
12획 / 부수 攵(攴)

풀(艹)이 난 땅(一)에 고기(月)를 놓고 치면(攵)
여러 조각으로 흩어지니 흩어질 산

+ 艹[초 두(艹)의 약자], 一('한 일'이지만 여기서는 땅으로 봄), 月(달 월, 육 달 월)

훈독 **ちる, ちらす, ちらかす, ちらかる** 음독 **さん**

훈독 散る 떨어지다, (꽃잎이) 지다 散らす 흩뜨리다, 분산시키다
散らかす 어지르다, 흩뜨리다 散らかる 어지르다, 흩뜨리다

음독 散発 산발 散歩 산책 解散 해산 分散 분산
放散 방산, 퍼지다

N2 小4
11획 / 부수 攵(攴)

재물(貝) 때문에 치고(攵) 싸워서 패하니 패할 패

+ 貝(조개 패, 재물 패, 돈 패) – 제목번호 330 참고

훈독 **やぶれる** 음독 **はい**

훈독 敗れる 패하다, 지다

음독 敗戦 패전 敗色 패색 一敗 1패 失敗 실패 ゼロ敗 0패
勝敗 승패 大敗 대패 不敗 불패

N2 小6
8획 / 부수 木

나뭇(木)가지로 치며(攵) 세는 낱낱이니 낱 매

+ 손이나 나뭇가지로 물건을 치며 세지요.
+ 종이나 유리같이 장으로 세는 물건의 단위

음독 まい

음독 枚挙 하나하나 셈 枚数 매수, 장수 一枚 한 장
二枚目 ① 미남 ② (歌舞伎에서) 출연 배우 일람표에 두 번째로 이름
이 쓰여진, 미남역의 배우(단장 다음 가는 배우)

N1 小4
8획 / 부수 牛(牜)

소(牛)를 치며(攵) 기르니 기를 목

+ 牜[소 우(牛)가 글자의 왼쪽에 붙는 부수인 변으로 쓰일 때의 모습으로 '소
우 변'], 〈양치기 소년〉에서 '치기', 가축을 치다에서 '치다'는 모두 牧의 어
원에서 나온 말입니다.

훈독 まき **음독** ぼく

훈독 牧場 목장

+ '牧場'은 'ぼくじょう'로도 읽을 수 있습니다.

음독 牧畜 목축 放牧 방목 遊牧 유목

N2 小6
4획 / 부수 又

얽힌(丩) 것을 손(又)으로 쳐 거두니 거둘 수

정자 收 – 얽힌(丩) 것을 쳐(攵) 거두니 '거둘 수'
+ 丩 – 서로 얽힌 모습에서 '얽힐 구'
+ 又(오른손 우, 또 우) – 제목번호 179 참고

훈독 おさめる, おさまる **음독** しゅう

훈독 収める ① 거두다 ② 얻다, 손에 넣다 ③ 성과를 올리다
収まる ① 수습되다 ② (관계 등이) 원만해지다 ③ 해결되다

음독 収縮 수축 収集 수집 収入 수입 秋収 추수
領収書 영수증

참고자

7획 / 부수 攵

사람(亻)이 **지팡이(丨)**로 땅을 **치면서(攵)** 사라져 아득하니
아득할 유

+ 丨('뚫을 곤'이지만 여기서는 지팡이로 봄)
+ 아득하다 – ① 보이는 것이나 들리는 것이 희미하고 매우 멀다.
           ② 까마득히 오래되다.
           ③ 정신이 흐려진 상태이다.
           여기서는 ①의 뜻.

N1 小5

10획 / 부수 人(亻)

아득히(攸) 흘러가는 물에 **머리(彡)** 감듯이
마음을 닦고 다스리니 닦을 수, 다스릴 수

+ 彡(터럭 삼, 긴 머리 삼)

훈독 おさめる, おさまる   **음독** しゅう, しゅ

훈독 修める (학문을) 닦다, 수양하다
      修まる 닦아지다, (품행이) 바르게 되다

음독 修学旅行 수학여행 修辞 수사 修正 수정
      修得 수득, 몸에 익힘 修了 수료
      修復 ① 수복 ② 복원 ③ 본래의 좋은 관계로 되돌아 감, 회복
      修理 수리(= 改修) 修業 수업, 수행

N2 小2

13획 / 부수 攵

쌀(米)자루를 **여자(女)**가 **치며(攵)** 두어 개씩 세니
셀 수, 두어 수

또 세듯이 자주 닥쳐오는 운수니 자주 삭, 운수 수

정자 數 – 쌓인(婁) 물건을 여자(女)가 치며(攵) 두어 개씩 세니 '셀 수,
      두어 수'
      또 세듯이 자주 닥쳐오는 운수니 '자주 삭, 운수 수'
+ 米(쌀 미), 두어 – 그 수량이 둘쯤임을 나타내는 말, 婁(쌓인 모양)

훈독 かず, かぞえる   **음독** すう, す

훈독 数 수 手数 ① 할 수 있는 수단의 수 ② 수고, 귀찮음
      数える 세다, 헤아리다, 계산하다
      + '手数'의 '数'는 'すう'라고도 읽을 수 있습니다.

음독 数学 수학 数字 숫자 数量 수량 回数 횟수 算数 산수
      人数 인원수 倍数 배수 分数 분수 数寄屋 다실

N1 小5
7획 / 부수 木

(본줄기보다) **뒤져서(夂) 나무(木)**에 돋는 가지니 **가지 조**

또 가지처럼 나누어진 조목이니 **조목 조**

[정자] 條 – 아득히(攸) 나무(木)에서 뻗어가는 가지니 '가지 조'
　　　　또 가지처럼 나누어진 조목이니 '조목 조'

+ 조목(条目) – ① 법률이나 규정 등의 낱낱의 조나 항목
　　　　　　　② 하나의 일을 구성하고 있는 낱낱의 부분이나 갈래

+ 夂(천천히 걸을 쇠, 뒤져 올 치), 目(눈 목, 볼 목, 항목 목)

음독 **じょう**

음독 条件 조건　条目 조목　条理 조리　条約 조약
一条 ① 한 조목 ② 한 줄기, 한 가닥
信条 신조　鉄条 굵은 쇠줄, 철사

예외 発条 ① 용수철, 스프링 ② 계기

---

315 〉苟 구 → 敬 경 〉警 경

참고자
8획 / 부수 草(++)

풀(++)처럼 **굽어(句)** 사는 모습이 구차하니 **구차할 구**

또 구차하지만 진실로 구하니 **진실로 구**

+ 句(글귀 구, 굽을 구) – 제목번호 304 참고

훈독 **いやしくも**

훈독 苟も ① 적어도 ② 만약, 만일

N2 小6
12획 / 부수 攴(夂)

진실한(苟) 마음이면 **채찍질(夂)**해도 공경하니 **공경할 경**

+ 夂(칠 복, = 攴)

훈독 **うやまう**　　음독 **けい**

훈독 敬う 존경하다, 공경하다

음독 敬意 경의　敬語 경어　敬服 경복, 탄복　敬礼 경례
失敬 ① 실례 ② 버릇없음, 무례함　表敬 경의를 표함

진실한(苟) 마음으로 채찍질(攵)하며 말(言)로 경계하고 깨우치니 경계할 경, 깨우칠 경

+ 言(말씀 언)

음독 **けい**

음독 警官 경관 警察 경찰 警告 경고 警報 경보
　　　けいかん　　けいさつ　　けいこく　　けいほう

316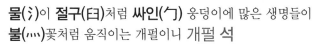

臼 구 ＞ 潟 석 → 写 사 ＞ 旧 구

절구를 본떠서 절구 구

+ 절구 - 곡식을 찧거나 떡을 치기도 하는 기구. 통나무나 돌, 쇠 등으로 속을 우묵하게 만듦

훈독 **うす**　　**음독** **きゅう**

훈독 臼 절구, 맷돌
　　　うす

음독 臼歯 어금니, 구치　脱臼 탈구(= 탈골)
　　　きゅう し　　　　　　　だっきゅう

물(氵)이 절구(臼)처럼 싸인(勹) 웅덩이에 많은 생명들이 불(灬)꽃처럼 움직이는 개펄이니 개펄 석

+ 勹(쌀 포), 灬(불 화 발), 개펄에 가 보면 절구처럼 움푹 파여 물이 괸 곳에 많은 생명체가 살고 있지요.

훈독 **かた**

훈독 潟 갯벌　干潟 간석지(밀물과 썰물이 드나드는 개펄)
　　　かた　　　 ひ がた

315

N3 小3
5획 / 부수 宀

덮어놓고(宀) 주어진(与) 대로만 그리고 베끼니
그릴 사, 베낄 사

정자 寫 – 집(宀)에 절구(臼)와 아궁이에 싸여(勹) 있는 불(灬)을 소재로 그리니 '그릴 사'
또 그리듯 베끼니 '베낄 사'

+宀(덮을 멱), 与(줄 여, 더불 여, 참여할 여), 勹(쌀 포), 灬(불 화 발)

훈독 **うつす, うつる**　　음독 **しゃ**

훈독 写す ① (사진을) 찍다 ② 베끼다
写し ① (사진을) 찍음 ② 베낌, 모조품 ③ 사본
生き写し 꼭 빼닮음　大写し 클로즈업
写る ① (속이) 비치다 ② 찍히다

음독 写真 사진　写生 사생(실물이나 경치를 있는 그대로 그리는 일)
写本 사본　複写 복사　筆写 필사

N2 小5
5획 / 부수 日

일(丨) 일(日)만 지나도 오래된 옛날이니
오랠 구, 옛 구

정자 舊 – 풀(艹)로 새(隹)들이 절구(臼) 같은 둥지를 만듦은 오래된 옛부터니 '오랠 구, 옛 구'

+丨('뚫을 곤'이지만 여기서는 숫자 1로 봄), 日(해 일, 날 일)

훈독 **ふるい**　　음독 **きゅう**

훈독 旧い 오래되다, 헐다, 옛일이다
음독 旧師 옛 스승　旧事 옛일　旧知 구면　旧友 옛 친구
新旧 신구　復旧 복구

N3 小2
5획 / 제부수

(옛날에는 거북의 등 껍데기를 도구로 썼으니)

거북 등 껍데기(🐢→田) 모양을 본떠서 쓸 용

훈독 **もちいる**　음독 **よう**

훈독 用いる 사용하다

음독 用 용건, 볼일 用事 용건 用法 용법 用向き 용건(의 내용)
効用 효용 実用 실용 通用 통용 無用 무용

N2 小5
12획 / 부수 人(亻)

짐승 기르는 **사람(亻)**은 **풀(艹)**을 **굴 바위(厂)** 위에 말려
겨울에 **쓸(用)** 것을 갖추니 **갖출 비**

+ 艹(초 두), 厂(굴 바위 엄, 언덕 엄)

훈독 **そなえる, そなわる**　음독 **び**

훈독 備える ① 준비하다, 대비하다 ② 갖추다 ③ 구비하다, 마련하다
備わる ① 갖춰지다 ② 구비되다

음독 警備 경비 下準備 사전 준비 守備 수비 整備 정비
予備 예비

N2 小2
7획 / 제부수

소나 양의 **뿔(🦬)**을 본떠서 **뿔 각**
또 뿔은 모나서 싸우거나 겨룰 때도 쓰이니 **모날 각, 겨룰 각**

훈독 **かど, つの**　음독 **かく**

훈독 角 ① 길모퉁이 ② 구석 角店 길모퉁이 가게 角 뿔
음독 角度 각도 直角 직각 方角 ① 방위 ② 방향 ③ 수단, 방법

N2 小5
13획 / 부수 角

뿔(角)부터 **칼(刀)**로 **소(牛)**를 갈라 해부하니 **해부할 해**
또 해부하듯 문제를 푸니 **풀 해**

+ 刀(칼 도), 牛(소 우), 짐승을 잡아 해부할 때는 일정한 순서가 있지요.
+ 해부(解剖) - ① 생물체를 갈라 내부를 조사하는 일
　　　　　　　② 사물을 자세히 분석하여 연구함

훈독 **とく, とかす, とける**　음독 **かい, げ**

훈독 解く 풀다 解かす 녹이다 解ける 풀리다
음독 解答 해답 見解 견해 分解 분해 理解 이해 解熱 해열

317

N2 **小4**
8획 / 부수 口

성(冂) 안의 **영토(土)**를 **입(口)**으로 잘 설명하여 두루
둘레까지 알게 하니 **두루 주, 둘레 주**

+冂(멀 경, 성 경)

훈독 **まわり**　　음독 **しゅう**

훈독 周り 주위

음독 周囲 주위　周期 주기　周遊 주유(두루 돌아다니면서 구경하며 놂)
一周 일주, 한 바퀴 돎

N2 **小3**
15획 / 부수 言

말(言)을 **두루(周)** 듣고 고르게 잘 어울리니
고를 조, 어울릴 조

또 높낮음이 고르게 어울린 노랫가락이니 **가락 조**

훈독 **しらべる, ととのう, ととのえる**　　음독 **ちょう**

훈독 調べる 조사하다　下調べ 예비 조사
取り調べる (자세히) 조사하다　調う 마련되다, 갖춰지다
調える 마련하다, 갖추다

음독 調整 조정, 조절　調理 조리　調和 조화　調味料 조미료
好調 호조　協調 협조　同調 동조

N4 **小2**
11획 / 부수 辶(辶)

두루(周) 뛰어(辶) 주일마다 도니 **주일 주, 돌 주**

+辶(뛸 착, 갈 착), 주일(週日) – 월요일부터 일요일까지의 이레 동안

음독 **しゅう**

음독 週給 주급　週休 주휴　一週間 일주일　先週 지난 주
来週 다음 주

N1 참고자
7획 / 부수 用

많이(十) 쓰이도록(用) 점(丶)까지 점검하며 만들어 크고 넓게 쓰이니 클 보, 넓을 보

+ 十(열 십, 많을 십), 술보, 졸보, 울음보처럼 사람의 별명에 쓰이기도 하지요.

N2 **小6**
12획 / 부수 衣(衤)

옷(衤)에 난 큰(甫) 구멍을 기우니 기울 보

+ 衤(옷 의 변), 깁다 – 떨어지거나 해어진 곳에 조각을 대고 꿰매다.

훈독 **おぎなう**　　음독 **ほ**

훈독 補う 보충하다, 부족한 것을 채우다

음독 補給 보급　補強 보강　補色 보색(다른 색상의 두 빛깔이 섞여 하양이나 검정이 될 때, 이 두 빛깔을 서로 이르는 말)
補導 보도(도와서 올바른 데로 이끎)　増補 증보

참고자
10획 / 부수 寸

널리(甫) 법도(寸)에 맞게 펴니
펼 부, 펼 포

+ 甫[클 보, 넓을 보(甫)의 변형], 寸(마디 촌, 법도 촌)

N1 **小4**
12획 / 부수 十

여러(十) 방면에 두루 펴(尃) 넓으니 넓을 박

음독 **はく, ばく**

음독 博学 박학(배운 것이 많고 학식이 넓음. 또는 그 학식)
博物館 박물관　博打 도박, 노름　博士 박사

+ '博士'는 'はかせ'라고도 읽습니다.

319

참고자
7획 / 부수 用

꽃봉오리( )가 부풀어 솟아오르는(甬) 모양을 본떠서
솟을 용

N2 小4
9획 / 부수 力

솟는(甬) 힘(力)이 있어 날래니 날랠 용

+甬[솟을 용(甬)의 변형], 力(힘 력)

훈독 いさむ, いさましい　　**음독** ゆう

훈독 勇む 기운이 솟다　勇ましい ① 용감하다 ② 시원하다
음독 勇気 용기　勇士 용사　勇者 용자, 용사　勇断 용단　武勇 무용

N3 小2
10획 / 부수 辵(辶)

무슨 일이나 **솟을(甬)** 정도로 **뛰며(辶)** 열심히 하면 통하니
통할 통

훈독 とおる, とおす, かよう　　**음독** つう

훈독 通る 통하다, 뚫리다, 통과하다　通り 길　通り雨 지나가는 비
大通り 넓은 길, 큰 거리　人通り 사람의 왕래
通す ① 통하게 하다 ② (길을) 내다　見通し 전망　通う 다니다
似通う 비슷하다, 서로 닮다
음독 通過 통과　通学 통학　通念 통념　開通 개통　交通 교통
直通 직통

N2 **小5**
4획 / 제부수

두 사람이 **나란히 앉은(🐦🐦→とと)** 모양에서 나란할 비
또 둘을 나란히 앉혀 놓고 견주니 견줄 비

훈독 **くらべる** 음독 **ひ**

훈독 比べる 비교하다

음독 比重 비중 比例 비례 対比 대비

N1 **小6**
7획 / 부수 手(扌)

손(扌)으로 **견주어(比)** 비평하니 비평할 비

+ 비평(批評) – ① 사물의 미추(美醜)·선악·장단·시비를 평가하여 가치를
　　　　　　　　평가하는 것
　　　　　　② 남의 결점을 드러내어 말하는 것

+ 評(評: 평할 평), 美(아름다울 미), 醜(추할 추)

음독 **ひ**

음독 批判 비판 批評 비평

N2 **中学**
9획 / 부수 白

나란히(🐦🐦→とと→比) 앉아 **말하는(白)** 모두 다니 다 개

훈독 **みな** 음독 **かい**

훈독 皆 모두, 전부 皆さん 여러분

음독 皆勤 개근 皆無 전무

N2 **小3**
12획 / 부수 阜(阝)

언덕(阝)에 오르도록 **다(皆)** 같은 간격으로 만들어 놓은
계단이니 계단 계

또 계단처럼 단계가 있는 계급이니 계급 계

+阝(언덕 부 변)

음독 **かい**

음독 階下 아래층 階級 계급 階層 계층 階段 계단 位階 위계
音階 음계

N1 **小4**
11획 / 제부수

사슴을 본떠서 **사슴 록**

훈독 **しか, か**　음독 **ろく**

훈독 鹿 사슴　馬鹿 바보, 멍청이

음독 馴鹿 순록　逐鹿 정권이나 지위를 얻으려고 다툼

N2 **小5**
11획 / 부수 水(氵)

물(氵)과 햇(日)빛이 적당히 **비례하는(比)** 곳에 동식물이
섞여 살듯 섞으니 **섞을 혼**

훈독 **まじる, まざる, まぜる**　음독 **こん**

훈독 混じる 섞이다, 사귀다　混ざる 섞이다
混ぜる 넣어 섞다, 혼합하다

음독 混血 혼혈　混合 혼합　混雑 혼잡　混線 혼선　混同 혼동

N1 **小6**
10획 / 부수 阜(阝)

언덕(阝)에 오를 수 있도록 **나란히(比)** 흙(土) 위에 놓은
섬돌이니 **섬돌 폐**

+阝(언덕 부 변)
+섬돌 – 집채의 앞뒤에 오르내릴 수 있게 놓은 돌층계

음독 **へい**

음독 陛下 폐하(① 황제나 황후에 대한 경칭 ② 뜰의 층계 아래)

N2 **小4**
6획 / 부수 儿

점치던 거북 등껍질의 갈라진 (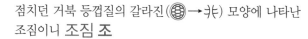→⺑) 모양에 나타난 조짐이니 **조짐 조**

또 큰 숫자인 조를 나타내어 **조 조**

+ 조짐(兆朕) – 좋거나 나쁜 일이 생길 기미가 보이는 현상
+ 朕(나 짐, 조짐 짐), 옛날에는 거북이 등을 태워 갈라진 모양을 보고 길흉 화복을 점쳤답니다.

훈독 **きざす** **음독** **ちょう**

훈독 兆す ① 싹트다 ② 일이 일어날 징조가 보이다
兆し 조짐, 징조, 전조

음독 兆候 징후, 징조, 조짐 　吉兆 길조 　前兆 전조 　予兆 예조, 전조
一兆 1조

N4 **小2**
5획 / 부수 匕

두 사람이 등지고 달아나는 (→⊃匕) 모습에서
등질 배, 달아날 배

또 항상 남쪽을 향하여 앉는 임금의 등진 북쪽이니 **북쪽 북**

+ 임금은 어느 장소에서나 그곳의 북쪽에서 남쪽을 향하고 앉았지요.

훈독 **きた** **음독** **ほく**

훈독 北 북쪽 　北風 북풍

음독 北海道 홋카이도(일본 북쪽에 있는 자치구) 　北進 북진
北上 북상 　敗北 패배

N2 **小6**
9획 / 부수 肉(月)

등진(北) 몸(月)의 등이니 **등 배, 등질 배**

또 등을 대고 재는 신장이니 **신장 배**

+ 북쪽의 뜻으로는 주로 北을 쓰고, 등지다의 뜻으로는 背를 씁니다.
+ 한국에서 '背'는 '키(신장)'라는 뜻으로 쓰이지 않는데, 일본에서는 '키(신장)' 라는 뜻으로도 쓰입니다.
+ 신장(身長) – 사람이나 동물이 똑바로 섰을 때에 발바닥에서 머리끝에 이 르는 몸의 길이

훈독 **せい, せ, そむく** **음독** **はい**

훈독 背 키, 신장 　背 등, 뒤 　背負う 등에 업다, 떠맡다, 짊어지다
背中 등 　背筋 등골, 등줄기 　背骨 척추, 등뼈 　背く 등지다

음독 背後 배후 　背信 배신 　背徳 배덕 　背部 배후 　背任 배임(주어진 임무를 저버림)

많은(千) 풀(艹)이 땅(一)을 뚫고(八) 올라오듯 올라타니
탈 승

또 타는 수레를 세는 단위나 어긋나게 곱하는 뜻으로도 쓰여
대 승, 곱할 승

정자 乘 - 두 발을 어긋나게(舛) 디디며 사람(人)이 타니 '탈 승'
　　　또 수레를 세는 단위나 어긋나게 곱하는 뜻으로도 쓰여 '대 승,
　　　곱할 승'
+ 舛 - 많이(千) 등져(北) 어긋나니 '어긋날 괘'
+ 千(일천 천, 많을 천), 八(여덟 팔, 나눌 팔)

훈독 **のる, のせる**　　음독 **じょう**

훈독 乗る 타다　乗り物 탈것, 기구　相乗り 합승
　　　名乗る 이름을 말하다　船乗り 선원　乗せる 태우다
　　　上乗せ 덧붙임

음독 乗客 승객　乗船 승선　乗車 승차　同乗 동승　便乗 편승
　　　+ '乗客'의 '客'은 'かく'로도 읽을 수 있습니다.

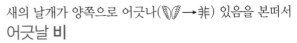

324 非 비 〉 俳 배 〉 悲 비

8획 / 제부수

새의 날개가 양쪽으로 어긋나(🦋→非) 있음을 본떠서
어긋날 비

또 어긋나면 아니 된다고 나무라니 아닐 비, 나무랄 비

훈독 **あらず**　　음독 **ひ**

훈독 非ず 그렇지 않다, 아니다

음독 非行 비행　非合法 비합법(법률이나 규범이 정한 바에 맞지 아니함)
　　　非情 비정　非常線 비상선　非難 비난

10획 / 부수 人(亻)

사람(亻) 중 실제가 아닌(非) 행동을 꾸며서 하는 배우니
배우 배

음독 **はい**

음독 俳句 하이쿠(5-7-5의 17음절로 이루어진 일본 전통 시)
　　　俳人 하이쿠를 짓는 사람　俳優 배우

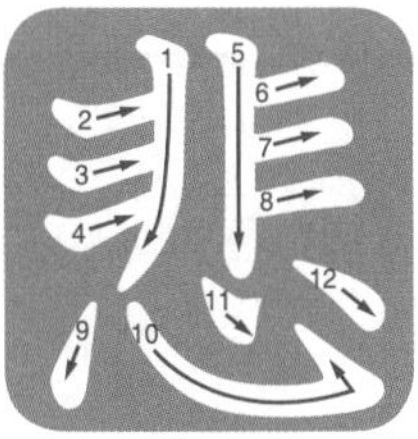

N2 **小3**
12획 / 부수 心

아니(非) 된다고 느끼는 **마음(心)**은 슬프니 슬플 **비**

훈독 **かなしい, かなしむ** 음독 **ひ**

훈독 悲(かな)しい 슬프다 悲(かな)しむ 슬퍼하다 悲(かな)しみ 슬픔

음독 悲運(ひうん) 비운 悲観(ひかん) 비관 悲劇(ひげき) 비극 悲痛(ひつう) 비통 悲報(ひほう) 비보

325 罒(网) 망 → 岡 강 → 鋼 강

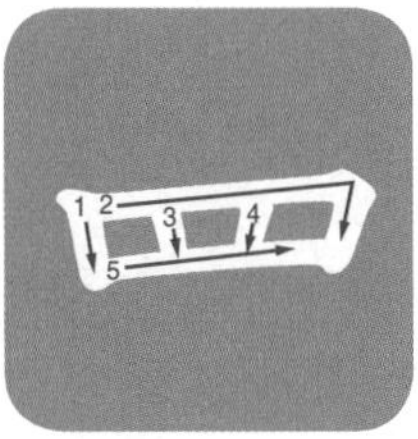

5획 / 부수자

양쪽 기둥에 그물을 얽어 맨(→罒) 모양을 본떠서
그물 **망** (= 网, 㓁)

+ 유 皿(그릇 명) – 제목번호 274 참고
+ 아래에 그릇 받침을 나타내는 긴 줄이 있으면 그릇 명(皿), 없으면 그물 망(罒)

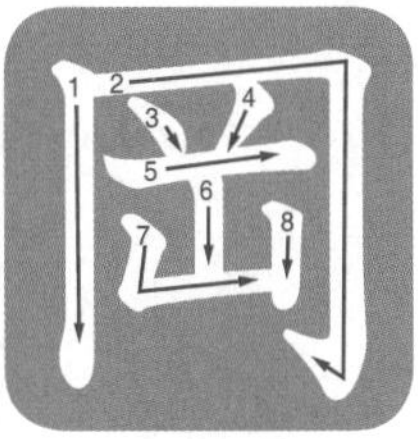

N1 **小4**
8획 / 부수 山

그물(网→冂)친 것처럼 이어진 **산(山)**등성이니
산등성이 **강**

+ 冂[그물 망(网)의 변형]

훈독 **おか**

훈독 岡山県(おかやまけん) 오카야마현(일본의 현 중의 하나)

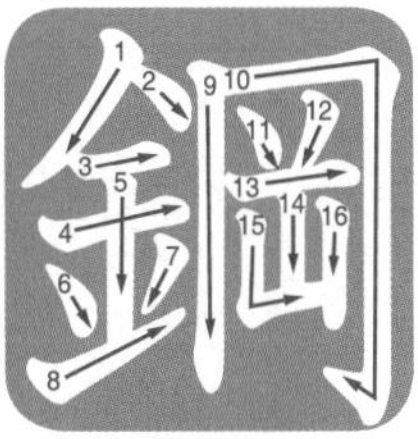

N1 **小6**
16획 / 부수 金

쇠(金) 중에 **산등성이(岡)**처럼 강한 강철이니 강철 **강**

또 강철처럼 굳세니 굳셀 **강**

+ 金(쇠 금, 금 금, 돈 금) – 제목번호 280 참고

훈독 **はがね** 음독 **こう**

훈독 鋼(はがね) 강철

음독 鋼管(こうかん) 강철로 만든 관 帯鋼(おびこう) 강철 띠
製鋼(せいこう) 제강(시우쇠를 불려 강철을 만듦)

N2 小5
13획 / 부수 网(罒)

법의 **그물(罒)**에 걸릴 정도로 **어긋나(非)** 죄지은 허물이니
죄지을 죄, 허물 죄

훈독 **つみ**　음독 **ざい**

훈독 罪 죄　罪滅ぼし 속죄, 죄값음

음독 罪科 죄과, 죄악, 형벌　罪囚 죄수　重罪 중죄　大罪 대죄
犯罪 범죄　無罪 무죄

N2 小6
13획 / 부수 网(罒)

그물(罒) 같은 촘촘한 법으로 **사람(者)**을 다스리는 관청이니
관청 서
또 촘촘한 **그물(罒)**처럼 **사람(者)**이 철저히 책임진다고
서명하니 **서명할 서**

정자 署
+ 세무서, 경찰서처럼 署가 붙은 관청은 그물(罒) 같은 촘촘한 법으로 사람
(者)을 다스리는 곳이지요.

음독 **しょ**

음독 署長 서장　署名 서명　部署 부서

N2 小4
13획 / 부수 网(罒)

(무엇을 잡기 위해) **그물(罒)**을 **곧게(直)** 쳐 두니 **둘 치**

+ 直(곧을 직, 바를 직) – 제목번호 266 참고

훈독 **おく**　음독 **ち**

훈독 置く 두다　仕置き 처벌　前置き 서론, 머리말　物置 헛간, 곳간, 광

음독 装置 장치　処置 처치　配置 배치

N4 小2
12획 / 부수 貝

그물(罒)을 **돈(貝)** 주고 사니 **살 매**

+ 貝(조개 패, 재물 패, 돈 패) – 제목번호 330 참고

훈독 **かう**　음독 **ばい**

훈독 買う 사다　買い物 쇼핑　買い手 사는 사람, 살 사람(= 買い主)
仲買 중개인

음독 買価 매가(사는 값)　買収 매수　売買 매매

참고자
13획 / 부수 目

그물(罒) 쳐 놓고 걸리기를 **바라며(幸)** 엿보니 **엿볼 역**

+ 罒(그물 망), 幸(행복할 행, 바랄 행)
+ 罒이 들어간 글자를 일본 한자나 정자의 약자로 쓸 때는 罒부분을 尺(자
척)으로 씁니다.
+ 尺(자 척) – 제목번호 378 참고
+ 위가 그물 망(罒)인데 부수는 눈 목(目)이네요.

N1 **小6**
11획 / 부수 言

말(言)을 **자(尺)**로 재듯 살펴 번역하니 **번역할 역**

정자 譯 – 말(言)을 엿보아(罒) 번역하니 '번역할 역'

훈독 わけ 　**음독** やく

훈독 訳 ① 의미, 뜻 ② 도리, 사리 ③ 원인, 사정, 이유
　　訳有り 특별한 사정이 있음　訳合い 까닭, 이유
　　言い訳 ① 변명, 핑계 ② 사죄, 사과　内訳 내역, 명세
　　申し訳 변명, 해명
음독 訳出 역출, 번역　訳本 번역한 책　意訳 의역　通訳 통역

옆에서 바라본 **말(🐴)**을 본떠서 **말 마**

N2 **小2**
10획 / 제부수

훈독 うま, ま 　**음독** ば

훈독 馬 말　馬小屋 마구간　馬子 마부
　　穴馬 다크호스(dark horse, 의외의 강력한 경쟁 상대)
　　絵馬 신사나 절에서 소원을 빌 때 적는 말 그림이 그려져 있는 나무판
음독 馬力 마력　乗馬 승마　出馬 출마

말(馬)을 **자(尺)**로 재듯 살펴 타는 역이니 **역 역**

정자 驛 – 말(馬)을 엿보아(罒) 갈아타는 역이니 '역 역'
+ 지금의 역은 기차를 타는 곳이지만 옛날의 역은 출장 나온 중앙 관리의 말을
바꿔 주거나 중앙과 지방 관청의 문서를 전하는 일을 했답니다.

N4 **小3**
14획 / 부수 馬

음독 えき

음독 駅 역　駅長 역장　駅馬 역마　駅弁 역이나 기차에서 파는 도시락
　　宿駅 역참

327

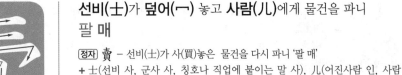

N3 小2
7획 / 부수 士

선비(士)가 덮어(冖) 놓고 **사람(儿)**에게 물건을 파니
팔 매

[정자] 賣 – 선비(士)가 사(買)놓은 물건을 다시 파니 '팔 매'

+ 士(선비 사, 군사 사, 칭호나 직업에 붙이는 말 사), 儿(어진사람 인, 사람
인 발), 買(살 매)

[훈독] **うる, うれる**　　[음독] **ばい**

[훈독] 売る 팔다　売り上げ 매상　売り切れ 품절, 매진　小売 소매
前売り 예매

[음독] 売店 매점　発売 발매　競売 경매　商売 장사
特売 특별히 싸게 판매함

N4 小2
14획 / 부수 言

말(言)하여 물건을 **팔(売)** 듯 글을 소리 내어 읽으니
읽을 독

또 띄어 읽는 구절이니 **구절 두**

[정자] 讀

[훈독] **よむ**　　[음독] **どく**

[훈독] 読む 읽다　読み手 읽는 사람　下読み 미리 읽어 둠, 예습
[음독] 読者 독자　読書 독서　読破 독파　音読 음독　講読 강독

N2 小4
13획 / 부수 糸

실(糸)을 **팔려고(売)** 이으니 이을 속

[훈독] **つづく, つづける**　　[음독] **ぞく**

[훈독] 続く 계속되다　血続き 혈연　手続き 수속, 절차　続ける 계속하다
[음독] 続行 속행　続出 속출　相続 상속　存続 존속

참고자
13획 / 부수 虫

그물(罒) 같은 집에 **싸여(勹)** 있는 **벌레(虫)**는 애벌레니
애벌레 촉

+ 罒(그물 망), 勹(쌀 포), 虫(벌레 충), 애벌레 – 아기(새끼)벌레

음독 **しょく**

음독 <ruby>望蜀<rt>ぼうしょく</rt></ruby> 만족할 줄 모르는 욕심
예외 <ruby>玉蜀黍<rt>とうもろこし</rt></ruby> 옥수수

N1 小5
9획 / 부수 犬(犭)

개(犭)와 **애벌레(虫)**의 관계처럼 어울리지 못하고 홀로니
홀로 독

또 늙어서 홀로 지내게 자식이 없으니 자식 없을 독

정자 獨 – 개(犭)와 애벌레(蜀)의 관계처럼 어울리지 못하고 홀로 지내니
'홀로 독'
또 늙어서 홀로 지내게 자식이 없으니 '자식 없을 독'

+ 犭(큰 개 견, 개 사슴 록 변)

훈독 **ひとり**　음독 **どく**

훈독 <ruby>独<rt>ひと</rt></ruby>り 혼자, 독신 <ruby>独<rt>ひと</rt></ruby>り<ruby>言<rt>ごと</rt></ruby> 혼잣말, 독백 <ruby>独<rt>ひと</rt></ruby>り<ruby>者<rt>もの</rt></ruby> 독신자, 홀몸인 사람
음독 <ruby>独身<rt>どくしん</rt></ruby> 독신 <ruby>独創<rt>どくそう</rt></ruby> 독창 <ruby>独特<rt>どくとく</rt></ruby> 독특 <ruby>独歩<rt>どっぽ</rt></ruby> 독보 <ruby>単独<rt>たんどく</rt></ruby> 단독

N2 小5
13획 / 부수 夕

풀(艹)로 만든 **그물(罒)** 같은 이불을 **덮고(冖)** 자는
저녁(夕)에 꾸는 꿈이니 꿈 몽

+ 冖(덮을 멱), 夕(저녁 석), 옛날 한자가 만들어지던 시절을 생각하면서 어
원을 생각하면 보다 쉽게 익혀집니다.

훈독 **ゆめ**　음독 **む**

훈독 <ruby>夢<rt>ゆめ</rt></ruby> 꿈 <ruby>夢合<rt>ゆめあ</rt></ruby>わせ 해몽 <ruby>夢心地<rt>ゆめごこち</rt></ruby> 꿈을 꾸는 (듯한 황홀한) 기분
<ruby>夢語<rt>ゆめがた</rt></ruby>り ① 꿈 이야기 ② 꿈같이 현실성 없는 이야기
<ruby>初夢<rt>はつゆめ</rt></ruby> 정월 초하루나 초이틀에 꾸는 꿈
음독 <ruby>夢中<rt>むちゅう</rt></ruby> ① 꿈 속 ② 열중함, 몰두함 <ruby>夢想<rt>むそう</rt></ruby> 몽상 <ruby>悪夢<rt>あくむ</rt></ruby> 악몽
<ruby>春夢<rt>しゅんむ</rt></ruby> ① 봄날의 꿈 ② 덧없는 인생

N2 **小1**
7획 / 제부수

아가미가 나온 **조개**(🐚→貝)를 본떠서 **조개 패**
또 인쇄술이 발달하기 전에는 조개껍데기를 재물이나 돈으로
썼으니 **재물 패, 돈 패**

훈독 **かい**
훈독 貝 조개 貝殻 조개껍데기

N2 **小3**
8획 / 부수 八

재물(貝)을 **하나(一)**씩 갖추니 **갖출 구**

또 갖추어 놓고 쓰는 기구니 **기구 구**

정자 具

훈독 **そなえる** 음독 **ぐ**
훈독 具える 준비하다, 대비하다, 갖추다
具わる 갖춰지다, 구비되다, 비치되다
음독 具合 상태, 형편, 컨디션 具現 구현 具体的 구체적 具有 구유,
갖추어 있음 雨具 우비 家具 가구 道具 도구 文具 문구
예외 玩具 장난감
+ '玩具'는 'がんぐ'로도 읽을 수 있습니다.
+ '具'는 한국 한자 모양과 다르니 주의하세요.

N1 **小5**
10획 / 부수 木

나무(木)에 **반짝이게(ﾂ)** 단장한 **여자(女)**처럼 열린 앵두나
핀 벚꽃이니 **앵두 앵, 벚꽃 앵**

정자 櫻 – 나무(木)에 열리거나 핀 어린아이(嬰) 얼굴처럼 작고 예쁜 앵두나
벚꽃이니 '앵두 앵, 벚꽃 앵'
+ 嬰 – 조개(貝)와 조개(貝)로 꿰어 만든 목걸이를 한 여자(女)의 어린아이이니
'어린아이 영'

훈독 **さくら** 음독 **おう**
훈독 桜 벚나무, 벚꽃 桜紙 (얇고 부드러운) 휴지 桜前線 벚꽃 전선
(벚꽃의 개화일이 같은 곳 끼리를 줄을 그어 연결한 것)
桜肉 말고기 秋桜 코스모스
음독 桜花 앵화, 벚꽃 観桜 벚꽃 구경

N2 小5
12획 / 부수 貝

N3 小5
12획 / 부수 貝

N2 小3
9획 / 부수 貝

재물(貝)을 집(宀)에 고무래(丁)로 당기듯이 모아 쌓으니
쌓을 저

+ 宀(집 면), 丁(고무래 정, 못 정, 장정 정, 넷째 천간 정)

훈독 たくわえる　**음독** ちょ

훈독 貯える ① (만일을 위해) 대비해 두다, 저장(저축 · 비축)하다, 모으다
② 기르다 ③ 쌓다, 쌓아두다

음독 貯金 저금　貯水池 저수지

사는 대신(代) 돈(貝) 주고 빌리니 빌릴 대

+ 代(대신할 대, 세대 대) – 제목번호 225 참고

훈독 かす　**음독** たい

훈독 貸す 빌려주다　貸し出す 대출하다　貸し付け 대부, 빌려줌
貸間 셋방　貸家 셋집　貸し料 임대료

음독 貸借 대차　転貸 전대, 다시 빌려줌

사람(ク)이 재물(貝)을 가져 가려고 짐 지니 짐 질 부

또 싸움에도 지고(패하고) 빚도 지니 패할 부, 빚질 부

+ ク[사람 인(人)의 변형]

훈독 まける, まかす, おう　**음독** ふ

훈독 負ける 지다, 패하다　負け 패배　負かす 지게 하다, 이기다
負う ① 지다 ② 짊어지다. 업다　手負い (싸워서) 상처를 입음

음독 自負 자부　勝負 승부

N3 小3
10획 / 부수 口

입(口)으로 먹고 살기 위하여 **재물(貝)**을 받고 일하는
관원이나 사람이니 관원 **원**, 사람 **원**

+ 관원(官員) – 관청의 직원
+ 官(관청 관, 벼슬 관), 취직할 곳이 관청밖에 없었던 옛날에는 '관원 원'으로
  쓰였는데, 요즘에는 '사람 원'으로 쓰입니다.

음독 **いん**

음독 店員 점원 全員 전원 動員 동원 増員 증원 会員 회원

N2 小5
13획 / 부수 手(扌)

손(扌)으로 **사람(員)**이 물건을 덜어낸 듯 잃으니
덜 손, 잃을 손

훈독 **そこなう**　　음독 **そん**

훈독 損なう 손상하다

음독 損益 손익 損失 손실 損傷 손상 損得 손득(손실과 이득)
破損 파손

N4 小1
4획 / 부수 冂

성(冂)은 세로(ㅣ)나 가로(一)로 보아도 둥근 둘레니
둥글 원, 둘레 원
또 일본의 화폐 단위로도 쓰여 일본 화폐 단위 엔

정자 圓 – 사람(員)을 에워싼(囗) 모습처럼 둥근 둘레니 '둥글 원, 둘레 원'
또 일본의 화폐 단위로도 쓰여 '일본 화폐 단위 엔'

+ '성(冂) 안에 불똥(丶) 하나(一)가 붉게 빛나니 붉을 단, 모란 란(丹)'과 비
  슷하니 혼동하지 마세요. 가로로 긋는 一이 冂 밖으로 나오지 않아야 둥글
  원, 둘레 원, 일본 화폐 단위 엔(円)입니다.
+ 冂(멀 경, 성 경), ㅣ(뚫을 곤)

훈독 **まるい**　　음독 **えん**

훈독 円い 둥글다 円 원, 동그라미

음독 円 엔(일본의 화폐 단위) 円滑 원활 円形 원형 円周率 원주율
円満 원만

참고자

13획 / 부수 貝

덮어(覀) 쌓아 놓고 **재물(貝)**을 파는 장사니 장사 고

+覀[덮을 아(襾)의 변형] – 제목번호 260 참고

N1 小5

8획 / 부수 人(亻)

사람(亻)이 물건을 **덮어(覀)** 놓고 파는 값이니 값 가

[정자] 價 – 사람(亻)이 장사(賈)할 때 부르는 값이니 '값 가'

훈독 **あたい**　음독 **か**

훈독　あたい
　　　価 값어치, 가치

음독　かかく　　　こうか　　ていか　　とっか　　ぶっか
　　　価格 가격　高価 고가　定価 정가　特価 특가　物価 물가
　　　ひょうか
　　　評価 평가

333

N1 **小6**
12획 / 부수 貝

가운데(中) 있는 하나(一)의 재물(貝)이 귀하니 귀할 귀

+ 中(가운데 중, 맞힐 중), 위험할 때는 귀중품을 물건들 사이에 넣어 보관하기도 하지요.

| 훈독 | **たっとい, とうとい, たっとぶ, とうとぶ** | 음독 | **き** |

훈독
たっと
貴い ① 소중하다, 귀중하다 ② (신분이) 높다, 고귀하다
とうと
貴い ① 소중하다, 귀중하다 ② (신분이) 높다, 고귀하다
たっと
貴ぶ 공경하다, 존경하다, 존중하다
とうと
貴ぶ 공경하다, 존경하다, 존중하다

음독
き ちょうひん　　　　　き しゃ　　　　　　　　こう き
貴重品 귀중품　貴社 귀사(상대의 회사)　高貴 고귀

예외
あなた
貴女 ① 귀부인 ② (주로 편지에서) 상대방 여자의 높임말

N1 **小6**
15획 / 부수 辵(辶)

귀한(貴) 물건을 가면서(辶) 남기거나 잃으니
남길 유, 잃을 유

+ 辶(뛸 착, 갈 착)

| 훈독 | **のこす** | 음독 | **い, ゆい** |

훈독
のこ
遺す 후세에 전하다

음독
い こつ　　　　い さん　　　　い しつぶつ　　　　い しょ　　　　い ひん
遺骨 유골　遺産 유산　遺失物 유실물　遺書 유서　遺品 유품
ゆいごん
遺言 유언

N1 **中学**
11획 / 부수 貝

옛날 돈인 엽전은 구멍이 있어서 일정한 양만큼 꿰어 보관했으니,

꿰어(毌) 놓은 돈(貝)을 생각하여 꿸 관, 무게 단위 관

+ 毌(꿰뚫을 관), 1관은 3.75kg

훈독 **つらぬく**　음독 **かん**

훈독 貫く^{つらぬ} ① 관통하다, 꿰뚫다, 가로지르다 ② 관철하다, 일관하다
음독 貫通^{かんつう} 관통 一貫^{いっかん} ① 일관 ② 한 관(3.75kg)
　　 縦貫^{じゅうかん} 종관, 세로로 통함

N2 **小5**
14획 / 부수 心(忄)

마음(忄)에 꿰어져(貫) 버리지 못하는 버릇이니 버릇 관

훈독 **なれる, ならす**　음독 **かん**

훈독 慣れる^な 익숙해지다, 길들다, 습관이 되다 慣れ^な 습관, 익숙해짐
　　 見慣れる^{みな} 늘 보아서 익숙하다 慣らす^な 순응시키다, 길들이다
음독 慣行^{かんこう} 관행 慣習^{かんしゅう} 관습 慣例^{かんれい} 관례 慣用^{かんよう} 관용

N2 **小3**
8획 / 부수 宀

집(宀)에 두(二) 개씩 크게(大) 꿰어 놓은 열매니 열매 실

또 열매처럼 중요한 실제니 실제 실

정자 實 – 수확하여 집(宀)에 꿰어(貫) 놓은 열매니 '열매 실'
　　 또 열매처럼 중요한 실제니 '실제 실'

훈독 **み, みのる**　음독 **じつ**

훈독 実^み 열매, 과실, 씨 実る^{みの} 열매를 맺다, 여물다 実り^{みの} 결실, 수확, 성과
음독 実は^{じつ} 실은, 사실은 実演^{じつえん} 실연 実現^{じつげん} 실현 実力^{じつりょく} 실력
　　 口実^{こうじつ} 구실 事実^{じじつ} 사실

N2 **小4**
4획 / 제부수

기지개켜며(⺈) 사람(人)이 하품하는 모양에서 **하품 흠**

또 하품하며 나태하면 능력이 모자라니 **모자랄 결**

+ ⺈[사람 인(人)의 변형으로 사람이 기지개 켜는 모양]

훈독 **かける, かく**　　**음독** **けつ**

훈독 欠ける 빠지다, 없다 欠く 부족하다, 없다, 빠뜨리다

음독 欠勤 결근 欠番 결번 欠落 결락, 결핍 不可欠 불가결
補欠 보궐

예외 欠伸 하품

N2 **小3**
6획 / 부수 欠

얼음(冫)처럼 차갑게 대하고 **하품(欠)**하며 미루는 다음이니
다음 차

또 다음으로 이어지는 차례와 번이니 **차례 차, 번 차**

+ 冫[얼음 빙(氷)이 부수로 쓰일 때의 모습으로 점이 둘이니 '이 수 변']

훈독 **つぐ**　　**음독** **じ, し**

훈독 次ぐ ① 뒤를 잇다 ② 버금가다 次 다음
次々に 차례차례, 잇달아, 연속해서

음독 次週 다음 주 次回 다음 회 次子 차자(차남, 차녀) 目次 목차
年次 연차 次第に 점차

小4
9획 / 부수 草(艹)

초(艹)목 중 줄기에 **차례(次)**로 가시가 난 가시나무니
가시나무 자

+ 艹[초 두(艹)의 약자]

훈독 **いばら**

훈독 茨 가시나무 茨城 이바라키(일본 현의 하나) 茨の道 가시밭길
野茨 찔레나무

中学
10획 / 부수 心

본심 **다음(次)** 가는 대충의 **마음(心)**으로 행동하여 방자하니
방자할 자

+ 방자(放恣) – 일관된 태도 없이 제멋대로임
+ 心(마음 심, 중심 심), 放(놓을 방)

음독 し

음독 恣意 자의 恣行 자행 専恣 제멋대로임, 방자함

N2 小5
13획 / 부수 貝

사업에서 사람 **다음(次)**으로 중요한 것은 **재물(貝)**이니
재물 자

또 재물의 정도로 따지는 신분이니 **신분 자**

+ 貝(조개 패, 재물 패, 돈 패) – 제목번호 330 참고

음독 し

음독 資格 자격 資金 자금 資本 자본 資料 자료 物資 물자

N1 참고자

9획 / 제부수

머리(一)에서 **이마(丶)**와 **눈(目)** 있는 얼굴 아래 **목(八)**까지를
본떠서(👤→頁) 머리 혈

훈독 **かしら, ページ**　　음독 **けつ, よつ**

훈독 頁数 쪽수

N2 小4

12획 / 부수 頁

(위에서 아래로 흐르는) **냇물(川)**처럼 **우두머리(頁)**의 명령을
따름이 순하니 순할 순

+ 川(내 천)

음독 **じゅん**

음독 順位 순위　順調 순조로움　順番 순서, 순번　温順 온순
手順 순서, 절차　不順 불순, 순탄치 못함
道順 (목적지로 가는) 길, 순서

N3 小2

18획 / 부수 頁

선비(彦)처럼 **머리(頁)**에서 빛나는 얼굴이니 얼굴 안

+ 彦 – 머리(亠)를 받치고(丷) 바위(厂) 아래에서 털(彡)이 길게 자라도록
　　학문을 닦는 선비니 '선비 언'
+ 선비 – ① 학문을 닦는 사람
　　　　② 학식이 있고 행동과 예절이 바르며 의리와 원칙을 지키고 관직과
　　　　　재물을 탐내지 않는 고결한 인품을 지닌 사람
+ 亠(머리 부분 두), 厂(굴 바위 엄, 언덕 엄), 彡(터럭 삼, 긴 머리 삼)

훈독 **かお**　　음독 **がん**

훈독 顔 얼굴　顔色 안색　顔出し (모임에) 얼굴을 내밂, (잠깐) 출석함
顔立ち 얼굴 모습, 생김새　顔見知り 안면이 있음, 아는 사이
地顔 맨얼굴　新顔 신참, 신인　古顔 고참　横顔 옆얼굴

+ '顔色'은 'がんしょく'로도 읽을 수 있습니다.

음독 顔面 안면　尊顔 존안(남의 얼굴을 높여 이르는 말)　童顔 동안
美顔 잘생긴 얼굴

N2 小4
18획 / 부수 頁

쌀(米)을 크게(大) 확대해 보면 둥근 **머리(頁)**처럼 닮은
무리니 닮을 류, 무리 류

[정자] 類 – 쌀(米)밥을 보고 달려오는 개(犬)들의 머리(頁)처럼 닮은 무리니
'닮을 류, 무리 류'

+ 米(쌀 미), 犬(개 견)

| 훈독 | **たぐい** | 음독 | **るい** |

훈독 類^{たぐ}い 같은 부류

음독 類別^{るいべつ} 유별 類義語^{るいぎご} 유의어 人類^{じんるい} 인류 種類^{しゅるい} 종류 同類^{どうるい} 동류
分類^{ぶんるい} 분류 無類^{むるい} 비길 데 없음

N2 小5
18획 / 부수 頁

손님(客)의 **머리(頁)**에서 잘 드러나는 이마니 이마 액

또 **손님(客)**의 **머릿(頁)**수로 계산한 액수니 액수 액

또 이마처럼 드러나게 걸어놓은 현판이니 현판 액

+ 현판(懸板) – 글자나 그림을 새겨 벽에 거는 널조각
+ 客(손님 객), 懸(매달 현, 멀 현), 板(널조각 판)

| 훈독 | **ひたい** | 음독 | **がく** |

훈독 額^{ひたい} 이마

음독 金額^{きんがく} 금액 半額^{はんがく} 반액 全額^{ぜんがく} 전액 差額^{さがく} 차액

N1 中学
15획 / 부수 心

하나(一)같이 **스스로(自) 덮어(冖) 마음(心)**에 품고
천천히 걸으며(夂) 근심하니 근심할 우

+ 自(자기 자, 스스로 자, 부터 자), 冖(덮을 멱), 心(마음 심, 중심 심),
夂(천천히 걸을 쇠, 뒤져 올 치)

| 훈독 | **うれえる、うい** | 음독 | **ゆう** |

훈독 憂^{うれ}える 걱정하다, 근심하다, 마음을 태우다, 한탄하며 호소하다
憂^{うれ}い 근심, 걱정, 슬픔, 한탄 憂^うき目^め 쓰라림, 괴로운 체험
物憂^{ものう}い 울적하다 憂^うさ 괴로움, 근심 憂^うさ晴^ばらし 기분 전환

음독 憂国^{ゆうこく} 우국 外憂^{がいゆう} 외우, 외환(↔ 内憂^{ないゆう}) 深憂^{しんゆう} 깊은 근심
忘憂^{ぼうゆう} 근심을 잊음

사람(亻)이 **근심하며**(憂) 노력하여 우수하니 우수할 **우**

또 **사람**(亻)이 **근심하며**(憂) 머뭇거리니 머뭇거릴 **우**

또 **사람**(亻)이 **근심하듯**(憂) 주어진 대본을 생각하며 연기하는 배우니 배우 **우**

+ 돼지처럼 편안히만 있는 사람보다 노력하고 고민하는 사람이 우수하다는 어원, 정말 어떻게 살 것인가를 알려 주네요.

N2 小6
17획 / 부수 人(亻)

| 훈독 | **やさしい, すぐれる** | 음독 | **ゆう** |

훈독 優しい 상냥하다, 착하다　優れる 우수하다, 훌륭하다

음독 優位 우위　優勢 우세　優先 우선　優勝 우승　優等生 우등생
女優 여배우

---

341 去 거 法 법

어떤 **땅**(土)으로 **사사로이**(厶) 가니 갈 **거**

또 가서 제거하니 제거할 **거**

+ 厶 – 팔로 사사로이 나에게 끌어당기는 모습에서 '사사로울 사, 나 사'

| 훈독 | **さる** | 음독 | **きょ, こ** |

훈독 去る 떠나다, 제거하다

음독 去就 거취　去年 작년　除去 제거　退去 퇴거　過去 과거

물(氵)이 흘러**가듯**(去) 순리에 맞아야 하는 법이니 법 **법**

| 음독 | **ほう, ほっ, はっ** |

음독 法 법　法案 법안　法規 법규　製法 만드는 방법　文法 문법
立法 입법　法体 법체　法度 금령(어떤 행위를 금하는 법률)

N3 小3
5획 / 부수 厶

N2 小4
8획 / 부수 水(氵)

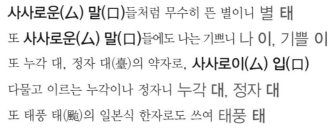

N3 小2
5획 / 부수 口

사사로운(厶) 말(口)들처럼 무수히 뜬 별이니 별 **태**

또 **사사로운(厶) 말(口)**들에도 나는 기쁘니 나 **이**, 기쁠 **이**

또 누각 대, 정자 대(臺)의 약자로, **사사로이(厶) 입(口)**

다물고 이르는 누각이나 정자니 누각 **대**, 정자 **대**

또 태풍 태(颱)의 일본식 한자로도 쓰여 태풍 **태**

[정자] 臺 – (아름다운 경치에 취해) 선비(士)들이 입(口) 다물고(冖) 이르는
(至) 누각이나 정자니 '누각 대, 정자 대'

颱 – 바람(風)이 누각(台)까지도 흔들리게 부는 태풍이니 '태풍 태'
+ 冖(덮을 멱), 至(이를 지, 지극할 지), 風(바람 풍, 풍속·경치·모습·기질·
병 이름 풍)

[음독] **だい, たい**

[음독] 台地 대지, 주위보다 높은 평지　台所 부엌
台無し 아주 망그러짐, 엉망이 됨　台本 대본　土台 토대, 기초
台頭 대두　台風 태풍　屋台 포장마차

N3 小3
8획 / 부수 女

여자(女)가 **기뻐하는(台)** 결혼을 시작하는 처음이니
처음 **시**

[훈독] **はじめる, はじまる**　[음독] **し**

[훈독] 始める 시작하다　始めに 처음에　始まる 시작되다
[음독] 始終 시종　始発 시발　始末 ① 자초지종 ② 뒤처리　原始 원시
年末年始 연말연시

N2 小4
8획 / 부수 水(氵)

물(氵)을 **기쁘게(台)** 사용하도록 잘 다스리니 다스릴 **치**

[훈독] **おさめる, おさまる, なおる, なおす**　[음독] **じ, ち**

[훈독] 治める 다스리다, 수습하다　治まる 다스리다
治る 낫다, 치유되다　治す 고치다, 치료하다, 낫게 하다
[음독] 退治 퇴치　治安 치안　治水 치수　完治 완치　自治 자치
全治 전치, 완쾌

N1 **小6**
6획 / 제부수

하나(一)의 사사로운(厶) 땅(土)에 이르니 이를 지
또 이르러 보살핌이 지극하니 지극할 지

훈독 **いたる** 음독 **し**

훈독 ^{いた}至る 이르다, 다다르다

음독 ^{し げん}至言 지언, 지극히 마땅한 말 ^{し こう}至高 최고 ^{し ごく}至極 지극 ^{し きゅう}至急 지급
^{し せい}至誠 지성 ^{し じゅん}至純 지순 ^{し じょう}至上 지상, 최상 ^{し なん}至難 극히 어려움
^{ひっ し}必至 필지, 불가피, 필연

N3 **小2**
9획 / 부수 宀

지붕(宀) 아래 이르러(至) 쉬는 집이나 방이니 집 실, 방 실
또 주로 집에서 생활하는 아내도 가리켜서 아내 실

+ 宀 – 지붕을 본떠서 '집 면'

훈독 **むろ** 음독 **しつ**

훈독 ^{いし むろ}石室 석실 ^{ひ むろ}氷室 빙실, 냉장고의 제빙실이나 냉동실

음독 ^{しつ ない}室内 실내(↔ ^{しつがい}室外 실외) ^{けんきゅうしつ}研究室 연구실 ^{きゃくしつ}客室 객실
^{わ しつ}和室 일본식 방, 다다미방

N3 **小3**
9획 / 부수 尸

몸(尸)이 이르러(至) 쉬는 집이니 집 옥

+ 尸(주검 시, 몸 시) – 제목번호 377 참고

훈독 **や** 음독 **おく**

훈독 ^{ほん や}本屋 서점 ^{や お や}八百屋 채소 가게 ^{い ざか や}居酒屋 선술집

음독 ^{おく がい}屋外 옥외 ^{おく じょう}屋上 옥상 ^{か おく}家屋 가옥

N3 **小2**
5획 / 부수 广

집(广) 안에 **사사로이(厶)** 이용하는 땅이 넓으니 넓을 광

[정자] 廣 – 집(广) 아래 누런(黃) 들판이 넓으니 '넓을 광'
+ 广(집 엄), 厶(사사로울 사, 나 사), 黃(黃: 누를 황)

[훈독] **ひろい, ひろがる, ひろまる**　　[음독] **こう**

[훈독] 広い 넓다　広さ 넓이　広場 광장　広々 널찍함, 아주 넓음
　　　 背広 양복, 신사복　広がる 퍼지다, 넓어지다　広まる 넓어지다

[음독] 広域 광역　広告 광고　広大 광대

N2 **小5**
13획 / 부수 金

쇠(金)가 함유된 **넓은(広)** 쇳돌이니 쇳돌 광

[정자] 鑛
+ 金(쇠 금, 금 금, 돈 금), 쇳돌 – 쇠붙이의 성분이 들어 있는 돌

[음독] **こう**

[음독] 鉱業 광업　鉱山 광산　鉱物 광물　金鉱 금광

N1 **小6**
8획 / 부수 手(扌)

손(扌)으로 **넓게(広)** 넓히니 넓힐 확

[정자] 擴
+ 扌[손 수, 재주 수, 재주 있는 사람 수(手)가 글자의 왼쪽에 붙는 변으로 쓰일 때의 모습으로 '손 수 변']

[훈독] **ひろげる, ひろがる**　　[음독] **かく**

[훈독] 拡げる ① 넓히다, 확장하다 ② (면적을) 넓히다
　　　 拡がる ① (면적이) 넓어지다 ② 넓은 범위에 미치다
　　　　　　 ③ 퍼지다, 번지다, 만연되다

[음독] 拡散 확산　拡大 확대　拡張 확장

以_이 似_사

N3 小4
5획 / 부수 人

N2 小5
7획 / 부수 人(亻)

사사로운(厶) 욕심 때문에(까닭에) 사람(人)으로서의 가치를 잃으니 써 이, 까닭 이

+ 써 – '그것을 가지고, 그것으로 인하여'의 뜻을 가진 접속 부사

| 훈독 | **もって** | 음독 | **い** |

훈독 以て ~로(써), ~으로

음독 以下 이하 以心伝心 이심전심 以内 이내 以来 이후
以南 이남

사람(亻)들은 써(以) 같거나 닮으니 같을 사, 닮을 사

| 훈독 | **にる** | 음독 | **じ** |

훈독 似る 닮다 似合う 어울리다

음독 近似 근사 相似 상사(서로 모양이 비슷함), 흡사 類似 유사

N2 **小4**
8획 / 부수 厶

사사로이(厶) 크게(大) 머리(彡)를 꾸미고 행사에 참여하니
참여할 참

또 **사사로울 사(厶)**와 **큰 대(大)** 아래에 **삐침 별(丿)**을
세 개나 썼으니 **석 삼**

[정자] 參 – 장식품(厽)을 사람(人)이 머리(彡)에 꽂고 행사에 참여하니 '참여할 참'
또 사람 인(人)에 사사로울 사(厶)와 삐침 별(丿)을 셋씩 썼으니 '석 삼'

+ 彡(터럭 삼, 긴머리 삼), 厽(厶 셋이지만 여기서는 장식품으로 봄)

[훈독] **まいる** [음독] **さん**

[훈독] 参る 来る, 行く의 겸양어

[음독] 参加 참가, 참석 参画 계획에 참여함
参議院 참의원(일본의 상원 의원) 参考 참고 持参 지참

[예외] 人参 ① 당근 ② 인삼

N2 **小3**
8획 / 부수 肉(月)

머리(亠)부터 내(厶) 몸(月)처럼 기르니 **기를 육**

+ 亠(머리 부분 두), 月(달 월, 육 달 월)

[훈독] **そだつ, そだてる** [음독] **いく**

[훈독] 育つ 자라다, 성장하다 育てる 키우다, 기르다, 양육하다

[음독] 体育 체육 発育 발육 養育 양육

N1 中学
6획/부수 儿

머리(亠)에 **사사로운(厶)** 생각을 **사람(儿)**마다 가득 차게 채우니 가득 찰 충, 채울 충

+ 儿(어진사람 인, 사람 인 발)

훈독 **あてる**　음독 **じゅう**

훈독 充てる 충당하다

음독 充実 충실　拡充 확충　補充 보충

N1 小5
12획 / 부수 糸

실(糸)을 그릇에 **채워(充)** 헝클어지지 않게 묶어 거느리니 거느릴 통

+ 糸(실 사, 실 사 변)

훈독 **すべる**　음독 **とう**

훈독 統べる ① 총괄하다 ② 지배하다

음독 統一 통일　統計 통계　統合 통합　統治 통치　統制 통제
統率 통솔　統帥 통수　系統 계통　大統領 대통령　伝統 전통

N2 小3
11획 / 부수 水(氵)

물(氵)이 덮어(冖) **사람(儿)**과 **나무(木)**도 보이지 않게 깊으니 깊을 심

+ 氵(삼 수 변), 冖(덮을 멱), 木(나무 목)

훈독 **ふかい, ふかまる, ふかめる**　음독 **しん**

훈독 深い 깊다　深入り (필요 이상으로) 깊게 들어감　深さ 깊이
深み 깊은 곳　欲深い 욕심이 많다　深まる 깊어지다
深める 깊게 하다

음독 深化 심화　深海 심해　深刻 심각　深夜 심야　水深 수심

N2 小6
11획 / 부수 手(扌)

손(扌)으로 **덮여(冖)** 있는 **사람(儿)**과 **나무(木)**를 찾으니 찾을 탐

+ 扌[손 수, 재주 수, 재주 있는 사람 수(手)가 글자의 왼쪽에 붙는 변으로 쓰일 때의 모습으로 '손 수 변']

훈독 **さがす, さぐる**　음독 **たん**

훈독 探す 찾다　探る ① 뒤지다, 더듬어 찾다 ② 탐색하다, 살피다 ③ 찾다

음독 探検 탐험　探究 탐구　探求 탐구　探査 탐사

+ '探究'는 '사물의 참모습, 본질 등을 규명하기 위해 연구하는 일'이라는 뜻의 '탐구'이고, '探求'는 '찾아서 구하는 일'이라는 뜻입니다.

N1 中学
6획 / 부수 日

비수(匕)로 햇(日)빛에 익은 과일을 잘라 먹어보는 맛이니 **맛 지**
또 말이나 글에 담긴 맛은 뜻이니 **뜻 지**

+ 匕 - 비수를 본떠서 '비수 비'
　　또 비수처럼 입에 찔러 먹는 숟가락이니 '숟가락 비'
+ 비수(匕首) - 짧고 날이 날카로운 칼

훈독 うまい, むね　　**음독** し

훈독 旨い 맛있다　旨 취지, 뜻

음독 主旨 주지　要旨 요지

N2 小3
9획 / 부수 手(扌)

손(扌)으로 **맛(旨)**볼 때 쓰는 손가락이니 **손가락 지**
또 손가락으로 무엇을 가리키니 **가리킬 지**

훈독 ゆび, さす　　**음독** し

훈독 指 손가락　親指 엄지손가락　薬指 약지손가락

　　指す 가리키다, 지시하다　目指す 목표로 하다

음독 指定 지정　指導 지도　指名 지명

사람(亻)이 **비수(匕)** 같은 마음을 품고 일하면 안 되는 일도 되고 변하니 될 화, 변화할 화

또 되도록 가르치니 가르칠 화

훈독 **ばける, ばかす**　음독 **か, け**

훈독 化ける 둔갑하다　化かす 속이다

음독 化学 화학　化合 화합　文化 문화　変化 변화　進化 진화
化身 화신　時化 센 비바람 때문에 바다가 거칠어짐

N2　小3
4획 / 부수 匕

풀(艹)의 일부가 **변하여(化)** 피는 꽃이니 꽃 화

훈독 **はな**　음독 **か**

훈독 花 꽃　生け花 꽃꽂이　草花 화초　火花 불똥, 불티

음독 花道 꽃꽂이　開花 개화

N4　小1
7획 / 부수 草(艹)

변하여(化) 돈(貝)이 되는 재물이나 물품이니
재물 화, 물품 화

+ 貝(조개 패, 재물 패, 돈 패) - 제목번호 330 참고

음독 **か**

음독 貨物 화물　外貨 외화　通貨 통화　雑貨 잡화

N2　小4
11획 / 부수 貝

N2 **小5**
10획 / 부수 肉(月)

곰은 **주둥이**(厶)와 **몸뚱이**(月)와 **네 발**(匕)로 재주 부림이 능하니 능할 능

+ 厶('사사로울 사, 나 사'지만 여기서는 곰의 주둥이로 봄), 月(달 월, 육 달 월), 匕('비수 비, 숟가락 비'지만 여기서는 발로 봄)

음독 **のう**

음독 能率 능률　能力 능력　可能性 가능성　性能 성능　本能 본능
有能 유능

N1 **小5**
14획 / 부수 心

능히(能) 할 수 있다는 **마음**(心)이 얼굴에 나타나는 모양이니 모양 태

+ 心(마음 심, 중심 심), 얼굴을 보면 그 사람의 마음뿐만 아니라 건강 상태도 알 수 있지요.

음독 **たい**

음독 態度 태도　状態 상태　事態 사태　形態 형태

N1 **小4**
14획 / 부수 火(灬)

능히(能) **불**(灬) 속에서도 재주를 부리는 곰이니 곰 웅

+ 灬(불 화 발)

훈독 **くま**　**음독** **ゆう**

훈독 熊 곰　熊狩り 곰 사냥　熊手 갈퀴　熊ん蜂 말벌　白熊 백곰
음독 熊掌 곰 발바닥　熊胆 웅담

N3 小3
6획 / 부수 歹

죽도록(歹) 비수(匕)에 찔려 죽으니 죽을 사

+ 歹 – 하루(一) 저녁(夕) 사이에 뼈 앙상하게 말라 죽으니 '뼈 앙상할 알, 죽을 사 변'

훈독 しぬ **음독** し

훈독 死ぬ 죽다

음독 死体 시체 死別 사별 圧死 압사 即死 즉사 生死 생사
客死 객사

+ '客死'는 'きゃくし'라고도 읽습니다.

N2 小3
6획 / 부수 刀(刂)

짐승을 **잡아(歹) 칼(刂)**로 잘라 벌이니 벌일 렬

또 벌여 서는 줄이니 줄 렬

+刂(칼 도 방), 벌이다 – 여러 가지 물건을 늘어놓다.

음독 れつ

음독 列車 열차 一列 일렬 参列 참례, 참석 整列 정렬 序列 서열
配列 배열

N2 小4
8획 / 부수 人(亻)

사람(亻)이 물건을 **벌여(列)** 놓는 법식과 보기니

법식 례, 보기 례

+ 법식(法式) – 법도와 양식
+ 法(법 법), 式(법 식, 의식 식)

훈독 たとえる **음독** れい

훈독 例える 예를 들다 例えば 예를 들면

음독 例 예 実例 실례 判例 판례 条例 조례

N4 小3
6획 / 부수 宀

집(宀)에서 **여자(女)**가 살림하면 어찌 편안하지 않을까에서
어찌 **안**, 편안할 **안**

또 편안하게 사도록 값이 싸니 **쌀 안**

+ 宀 – 집의 지붕을 본떠서 만든 부수자로 '집 면'

훈독 やすい　**음독** あん

훈독 安い 싸다　安物 값싼 물건, 싸구려

음독 安心 안심　安座 편안히(특히 책상다리하고) 앉음(= 胡座)
安楽 안락

N1 小4
10획 / 부수 木

편안하게(安) 나무(木)로 만든 책상이니 **책상 안**

또 책상에 앉아 짠 생각이나 계획이니 **생각 안, 계획 안**

음독 あん

음독 案外 뜻밖에, 의외로　案の定 생각한 대로, 예측대로　思案 사안
答案 답안　立案 입안

N2 **小6**
6획 / 부수 宀

지붕(宀)과 들보와 기둥(素→于)이 있는 집 모양을 본떠서 집 우

또 집처럼 만물이 존재하는 우주니 **우주 우**

+ 宀(집 면), 于('어조사 우'지만 여기서는 들보와 기둥으로 봄)

음독 **う**

음독 宇内 온 세계, 천하 宇宙 우주 気宇 기우, 기개와 도량

N1 **小6**
8획 / 부수 宀

지붕(宀)부터 말미암아(由) 지어진 집이니 집 주

또 여러 공간을 가진 하늘도 뜻하여 **하늘 주**

+ 由(말미암을 유, 까닭 유) – 제목번호 046 참고

음독 **ちゅう**

음독 宙返り 공중제비 宙づり 허공에 매달림

N1 **小3**
10획 / 부수 宀

집(宀) 여러 채가 등뼈(呂→몸→呂)처럼 이어진 궁궐이니 궁궐 궁

+ 呂 – 등뼈가 서로 이어진 모양을 본떠서 '등뼈 려'
　　또 등뼈처럼 소리의 높낮이 이어진 음률이니 '음률 려'

훈독 **みや**　　음독 **きゅう, ぐう, く**

훈독 お宮 신사 一の宮 왕세자, 황태자 大宮 궁궐

음독 宮女 궁녀, 나인 宮廷 궁정 王宮 왕궁 神宮 신궁 宮内 궁내

N3 **小1**
6획 / 부수 子

집(宀)에서 아들(子)이 배우고 익히는 글자니 글자 자

+ 子(아들 자, 첫째 지지 자, 자네 자, 접미사 자)

훈독 **あざ**　　음독 **じ**

훈독 字 일본의 말단 행정 구획 이름

음독 字 글자 字引 옥편 生き字引 만물박사 活字 활자 文字 문자

N1 **小6**
5획 / 제부수

N4 **小1**
8획 / 부수 穴

N2 **小6**
11획 / 부수 穴

(오래된) **집(宀)**에 **나누어진(八)** 구멍이니 **구멍 혈**

또 구멍이 길게 파인 굴이니 **굴 혈**

+ 八(여덟 팔, 나눌 팔)

훈독 **あな** 음독 **けつ**

훈독 穴 구멍 穴場 남들이 모르는 좋은 곳 毛穴 모공

음독 穴居 혈거(동굴 속에서 삶)
墓穴 묘혈(시체가 놓이는 무덤의 구덩이 부분)

굴(穴)처럼 **만들어(工)** 속이 비니 **빌 공**

또 크게 빈 공간은 하늘이니 **하늘 공**

+ 工(장인 공, 만들 공, 연장 공) – 제목번호 129 참고

훈독 **そら, あく, あける, から** 음독 **くう**

훈독 空 하늘 大空 넓은 하늘 空く 비다 空き地 빈 터 空間 공간
空ける 비우다, 뚫다, (틈, 시간을) 내다 空手 공수, 빈손, 맨손

음독 空気 공기 空中 공중 航空便 항공편 空想 공상 空白 공백
空腹 공복 上空 상공

구멍(穴)처럼 **사사로운(厶) 마음(心)**으로 벽에 뚫어 만든
창문이니 **창문 창**

+ 厶(사사로울 사, 나 사)

훈독 **まど** 음독 **そう**

훈독 窓 창문 窓口 창구 窓側 창가 측

음독 窓外 창밖 学窓 학창 車窓 차창 同窓会 동창회

N1 **小3**
6획 / 제부수

앞에서 바라본 **양**(🐑→羊)을 본떠서 **양 양**

+ 양은 성질이 온순하여 방목하기나 길들이기도 좋으며, 부드럽고 질긴 털과 가죽 그리고 고기를 주니 이로운 짐승이지요. 그래서 양(羊)이 부수로 쓰이면 대부분 좋은 의미의 글자랍니다.

훈독 ひつじ **음독** よう

훈독 羊 양 羊飼い 양치기, 목동 子羊 어린 양
음독 羊毛 양털 群羊 양떼 牧羊 양을 침

N3 **小3**
9획 / 부수 水(氵)

물(氵)결이 수만 마리 **양**(羊) 떼처럼 출렁이는 큰 바다니 **큰 바다 양**

또 큰 바다 건너편에 있는 서양이니 **서양 양**

+ 작은 바다는 바다 해(海) – 제목번호 122 참고

음독 よう

음독 洋式 서양식 洋食 양식 洋風 서양풍 洋服 양복
遠洋 원양, 원해 大西洋 대서양

N2 **小3**
9획 / 부수 羊(⺶)

양(⺶)이 **커가는**(大) 모습처럼 아름다우니 **아름다울 미**

+ ⺶[양 양(羊)의 변형], 大(큰 대)
+ 순하고 착한 양이 커가는 모습은 더욱 아름답지요.

훈독 うつくしい **음독** び

훈독 美しい 아름답다
음독 美観 미관 美人 미인 美術 미술 美食 미식 美容 미용

N1 **小6**
12획 / 부수 口

양(羊)처럼 **풀**(⺷)만 **입**(口)으로 먹는 짐승은 착하니 **착할 선**

또 착하면 좋고 시키는 일도 잘하니 **좋을 선, 잘할 선**

+ ⺷[초 두(艹)의 약자(丷)의 변형], 口(입 구, 말할 구, 구멍 구)
+ 초식 동물은 대부분 순하고 착하지요.

훈독 よい **음독** ぜん

훈독 善い 바르다, 선량하다
음독 善悪 선악 善意 선의 善行 선행 善導 선도 善良 선량
改善 개선 親善 친선

N2 **小3**
14획 / 부수 木

나무(木) 옆에서 **양(羊)**이 물(氺) 먹는 모양이니 **모양 양**

정자 樣 – 나무(木) 옆에 양(羊) 떼가 길게(永) 늘어선 모양이니 '모양 양'
+ 木(나무 목), 羊[양 양(羊)의 변형], 氺(물 수 발), 永(길 영, 오랠 영)

훈독 **さま** 음독 **よう**

훈독 様々 다양한, 여러 가지 王様 임금님 お姫様 아가씨, 공주
皆様 여러분

음독 様式 양식 様子 모습 様相 양상 一様 한결같음
大様 의젓함 仕様 수단, 하는 방법 多様 다양
同様 ① 같음 ② 같은 모양 模様 모양

N2 **小4**
12획 / 부수 辵(辶)

흙(土)에만 살던 **양(羊)**도 뛰어서(辶) 풀밭에 잘도 이르니
이를 달

또 이르도록 익혀 통달하니 **통달할 달**

+ 통달(通達) – 어떤 일에 막힘없이 통하여 훤히 앎
+ 土(흙 토), 辶(뛸 착, 갈 착), 通(통할 통)

훈독 **たち** 음독 **たつ**

훈독 子供達 아이들 友達 친구 私達 우리들
+ '達'은 사람을 가리키는 말에 붙어서 복수 명사를 만듭니다.

음독 達者 달인 達成 달성 上達 숙달 速達 속달(빠른 우편)
到達 도달 配達 배달 発達 발달

N3 **小3**
12획 / 부수 羊 (羊)

털에 가린 **양(羊)**의 붙은(丿) 눈(目)처럼 붙으니 **붙을 착**

+ 目(눈 목, 볼 목, 항목 목), 丿('삐침 별'이지만 여기서는 붙은 모습으로 봄)

훈독 **つく, きる, きせる, つける** 음독 **ちゃく, じゃく**

훈독 着く 도착하다 着る 입다 着物 기모노(일본 전통 옷), 옷
着せる 입히다 着ける 걸치다, 입다

음독 着席 착석 着手 착수 着工 착공 接着 접착
先着 먼저 도착함 愛着 애착
+ '愛着'의 '着く'는 'ちゃく'로도 읽을 수 있습니다.

N2 **小4**
10획 / 부수 工

양(羊)처럼 **붙어(丿)** 서서 같이 **만들어도(工)** 다르고
어긋나니 다를 **차**, 어긋날 **치**

+ 工(장인 공, 만들 공, 연장 공) - 제목번호 129 참고

[훈독] **さす**　[음독] **さ**

[훈독] 差_さす 가리다, 받치다　差_さし支_{つか}える 지장이 있다

[음독] 差_さ異 차이　差_さ異_い 차이　差_さ益_{えき} 차익　交_{こう}差_さ 교차　時_じ差_さ 시차

---

357 > 我_아 → 義_의 > 議_의

N1 **小6**
7획 / 부수 戈

손(手)에 **창(戈)** 들고 지켜야 할 존재는 바로 나니 **나 아**

+ 手(손 수, 재주 수, 재주 있는 사람 수), 戈(창 과)
+ 조금만 방심하면 잡념이 생기고 남의 공격도 받게 됨을 생각하고 만든 글자

[훈독] **われ, わ**　[음독] **が**

[훈독] 我_{われ}々_{われ} 우리들　我_わがまま 제멋대로

[음독] 我_が執_{しゅう} 아집　自_じ我_が 자아

N1 **小5**
13획 / 부수 羊(羋)

순한 **양(羊)**처럼 **내(我)**가 행동함이 옳고 의로우니
옳을 의, 의로울 의

[음독] **ぎ**

[음독] 義_ぎ歯_し 의치, 틀니　義_ぎ絶_{ぜつ} 의절　義_ぎ理_り 의리　意_い義_ぎ 의의, 뜻
講_{こう}義_ぎ 강의　正_{せい}義_ぎ 정의　定_{てい}義_ぎ 정의　忠_{ちゅう}義_ぎ 충의

N2 **小4**
20획 / 부수 言

말(言)로 **의롭게(義)** 의논하니 **의논할 의**

+ 言(말씀 언) - 제목번호 212 참고

[음독] **ぎ**

[음독] 議_ぎ院_{いん} 의원　議_ぎ決_{けつ} 의결　議_ぎ題_{だい} 의제　議_ぎ長_{ちょう} 의장　議_ぎ論_{ろん} 의논, 토론
異_い議_ぎ 다른 의견　横_{おう}議_ぎ 제멋대로 토론함　会_{かい}議_ぎ 회의　合_{ごう}議_ぎ 합의
不_ふ思_し議_ぎ 불가사의, 이상함

N4 小1
3획 / 제부수

물 흐르는 내(∫∫∫)를 본떠서 내 천

+ 잠겨있는 물에 물결이 이는 모습을 본떠서 '물 수(水)' – 제목번호 002 참고

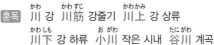

훈독 かわ　　**음독 せん**

훈독　川 강　川筋 강줄기　川上 강 상류
かわ　　かわすじ　　　　かわかみ

　　　川下 강 하류　小川 작은 시내　谷川 계곡
かわしも　　　　　おがわ　　　　　たにがわ

음독　河川 하천　山川 산천
かせん　　　さんせん

N2 小4
10획 / 부수 言

말(言)을 내(川)처럼 길게 하면서 가르치니 가르칠 훈

+ 말을 길게 함은 무엇을 가르치려는 것이지요.

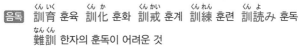

음독 くん

음독　訓育 훈육　訓化 훈화　訓戒 훈계　訓練 훈련　訓読み 훈독
くんいく　　くんか　　くんかい　　くんれん　　くんよ

　　　難訓 한자의 훈독이 어려운 것
なんくん

N2 小3
6획 / 부수 川

내(川) 사이에 점들(ヽヽ)처럼 많은 집들이 있는 고을이니 고을 주

훈독 す　　**음독 しゅう**

훈독　砂州 사주, 바닷가나 호수 근처에 생기는 모래톱(= 中州)
さす　　　　　　　　　　　　　　　　　　　　なかす

　　　三角州 삼각주
さんかくす

음독　州都 주도　欧州 유럽
しゅうと　　おうしゅう

3획 / 부수자

내 천(川)이 부수로 쓰일 때의 모습으로 개미허리 같다 하여 **개미허리 천**

N1 小5
7획 / 부수 火

냇물(巛)이나 불(火)로 인하여 입는 재앙이니 재앙 재

+ 재앙은 대부분 물이나 불로 입는 경우가 많으니, 글자도 물과 불을 뜻하는 글자로 만들었네요.

[훈독] **わざわい** [음독] **さい**

[훈독] 災い 재앙, 재난, 화

[음독] 災害 재해 災難 재난 災厄 재액 火災 화재 戰災 전재
天災 천재

+ 일본어에서 화재를 뜻하는 단어는 '火事'와 '火災' 두 가지가 있습니다. '火事'는 규모가 크지 않은 화재를, '火災'는 대형 화재를 말할 때 씁니다.

몸(月)의 머릿속에 점들(丷)처럼 흉한(凶) 모습으로 들어 있는 뇌니 뇌 뇌

[정자] 腦 - 몸(月)에서 냇물(巛)처럼 쉴 새 없이 생각하는 정수리(囟)의 뇌니 '뇌 뇌'

+ 月(달 월, 육 달 월), 凶(흉할 흉), 囟(정수리 신)

+ 정수리 - 머리 위에 있는 자리

N2 小6
11획 / 부수 肉(月)

[음독] **のう**

[음독] 脳 뇌 頭脳 두뇌 洗脳 세뇌 首脳 수뇌, 정상 大脳 대뇌

참고자

9획 / 부수 人

사람(人)이 한(一) 달(月)에 걸쳐 **칼(刂)**로 수술도 하면서 치료하면 대답하듯 병이 나으니 **대답할 유, 병 나을 유**

정자 兪 – 들어가(入) 한(一) 달(月)에 걸쳐 내(巛)처럼 치료하면 대답하듯 병이 나으니 '대답할 유, 병 나을 유'

+ 月(달 월, 육 달 월), 刂(칼 도 방), 入(들 입), 巛[개미허리 천(巛)이 줄어든 모습]

N2 小5

16획 / 부수 車

차(車)로 대답하듯(俞) 짐을 실어 보내고 나르니

보낼 수, 나를 수

정자 輸

음독 ゆ

음독 ^{ゆ けつ} 輸血 수혈 ^{ゆ そう} 輸送 수송 ^{ゆ しゅつ} 輸出 수출 ^{ゆ にゅう} 輸入 수입 ^{うん ゆ} 運輸 운수
^{くう ゆ} 空輸 공수 ^{みつ ゆ} 密輸 밀수

도움말

〈건강 십훈(十訓)〉 – 이율곡

1. 소식다작(小食多嚼) [음식은 적게 먹고, 많이 씹는다.]
2. 소육다채(小肉多菜) [고기는 적게, 채소는 많이 먹는다.]
3. 소염다초(小塩多酢) [소금은 적게, 식초는 많이 먹는다.]
4. 소주다과(小酒多果) [술은 적게, 과일은 많이 먹는다.]
5. 소노다소(小怒多笑) [화는 적게(삼가고), 많이 웃는다.]
6. 소번다면(小煩多眠) [근심은 적게, 잠은 많이(깊이) 잔다.]
7. 소언다행(小言多行) [말은 적게(필요한 말만 하고), 활동은 많이 한다.]
8. 소욕다시(小欲多施) [욕심은 적게(버리고), 많이 베푼다.]
9. 소차다보(小車多步) [차는 적게 타고, 많이 걷는다.]
10. 소의다욕(小衣多浴) [옷은 적게(가볍게), 목욕은 많이(자주) 한다.]

+ 小('작을 소'이지만 여기서는 '적다'의 뜻), 食(밥 식, 먹을 식), 多(많을 다), 嚼(씹을 작), 肉(고기 육), 菜(나물 채), 塩[鹽: 소금 염], 酢(초 초), 酒(술 주), 果(과실 과, 결과 과), 怒(성낼 노), 笑(웃을 소), 煩(번거로울 번), 眠(잠잘 면), 言(말씀 언), 行(다닐 행, 행할 행), 欲(바랄 욕), 施(베풀 시), 車(수레 거, 차 차), 步(步: 걸음 보), 衣(옷 의), 浴(목욕할 욕)

N2 **小4**
7획 / 부수 水(氺)

한(一) 방울(丶)의 물(氺)이라도 구하니 구할 구

+ 氺[물 수(水)가 글자의 아래에 붙는 부수인 발로 쓰일 때의 모습으로 '물 수 발']

훈독 **もとめる**　음독 **きゅう**

훈독 求^{もと}める 요구하다, 구하다

음독 求愛^{きゅうあい} 구애　求職^{きゅうしょく} 구직(↔ 求人^{きゅうじん} 구인)　求刑^{きゅうけい} 구형　要求^{ようきゅう} 요구
追求^{ついきゅう} 추구

N2 **小3**
11획 / 부수 玉(王)

구슬(王)처럼 재료를 **구하여(求)** 만든 둥근 공이니
둥글 구, 공 구

+ 王(임금 왕, 으뜸 왕, 구슬 옥 변), 구슬은 대부분 둥글게 가공하여 둥글지요.

훈독 **たま**　음독 **きゅう**

훈독 球^{たま} 공　球足^{たまあし} 타구 때 날아가는 거리·속도　球筋^{たますじ} 투구의 코스
球乗^{たまの}り 커다란 공 위에서 발로 공을 굴리는 곡예

음독 球技^{きゅうぎ} 구기　地球^{ちきゅう} 지구　電球^{でんきゅう} 전구　野球^{やきゅう} 야구

N1 **小5**
11획 / 부수 攵(攴)

(나쁜 길에 빠진 사람을 쳐서라도) **구하기(求)** 위하여 **쳐(攵)**
구원하고 도우니 구원할 구, 도울 구

+ 攵(칠 복, = 攴)

훈독 **すくう**　음독 **きゅう**

훈독 救^{すく}う 구하다, 돕다　救^{すく}い 구함, 도움

음독 救護^{きゅうご} 구호　救急^{きゅうきゅう} 구급　救済^{きゅうさい} 구제
救難^{きゅうなん} 이재민이나 조난자를 구함　救命^{きゅうめい} 구명

N2 小4
16획 / 부수 金

쇠(金)를 **손(크)**에 잡고 **물(氺)**로 씻은 다음에 기록하니
기록할 록

[정자] 錄 – 쇠(金)에 새겨(彔) 기록하니 '기록할 록'
+ 彔 – 엇갈리게(ㅏ) 한(一) 곳으로 물(氺) 같은 진액이 나오도록 나무를 깎고
　　새기니 '나무 깎을 록, 새길 록'
+ 金(쇠 금, 금 금, 돈 금), 크[고슴도치 머리 계, 오른손 우(⇒)의 변형], 氺
　(물 수 발)

[음독] **ろく**

[음독] 録音 녹음　録画 녹화　筆録 문자로 기록함　付録 부록
　　　収録 수록

식물에서 뽑은 **실(糸)**은 **손(크)**으로 **물(氺)**에 씻어도 푸르니
푸를 록

[정자] 綠 – 실(糸)이 나무 깎을(彔) 때 나온 것이면 푸르니 '푸를 록'
+ 옛날에는 식물에서 실을 뽑아 썼지요.

[훈독] **みどり**　　[음독] **りょく**

[훈독] 緑 녹색, 초록빛
　　　緑の窓口 녹색 창구(일본 지하철에서 티켓을 판매하는 곳)
[음독] 緑地 녹지　緑土 녹토, 초목이 무성한 강산　新緑 신록
　　　常緑樹 상록수

N2 小3
14획 / 부수 糸

N4 **小1**
8획 / 제부수

하늘(一)의 구름(冂)에서 물(氺)로 내리는 비니 비 우

+ 一('한 일'이지만 여기서는 하늘로 봄), 冂('멀 경, 성 경'이지만 여기서는 구름의 모습), 氺[물 수 발(氺)의 변형], 날씨와 관련된 글자에 부수로도 쓰입니다.

훈독 **あめ, あま**　　음독 **う**

훈독 雨 비 大雨 폭우 雨風 비바람 雨戸 비바람을 막기 위한 문
음독 雨天 우천 細雨 가랑비, 이슬비 暴風雨 폭풍우
예외 秋雨 가을비 小雨 가랑비 氷雨 우박, 진눈깨비

N2 **小2**
11획 / 부수 雨

비(雨)가 얼어 고슴도치 머리(ヨ)처럼 어지럽게 내리는 눈이니 눈 설

또 하얀 눈처럼 깨끗하게 씻으니 씻을 설

+ ヨ(고슴도치 머리 계, 오른손 우) - 제목번호 296 참고

훈독 **ゆき**　　음독 **せつ**

훈독 雪 눈 雪下ろし 지붕에 쌓인 눈을 쓸어내림 雪景色 설경
大雪 대설 粉雪 가루눈 細雪 드문드문 내리는 눈
万年雪 만년설
음독 降雪 강설 新雪 새로운 눈 除雪車 제설차

N4 **小2**
13획 / 부수 雨

비(雨) 올 때 번쩍 빛을 펴는(电) 번개니 번개 전

또 번개처럼 빛을 내는 전기니 전기 전

+ 电[아뢸 신, 펼 신, 원숭이 신, 아홉째 지지 신(申)의 변형]

음독 **でん**

음독 電気 전기, 불 電子 전자 電線 전선 電車 전철 電力 전력
発電機 발전기

N1 참고자
4획 / 부수 二

둘(二)이 사사롭게(厶) 말하니 말할 운

+ 厶(사사로울 사, 나 사)

훈독 **いう**　음독 **うん**

훈독 云う 말하다

음독 云々 운운, 왈가왈부

N2 **小2**
12획 / 부수 雨

비(雨)가 오리라고 말해(云) 주는 구름이니 구름 운

+ 구름이 끼면 비가 올 것을 알게 되지요.

훈독 **くも**　음독 **うん**

훈독 雲 구름　雨雲 비구름　黒雲 먹구름

음독 雲水 운수, 구름과 물　雲散 구름과 같이 흩어져 사라짐
雲海 운해

N2 **小3**
10획 / 부수 水(氵)

물(氵) 소리 내며(云) 내(川)처럼 흐르니 흐를 류

+ 川[내 천(川)의 변형]

훈독 **ながれる, ながす**　음독 **りゅう, る**

훈독 流れる 흐르다, 떠내려가다　流れ星 별똥별, 유성
流す 흘리다, 흐르게 하다

음독 流行 유행　流通 유통　海流 해류　交流 교류
合流 합류　電流 전류　流布 유포

N2 **小4**
7획 / 부수 草(艹)

초목(艹)을 심고 이용하는 방법을 말하는(云) 재주와 기술이니
재주 예, 기술 예

정자 藝 – 초목(艹)을 심고(埶) 이용하는 방법을 말하는(云) 재주와 기술이니
'재주 예, 기술 예'
+ 埶 – 흙(土)을 사람(儿)이 파서 흙(土)에다 둥근(丸) 씨앗을 심으니 '심을 예'
+ 儿(어진사람 인, 사람 인 발), 丸(둥글 환, 알 환)

음독 **げい**

음독 芸能人 예능인　園芸 원예　技芸 기예　工芸 공예　曲芸 곡예
手芸 수공예

N4 **小2**
6획 / 부수 人

사람(人)들이 말하기(云) 위해 모이니 모일 회

[정자] 會 – 사람(人)들이 하나(一)같이 마음의 창(罒)을 열고 말하기(曰) 위해 모이니 '모일 회'

+ 云(말할 운), 罒(창문의 모습에서 '창문 창'), 曰(가로 왈)

[훈독] **あう** [음독] **かい, え**

[훈독] 会う 만나다 出会い 만남

[음독] 会社 회사 大会 대회 国会 국회 面会 면회 学会 학회
会得 이해

N2 **小2**
12획 / 부수 糸

여러 색 실(糸)을 모아(会) 천에 수를 놓듯이 그린 그림이니 그림 회

[정자] 繪

+ 糸(실 사 변)

[음독] **かい, え**

[음독] 絵画 회화 絵 그림 絵本 그림책 絵の具 그림물감
油絵 유화 水絵 수채화

N2 **小6**
9획 / 부수 寸

하나(一)에만 말미암아(由) 마디마디(寸) 살피며 오로지 전념하니 오로지 전
또 오로지 자기 마음대로 하니 마음대로 할 전

[정자] 專 – 삼가고(叀) 마디마디(寸) 살피며 오로지 하나에만 전념하니 '오로지 전'
또 오로지 자기 마음대로 하니 '마음대로 할 전'

+ 由(말미암을 유, 까닭 유), 寸(마디 촌, 법도 촌), 叀 – 차(車)에 점(丶) 찍는 일은 삼가니 '삼갈 전'

[훈독] **もっぱら** [음독] **せん**

[훈독] 専ら 오로지, 한결같이, 전혀

[음독] 専有 전유(혼자 독차지하여 가짐) 専修 전수 専売 전매
専門家 전문가 専念 전념 専用 전용

N2 **小4**
6획 / 부수 人(亻)

사람(亻)들이 자기 뜻을 **말하여(云)** 전하니 **전할 전**
또 전하는 이야기니 **이야기 전**

[정자] 傳 – 사람(亻)들은 오로지(專) 자기 뜻을 전하니 '전할 전'
또 전하는 이야기니 '이야기 전'

[훈독] **つたわる, つたえる, つたう** [음독] **でん**

[훈독] 伝わる 전해지다　伝える 전하다　伝う 어떤 것을 이동하다
手伝う 돕다, 거들다

[음독] 伝来 전래　伝承 전승　伝記 전기(한 사람의 일생 동안의 행적을 적
은 기록)

[예외] 言伝 전언(= 伝言)

N3 **小3**
11획 / 부수 車

수레(車)바퀴가 **말하듯(云)** 소리 내며 구르니 **구를 전**

[정자] 轉 – 수레(車)바퀴처럼 오로지(專) 구르니 '구를 전'

[훈독] **ころがる, ころげる, ころがす, ころぶ** [음독] **てん**

[훈독] 転がる 구르다, 굴러가다　転げる 구르다, 뒹굴다
転がす 굴리다, 넘어뜨리다, 쓰러뜨리다　転ぶ 쓰러지다, 자빠지다

[음독] 転向 전향　転出 전출　転職 전직　転落 전락　転用 전용
運転 운전　自転 자전

N2 **小5**
6획 / 부수 口

에워싼(口) 듯 **법도(寸)**에 맞게 둥글게 모이니
둥글 단, 모일 단

[정자] 團 – 에워싼(口) 듯 오로지(專) 하나로 둥글게 모이니 '둥글 단, 모일 단'
+ 口(에운담), 寸(마디 촌, 법도 촌)

[음독] **だん, とん**

[음독] 団結 단결　団体 단체　団地 단지　公団 공단　集団 집단
布団 이불

365

참고자

7획 / 제부수

서 있는 돼지를 본떠서
돼지 시

N3 小2

10획 / 부수 宀

지붕(宀) 아래 돼지(豕)처럼 먹고 자는 집이니 집 가

또 어느 분야에 일가를 이룬 전문가도 뜻하여 **전문가 가**

+ 일가(一家) – ① 성과 본이 같은 겨레붙이
② 어느 분야에 뛰어나 독자적인 경지를 이루는 상태
여기서는 ②의 뜻.

훈독 **いえ, や** 음독 **か, け**

훈독 家 집 家出 가출 大家 ① 셋집 주인 ② 본채, 안채

음독 家庭 가정 家内 아내 実家 친정 政治家 정치가
一家 일가, 한집, 한 가족 家来 가신(家臣), 하인 本家 본가

N1 小4

12획 / 부수 阜(阝)

언덕(阝)에 있는 이쪽저쪽(丷)의 많은 돼지(豕) 무리니 무리 대

또 무리를 이루는 군대도 뜻하여 **군대 대**

정자 隊 – (돼지는 여러 마리가 모여 살아) 언덕(阝)에 있는 여덟(八) 마리의 돼지(豕)
무리니 '무리 대'
또 무리를 이루는 군대도 뜻하여 '군대 대'

+ 阝(언덕 부 변)

+ 돼지는 번식력이 강하여 여러 마리가 모여 살고, 요즘에도 산에는 멧돼지
가 많지요.

음독 **たい**

음독 隊員 대원 隊列 대열 横隊 횡대 機動隊 기동대 支隊 지대
縦隊 종대 分隊 분대 別働隊 별동대(작전을 위하여 본대에서 따로
떨어져 나와 독자적으로 행동하는 부대)

코끼리(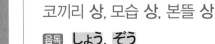) 모습을 본떠서
코끼리 상, 모습 상, 본뜰 상

음독 **しょう, ぞう**

음독 印象 인상　具象 구상　現象 현상　対象 대상
いんしょう　　ぐ しょう　　げんしょう　　たいしょう
象 코끼리　有象無象 어중이떠중이
ぞう　　　　う ぞう む ぞう

N2 小5
12획 / 부수 豕

사람(亻)이 **코끼리(象)** 모습을 본떠 그리니 모습 상, 본뜰 상

음독 **ぞう**

음독 画像 화상　現像 현상　実像 실상　想像 상상
が ぞう　　げんぞう　　じつぞう　　そうぞう

N2 小5
14획 / 부수 人(亻)

코끼리 어금니(→牙)를 본떠서 어금니 아

훈독 **きば**　음독 **が, げ**

훈독 牙 어금니(크고 날카롭게 발달하여 있는 포유류의 이)
きば
음독 牙城 아성　象牙 상아
が じょう　　ぞう げ

中学
4획 / 제부수

풀(艹) 중 **어금니(牙)**처럼 돋아나는 싹이니 싹 아

훈독 **め**　음독 **が**

훈독 芽 싹　芽生え ① 싹틈, 발아 ② 사물의 시작
め　　め ば
木の芽 나무 순, 새싹　若芽 새싹
き め　　　　　　　　わか め
음독 発芽 발아
はつ が

N1 小4
8획 / 부수 草(艹)

6획 / 부수자

범 가죽 무늬를 본떠서 **범 호 엄**

+ 엄 – 글자의 위와 왼쪽을 덮는 부수 이름
+ 엄은 부수 이름이기에 실제 뜻을 갖는 '범 호' 음으로 제목을 삼았습니다.

N1 中学
8획 / 부수 虍

범(虍)은 사람처럼 영리하니 **사람 인 발(儿)**을 붙여서
범 호

+ 儿(어진사람 인, 사람 인 발)
+ 범 호 엄(虍)은 범을 뜻하는 부수자
+ 범 호(虎)는 범을 나타내는 글자

훈독 **とら**　　음독 **こ**

훈독　虎 호랑이　虎の子 아끼는 것, 애지중지하는 것

　　　虎の巻 ① 강의 등의 기초 자료가 되는 책 ② 참고서

음독　虎口 호구　虎穴 호랑이 굴　虎視 ① 날카로운 눈초리로 쏘아봄

　　　② 기회를 엿봄　虎児 ① 범의 새끼 ② 매우 귀중한 것

N2 小6
15획 / 부수 刀(刂)

범(虍)과 **돼지(豕)**를 잡으려고 **칼(刂)**로 찌르는 것이 심하니
심할 극
또 심하게 실제와 똑같이 하는 연극이니 **연극 극**

+刂(칼 도 방)

음독 **げき**

음독　劇画 극화, 그림책　劇場 극장　劇団 극단　劇薬 극약

　　　演劇 연극　歌劇 가극

N2 小6
5획 / 부수 几

천천히 걸으며(夊) 안석(几)같이 편한 곳에 사니
곳 처, 살 처

또 살면서 많은 일을 처리하니 **처리할 처**

정자 處 – 범(虍)처럼 천천히 걸으며(夊) 안석(几)같이 편한 곳에 사니
　　　　'곳 처, 살 처'
　　　　또 살면서 많은 일을 처리하니 '처리할 처'

+ 夊(천천히 걸을 쇠, 뒤져 올 치), 几(안석 궤)
+ 안석 – 앉을 때 편안하게 기대는 방석

훈독 **ところ**　　음독 **しょ**

훈독 御食事処 식사하는 곳

음독 処世 처세　処分 처분　処方 처방　処理 처리

N2 小3
5획 / 부수 口

입(口)을 크게(丂) 벌리고 부르짖으니 부르짖을 호

또 부르는 이름이나 부호니 **이름 호, 부호 호**

정자 號 – 입(口)을 크게(丂) 벌리고 범(虎)처럼 부르짖으니 '부르짖을 호'
　　　　또 부르는 이름이나 부호니 '이름 호, 부호 호'

+ 丂['공교할 교, 교묘할 교'지만 여기서는 큰 대(大)의 변형으로 봄]

음독 **ごう**

음독 号外 호외　号泣 소리 높여 욺　暗号 암호　記号 기호
　　　年号 연호　番号 번호　符号 부호

N1 **中学**
7획 / 부수 口

입(口) 벌리고 **목 젖히며**(🐍 → ㄴ) **하나**(一)씩 **팔**(八)방에 큰소리쳤던 오나라니 **큰소리칠 화, 오나라 오**

정자 吳 - 입(口)을 벌리고 목을 젖히며(ㄴ) 큰(大)소리쳤던 오나라니 '큰소리칠 화, 오나라 오'

+ㄴ(목을 젖힌 모양), 八(여덟 팔, 나눌 팔)

훈독 **くれる** 음독 **ご**

훈독 呉る 주다 呉れ手 주거나 해 줄 사람

음독 呉服 비단 옷감(의 총칭)

+ '呉'는 한국 한자에서 쓰는 한자 모양과 다르니 주의하세요.

N2 **小6**
14획 / 부수 言

말(言)할 때 **큰소리**(呉)로 허풍떨어대며 자신을 그르치니 **그르칠 오**

정자 誤

훈독 **あやまる** 음독 **ご**

훈독 誤る 실수하다, 틀리다 聞き誤る 잘못 듣다 見誤る 잘못 보다

음독 誤飲 이물질을 잘못 삼킴 誤解 오해 誤記 오기 誤差 오차
誤作動 오작동 誤算 오산 誤信 잘못된 생각 誤字 오자
誤訳 오역 過誤 과오 正誤表 정오표

참고자

7획 / 부수 儿

귀가 긴 **토끼**(🐰)가 **꼬리**(丶) 내밀고 앉아있는(兎) 모양을 본떠서 토끼 토(= 兔)

| 훈독 | **うさぎ** | 음독 | **と** |

훈독 　兎 토끼　雪兎 (쟁반 위에 장식으로 놓은) 눈을 뭉쳐 만든 토끼
うさぎ　ゆきうさぎ

　　　 占め子の兎 일이 뜻대로 잘 됨
し こ うさぎ

음독 　兎に角 하여간, 어쨌든, 좌우간
と かく

N1 中学

8획 / 부수 儿

덫에 걸린 **토끼**(兎)가 **꼬리**(丶)만 잘리고 죽음을 면하니 면할 면

+ 丶('점 주, 불똥 주'지만 여기서는 꼬리로 봄)
+ 면하다 − 어떤 상태나 처지에서 벗어나다.

| 훈독 | **まぬかれる** | 음독 | **めん** |

훈독 　免れる 모면하다, 피하다, 벗어나다
まぬか

음독 　免許 면허　免罪 면죄　免職 면직　免状 졸업 증서　減免 감면
めんきょ　めんざい　めんしょく　めんじょう　げんめん

　　　 放免 방면
ほうめん

(책임을) **면하려고**(免) **힘**(力)쓰니 힘쓸 면

+ 力(힘 력)

N3 小3

10획 / 부수 力

| 훈독 | **つとめる** | 음독 | **べん** |

훈독 　勉める 힘쓰다, 애쓰다, 노력하다
つと

음독 　勉学 면학　勉強 공부　勤勉 근면
べんがく　べんきょう　きんべん

해(日)가 **면하여**(免) 넘어가게 늦으니 늦을 만

+ 글자 구조가 晩 = 日 + 免이니, '해가 비추는 일을 그만두고 넘어갈 정도로 늦은 시간'으로 이해해 주세요.

N2 小6

12획 / 부수 日

| 음독 | **ばん** |

음독 　晩 밤　晩学 만학　晩期 만기　晩秋 만추, 늦가을
ばん　ばんがく　ばんき　ばんしゅう

　　　 晩春 만춘, 늦봄　晩年 만년　朝晩 ① 아침저녁 ② 자나 깨나, 노상
ばんしゅん　ばんねん　あさばん

　　　 昨晩 어젯밤　毎晩 매일 밤
さくばん　まいばん

371

술 담는 **그릇**(🍶→🍶)을 본떠서 술 그릇 유, 술 유
또 술 마시듯이 물을 찍어 고개 들고 마시는 닭이니 닭 유
또 닭은 열째 지지니 **열째 지지 유**

훈독 **とり**

N1 참고자
7획 / 제부수

혼례식에서 **술(酉)**을 **자기(己)**와 나누어 마신 짝이니
나눌 배, 짝 배

훈독 **くばる**　음독 **はい**

훈독 配る 나누어주다, 배부하다　気配り 배려

음독 配給 배급　配布 배포　気配 기미, 낌새, 분위기　支配 지배
心配 걱정　分配 분배

+ '気配'의 '気'는 'き'로도 읽을 수 있습니다.

N2 小3
10획 / 부수 酉

물(氵)처럼 **술 그릇(酉)**에 있는 술이니 **술 주**

훈독 **さけ, さか**　음독 **しゅ**

훈독 酒 술　酒飲み 술을 즐겨 마심, 술꾼
酒好き 호주가(술을 몹시 좋아하는 사람)　大酒飲み 애주가(= 大酒家)
白酒 3월 3일에 마시는 하얀 단 술　酒場 술집　酒盛り 술잔치
酒手 ① 팁 ② 술　酒代 술값

+ '酒代'는 'さかしろ'로도 읽을 수 있습니다.

음독 酒精 주정　酒類 주류　酒席 술자리
酒器 술잔, 술병 등 술을 마시는 데 쓰이는 기구
混成酒 혼성주(= 合成酒)　日本酒 일본 전통 술

N2 小3
10획 / 부수 酉

약**상자(匚)**를 들고 **화살(矢)**처럼 달려가 치료하는 의원이니
의원 의

[정자] 醫 – 상자(匚)처럼 패이고 화살(矢)과 창(殳)에 찔린 곳을 술(酉)로 소
　　　독하고 치료하는 의원이니 '의원 의'
+ 匚(상자 방), 矢(화살 시), 殳(칠 수, 창 수, 몽둥이 수), 술에는 알코올 성
　분이 있으니 소독약이 없으면 술로 소독하지요.

[음독] **い**

[음독] 医院 의원　医家 의사　医学 의학　医術 의술　医薬品 의약품
　　　い いん　　い か　　い がく　　い じゅつ　　い やくひん
　　　軍医 군의　女医 여의사　名医 명의
　　　ぐん い　　じょ い　　めい い

N3 **小3**
7획 / 부수 匚

이쪽저쪽(ㆍㆍ)으로 **술(酉)**까지 주는 우두머리니
우두머리 추

[정자] 酋 – 나누어(八) 술(酉)까지 주는 우두머리니 '우두머리 추'
+ 八(여덟 팔, 나눌 팔), 우두머리는 업무뿐만 아니라 식사나 술자리도 주관
　하지요.

[음독] **しゅう**

[음독] 酋長 추장
　　　しゅうちょう

[참고자]
9획 / 부수 酉

우두머리(酋)에게는 말 한 **마디(寸)**라도 높이니 높일 존

[정자] 尊
+ 寸(마디 촌, 법도 촌)

[훈독] **たっとい, とうとい, たっとぶ, とうとぶ**　[음독] **そん**

[훈독] 尊い ① 소중하다, 귀중하다 ② (신분이) 높다, 고귀하다
　　　たっと
　　　尊い ① 소중하다, 귀중하다 ② (신분이) 높다, 고귀하다
　　　とうと
　　　尊ぶ 공경하다, 존경하다, 존중하다
　　　たっと
　　　尊ぶ 공경하다, 존경하다, 존중하다
　　　とうと

[음독] 尊敬 존경　尊敬語 존경어　尊大 거만함, 건방짐
　　　そんけい　　そんけい ご　　そんだい
　　　尊台 존경하는 당신　尊重 존중　尊堂 귀댁, 귀하
　　　そんだい　　　　　　そんちょう　　そん どう
　　　尊名 존함(남의 이름을 높여 이르는 말)　自尊心 자존심
　　　そんめい　　　　　　　　　　　　　　じ そんしん

[예외] 本尊 ① 법당 중앙에 있는 불상 ② 장본인, 당사자, 본인
　　　ほんぞん

N2 **小6**
12획 / 부수 寸

N4 **小2**
6획 / 부수자

지평선(一) 아래(囗)로 해가 **들어가는**(儿) 서쪽이니
서쪽 서

+ 囗('에운담'의 변형으로 여기서는 지평선 아래 땅으로 봄), 儿('어진사람
인, 사람 인 발'이지만 여기서는 들어가는 모습으로 봄)

훈독 **にし, ざい**　　**음독** **せい, さい**

훈독 西 서쪽　西口 서쪽 출구　西日 석양, 저녁 해　西風 서풍
西方 서쪽, 서편　東西南北 동서남북

음독 西洋 서양　西進 서진　西欧 서구, 서유럽　南西 남서
関西 관서 지방, 오사카나 교토 쪽(↔ 関東 관동 지방, 도쿄 쪽)

---

376 ❭ 圭 규 ❭ 街 가

N1 **참고자**
6획 / 부수 土

('홀'은 천자가 제후를 봉할 때 주는 신표로)

영토를 뜻하는 **흙 토**(土)를 두 번 반복하여 **홀 규, 영토 규**
또 홀은 품질 좋은 서옥으로 만들었으니 **서옥 규**

+ 제후(諸侯) – 천자의 영토 일부를 받아 다스리는 일종의 지방 관리
+ 서옥(瑞玉) – 상서로운 옥
+ 諸(모든 제, 여러 제), 侯(과녁 후, 제후 후), 瑞(상서로울 서)
+ 홀(笏) – 조선 시대에 벼슬아치가 임금을 뵐 때 손에 쥐던 물건

음독 **けい**

음독 圭角 규각, 언어나 행동이 모남

N1 **小4**
12획 / 부수 行

다니도록(行) 흙을 돋우어(圭) 만든 거리니 **거리 가**

+ 行(다닐 행, 행할 행, 항렬 항), 圭('홀 규, 영토 규, 서옥 규'지만 여기서는
흙을 돋운 모습)

훈독 **まち**　　**음독** **がい, かい**

훈독 街 번화한 거리　街角 길모퉁이　街着 나들이옷, 외출복
花街 유곽, 화류계

음독 街頭 가두, 노상, 길거리　市街地 시가지　商店街 상점가
街道 가도(교통 상 중요한 도로)

374

참고자

3획 / 제부수

사람이 누워 있는 모양을 본떠서 **주검 시, 몸 시**

+ 사람이나 집과 관련된 글자에 부수로도 쓰입니다.

참고자

9획 / 부수 又

지붕(尸)을 두(二) 번이나 **장인(ㄱ)의 손(又)**을 빌려 고쳐야
하는 허물이니 **빌릴 가, 허물 가**

+ 尸[주검 시, 몸 시(尸)의 변형이지만 여기서는 지붕으로 봄], ㄱ[장인 공, 만
들 공, 연장 공(工)의 변형], 又(오른손 우, 또 우) – 제목번호 179 참고

N1 小5

6획 / 부수 人(亻)

사람(亻)이 **거꾸로(反)** 꾸민 거짓이고 임시니 **거짓 가, 임시 가**

정자 假 – 사람(亻)이 빌려서(段) 꾸민 거짓이고 임시니 '거짓 가, 임시 가'
+ 反(거꾸로 반, 뒤집을 반) – 제목번호 179 참고

훈독 **かり** 음독 **か, け**

훈독 仮埋め 가매장 仮親 수양부모 仮小屋 임시로 지은 오두막집
仮祝言 (정식으로 식을 올리기 전에 집안끼리 하는) 약식 결혼식

음독 仮言 어떤 조건을 가정한 말 仮作 ① 임시로 만듦 ② 허구
仮装 가장 仮定 가정 仮病 꾀병

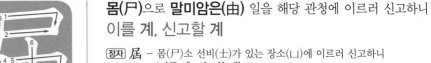

N2 **小6**
8획 / 부수 尸

몸(尸)으로 **말미암은(由)** 일을 해당 관청에 이르러 신고하니
이를 계, 신고할 계

정자 屆 – 몸(尸)소 선비(士)가 있는 장소(凵)에 이르러 신고하니
　　　'이를 계, 신고할 계'
+ 由(말미암을 유, 까닭 유), 士(선비 사), 凵('입 벌릴 감, 그릇 감'이지만 여
　기서는 장소로 봄)

훈독 **とどける, とどく**

훈독 届ける 보내다, 전하다, 닿게 하다, 신고하다　届け 신고서
　　付け届け 사례품, 뇌물　無届け欠席 무단결석
　　届く 닿다, 이르다, 달하다　不届き 괘씸함, 못됨

N1 **小6**
6획 / 부수 口

몸(尸)이나 **입(口)**으로 지시하는 임금이나 왕후니
임금 후, 왕후 후

+ 尸[주검 시, 몸 시(尸)의 변형]

음독 **こう**

음독 皇后 황후　皇太后 황태후　母后 모후(임금의 어머니)
　　立后 공식으로 왕후를 책립함

N1 **小6**
4획 / 부수 尸

몸(尸) 구부리고(乀) 길이를 재는 자니 자 척

+ 乀('파임 불'이지만 여기서는 구부리는 모습으로 봄)
+ 자 – 옛날에 길이를 재던 도구로, 1자는 30.3cm

음독 **しゃく**
음독 尺度 척도　縮尺 축척

N2 **小3**
7획 / 부수 尸

자(尺)로 재어 바둑판처럼 나눈 **부분(口)**이니
판 국, 부분 국

+ 尺[자 척(尺)의 변형], 口('입 구, 말할 구, 구멍 구'지만 여기서는 나눈 부
　분으로 봄), 판 – 일이 벌어진 자리

음독 **きょく**

음독 局限 국한　棋局 바둑판　結局 결국　放送局 방송국
　　薬局 약국　郵便局 우체국

N2 小5
8획 / 부수 尸

몸(尸)이 **오래**(古) 머물러 사니 **살 거**

+ 古(오랠 고, 옛 고)

훈독 いる, おる   **음독** きょ

훈독 居る 있다 居所 처소, 있는 곳 居間 거실

+ '居る'는 'おる'라고도 읽습니다.

음독 起居 ① 기거(동작) ② 모습, 동정 新居 ① 새로 지은 주택 ② 이사한 주택
住居 주거 転居 전거, 이사 同居 동거 独居 독거

N1 小6
10획 / 부수 尸

죽은(尸) 풀(艹)이 쓰러져 펴지고 넓게 **되니**(𧘇)
펼 전, 넓을 전

+ 𧘇[될 화, 변화할 화, 가르칠 화(化)'의 변형], 무엇이 없으면 넓게 보이지요.

훈독 ひろげる   **음독** てん

훈독 展げる 펴다, 펼치다, 벌리다

음독 展開 전개 展観 펼쳐 보임, 전람 展望 전망 展覧会 전람회
進展 진전

N2 小4
8획 / 부수 刀(刂)

나무의 **몸**(尸)을 **수건**(巾)으로 닦고 **칼**(刂)로 새겨서 인쇄하니
닦을 쇄, 인쇄할 쇄

훈독 する   **음독** さつ

훈독 刷る 인쇄하다 刷り 인쇄 初刷り 초판(= 初刷) 別刷り 발췌 인쇄

음독 刷新 쇄신 印刷 인쇄 増刷 증쇄

N1 小5
12획 / 부수 尸

몸(尸)에 **비스듬히**(丿) **가운데**(中)를 **발자국**(禸)처럼
파먹으며 붙어사는 벌레들의 무리니 **붙어살 속, 무리 속**

정자 屬 – 몸(尸)에 진액(氺)을 빨아먹으려고 벌레(蜀)들이 붙어사니 '붙어
살 속'
또 붙어사는 무리니 '무리 속'

+ 禸 – 성(冂)처럼 사사로이(厶) 남긴 발자국이니 '발자국 유'
+ 中(가운데 중, 맞힐 중), 冂(멀 경, 성 경), 厶(사사로울 사, 나 사), 氺(물
수 발), 蜀(애벌레 촉)

음독 ぞく

음독 属する 속하다 帰属 귀속 金属 금속 専属 전속 所属 소속
従属 종속 転属 전속 直属 직속 配属 배속 付属 부속

N1 **小4**
10획 / 부수 人

사람(人)이 문(戶) 잠그고(一) 입(口)에 먹을 곡식을
저장해 두는 창고니 **창고 창**
또 창고에 저장한 것을 꺼내 써야 할 정도로 급하니 **급할 창**

+戶(戶: 문 호, 집 호), 一('한 일'이지만 여기서는 잠근 모습)

훈독 **くら**　　음독 **そう**

훈독 倉 곳간　倉主 곳간 주인

음독 倉庫 창고　穀倉 곡물 창고

+ '穀倉'의 '倉'은 'ぐら'로도 읽을 수 있습니다.

N1 **小6**
12획 / 부수 刀(刂)

창고(倉) 짓는 일은 **칼(刂)**로 재목 자르는 데에서 비롯하여
시작하니 **비롯할 창, 시작할 창**

+刂(칼 도 방)

훈독 **つくる**　　음독 **そう**

훈독 創る 만들다

음독 創刊 창간　創作 창작　創始 창시　創造 창조

N2 **小2**
4획 / 제부수

한 짝으로 된 **문(月)**을 본떠서 **문 호**
또 문이 한 짝 달린 집이니 **집 호**

+門(두 짝으로 된 문은 '문 문') - 제목번호 154 참고

훈독 **と**　　음독 **こ**

훈독 戶 문　戶口 (건물의) 출입구　格子戶 격자문

+ '戶口'를 'ここう'로 읽으면 '호수와 인구'라는 뜻이 됩니다.

음독 戶外 옥외　戶主 가구주　各戶 각 호, 각 집
　　下戶 술을 못하는 사람(↔ 上戶)　数戶 몇 집
　　毎戶 집집마다　門戶 문호

예외 上戶 술 부대

N3 小3
8획 / 부수 戶

집(戶)에서 **도끼(斤)**를 두는 장소니 **장소 소**
또 장소처럼 앞에서 말한 내용을 이어받는 바로도 쓰여 **바 소**

+ 斤(도끼 근, 저울 근) – 제목번호 230 참고
+ 바 – ① 앞에서 말한 내용 그 자체나 일 등을 나타내는 말
　　② (어미 '~을' 뒤에 쓰여) 일의 방법이나 방도

훈독 **ところ**　　음독 **しょ**

훈독 所 곳　所々 곳곳　出所 ① 출처 ② (기회를 보다가) 나설 때

음독 所員 소원, 소에서 근무하는 사람　所見 소견　所在 소재

　　所持 소지　所定 소정　所要 소요　所用 소용

　　個所 여러 곳 중에 한 곳, 군데　各所 각처　研究所 연구소

　　近所 근처　地所 집을 짓기 위한 땅, 대지　便所 화장실

　　難所 험한 곳　名所 명소

참고자
9획 / 부수 戶

문(戶)이 **책(冊)**처럼 작고 넓적하니 **작을 편, 넓적할 편**

+ 冊[책 책(冊, = 册)의 변형]

음독 **へん**

N2 小5
15획 / 부수 糸

실(糸)로 넓적한(扁) 것들을 모아 엮으니 **엮을 편**

+ 糸(실 사, 실 사 변)

훈독 **あむ**　　음독 **へん**

훈독 編む 엮다, 뜨다　編物 직물

음독 編成 편성　編曲 편곡　編集 편집　編修 편수, 편찬　編著 편저

　　編入 편입　改編 개편　後編 후편　詩編 시집　長編 장편

참고자
5획 / 부수 木

필요한 **나무(木)**를 찾아 **점(丶)**찍어 고르는 재주와 기술이니
재주 술, 기술 술
+ 옛날에는 건축 자재가 대부분 나무였기에 좋은 나무를 고르는 것도
큰 재주와 기술이었지요.

N2 小5
11획 / 부수 行

일을 **행할(行)** 때 쓸 수 있는 재주와 **기술(朮)**이니
재주 술, 기술 술
[정자] 術 – 삽주뿌리(朮)처럼 여러 갈래로 뻗어 가는(行) 재주와 기술이니
'재주 술, 기술 술'
+ 朮 – 가는 뿌리가 여러 갈래로 뻗어 가는 삽주뿌리(朩→朮)니 '삽주뿌리 출'
+ 삽주 – 국화과의 여러해살이풀로, 어린잎은 식용하고 뿌리는 약으로 씀
+ 行(다닐 행, 행할 행, 항렬 항) – 제목번호 291 참고

[훈독] **すべ, わざ**　[음독] **じゅつ**

[음독]
がくじゅつ ぎじゅつ げいじゅつ さじゅつ しゅじゅつ
学術 학술　技術 기술　芸術 예술　詐術 속임수　手術 수술
せんじゅつ びじゅつかん
戦術 전술　美術館 미술관

N2 小5
8획 / 부수 辵(辶)

재주(朮)를 부려**가며(辶)** 말하고 책 쓰니
말할 술, 책 쓸 술
[정자] 述 – 삽주뿌리(朮)가 뻗어 가듯(辶) 말하며 책 쓰니 '말할 술, 책 쓸 술'

[훈독] **のべる**　[음독] **じゅつ**

[훈독]
の
述べる 말하다, 진술하다
[음독]
じゅっかい じゅつご きじゅつ
述懐 술회　述語 술어　記述 기술

이리저리 베어 다스리는 모습이 어지니
벨 예, 다스릴 예, 어질 예

점치는 육효가 서로 엇갈린 점괘를 본떠서 **점괘 효, 수효 효**
또 서로 교차하여 사귀며 좋은 점을 본받으니 **사귈 효, 본받을 효**

+ 육효(六爻) – 주역의 괘를 이루는 6개의 가로 그은 획
+ 주역(周易) – 유학 경전의 하나

음독 **こう**

사람이 알아야 할 것을 조목조목 **나누어(八) 어질게(乂)**
가르치는 아비니 **아비 부**

+ 八(여덟 팔, 나눌 팔)

훈독 **ちち** 　 음독 **ふ**

훈독 父 (나의) 아빠, 아버지 　父方 아버지 쪽의 혈통

음독 父子 부자 　父性 부성(아버지로서 가지는 성질) 　神父 신부
　　　父母 부모

　　+ '父母'는 'ちちはは'라고도 읽을 수 있습니다.

예외 お父さん (남의) 아버지 　父無し子 ① 사생아 ② 고아

N1 中学
4획 / 부수 凵

움푹 **패이고(凵)** 베인(乂) 모습이 흉하니 **흉할 흉**
또 한 해 농사가 흉하게 된 흉년이니 **흉년 흉**

+ 凵('입 벌릴 감, 그릇 감'이지만 여기서는 움푹 패인 모습)

음독 **きょう**

음독 凶悪犯 흉악범 凶器 흉기 凶行 흉행, 끔찍한 행위 凶作 흉작
凶日 흉일, 불길한 날 凶事 불길한 일 凶年 흉년 吉凶 길흉

N2 小6
10획 / 부수 肉(月)

몸(月)에 **흉(凶)**한 것을 **감싼(勹)** 가슴이니 **가슴 흉**

+ 月(달 월, 육 달 월), 가슴은 간, 심장, 허파 등 몸의 중요한 장기를 감싸
보호하지요.

훈독 **むね, むな** 음독 **きょう**

훈독 胸 가슴 胸気 가슴앓이, 폐병 胸肉 닭 가슴살 胸底 가슴 속 胸倉 멱살
胸苦しい 가슴이 답답하다 胸先 앞가슴
胸算用 ① 속셈 ② 꿍꿍이 胸骨 흉골 胸元 앞가슴, 가슴

+ '胸骨'은 'きょうこつ'로도 읽을 수 있습니다.

음독 胸囲 흉위, 가슴둘레 胸間 가슴 언저리 胸筋 가슴 근육
胸像 흉상 胸痛 흉통 胸背 흉배(가슴과 등, 또는 앞과 뒤)
胸部 흉부

N3 小2
7획 / 부수 囗

종이(囗)에 **점점(丶丶)**이 **다스려(乂)** 그림을 그리고 꾀하니
그림 도, 꾀할 도

정자 圖 – 종이(囗)에 말하듯(口) 머리(亠) 돌리며(回) 그림을 그리고 꾀하니
'그림 도, 꾀할 도'

+ 囗('에운담'이지만 여기서는 종이로 봄), 亠(머리 부분 두), 回(돌 회, 돌아
올 회, 횟수 회)

훈독 **はかる** 음독 **ず, と**

훈독 図る 헤아리다, 예측하다, 짐작하다

음독 図画 도화, 도면과 그림 図太い 배짱이 세다, 뻔뻔스럽다, 대담하다
地図 지도 略図 약도 図書館 도서관 意図 의도

N2 小2
6획 / 부수 ㅗ

(옛날에) **머리(ㅗ)**에 갓을 쓰고 **아버지(父)**는 사람을
사귀거나 오고 갔으니 사귈 교, 오고 갈 교

훈독 **まじえる, まじわる, まじる, かう, かわす**

음독 **こう**

훈독 交える 섞다, 교차시키다, 맞대다
交わる ① 엇갈리다 ② 교제하다, 사귀다 交じる 섞이다
行き交う 오가다 交す 주고받다

음독 交互 번갈아 交合 교합 交雑 교잡 交代 교대, 교체
交配 교배 絶交 절교

N4 小1
10획 / 부수 木

나무(木)에 지주를 **교차(交)**시켜 바로잡듯이 사람을 바로잡는
학교니 학교 교
또 글을 바로잡으며 교정보니 교정볼 교
또 사병을 바로잡는 장교니 장교 교

+ 지주(支柱) - 받침대, 의지할 수 있는 근거나 힘을 비유하는 말
+ 교정(校正) - 틀어지거나 잘못된 것을 바로잡음
+ 支(다룰 지, 가를 지, 지탱할 지), 柱(기둥 주), 正(바를 정)

음독 **こう**

음독 校訓 교훈 校則 교칙 校長 교장 校内 교내 校風 교풍
校服 교복 学校 학교 転校 전학

+ 일본어에서는 '전학'을 우리나라와는 다르게 '転校'라고 합니다.

N2 小5
8획 / 부수 力

사귀며(交) 힘(力)써 본받으려고 노력하면 효험이 있으니
본받을 효, 효험 효

[정자] 效 - 사귀어(交) 본받도록 치면(攵) 효험이 있으니 '본받을 효, 효험 효'

훈독 **きく** **음독** **こう**

훈독 効く 듣다, 효과가 있다 効き目 효능, 효력
음독 効果 효과 効能 효능 効力 효력 特効薬 특효약 無効 무효

+ '効'는 한국 한자에서 쓰는 한자 모양과 다르니 주의하세요.

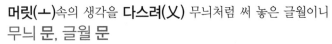

N3 **小1**
4획 / 제부수

머릿(亠)속의 생각을 **다스려(乂)** 무늬처럼 써 놓은 글월이니
무늬 문, 글월 문

+ 글월 - ① 글 · 문장 ② 편지 ③ 글자

[훈독] **ふみ**　　[음독] **ぶん, もん**

[훈독] 文殻 읽은 편지　文箱 편지 · 문서 등을 넣어 두는 서랍장

+ '文箱'은 'ふばこ'로도 읽을 수 있습니다.

[음독] 文 문장, 글　文学 문학　文芸 문예　文体 문체　原文 원문
一文無し 빈털터리, 무일푼　天文学 천문학

N1 **中学**
10획 / 부수 糸

실(糸)로 **글(文)**처럼 수놓은 무늬니 **무늬 문**

[음독] **もん**

[음독] 紋章 문장, 집이나 단체를 나타내는 일정한 표지
家紋 가문, 한 가문의 문장(= 紋所)　指紋 지문

N1 **中学**
8획 / 제부수

글(文)이 **세로(ノ)**로 **가로(二)**로 가지런하니 **가지런할 제**

[정자] 齊 - 벼이삭이 패서 가지런한 모습을 본떠서 '가지런할 제'

[음독] **せい**

[음독] 斉唱 제창　一斉 일제　均斉 균형

N2 **小6**
11획 / 부수 水(氵)

물(氵)을 **가지런히(齊)** 다스려 건너게 하고
빠진 사람은 구제하니 **건널 제, 구제할 제**

[정자] 濟

[훈독] **すむ, すます**　　[음독] **さい**

[훈독] 済む 끝나다, 마치다　済ます ① 끝내다, 마치다 ② 해결하다

[음독] 決済 결제　共済 공제　未済 미제

[예외] 経済 경제

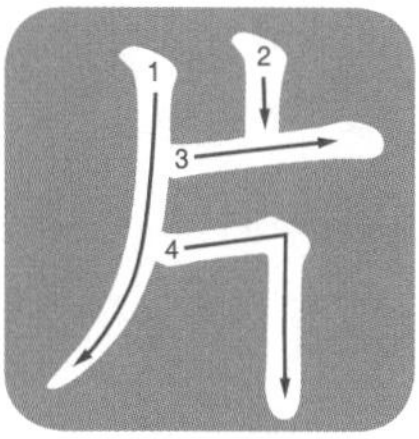

N2 小6
4획 / 제부수

나무(木)를 세로로 나눈 오른쪽 조각을 본떠서 **조각 편**

훈독 **かた**　음독 **へん**

훈독 片付く(かたづく) 정돈(정리)되다 片付ける(かたづける) 치우다, 정돈(정리)하다
片寄る(かたよる) 치우치다

음독 片頭痛(へんずつう) 편두통 花片(かへん) 꽃잎(= 花弁(はなびら))

예외 切片(せっぺん) 절편 雪片(せっぺん) 눈송이

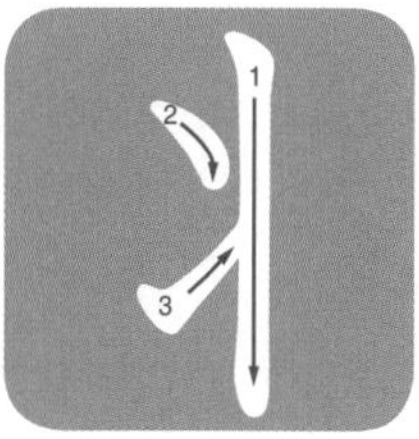

3획 / 부수자

나무를 세로로 나눈 왼쪽 조각을 본떠서 **나무 조각 장**

또 나무 조각이라도 들고 싸우는 장수니 **장수 장 변**

+ 정자 爿

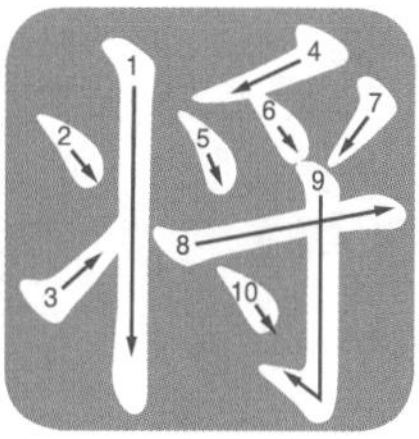

N2 小6
10획 / 부수 寸

나무 조각(丬)이라도 들고 **손톱(⺥)**도 마디**마디(寸)** 세우고 싸우는 장수니 **장수 장**

또 장수는 장차 전쟁이 나면 나가 싸워야 하니 **장차 장, 나아갈 장**

정자 將 – (전쟁터에 나가기 전에) 나무 조각(爿)에 고기(⺼)를 쌓아 놓고 법도(寸)에 따라 제사지내는 장수니 '장수 장'
또 장수는 장차 전쟁이 나면 나가 싸워야 하니 '장차 장, 나아갈 장'

+ 장차(将次) – '앞으로'로, 미래의 어느 때를 나타내는 말
+ ⺥(손톱 조), 寸(마디 촌, 법도 촌), ⺼[달 월, 육 달 월(月)의 변형], 次(다음 차, 차례 차, 번 차)

음독 **しょう**

음독 将軍(しょうぐん) 장군 将校(しょうこう) 장교 将来(しょうらい) 장래 主将(しゅしょう) 주장 大将(たいしょう) 대장
名将(めいしょう) 명장 勇将(ゆうしょう) 용장

5획 / 부수자

병들어 머리 **부분(亠)**을 나무 **조각(爿)**에 기대고 있는
모양에서 **병들 녁**

+ 亠(머리 부분 두), 爿 [나무 조각 장(爿)의 약자(爿)의 변형]

N3 小3

10획 / 부수 疒

병(疒)들어 불 **밝혀(丙)** 놓고 치료하며 근심하니
병들 병, 근심할 병

+ 丙 – 북반구의 하늘(一)에서는 안쪽(内)이 남쪽이고 밝으니 '남쪽 병, 밝을 병,
  셋째 천간 병' – 중학교

훈독 やむ, やまい　　　**음독** びょう, へい

훈독 病む ① 병들다, 앓다 ② 걱정하다　病 ① 병들다 ② 병 ③ 나쁜 버릇

음독 病気 병　病人 병자　病名 병명　発病 발병　疾病 질병

N2 小6

12획 / 부수 疒

병(疒) 기운이 **솟은(甬)** 듯 아프니 **아플 통**

+ 甬(솟을 용) – 제목번호 320 참고

훈독 いたい, いたむ, いためる　　**음독** つう

훈독 痛い 아프다　痛み 통증　手痛い 심하다, 호되다

痛む ① 아프다 ② 고통이나 타격을 받다, 괴롭다

痛める ① 아프게 하다 ② 흠내다, 손상하다, 파손하다

음독 痛快 통쾌　痛感 통감　痛切 뼈에 사무치도록 느낌　苦痛 고통

N2 小5
7획 / 부수 犬

나무 조각(爿)에 새긴 **개(犬)**의 모습이니 **모습 상**
또 (글자가 없었던 옛날에) 모습을 그려 작성했던 문서니

문서 장

[정자] 狀
+ 爿(녀: 나무 조각 장, 장수 장 변), 犬(개 견)

[음독] **じょう**

[음독] 形状 형상, 모양　現状 현상　送り状 운송장　球状 구상, 구형
賞状 상장　招待状 초대장　遺言状 유언장

N1 中学
6획 / 부수 士

나무 조각(爿)이라도 들고 **선비(士)**가 싸우는 모습이 굳세고
장하니 **굳셀 장, 장할 장**

[정자] 壯
+ 士(선비 사, 군사 사, 칭호나 직업에 붙이는 말 사)
+ 장(壯)하다 – ① 기상이나 인품이 훌륭하다.
　　　　　　　　② 크고 성대하다.
　　　　　　　　③ 마음이 흐뭇하고 자랑스럽다.

[음독] **そう**

[음독] 壮語 장언, 장담　壮快 장쾌, 가슴이 벅차도록 통쾌한 기분
壮観 장관　壮大 장대, 웅장　壮丁 장정　壮年 장년
少壮 젊고 혈기 왕성함

小6
12획 / 부수 衣

장하게(壯) 옷(衣)을 꾸미니 **꾸밀 장**

[정자] 裝
+ 衣(옷 의)

[훈독] **よそおう**　[음독] **そう, しょう**

[훈독] 装う ① (몸)치장하다, 옷차림을 하다, 꾸미다 ② 가장하다, 그런 체 하다
[음독] 装備 장비　改装 개장　外装 겉포장, 외부 장식　服装 복장
武装 무장　変装 변장　衣装 의상

4획 / 제부수

사람(⺅) 입에서 **입김(一)**이 **나오는(ㄱ)** 기운이니
기운 **기**

+ ⺅[사람 인(人)의 변형], 一('한 일'이지만 여기서는 입김으로 봄)

N4 **小1**
6획 / 부수 气

기운(气)이 **교차되는(乄)** 모습에서 기운 **기**
또 이런 기운으로 이루어지는 대기니 대기 **기**

[정자] 氣 – 기운(气)이 쌀(米)밥 지을 때처럼 올라가는 기운이니 '기운 기'
또 이런 기운으로 이루어지는 대기니 '대기 기'
+ 米(쌀 미), 대기(大気) – 공기를 달리 이르는 말

[음독] **き, け**

[음독] 気温 기온　気落ち 낙심, 낙담　気体 기체　気品 기품
気分 기분　内気 내향성　精気 정기　大気 대기　本気 진심
気配 낌새　食い気 식욕

[예외] 移り気 변덕　湯気 김, 수증기

N1 **小2**
7획 / 부수 水(氵)

물(氵)이 끓으면서 **기운(气)**차게 올라가는 김이니 김 **기**

[음독] **き**

[음독] 汽圧 기압　汽缶 기관, 보일러　汽車 기차

N4 **小1**
4획 / 제부수

N1 **中学**
8획 / 부수 火

N2 **小3**
15획 / 부수 言

타오르는 불(🔥)을 본떠서 불 화

훈독 **ひ, ほ**　　음독 **か**

훈독 火 불　花火 불꽃놀이　火影 ① 불빛 ② 등불에 비치는 그림자

음독 火気 ① 화기 ② 화력　火星 화성　火事 화재　火薬 화약

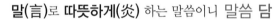

불(火)과 불(火)이 겹쳐 더우니 **더울 염**
또 덥게 열나면서 아픈 염증이니 **염증 염**

+ 염증(炎症) – 외상이나 화상, 세균 침입 등에 대하여 몸의 일부에 충혈,
　　　　　　　부종, 발열, 통증을 일으키는 증상
+ 症(병세 증)

훈독 **ほのお**　　음독 **えん**

훈독 炎 불꽃

음독 炎天 여름의 찌는 더운 날씨　炎症 염증　火炎 화염

말(言)로 **따뜻하게(炎)** 하는 말씀이니 **말씀 담**

+ 言(말씀 언) – 제목번호 212 참고

음독 **だん**

음독 談笑 담소　談話 담화　会談 회담　相談 상담

389

N2 小6
6획 / 부수 火

N2 小3
9획 / 부수 火

언덕(厂)처럼 불(火)에 타고 남는 재니 재 회

정자 灰 – 많이(𠂇) 불(火)에 타고 남는 재니 '재 회'
+ 일본 한자와 정자의 모습이 약간 다릅니다.
+ 厂(굴 바위 엄, 언덕 엄), 火(불 화), 𠂇[열 십, 많을 십(十)의 변형]

훈독 **はい** 음독 **かい**

훈독 灰 재 灰色 잿빛, 회색 灰皿 재떨이 火山灰 화산재
　　　（はい）（はいいろ）　　　（はいざら）　　（かざんばい）

음독 灰分 재 石灰 석회
　　　（かいぶん）（せっかい）

예외 灰汁 잿물
　　　（あく）

산(山)에 묻힌 재(灰) 같은 숯이나 석탄이니
숯 탄, 석탄 탄

훈독 **すみ** 음독 **たん**

훈독 炭 숯, 목탄 炭火 숯불
　　　（すみ）　　（すみび）

음독 炭鉱 탄광 炭素 탄소 木炭 목탄 採炭 채탄, 석탄을 캠
　　　（たんこう）（たんそ）（もくたん）（さいたん）

머리(亠)가 불(灬)타도록 또 고민하니 또 역

+ 亠(머리 부분 두), 灬[불 화(火)의 변형], 고민하면 머리에 열이 나면서 아프지요.

훈독 また

흙(土)이 불(灬)타듯이 붉으니 붉을 적

+ 철분이 많은 흙은 붉지요.

훈독 **あかい, あからむ, あからめる**   음독 **せき**

훈독 赤い^{あか} 빨갛다 赤字^{あか じ} 적자 赤らむ^{あか} 불그스름해지다, 붉어지다, 홍조를 띠다 赤らめる^{あか} 붉히다

음독 赤十字^{せきじゅうじ} 적십자 赤道^{せき どう} 적도 赤心^{せきしん} 진심 赤外線^{せきがいせん} 적외선

예외 真っ赤^{ま か} 새빨갛다

참고자
8획 / 부수 土

흙(土)에 **사람(儿)**이 또 **흙(土)**을 쌓아 만든 언덕이니
언덕 륙

+ 儿(어진사람 인, 사람 인 발)

N2 小4
11획 / 부수 阜(阝)

언덕(阝)과 **언덕(坴)**이 높고 낮게 이어진 육지니 **육지 륙**

| 훈독 | おか | 음독 | りく |

| 음독 | りくじょう
陸上 육상 | りく ち
陸地 육지 | じょうりく
上陸 상륙 | たい りく
大陸 대륙 | ちゃくりく
着陸 착륙 |

ない りく
内陸 내륙

N2 小4
15획 / 부수 火(灬)

심어(埶) 놓은 불(灬)이라도 있는 듯 더우니 **더울 열**

+ 埶 – 흙(土)을 파고 사람(儿)이 흙(土)에다 둥근(丸) 씨앗을 심으니 '심을 예'
+ 丸(둥글 환, 알 환) – 제목번호 063 참고

| 훈독 | あつい | 음독 | ねつ |

| 훈독 | あつ
熱い 뜨겁다 |

| 음독 | ねつ
熱 열 | ねつ い
熱意 열의 | ねつえん
熱演 열연 | ねっちゅう
熱中 열중 | ねつぼう
熱望 열망 | ねつりょう
熱量 열량 |

か ねつ
加熱 가열
じょうねつ
情熱 정열

N2 小5
13획 / 부수 力

심어(埶) 놓은 초목이 **힘(力)**차게 자라나는 기세니 **기세 세**

| 훈독 | いきおい | 음독 | せい |

| 훈독 | いきお
勢い 기세, 세력 |

| 음독 | せいりょく
勢力 세력 | けん せい
権勢 권세 | じょうせい
情勢 정세, 형세 | たいせい
態勢 태세 |

おおぜい
大勢 많은 사람

N2 小4
12획 / 부수 火(灬)

N2 小5
16획 / 부수 火

N2 小4
12획 / 부수 火(灬)

고기(夕)를 보면 **개(犬)**가 불(→灬)처럼 열 내며 달려가듯 순리에 맞게 그러하니 그러할 연

+夕[달 월, 육 달 월(月)의 변형], 犬(개 견), 灬(불 화 발)

훈독 しかり, しかし, しかも　**음독** ぜん, ねん

훈독 然り 그렇다, 옳다, 그와 같다　然し 그러나, 그렇지만 그런데
然も 그 위에, 게다가, 그럼에도 불구하고, 그런데도

음독 画然 획연(구별을 명확히 짓는 모양)　公然 공공연함　整然 정연
全然 전혀　断然 단연　油然 마구 솟아오르는 모양　天然 천연

불(火)처럼 **그렇게(然)** 타니 불탈 연

+火(불 화)

훈독 もえる, もやす　**음독** ねん

훈독 燃える 불타다　燃え殻 타고 남은 재　燃やす 불태우다, 연소시키다
음독 燃費 연비　燃料 연료　可燃性 가연성

장작더미를 **쌓아서(無)** 그 밑에 **불(灬)**을 지핀 모양으로 불타면 없으니 없을 무

+ 일본 한자에서는 無로 쓰지만 한국 한자나 중국 한자에서는 다음처럼 약자로 쓰기도 합니다.
+ 无 – (태초에는) 하늘(一)과 땅(一) 사이에 사람(儿)도 없었으니 '없을 무'
+ 旡 – 하나(一)도 감춘(乚) 사람(儿)이 없으니 '없을 무'
+儿[어진사람 인, 사람 인 발(儿)의 변형], 乚(감출 혜, 덮을 혜, = 匸)

훈독 なくす, なくなる　**음독** む, ぶ

훈독 無くす 없애다, 잃다　無くなる 없어지다
間も無く 이윽고, 곧, 머지않아

음독 無意味 무의미　無計画 무계획　無限 무한　無視 무시
無断 무단　無分別 무분별　無筆 읽기·쓰기를 못함, 무학(자), 문맹(자)
無理 무리　無事 무사

N2 **小4**
9획 / 부수 木

반짝이는 **불꽃(灬)**으로 **덮인(冖)** 듯 **나무(木)**에 꽃이 피어
성하니 **성할 영**
또 성하게 누리는 영화니 **영화 영**

정자 榮 – 불(火)과 불(火)에 덮인(冖) 듯 나무(木)에 꽃이 피어 성하니 '성
할 영'
또 성하게 누리는 영화니 '영화 영'

+ 영화(榮華) – 몸이 귀하게 되어 이름이 세상에 빛남

훈독 **さかえる, はえる**　음독 **えい**

훈독 栄える 번영하다, 번창하다　栄え 번영
見栄え 볼품이 좋음, 보기에 좋음

음독 栄光 영광　栄養 영양

N2 **小5**
12획 / 부수 灬

반짝이는 **불꽃(灬)**으로 **덮인(冖)** 듯 열성으로 **음률(呂)**을
다스리니 **다스릴 영**

정자 營 – 불(火)과 불(火)에 덮인(冖) 듯 열성으로 음률(呂)을 다스리니
'다스릴 영'

+ 呂(등뼈 려, 음률 려), 온몸을 흔들며 지휘하는 지휘자나 연주자를 생각해
보세요.

훈독 **いとなむ**　음독 **えい**

훈독 営む 경영하다, 영위하다

음독 営業 영업　営利 영리　運営 운영　経営 경영

N2 **小4**
7획 / 부수 力

반짝이는 **불꽃(灬)**으로 **덮인(冖)** 속에서도 **힘(力)**써 수고하
며 일하니 **수고할 로, 일할 로**

정자 勞 – 불(火)과 불(火)에 덮인(冖) 곳에서도 힘(力)써 수고하며 일하니
'수고할 로, 일할 로'

+ 力(힘 력)

훈독 **いたわる**　음독 **ろう**

훈독 労る 친절하게 돌보다, 위로하다

음독 労働 노동　労力 ① 노력 ② 수고 ③ 일손　苦労 고생
功労 공로

N4 **小1**
8획 / 부수 子

점점(丶丶) 글자(字)를 익혀 배우니 배울 학

[정자] 學 – 절구(臼)처럼 둥글게 앉아 좋은 점을 본받으며(爻) 부모 품(冖)에
서처럼 아들(子)이 글을 배우니 '배울 학'

+ 字(글자 자), 臼(절구 구), 爻(점괘 효, 수효 효, 사귈 효, 본받을 효), 冖
('덮을 멱'이지만 여기서는 품안으로 봄)

[훈독] **まなぶ**　　[음독] **がく**

[훈독] 学ぶ 배우다

[음독] 学科 학과　学期 학기　学生 학생　学習 학습　見学 견학
独学 독학

N2 **小4**
12획 / 부수 見

점점점(丷) 덮인(冖) 것을 보고(見) 깨달으니 깨달을 각

[정자] 覺 – 배우고(𦥑) 보면서(見) 이치를 깨달으니 '깨달을 각'

+ 𦥑[배울 학(學)의 획 줄임], 見(볼 견, 뵐 현)

+ 정자에 나오는 口口, 火火, 𦥑, 𦥑는 일본 한자나 약자에서 丷로 통일됩니다.

[훈독] **おぼえる, さます, さめる**　　[음독] **かく**

[훈독] 覚える 기억하다, 외우다　物覚え 기억, 기억력

覚ます 깨다, 깨우치다

目覚まし時計 자명종(정해 놓은 시각이 되면 저절로 울리는 시계)

覚める 깨다, 눈이 뜨이다

[음독] 視覚 시각　味覚 미각　無感覚 무감각

N2 小1
6획 / 제부수

N1 小6
10획 / 부수 虫

벌레(🐛→⻁→虫) 모습을 본떠서 벌레 충

정자 蟲 – (벌레는 원래 한 마리가 아니니) 많은 벌레가 모인 모양을 본떠서 '벌레 충'

훈독 **むし**　음독 **ちゅう**

훈독 虫 벌레　虫歯 충치　虫眼鏡 확대경, 돋보기
虫の息 다 죽어가는 숨　弱虫 겁쟁이

음독 虫害 충해, 해충으로 인한 작물의 피해　寄生虫 기생충
殺虫 살충

하늘(天)이 준 벌레(虫)는 누에니 누에 잠

정자 蠶 – 자취 없이(旡) 소리 없이(旡) 말하듯(曰) 실을 토해내는 벌레(虫)와 벌레(虫)들은 누에니 '누에 잠'

+ 天(하늘 천), 旡(없을 무), 曰(가로 왈)
+ 누에 실은 잘 보이지 않으니 없을 무(旡)를 썼고, 누에는 여러 마리가 모여 사니 벌레 충(虫)을 겹쳐서 만든 것이지요.

훈독 **かいこ**　음독 **さん**

훈독 蚕 누에(= 蚕児)

음독 蚕業 양잠업　蚕糸 생사, 명주실　養蚕 양잠

N4 小2
11획 / 제부수

N2 小4
14획 / 부수 水(氵)

물고기 모양을 본떠서 물고기 어

훈독 **さかな, うお**　음독 **ぎょ**

훈독 魚 물고기　魚屋 생선 가게　魚市場 어시장　魚座 물고기자리
生け魚 활어

음독 魚類 어류　塩魚 자반, 소금에 절인 생선　金魚 금붕어
人魚 인어

물(氵)에서 물고기(魚)를 잡으니 고기 잡을 어

+ 물고기 모양을 본떠서 '물고기 어(魚)', 물에서 물고기를 잡으니 삼 수 변(氵)을
붙여서 '고기 잡을 어(漁)'로 구분하세요.

음독 **ぎょ, りょう**

음독 漁業 어업　漁船 어선　漁港 어항　漁場 어장　漁師 어부
大漁 대어, 풍어(= 豊漁)

N2 小4
9획 / 제부수

새가 **날개 치며(升)** 날아**오르는(升)** 모양을 본떠서 날 비

또 날면 높고 빠르니 높을 비, 빠를 비

+ 升 – 천(チ), 십(十) 등의 숫자로 곡식의 양을 헤아리는 되니 '되 승'
또 (되로 곡식의 양을 헤아릴 때) 되에 곡식을 퍼 올리듯 오르니
'오를 승'
+ チ[일천 천, 많을 천(千)의 변형], '되'나 '말'은 옛날에 곡식의 양을 헤아리
던 도구로, 되나 말에 퍼 올려 '한 되 두 되, 한 말 두 말' 등으로 그 양을 헤
아렸지요.

훈독 **とぶ, とばす**　음독 **ひ**

훈독 飛ぶ 날다　飛び出す 뛰어나가다, 튀어나오다　飛び競 멀리뛰기,
높이뛰기　飛び火 불똥　飛ばす 날리다

음독 飛行機 비행기　飛行場 비행장　飛報 비보(아주 빨리 보고함)
飛札 급한 편지

찾아보기

▶ 각 페이지에 뒤의 숫자는 **제목번호**입니다.

▶ 두음법칙을 고려하여 달리 발음될 수 있는
한자들도 찾기 쉽도록 반영하였습니다.

(뒤의 숫자는 제목번호)
찾아보기

(뒤의 숫자는 제목번호)
찾아보기

(뒤의 숫자는 제목번호)
찾아보기

407

（뒤의 숫자는 제목번호）
찾아보기

좋은 책을 만드는 길, 독자님과 함께 하겠습니다.

일본어 한자암기박사 1 상용한자 기본학습
- 읽으면 저절로 외워지는 기적의 암기공식

개정1판5쇄 발행	2024년 05월 20일 (인쇄 2024년 04월 19일)
초 판 발 행	2016년 08월 10일 (인쇄 2016년 06월 20일)
발 행 인	박영일
책 임 편 집	이해욱
저 자	박원길 · 박정서
편 집 진 행	신명숙
표지디자인	김지수
편집디자인	조은아 · 장성복
발 행 처	(주)시대고시기획
출 판 등 록	제10-1521호
주 소	서울시 마포구 큰우물로 75 [도화동 538 성지 B/D] 9F
전 화	1600-3600
팩 스	02-701-8823
홈 페 이 지	www.sdedu.co.kr

일본어
1

I S B N	979-11-254-9746-2(14730)
정 가	18,000원